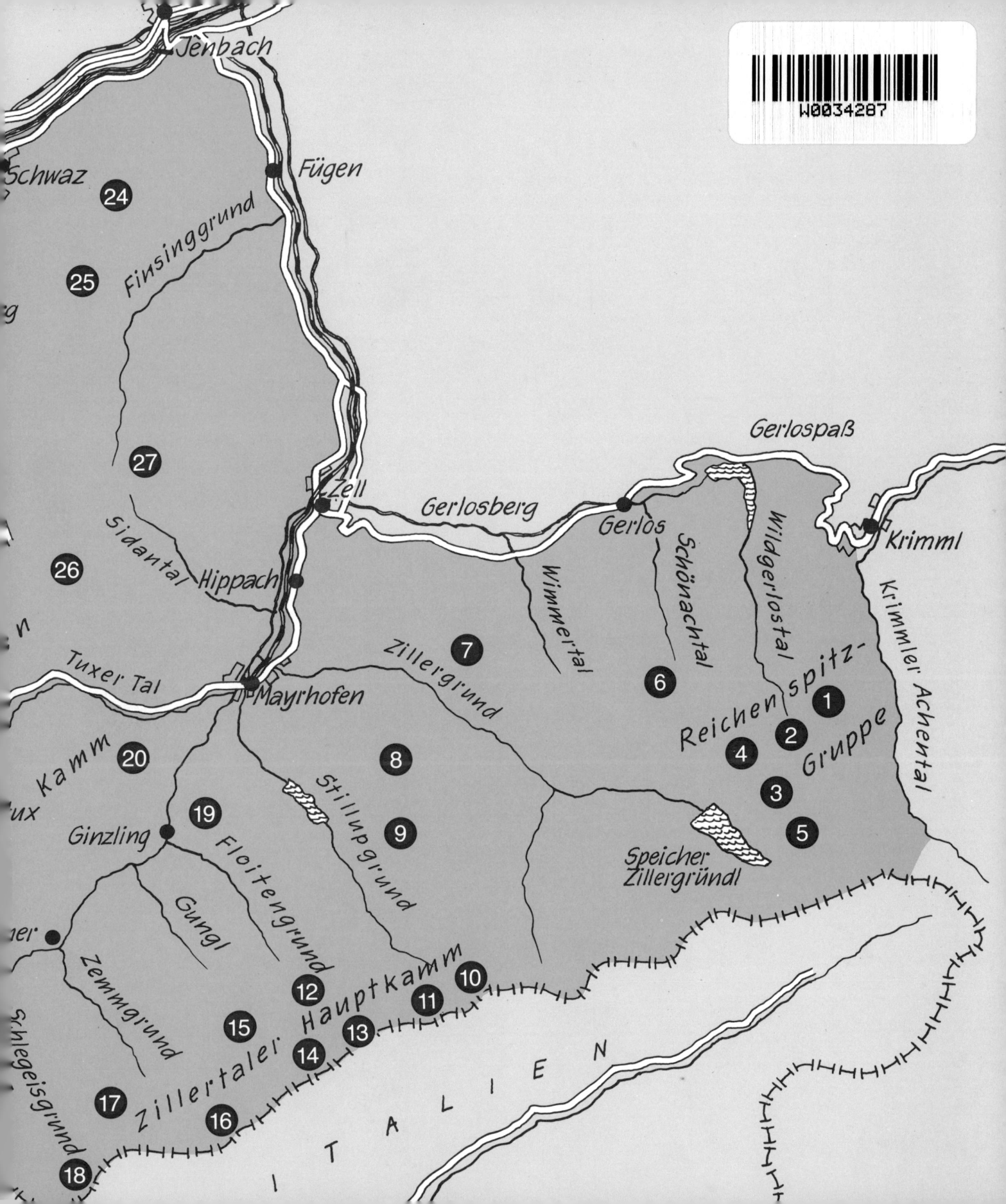

Sepp Schnürer

Zillertaler Alpen
Stubaier Alpen

Sepp Schnürer

Zillertaler Alpen
Stubaier Alpen

Bergsteigen
und Bergwandern

BLV Verlagsgesellschaft
München Wien Zürich

Zum Titelbild:

Vom Aussichtspunkt »Eurer Mandl« knapp oberhalb der Kasseler Hütte schauen wir hinüber zum Großen Löffler: Wir sehen die Nordostflanke, darunter das Löfflerkees und die Trasse des AV-Weges am Gletschersaum nach rechts, hinaus zum Lapenkees, die Verbindung über Schuh- und Lapenscharte zur Greizer Hütte.

Zu Bild Seite 2/3:

Unterwegs zur Schöntalspitze, ein leichter Dreitausender im Übergang vom Westfalen-Haus zur Neuen Pforzheimer Hütte.
Über dem Steinmann Längentalferner und Längentaler Weißenkogel; rechts, ganz nah, der Hohe Seeblaskogel.

Zu Bild Seite 5:

Das nordseitige Panorama der Reichenspitz-Gruppe zum Gerlospaß. Der Durlaßboden-Speicher sammelt die Wasser vom Wildgerloskees; über dem Gletscher von links: Gabler, Reichenspitze, Hahnenkamm und Wildgerlosspitze. Im Schattenwinkel hinter dem Stausee liegt die Finkau.

CIP-Kurztitelaufnahme der Deutschen Bibliothek

Schnürer, Sepp:
Zillertaler Alpen, Stubaier Alpen: Bergsteigen u. Bergwandern / Sepp Schnürer. [Zeichn.: Hellmut Hoffmann]. – München; Wien; Zürich: BLV Verlagsgesellschaft, 1986.
(BLV Kombi-Bergsteigerbuch)
ISBN 3-405-13058-1

Alle Fotos sind Aufnahmen des Verfassers.

Zeichnungen: Hellmut Hoffmann

Satz und Druck: Appl, Wemding
Bindung: Sellier, Freising

Printed in Germany · ISBN 3-405-13058-1

Literaturnachweis

Richter, Eduard: Die Erschließung der Ostalpen
Menara, Paul: Stubaier Alpen
Menara, Paul: Zillertaler Alpen
Schiechtl, Hugo Meinhard: Tiroler Wanderbuch 2
Schnürer, Sepp: Hohe Route Ostalpen
Jahrbücher des Deutschen und Österreichischen Alpenvereins

Führerliteratur: Siehe Tourensteckbriefe.

Erläuterung der Kartensymbole

▬▬	Tourenverlauf
------	sonstige Routen
⬟	Hütte
◘	Biwakschachtel
▲	Gipfel
▫	Alm, unbew. Hütte
)(	Paß, Joch

Zum Thema

Die Zentralalpen, dieser gletschergeschmückte innere Bergraum der Ostalpen, fordern geradezu heraus, neben den Alpenvereinsführern auch eine alpine Buchreihe aufzulegen. Der erste Band „Hohe Tauern" war der Einstieg, der vorliegende Titel stellt den mittleren Abschnitt, die Zillertaler und Stubaier Alpen, vor, der dritte Band mit dem westlichen Gebirge - Ötztaler Alpen, Silvretta, Ferwall - ist in Vorbereitung.

Für ein Tourenbuch dieser Art ist die genaue und persönliche Ortskenntnis unumgänglich. Dieses Wissen, erworben durch langjähriges, systematisches Bergsteigen und Bergwandern, schärft den Blick, denn dieses Buch muß in Unterscheidung zu einem Alpenvereinsführer und zum praktischen Nutzen für den Leser das wesentliche ausfiltern. Trotz vieler Vorkenntnisse waren zwei voll ausgefüllte Jahre notwendig und auch die Voraussetzung für die 142 Farbbilder, aktuelle, durchwegs neue Aufnahmen - Landschaft und Aktion sorgfältig abgestimmt -, denn nur so gelingt in Ergänzung zum Text die möglichst optimale Information, die für ein Tourenbuch unerläßlich ist.

Die Aufgabe stellte sich so: kein Schwerpunkt einzelner, besonders attraktiver Gebirgsgruppen, keine Vernachlässigung weniger bekannter Gebirge, sondern ein repräsentativer Querschnitt durch die gesamten Zillertaler und Stubaier Alpen nördlich des Hauptkammes, hinab zum Inntal, also in Nordtirol. Wie die Hohen Tauern, so greifen auch die Zillertaler und Stubaier Alpen über den Zentralalpenkamm hinweg nach Süden, hinein in das italienische Südtirol. Dieser Abschnitt blieb unberücksichtigt, denn die beiden Bände: Sepp Schnürer »Bergsteigen in Südtirol« beinhalten den südlichen Bergraum zum Pustertal und zum Sterzinger Becken mit Seitentälern.

Die interessante Erschließungsgeschichte, das erste frühe Engagement des jungen Deutschen und Österreichischen Alpenvereins findet, soweit es der Platz erlaubt, die gebührende Aufmerksamkeit. Diese oder jene Hütte erinnert an bedeutende Städte im damaligen Deutschland, an frühere ost- und mitteldeutsche Sektionen, die mit ihrem Gründungsnamen in der Bundesrepublik weiterbestehen und deren Geschichte auch für nachfolgende Generationen lebendig bleiben sollte.

Inhalt

Stubaier Alpen

Zillertaler Alpen

Das Gebirge und seine Gliederung

Mit dem Tiroler Bauernkartographen Peter Anich (1723–1766) und seinem, von Blasius Hueber vollendeten, »Atlas Tyrolensis« rückten anno 1774 die Zillertaler Alpen erstmals in das Bewußtsein der damaligen gebildeten Öffentlichkeit. Seit der Mensch das Gebirge benennt, erfolgt die Namensgebung meist von unten nach oben. So waren der Zillerfluß und sein Tal die Paten für das Gebirge, das sich von Nord nach Süd aus dem Zillertal über den Zentralalpenkamm hinweg bis zum südtirolerischen Pustertal erstreckt.

Wollen wir die gesamte Ausdehnung der Zillertaler Alpen überblicken, folgen wir bei Zell am Ziller zuerst dem Gerlostal nach Osten. Aus dem Zillertal setzt dieses Tal über den Gerlospaß zu einem Nordostbogen hinüber nach Krimml, zum Tal der Salzach, an, den das Krimmler Achental hinauf zur Birnlücke im Zentralalpenkamm vollendet. Die Birnlücke, eine tiefe Einschartung nahe der Dreiherrnspitze, markiert die Ostgrenze der Zillertaler Alpen. Bis zur Birnlücke reicht auch das südtirolerische Ahrntal. Sein Einschnitt hinab nach Sand im Taufers, in Fortsetzung das Tauferer Tal nach Brun-

Die Berliner Hütte ist für Bergsteiger und Bergwanderer ein Mittelpunkt in den Zillertaler Alpen. Im Bild die Hütte, das Waxeckkees mit Abfluß in den Zemmgrund, darüber der Große Möseler.

eck, das Pustertal bis Franzensfeste und das Tal des Eisack hinauf zum Brenner vollziehen die Umgrenzung von Ost über Süd nach West. Von der Nord-Süd-Wasserscheide am Brenner fließt in einer mächtigen Talfurche die Sill hinab nach Innsbruck. Dieses Tal – schon seit Jahrhunderten »Wipptal« genannt – und der Brennerpaß scheiden die Zillertaler Alpen von den Stubaier Alpen und gelten demnach als Westgrenze. Die Nordgrenze trägt der Inn von Innsbruck flußabwärts bis zur Einmündung des Ziller.

Der Kern der Zillertaler Alpen besteht aus harten Gneisen und Graniten, und dieses verwitterungsfeste Baumaterial modelliert dem Hauptkamm und den nach Norden streichenden Seitenkämmen die scharfen, markanten Grate und plattigen Wandformationen. Dazwischen verbreiten sich Schiefer; diese Schieferhülle schließt Mineralien mit ein, und so sind die Zillertaler Alpen auch für die »Steinklauber« ein interessantes Bergrevier. Weit bekannt war das Vorkommen von Granat-Halbedelsteinen am Roßrugg oberhalb der Berliner Hütte, das ab 1747 bis ins 20. Jahrhundert herein gewerblich abgebaut wurde.

Hohe Gebirgskämme und tief eingeschnittene Täler teilen die Zillertaler Alpen in unserem Betrachtungsraum, also auf der Nordtiroler Seite, in gut überschaubare Untergruppen auf. Der Zentralalpenkamm – von der Birnlücke bis zum Pfitscher Joch als Zillertaler Hauptkamm bekannt – ist das vergletscherte Rückgrat, zugleich die Wasserscheide zwischen Nord und Süd und seit dem Friedensschluß von St. Germain (19. 9. 1919) auch die Staatengrenze zwischen Österreich und Italien. Den Ostabschnitt der Zillertaler Alpen zwischen Gerlostal, Krimmler Achental, dem Hauptkamm und dem Zillergrund beherrschen die Gletscherberge der Reichenspitz-Gruppe. Vom Hauptkamm, zwischen dem Heiliggeistjöchl im Osten und dem Pfitscher Joch im Westen, greifen die Nördlichen Seitenkämme weit aus und gliedern das kaum vergletscherte Vorfeld hinaus nach Mayrhofen. Am Pfitscher Joch übernimmt der Tuxer Kamm die Wasserscheide und damit auch die Fortsetzung des Zentralalpenkammes; zum Brenner führt er hohe, unvergletscherte Berge, mit den »Tuxer Eisbergen« jedoch stößt er bis nach Mayrhofen vor.

Den nordwestlichen Schwerpunkt der Zillertaler Alpen bilden die Tuxer Voralpen. Die Gipfelflur dieser Voralpen, teils sanft hügelig, teils felsig schroff, füllt den Raum zwischen dem Wipp- und dem Zillertal hinaus zum Inntal.

Die Zillertaler Gründe und das Wasser

Das Zillertal, das Haupttal der Zillertaler Alpen, mündet östlich von Jenbach in gleicher Sohlenhöhe in das Inntal. Von Mayrhofen bis dorthin durcheilt der Ziller eine Strecke von 30 Kilometer, aber nur 100 Meter Höhendifferenz beschleunigen die Fließgeschwindigkeit seiner Wasser. Die starken Gefälle liegen hinter Mayrhofen, dem Hauptkamm zu; die Quelltäler, die »Gründe«, brechen mit engen, steilen Kerbstufen in das Mayrhofener Becken, seit alters her »Gründe« genannt, weil sie unbewohnt, also nur sommerliche Weidegründe waren. Die mächtigen Gletscher-

ströme der Eiszeit drückten vom Hauptkamm – der auch zur Zeit der höchsten Vereisung teilweise aus den Eismassen herausragte – nach Norden, sie schürften die Gründe aus zu jener typischen Talform, die von den Glaziologen hier in den Zillertaler Alpen erstmals »Trogtal« genannt wurde. Die weiten Becken an der Hauptkamm-Nordseite hüten die Restbestände der Eiszeit, bilden aber gleichzeitig auch heute noch die Nährgebiete jener Gletscher, die als natürlicher Wasserspeicher enorme Bedeutung für die Energiewirtschaft besitzen. Sie garantieren Jahr für Jahr dem Schlegeis-Speicher ein volles Becken mit 127,7 Mio cbm Inhalt.

Auch die Wasser des Ziller, der weit hinten im Zillergründl unter dem Heiliggeistjöchl entspringt, strömen nicht mehr frei und ungehindert nach Mayrhofen. Noch in den achtziger Jahren wird die Staumauer für den neuen Stausee, den »Speicher Zillergründl« (86 Mio cbm) fertig sein. Auch der längste Zillertaler Grund, der Zillergrund, ist somit »trocken«. Zum Zillergrund entwässern der Hundskehl- und der Sundergrund, der Stillupgrund mit dem kleinen Wochenspeicher Stillup mündet direkt in das Mayrhofener Becken. Nach Westen, mit Einlauf in das Dornauberger Tal, formieren sich der Floitengrund, die Gungl und der Zemmgrund.

Das Zillertal – so, wie es sich der Urlaubsgast vorstellt, wenn er zum erstenmal diese berühmte Tiroler Talschaft besucht.
Der Zillerfluß gibt dem Tal den Namen und auch dem Gebirge, den Zillertaler Alpen, vom Talschluß Mayrhofen nach Süden, hinauf zum Hauptkamm. Die Ahornspitze links und der Dristner rechts grüßen als Vorposten das Zillertal.

Der Zamser Grund reicht von Breitlahner hinauf zum Schlegeisgrund, dorthin, zum größten Zillertaler Stausee, dem Jahresspeicher Schlegeis, fließen die Wasser vom Schlegeiskees, vom Pfitscher Gründl und vom Tuxer Kamm.

Reichenspitz-Gruppe

Die Reichenspitz-Gruppe und die Östlichen Zillerkämme gestalten, vom Hauptkamm nach Norden zum Gerlos- und zum Zillertal, den nordöstlichen Bergraum der Zillertaler Alpen. Die Vergletscherung und somit auch die hauptsächliche Touristik umkreisen die 3303 Meter hohe Reichenspitze, die dieser Bergwelt im Zusammenspiel mit der Wilden Gerlos den Namen gibt.

Der wichtigste Gipfelzug, der Reichenspitzkamm, staffelt 3000 Meter hohe Berge zum Kulminationspunkt an der Reichenspitze. Von diesem hochalpinen Zentrum greifen die Östlichen Zillerkämme: der Gerlos-, Schönach-, Wimmer-, Schwarzach- und Zillerkamm – so benannt nach den Tälern – hinaus zum Gerlostal. Diese Gebirgsketten und die Täler sind, von nur wenigen Ausnahmen abgesehen, bis heute einsames Bergland geblieben. Eine dieser Ausnahmen ist das Wildgerlostal mit dem Speicher Durlaßboden. Die Wildgerlos, vom Südende des Stausees, von der Finkau hinein zum Talschluß unter dem Wildgerloskees, ist die Namensgeberin für den Bach, der dem Durlaßboden die Gletscherwasser zuträgt; an ihm entlang führt der Weg hinauf zur Zittauer Hütte.

Im Bereich der Östlichen Zillerkämme gibt es außer der Zittauer Hütte nur noch das Brandenberger Kolmhaus. Der Brandberger Kolm steht als markanter, weithin erkennbarer Eckgipfel im Zillerkamm, schon im Einzugsbereich von Mayrhofen. Mit dem Kolmhaus als Stützpunkt kommt auch diesem Westabschnitt einiges Interesse entgegen. Sehr lebhaft aber pulsiert der Bergtourismus im Umkreis der Reichenspitze. Aus dem Zillergrund gehen Bergsteiger und Bergwanderer hinauf zur Plauener Hütte, das Krimmler Tal und das Rainbachtal ermöglichen den Zugang zur Richter-Hütte südöstlich der Reichenspitze. Beide Alpenvereinshütten unterstützen die Tour zu ihr und zu weiteren namhaften Zielen im Reichenspitzkamm.

Die Plauener Hütte, darüber das Kuchelmooskees, links Kuchelmooskopf, rechts Reichenspitze, in Bildmitte der Hahnenkamm mit Anschluß zur nicht sichtbaren Wildgerlosspitze.

Reichenspitz-Gruppe

1 Wildkarspitze 3076 m

Von der Finkau zum Gipfel

*schwierig
Gletscher-/Felstour*

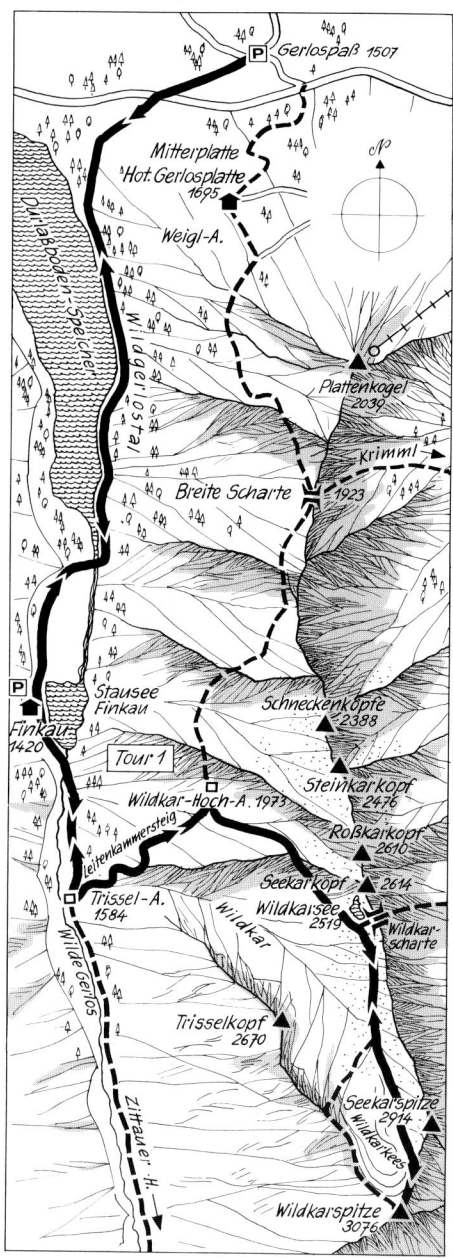

Die Bundesstraße über den 1507 Meter hohen Gerlospaß verbindet das tirolerische Gerlos und damit auch das Zillertal mit dem salzburgischen Pinzgau. Das Land Tirol erschloß die Westauffahrt mit einer breiten Fahrbahn, die am Paß jedoch in die salzburgische Ostabfahrt mündet, die noch immer kurvenreich und schmal durch das Tal der Salzach hinab in den oberen Pinzgau läuft. Diesen Nachteil, der die heutige überaus starke sommerliche Verkehrsfrequenz nicht zulassen würde, gleicht jedoch die moderne Mautstraße aus, die vom salzburgischen Krimml über die Gerlosplatte den Anschluß an Gerlos herstellt. Der große Reisetourismus bekommt vom etwa 2 Kilometer langen Paßscheitel aus einen Einblick in das Tal der Wilden Gerlos und damit zur hochalpinen nordseitigen Bergwelt der Reichenspitz-Gruppe.

Wie ursprünglich und wild mag das Wildgerlostal einmal gewesen sein? Ob es schöner war, kann Ansichtssache sein, denn der Wasserspeicher, der 100 Meter unter dem Paß den Durlaßboden hinein zur Finkau auffüllt, gibt dieser Landschaft einen neuen, positiven Reiz. Ungehindert wie eh und je sammelt der Wildgerlosbach die Gletscherwasser seiner Mutter, des Wildgerloskeeses, und läßt sie bei der Finkau in den Stausee einfließen. Darüber glänzt die Glatze des Gabler, die Tour zu ihm mit Übergang zur benachbarten Reichenspitze genießt in Bergsteigerkreisen einen erstklassigen Ruf.

Links außen, im Gerloskamm als markanter Einzelgipfel plaziert, steht die Wildkarspitze. Zwei Felsgrate vereinigen sich über dem darunter eingebetteten kleinen, spaltenfreien Wildkarkees zu einem Punkt, der mit Meereshöhe von 3076 Meter alle anderen Gipfel im Gerloskamm überragt. Wohl jeder Bergsteiger, der vom Gerlospaß aus die Wildkarspitze betrachtet und lohnende Dreitausender sucht, wird den Wunsch verspüren, diesen Berg zu besteigen. Die Tour kann in Krimml, 1060 m, oder vom Hotel Gerlosplatte, 1695 m, starten, beide Routen treffen bei der Wildkar-Hochalm, 1973 m, beziehungsweise am Wildkarsee, 2519 m, auf den Anstieg herauf von der Finkau. Die Finkau, 1420 m, mit gediegenem Almgasthof und großem Parkplatz, ist vom Gerlospaß gut zu erreichen und der ideale Ausgangsort für die Tagestour zur Wildkarspitze, dieser schönen Felsspitze zwischen dem Krimmler Achental und dem Wildgerlostal.

Höhendifferenz von der Finkau 1700 Meter! Bis zum Wildkarsee eine Wanderroute, der Gipfel ist nur ein Ziel für den erfahrenen Berggeher!

Tourensteckbrief

Ausgangsort
Finkau, 1420 m, im Wildgerlostal.

Die Tour in Stichworten
Gerlospaß, 1507 m - Parkplatz Finkau, 1420 m - Trissel-Alm, 1584 m - Wildkar-Hochalm, 1973 m - Wildkarsee, 2519 m - Wildkarspitze, 3076 m.

Schwierigkeit/Anforderung
III = schwierig, Gletscher-/Felstour, große Anforderung, Tagestour.
Vom Gerlospaß mautfreie Zufahrt zum Alpengasthof Finkau am Stausee Finkau, Parkplatz. Ab Finkau auf Almstraße (gesperrt) zur Trissel-Alm. Von der Alm über den Leitenkammersteig sehr steil durch Bergwald zum Waldsaum und über Almgelände zur Wegeteilung unter der Wildkar-Hochalm. Dort nach SO (der Leitenkammersteig läuft nach N zur Gerlosplatte), vorbei an den Almhütten über Alpweiden höher zu einem Hochplateau mit dem Wildkarsee, 2519 m, unter der Seekarscharte (dort Übergang nach Krimml). Von diesem Hochplateau ist der Gipfelanstieg einzusehen: ab Wildkarsee weglos, nur Steigspuren, vereinzelt Steinmänner. Im Blockwerk des Wildkares entlang des linksseitigen Kammverlaufes hinauf zum Saum des Wildkarkeeses. Bei etwa 2750 m Übertritt zum Gletscher. In dem fast geschlossenen Gletscher, meist Trasse, mäßig steil höher zu einer schwachen Einscharung (Stangenbezeichnung) im blockigen NNO-Grat der Wildkarspitze. Am Grat, auf der Gletscherseite, teils steil und ausgesetzt nach schwachen Steigspuren zum Gipfel. (Aus dem Wildkarkees auch Anstieg über den NNW-Grat möglich, etwas schwieriger.) N-seitiger Routenverlauf, ab Wildkarsee keine Mark., nur bei guten Sichtverhältnissen unternehmen!

Höchste Wegestelle/Gipfel
Wildkarsee, 2519 m, Wildkarspitze, 3076 m.

Anstiegsleistung
Ab Finkau 1700 Höhenmeter.

Abstieg
Wie Anstieg.

Gehzeiten
Finkau, 1420 m - Wildkarsee, 2519 m: 2½ Std.; Wildkarsee - Wildkarspitze, 3076 m: 1½ Std. Abstieg: 3 Std.
Gesamtgehzeit: 7 Stunden.

Hütten/Stützpunkte
Alpengasthof Finkau, 1420 m, privat, Betten und Touristenlager, bew. Mai-Mitte Oktober.

Karten
Kompass Wanderkarte 1:50 000, Blatt 37, »Zillertaler Alpen«.

Die Route zur Wildkarspitze zweigt an dieser Stelle, an einem hübschen Moosboden, von dem markierten Wanderweg ab: Finkau - Seescharte - Krimmler Achental. Vor uns das Blockgelände zum Wildkarkees, darüber die Wildkarspitze (links) mit ihren Anstiegsgraten.

Reichenspitz-Gruppe

2 Zittauer Hütte 2329 m Roßkopf 2845 m Richter-Hütte 2374 m

1.7.92
— Wolb

**Die Pinzgauer Seite
der Reichenspitze**

*wenig schwierig
Wandertour*

Die Rast am Gipfelkreuz der Wildkarspitze, von Wetterglück und klarer Luft begünstigt, kann ein überwältigendes Schauerlebnis sein. Das vergletscherte Zentralmassiv der Reichenspitz-Gruppe, das wir vom Gerlospaß aus in 10 Kilometer Entfernung bewundert haben, ist auf dieser luftigen Kanzel ganz nah. Mit bloßem Auge sehen wir jeden Riß in der zerschlissenen Firndecke des Wildgerloskeeses, die Trampelspur hinauf zur Eisglatze des Gabler, wir erkennen die großartige Position der beiden Hauptgipfel, der Reichenspitze und der Wildgerlosspitze. Noch näher, 700 Meter unter uns, grüßt neben dem Unteren Wildgerlossee die Zittauer Hütte. Dieses Haus ist der erste Stützpunkt für den Vorschlag, in vier bis fünf Tagen die Reichenspitz-Gruppe zu durchwandern, ihre Hütten kennenzulernen und die wichtigen Gipfel: Richterspitze, Reichenspitze, Wildgerlosspitze, Kuchelmooskopf, Zillerplattenspitze zu besteigen.

Der Parkplatz Finkau, 1420 m, ist der gegebene Ausgangsort. Die Wasser der Wilden Gerlos schäumen und stürzen uns entgegen, wenn wir zur Trissel-Alm, 1584 m, hinaufwandern und durch das innere Wildgerlostal den Talschluß »Im Grund« erreichen. Ein schmaler Steig findet eine Route durch den Steilfels, noch 500 Höhenmeter müssen wir zur Zittauer Hütte, 2329 Meter, überwinden.

»Hier ist gut sein, hier laßt uns eine Hütte bauen«, dieses biblische Wort muß sich den Verantwortlichen der damaligen Alpenvereinssektion Warnsdorf geradezu aufgedrängt haben, als sie auf der Suche nach einem Hüttenplatz zu diesem Hochplateau kamen, in dem der Untere Wildgerlossee und der kleinere, von der Hütte aus nicht sichtbare Obere Wildgerlossee den Bergen glänzende Spiegel entgegenhalten. Das Haus hat seinen ursprünglichen Charakter vom Jahre 1901 behalten - holzgeschindelte Wände umschließen ein einfaches, rechteckiges Grundfest -, auf den beiden Stirnseiten jedoch erleichtern Anbauten die Betreuung der vielen Gäste, die an schönen Tagen zur Hütte kommen. Die Zittauer Hütte ist für die nordseitigen Anstiege: über den Gabler zur Reichenspitze, über das Wildgerloskees und den Nordostgrat zur Wildgerlosspitze, ein wichtiger Stützpunkt. Der Felskamm zur Wildkarspitze (siehe Tour 1) wird kaum begangen, als Hausberg gilt der 2845 Meter hohe Roßkopf im Süden der Hütte, im Gerloskamm. Jeder trittsichere Bergwanderer kann diesen aussichtsreichen, blockigen Felsrücken besteigen; rechts von ihm ermöglicht die Roßkarscharte, 2690 m, einen Durchlaß für den Alpenvereinsweg hinüber zur Richter-Hütte im Südosten der Reichenspitze. Diese reizvolle Route wird stark frequentiert, denn die Richter-Hütte ist die Relaisstation im Hin und Her zur Plauener Hütte drüben im Südwesten der Reichenspitze.

Im Übergang Zittauer Hütte - Richter-Hütte ist der Roßkopf eine Dreingabe, die nur wenig Zeit beansprucht. Aus der Vogelschau sehen wir die Ursprünglichkeit der beiden Gerlosseen und nochmals, bevor wir uns dem südlichen Bergraum zuwenden, die Zittauer Hütte inmitten der Wildgerlos. Der gut trassierte Peter-Obholzer-Weg erlaubt ein beschauliches Bergab in das Rainbachtal, auf den Keesböden mündet er bei etwa 2200 Meter in den Talzugang vom Krimmler Tauernhaus zur Richter-Hütte, noch 200 Meter Aufstieg zur schon sichtbaren Hütte am Rande des wasserreichen und flachen Gletschervorfeldes zum Rainbachkees.

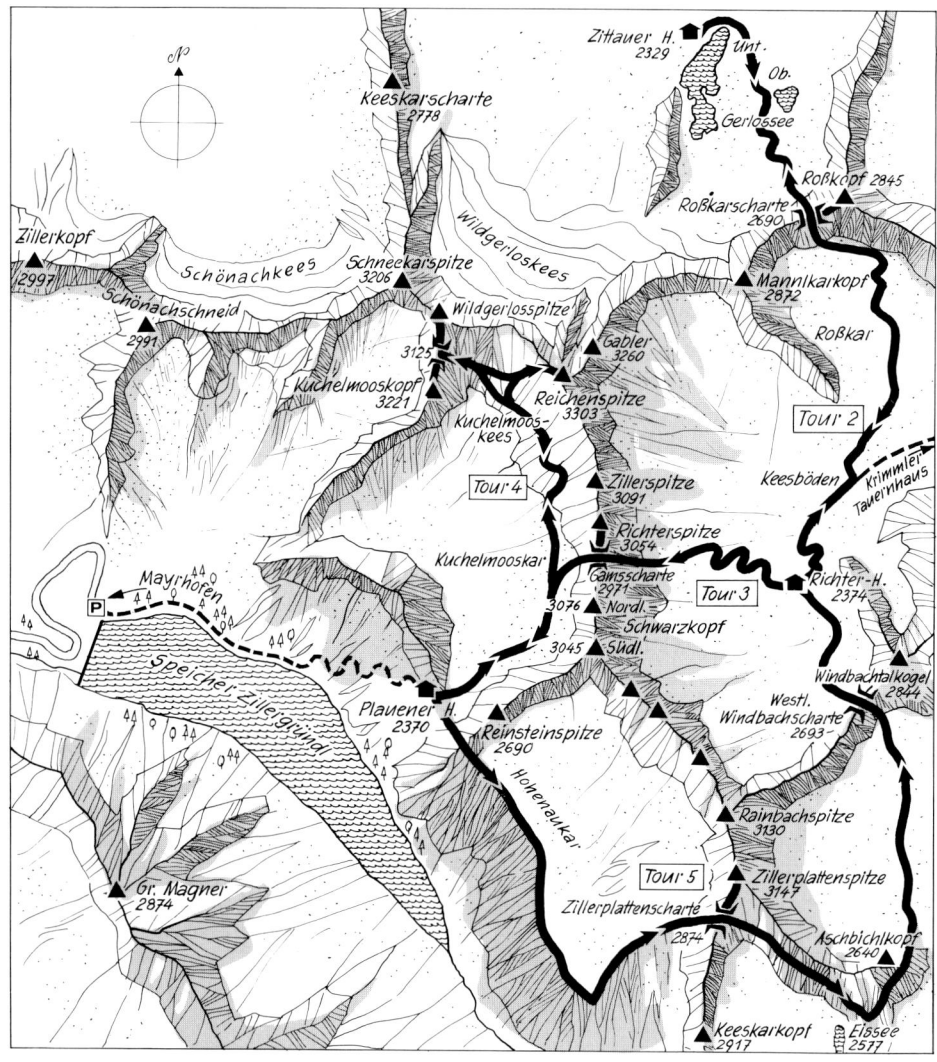

Tourensteckbrief

Ausgangsort
Finkau, 1420 m, im Wildgerlostal.

Die Tour in Stichworten
Gerlospaß, 1507 m – Parkplatz Finkau, 1420 m – Zittauer Hütte, 2329 m – Roßkarscharte, 2690 m – Roßkopf, 2845 m – Roßkarscharte – Richter-Hütte, 2374 m.

Schwierigkeit/Anforderung
I = wenig schwierig, Wandertour, mittlere Anforderung, Tagestour.
Vom Gerlospaß mautfreie Zufahrt zum Alpengasthof Finkau am Stausee Finkau, Parkplatz. Ab Finkau auf Almstraße (gesperrt) bis zur Talstation der Materialseilbahn, 1850 m, und auf mark. Steig steil zur Zittauer Hütte am Unteren Gerlossee. Ab Hütte mark., mäßig steiler Steig durch Blockgelände bis knapp zur Roßkarscharte, mark. Anstieg zum Roßkopf und zurück zur Scharte. Von der Scharte nach S auf dem Peter-Obholzer-Weg durch das Roßkar

hinab zu den Keesböden, ca. 2150 m. Auf Steg über den Rainbach zur Einmündung in den Hüttenzugang vom Krimmler Tauernhaus durch das Rainbachtal und mäßig steil zur sichtbaren Richter-Hütte.
Durchgehend mark., vielbegangener AV-Weg, N- und S-seitiger Routenverlauf.

Höchste Wegestelle/Gipfel
Roßkarscharte, 2690 m, Roßkopf, 2845 m.

Anstiegsleistung
Ab Finkau 1500, ab Zittauer Hütte 600 Höhenmeter.

Abstieg
Siehe Tourenverlauf.

Gehzeiten
Parkplatz Finkau, 1420 m – Zittauer Hütte, 2329 m: 2½ Std.; Zittauer Hütte – Roßkarscharte, 2690 m: 1½ Std. – Roßkopf, 2845 m: hin und zurück ½ Std.; Roßkarscharte – Richter-Hütte, 2374 m: 2 Std.
Gesamtgehzeit: 6½ Stunden.

Die Zittauer Hütte am Unteren Wildgerlossee. Die Hütte im Herzen der Wildgerlos auf dem wasserreichen Hochplateau der Wildgerlosseen ist ein wichtiger Stützpunkt für die nordseitigen Touren in der Reichenspitz-Gruppe.

Hütten/Stützpunkte
Alpengasthof Finkau, siehe Tour 1.
Zittauer Hütte, 2329 m, ÖAV-Sektion Oberpinzgau, Gruppe Warnsdorf, 66 Betten und Matratzen, bew. Mitte Juni–Ende September.
Richter-Hütte, 2374 m, DAV-Sektion Bergfreunde Rheydt, 54 Betten und Matratzen, bew. Anfang Juni–Ende September.

Karten
Kompass Wanderkarte 1:50000, Blatt 37, »Zillertaler Alpen«.

Tip
Talzugang zur Richter-Hütte: Krimml, 1072 m – Krimmler Tauernhaus, 1622 m – Richter-Hütte, 2374 m.

3 Richterspitze 3054 m Plauener Hütte 2370 m

5 (6883)
w? Brd

Der Weg über die Gamsscharte

30.6.92
~ Web

mäßig schwierig
Wander-/Felstour

Die Chronik der Richter-Hütte reicht in das 19. Jahrhundert zurück. Die jetzige Hütte, errichtet 1928, ist ein Haus der dritten Generation; beide Vorgänger, der Erstbau im Winter 1895/96 und der Zweitbau im Winter 1917, wurden durch eine Lawine zerstört. Die Familie Richter aus Warnsdorf im Sudetenland wagte jedesmal einen Neubeginn, auch diese nun dritte Richter-Hütte ist noch Privatbesitz, seit 1967 jedoch von der DAV-Sektion Bergfreunde Rheydt angepachtet. Wenn eine Berghütte trotz vernichtender Schicksalsschläge immer wieder neu entsteht, dann muß an ihrem Standort etwas Besonderes sein. Das Angebot der Richter-Hütte: Die nahe, direkte Gletscher-/Felstour zur Reichenspitze, die schnelle Verbindung zur Plauener Hütte, der Alpenvereinsweg zur Zittauer Hütte, der Weg über den Krimmler Tauern ins Ahrntal, die Eisschultern und Firnbecken des Rainbachkeeses und die attraktiven plattigen Felsflanken des Reichenspitzkammes, diese vielen Möglichkeiten schätzt der Bergsteiger und auch der Bergwanderer. Der Name Richter scheint nicht nur mit der Hütte, sondern auch mit einem leicht ersteigbaren Dreitausender im Reichenspitzkamm auf. Die 3054 Meter hohe Richterspitze gilt als Hausberg, das Gipfelkreuz lockt zum Besuch, meist jedoch ohne Rückkehr zur Hütte, denn die Gamsscharte (Unterstandshütte, siehe Bild Seite 17) mit ihrem kurzen Schlußanstieg zur Spitze öffnet den Übergang zur Plauener Hütte. Diese Route, im Hin und Her viel begangen, wird aber von hochalpinen Gefahren bedroht, die uns am Weg von und zur Zittauer Hütte erspart bleiben.

Tourensteckbrief

Ausgangsort
Richter-Hütte, 2374 m.

Die Tour in Stichworten
Richter-Hütte, 2374 m – Gamsscharte, 2971 m – Richterspitze, 3054 m – Gamsscharte – Plauener Hütte, 2370 m.

Schwierigkeit/Anforderung
II = mäßig schwierig, Wander-/Felstour, mäßige Anforderung, Halbtagestour.
Talzugang Richter-Hütte: Von Krimml im Krimmler Achental zum Krimmler Tauernhaus, 1622 m, bis hierher auch Taxiverkehr; durch das Rainbachtal auf AV-Weg zur Hütte. Ab Krimml 6½Std., ab Tauernhaus 2½ Std.
Ab Richter-Hütte mark. Moränensteig hinauf zu Pt. 2832 AV-Karte, dort nach Schild »Plauener Hütte« über SO-seitige, abschüssige Firnhänge zur sichtbaren Felskerbe der Gamsscharte (Unterstandshütte). Aus der Scharte kurzer,

mark. Anstieg über blockigen Fels zur Richterspitze, auf Anstiegsweg zurück. Ab Scharte W-seitiger, sehr steiler, gesicherter Felsensteig hinab zu einem steilen Firnhang, ca. 2700 m; Querung nach links zum Moränensteig hinab zur sichtbaren Plauener Hütte.
Mark. vielbegangene Route, Anstieg SO, Abstieg SW. Achtung: Ausstieg im W-seitigen Firnfeld bei Vereisung gefährlich, Steigeisen und Pickel notwendig!

Höchste Wegestelle/Gipfel
Gamsscharte, 2971 m, Richterspitze, 3054 m.

Anstiegsleistung
Ab Richter-Hütte 600 Höhenmeter.

Abstieg
Siehe Tourenverlauf.

Gehzeiten
Richter-Hütte, 2374 m – Gamsscharte, 2971 m: 2 Std.; Gamsscharte – Richterspitze, 3054 m, und zurück: ½ Std.; Gamsscharte – Plauener

Hütte, 2370 m: 1½ Std.
Gesamtgehzeit: 4 Stunden.

Hütten/Stützpunkte
Krimmler Tauernhaus, 1622 m, privat, Betten und Touristenlager, bew. Mitte März–Mitte Oktober.
Richter-Hütte, 2374 m, siehe Tour 2.
Plauener Hütte, 2370 m, siehe Tour 4.

Karten
Siehe Tour 2.

Im Übergang von der Richter-Hütte zur Plauener Hütte ist die 2971 Meter hohe Gamsscharte (Bild) für ungeübte und schlecht ausgerüstete Bergwanderer ein ernsthaftes Hindernis, besonders im westseitigen Abstieg auf einem steilen, wenngleich gesicherten Felsensteig zu einem ebenfalls steilen Firnkegel. In der Scharte steht eine alte Unterstandshütte, ab hier mäßig schwieriger Anstieg zur Richterspitze.

Die felsige, schmale Kerbe der 2971 Meter hohen Gamsscharte trennt die Richterspitze vom Nördlichen Schwarzkopf. Im Aufstieg von der Richter-Hütte mündet ein steiler Moränensteig in die abschüssigen Firnhänge vor der Scharte; zumindest einen Pickel sollte demnach auch der Bergwanderer dabeihaben. In der kurzen Spritztour aus der Scharte über den Südgrat zum Gipfel gibt es trotz einiger hoher Felsblöcke kaum Schwierigkeiten, ein Problem aber kann der westseitige Abstieg zur Plauener Hütte sein: Durch eine abschüssige, brüchige Felsrinne, die sommerlicher Neuschnee oft tagelang blockiert, führt die teilweise mit Drahtseil gesicherte Route sehr steil abwärts zum Ausstieg (ca. 2700 m) auf ein steiles Firnfeld. Je nach den Verhältnissen und der eigenen Ausrüstung kann auch die schräge Querung nach links zum Moränensteig, hinab zur schon sichtbaren Plauener Hütte, 2370 m, noch ihre Tücken haben.
Wo aber finden wir Plauen?

»Plauen liegt 50 Grad 30 Min. nördl. Breite und 12 Grad 08 Min. östl. Länge, eingebettet zwischen Waldeshöhen, 330 bis 450 m über NN. terrassenförmig zu beiden Seiten der oberen Weißen Elster. Plauen ist die größte Stadt des Vogtlandes, seine Metropole und sein kulturelles und wirtschaftliches Zentrum.«

So zu lesen in der Plauener Hütte. Die Sektion Plauen, jetzt Sitz Stuttgart, erinnert an die verlorene Heimat.

◁ *Die Richter-Hütte, darüber die Firnstreifen des Rainbachkeeses und der plattige Fels des Reichenspitzkammes. Von links: Nadelspitzen, Spaten, Schwarzkopf.*

4 Reichenspitze 3303 m Wildgerlosspitze 3278 m Kuchelmooskopf 3221 m

Die große Reichenspitz-Runde

**sehr schwierig
Gletscher-/Felstour**

*Die Reichenspitze mit ihrer Nordwestseite, der Aufstiegsseite von der Plauener Hütte.
Die Route kommt von rechts unten, läuft über den Gletscher, Firnsattel und Fels zum Gipfel.*

Rechtes Bild: Vom Firnsattel im Schlußanstieg zur Reichenspitze. Im Nordwesten die Wildgerlosspitze, links der Südgrat, die Route zum Südgipfel.

Als die Alpenvereinssektion Plauen im Jahre 1899 ihre Hütte einweihte, schauten die Festgäste in das seit Jahrtausenden ursprüngliche Zillergründl, in dem der Ziller seine frischen jungen Wasser sammelte und sie nach Mayrhofen hinaus enteilen ließ. Die heimelige Hütte bekam 1912 eine Veranda; die Sanierung dieses voll verglasten, sonnigen »Ansitzes« und die Installierung moderner sanitärer Einrichtungen war 1985 ein dringend notwendiges Bauvorhaben. Der Blick hinab in das Zillergründl zeigt die Wahrzeichen unserer Zeit: einen Stausee und die Krone einer Betonmauer, die in das Zillergründl 86 Mio cbm Wasser zurückstaut (Fertigstellung nach 1986).

Jede Hütte der Reichenspitz-Gruppe bietet eine Route zur Reichenspitze an; am meisten begangen wird der Aufstieg Plauener Hütte – Kuchelmooskees, also die Südwestseite. Dieser Tourenvorschlag richtet sich danach, aber nicht nur, weil dieser Weg besonders populär ist, sondern weil die Plauener Hütte den Tip für eine Dreigipfeltour gibt: Gutes Wetter und beste Verhältnisse vorausgesetzt, kann eine erfahrene, eingespielte Seilschaft die drei zentralen Gipfel der Reichenspitz-Gruppe, die Reichenspitze, 3303 Meter, die Wildgerlosspitze, 3278 Meter, und den Kuchelmooskopf, 3221 Meter, an einem Tag besteigen.

Bei etwa 2700 Meter Höhe, nach dem Moränensteig zum Saum des Kuchelmooskeeses, beginnen die Anforderungen eines Gletscheranstieges. Die möglichen Schwierigkeiten liegen in den steilen Eis-

kaskaden (ab 2800 m), mit der die Zehrzone des Gletschers zum Kuchelmooskar abbricht. Im Frühsommer, bei noch dicker Firnauflage, ist der Durchstieg über etwa 100 Höhenmeter einfach, im späteren Sommer jedoch brechen die Firnbrücken ein, blankes, steiles Eis fordert den sicheren Steigeisengeher. Im flachen Nährbekken des Kuchelmooskeeses läuft ab 3000 Meter die Route in weitem Bogen nach rechts zur Reichenspitze – Achtung, Spaltengefahr! – hinauf zu dem Fels- und Firnsattel, 3220 m, vor dem Gipfel. Der Sattel schließt an westseitigen, steilen, aber nur mäßig schwierigen Fels, der das Gipfelkreuz trägt.

Wie der Großvenediger, so war auch die Reichenspitze bis in das 19. Jahrhundert hinein ein »mystischer« Berg. Überlieferte Sagen erzählen von Gold und Silber unter seiner Eisdecke. Die Aussicht auf eine erfolgreiche Schatzsuche mag einen kühnen Prettauer Bauern aus dem Ahrntal zur Erstbesteigung im Jahre 1856 über das Rainbachkees bewogen haben; Paul Grohmann kam, mit zwei Begleitern aus Gerlos, am 15. September 1865 im Aufstieg aus dem Kuchelmooskees. In weitem Umkreis ist kein Gipfel höher, und so kann die Aussicht vom »Reichenspitz« neben dem Erlebnis dieser Tour der wirkliche Schatz sein, den wir Bergsteiger hinab ins Tal mitnehmen.

In Luftlinie nur 1 Kilometer entfernt ragt die doppelgipfelige Wildgerlosspitze und links von ihr, getrennt durch einen Gletschersattel, der Kuchelmooskopf auf; steiler, plattiger Fels gibt den Bergen die Ge-

stalt. Die Wildgerlosspitze dominiert über dem nordseitigen gleichnamigen Kees, der Kuchelmooskopf beherrscht seinen Gletscher, das Kuchelmooskees, so sehr, daß nur er als Namenspate in Frage kam. Beide Anstiege können wir von der Reichenspitze aus gut beurteilen. Von einer Senke im südseitigen Aufbau der Wildgerlosspitze läuft ein Felssporn sanft im Gletschersattel vor dem Kuchelmooskopf aus, aufwärts spitzt jedoch der helle, plattige Südgrat den höchsten Punkt der Wildgerlosspitze, den Hauptgipfel, in steiler Linienführung scharf und ausgesetzt zu. Die Senke, zu der das Kuchelmooskees hinaufreicht (Pt. 3139 AV-Karte), öffnet den Einstieg zum Grat. Nur 140 Meter zum Hauptgipfel – bei aperem Fels eine reizvolle Aufgabe! (II–III, Übergang zum Nordwestgipfel IV.)

Der Kuchelmooskopf ist »billiger« zu haben, deshalb wird er auch häufiger besucht. Aus dem Gletschersattel, 3125 m, zwischen ihm und der Wildgerlosspitze fordert er über mäßig steilen leichten Fels nur die geringe Aufstiegsmühe von 15 Minuten, zur nun letzten Gipfelrast bei einem Steinmann in 3221 Meter Höhe.

Tourensteckbrief

Ausgangsort
Plauener Hütte, 2370 m.

Die Tour in Stichworten
Plauener Hütte, 2370 m - Reichenspitze, 3303 m - Wildgerlosspitze, 3278 m - Kuchelmooskopf, 3221 m - Plauener Hütte.

Schwierigkeit/Anforderung
IV = sehr schwierig, Gletscher-/Felstour, große Anforderung, Tagestour.
Talzugang zur Plauener Hütte: Von Mayrhofen mit Linienbus zum Parkplatz »Speicher Zillergründl«, ca. 1850 m, Werkstraße, nur für Anlieger. Vom Parkplatz auf der Werkstraße talein zur Abzweigung »Plauener Hütte« und auf AV-Weg mäßig steil zur Hütte. Ab Parkplatz 1½ Stunden.
Reichenspitze: Ab Hütte nach Schild auf mark. Steig durch das Kuchelmooskar zum Rand des Kuchelmooskeeses, das man bei etwa 2700 m betritt. Ab ca. 2800 m am rechten Gletscherrand über 100 Höhenmeter, Steilstufe, offene Spalten, häufig Blankeis, hinauf in das obere Firn-

becken, ca. 3000 m, meist Trasse. In einem Bogen nach rechts zu dem Fels- und Firnsattel, ca. 3200 m, und über mäßig schwierigen W-seitigen Fels zum Gipfel.
Wildgerlosspitze: Von der Reichenspitze zurück in das obere Gletscherbecken und mäßig steil (meist Trasse) nach NW zu höher gegen eine Senke, Pt. 3139 AV-Karte, im felsigen S-Sporn der Wildgerlosspitze. Über den sehr steilen, plattigen, teils sehr ausgesetzten S-Grat zum Hauptgipfel (III).
Kuchelmooskopf: Ab Pt. 3139 AV-Karte entweder über Firn oder Fels zum Gletschersattel, 3125 m, zwischen Wildgerlosspitze und Kuchelmooskopf; aus dem Sattel mäßig steil über Firn und Fels einfache Route zum Gipfel.
Übersichtlicher SW-Routenverlauf, viel begangen, Achtung: Spaltengefahr!

Höchste Wegestelle/Gipfel
Reichenspitze, 3303 m, Wildgerlosspitze, 3278 m, Kuchelmooskopf, 3221 m.

Anstiegsleistung
Ab Plauener Hütte zur Reichenspitze 1100, + Wildgerlosspitze und Kuchelmooskopf 1300 Höhenmeter.

Abstieg
Vom Firnsattel zwischen Wildgerlosspitze und Kuchelmooskopf in das obere Gletscherbecken des Kuchelmooskeeses und auf Anstiegsweg zurück zur sichtbaren Plauener Hütte.

Gehzeiten
Plauener Hütte, 2370 m - Reichenspitze, 3303 m: 3½ Std.; Übergang Wildgerlosspitze, 3278 m: 2 Std.; Übergang Kuchelmooskopf, 3221 m: 1 Std.
Abstieg Plauener Hütte: 2½ Std.
Gesamtgehzeit: 9 Stunden.

Hütten/Stützpunkte
Plauener Hütte, 2370 m, DAV-Sektion Plauen/Vogtland, Sitz Stuttgart, 60 Betten und Matratzen, bew. Mitte Juni–Ende September.

Karten
Siehe Tour 5.

Das Zehrbecken des Kuchelmooskeeses, aus dem heraus von rechts unten nach links der Aufstieg zum Hochbecken erfolgt.
Im Hintergrund die Wildgerlosspitze.

Reichenspitz-Gruppe

5 Zillerplattenspitze 3147 m

Felspyramide im Reichenspitzkamm

5. 16.8.89 ☉f
Bcd

mäßig schwierig
Wander-/Felstour

»Eindrucksvolle Pyramide über der Zillerplattenscharte. Lohnenswerter Gipfel mit prächtigem Ausblick auf Dreiherrnspitze und Großvenediger«. Mit diesen Worten lobt der AV-Führer »Zillertaler Alpen« die Zillerplattenspitze. Die genannten

Berge der Venediger-Gruppe stehen aber relativ weit entfernt im Südosten, wesentlich näher ragt im Südwesten die formschöne Spitze des Rauchkofels, 3252 m. Dieser bedeutende Berg ist unser Begleiter auf der ausgedehnten und fast horizontalen Trasse des Hannemann-Weges durch das Hohenaukar bis zur Abzweigung hinauf zur Zillerplattenscharte. Ihre Pyramidenform zeigt die Zillerplattenspitze am schönsten nach Süden zum Heiliggeistjöchl und zum Krimmler Tauern. Aus dieser Sicht erkennt der Bergsteiger den hochalpinen Anspruch des Gipfels. Auf der Zillerseite hütet die Zillerplattenspitze die Firnflecken des Hohenaukeeses, auf der Krimmler Seite das kleine Karkees. Der nördliche Scharteneinschnitt, 2874 m, ist der Schlüssel zum Südgrat. Mit blockigem, nur mäßig steilem Fels baut die Natur einen idealen Weg zum Gipfel, Steinmänner und Steigspuren erleichtern zudem diese genußreiche Tour.

Tourensteckbrief

Ausgangsort
Plauener Hütte, 2370 m.

Die Tour in Stichworten
Plauener Hütte, 2370 m – Zillerplattenscharte, 2874 m – Zillerplattenspitze, 3147 m – Zillerplattenscharte – Eissee, 2577 m – Westliche Windbachscharte, 2693 m – Richter-Hütte, 2374 m.

Schwierigkeit/Anforderung
II = mäßig schwierig, Wander-/Felstour, mittlere Anforderung, Tagestour.
Talzugang zur Plauener Hütte siehe Tour 4.
Ab Hütte nach Schild »Heiliggeistjöchl« auf dem Hannemann-Weg, (502) in horizontaler Hangquerung bis zur beschilderten Abzweigung, ca. 2450 m, »Zillerplattenscharte«. Von dort mark. Steig, Steinmänner, durch das Seekar, mäßig steil, zum Schluß über Firn gegen die Einschartung links des Schartenhöckers (die südl. Einschartung ist die eigentliche Zillerplattenscharte). Aus der Scharte nach Steigspuren und Steinmännern über den blockigen, gut gestuften Fels des S-Grates mäßig steil zum Gipfel.
Durchgehend mark., SW-und S-seitiger Routenverlauf.

Höchste Wegestelle/Gipfel
Zillerplattenscharte, 2874 m, Zillerplattenspitze, 3147 m.

Anstiegsleistung
Ab Plauener Hütte 800 Höhenmeter.

Abstieg
Zurück zur Einstiegsscharte, von dort zur Zillerplattenscharte, über Firnfelder nach SO hinab zum sichtbaren Eissee, zur Einmündung (Pt. 2473 AV-Karte) in den Fritz-Pungs-Weg und auf ihm über die Westliche Windbachscharte, 2693 m zur Richter-Hütte.
Entweder über die Zittauer Hütte zurück zur Finkau (siehe Tour 2) oder Abstieg zum Krimmler Tauernhaus, 1622 m, Taxiverkehr nach Krimml.

Gehzeiten
Plauener Hütte, 2370 m – Zillerplattenscharte, 2874 m: 2½ Std.; Zillerplattenspitze, 3147 m, und zurück: 1 Std.
Abstieg: Zillerplattenscharte – Eissee, 2577 m – Westliche Windbachscharte, 2693 m – Richter-Hütte, 2374 m: 3 Std.
Gesamtgehzeit: Ab Plauener Hütte – Richter-Hütte 6½ Stunden.

Hütten/Stützpunkte
Plauener Hütte, 2370 m, Richter-Hütte, 2374 m, Krimmler Tauernhaus, 1622 m, siehe Touren 2/4.

Karten
Kompass Wanderkarte 1:50000, Blatt 37, »Zillertaler Alpen«.

Am Südgrat der Zillerplattenspitze – auf dem gut gangbaren Blockrücken knapp 300 Höhenmeter zum Gipfel.

6 Wechselspitze 2660 m

Kalkspitze im Wimmerkamm

**wenig schwierig
Wander-/Felstour**

Das Gebirge der Östlichen Zillerkämme ist auch heute noch eine Oase der Stille, denn die meist weglosen Anstiege überfordern den normalen Bergwanderer. Die 2660 Meter hohe Wechselspitze bleibt deshalb ein einsamer Berg, wenngleich sie mit Gipfelkreuz und großer Aussicht lockt.
Die Tour beginnt im Schönachtal hinter der Jausenstation »Lakenalm« mit dem steilen Pfad hinauf zur Stackerl-Alm, 1850 m. Markierungen leiten höher zu einem Wiesenjoch, die Wechselspitze steht links – nur Trittspuren über Wiesenhänge, durch einen groben Schotterkessel und über die steile, schrofige Ostflanke, weisen den Weg zum Gipfel.

Tourensteckbrief

Ausgangsort
Gerlos, 1245 m, im Gerlostal.

Die Tour in Stichworten
Gerlos, 1245 m – Jausenstation »Lakenalm«, 1405 m – Stackerl-Alm, 1850 m – Wechselspitze, 2660 m.

Schwierigkeit/Anforderung
I = wenig schwierig, Wandertour, mittlere Anforderung, Tagestour.
Von Gerlos zum Parkplatz, ca. 1300 m, an der Einfahrt in das Schönachtal. Auf Güterweg zur Jausenstation »Lakenalm« und noch etwa ¼ Std., vorbei an der Lakenalm II, talein zum Wegeschild »Kirchspitze«.
Auf mark. Almsteig steil durch den Isswald zur Stackerl-Alm. Vor der Alm nach Mark. und Steigspuren in einem Tälchen geradeaus höher zum Schild »Kirchspitze«, ca. 2200 m. (Abzweigung nach rechts zum nahen, sichtbaren Kreuz auf dem Gaißkopf, 2320 m). Zur Wechselspitze weglos, ohne Mark., nach links zu einem grasigen Sattel. Dort hinab in einen steinigen Karkessel, nach Steinmännern, Steigspuren durch den Kessel (Altschnee) und in einer steilen Schrofenwand ca. 50 m (schwierigste Stelle) hinauf zu dem schmalen, grasigen Verbindungsgrat, der zur O-Flanke der Wechselspitze anschließt. In dieser mit Moos begrünten Schrofenflanke entlang des O-Grates nach Steigspuren steil zum Gipfel.

NO-seitiger Routenverlauf, nicht mark., nur bei guter Sicht unternehmen!

Höchste Wegestelle/Gipfel
Wechselspitze, 2660 m.

Anstiegsleistung
Ab Jausenstation »Lakenalm« 1200 Höhenmeter.

Abstieg
Wie Anstieg.

Gehzeiten
Parkplatz Schönachtal, ca. 1300 m – Jausenstation »Lakenalm«, 1405 m: 1 Std.; »Lakenalm« – Stackerl-Alm, 1850 m: 1 Std.; Stackerl-Alm – Wechselspitze, 2660 m: 2½ Std.
Abstieg: 3 Std.
Gesamtgehzeit: 7½ Stunden.

Hütten/Stützpunkte
Jausenstation »Lakenalm«, 1405 m, nur Tagesbewirtschaftung, keine Übernachtung.
Stackerl-Alm, 1850 m, nur Almbetrieb.

Karten
Kompass Wanderkarte 1:50000, Blatt 37, »Zillertaler Alpen«.

Das Schönachtal mit der Jausenstation »Lakenalm«, darüber die schon weiße Ostflanke der Wechselspitze. Der Aufstieg beginnt an der Waldschneise am linken Bildrand.

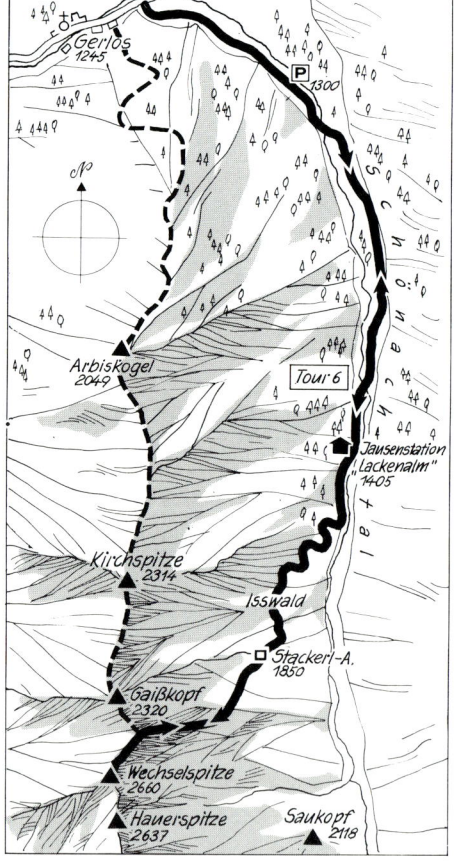

7 Brandberger Kolm 2700 m

Am Eingang zum Zillergrund

wenig schwierig
Wander-/Felstour

Tourensteckbrief

Ausgangsort
Brandberg, 1092 m, im Zillertal.

Die Tour in Stichworten
Brandberg, 1092 m – Brandenberger Kolmhaus, 1845 m – Brandberger Kolm, 2700 m.

Schwierigkeit/Anforderung
I = wenig schwierig, Wandertour, mittlere Anforderung, Tagestour.
Von Mayrhofen Auffahrt nach Brandberg. Vom Parkplatz mark. Steig über Wiesenhänge und Güterweg nach Ahornach zum höchsten Hof. Ab hier mark. Steig zum Brandenberger Kolmhaus. Mark. Steig durch das Brandberger Kar, mäßig steil bis etwa 2150 m, dort nach Hinweis »Kolm« über eine Steilstufe nach rechts durch ein steiniges Hochkar zu einem deutlichen großen Steinmann. Querung in die S-Flanke, auf erdigem Steig steil höher zu Fels, kurzer Durchstieg zum Gipfelplateau.
SW-seitiger Routenverlauf, durchgehend mark., viel begangen.

Höchste Wegestelle/Gipfel
Brandberger Kolm, 2700 m.

Anstiegsleistung
Ab Brandberg 1600, ab Kolmhaus 900 Höhenmeter.

Abstieg
Wie Anstieg.

Gehzeiten
Brandberg, 1092 m – Kolmhaus, 1845 m: 2 Std.;
Kolmhaus – Brandberger Kolm, 2700 m: 2½ Std.
Abstieg: 3 Std.
Gesamtgehzeit: 7½ Stunden

Hütten/Stützpunkte
Brandenberger Kolmhaus, 1845 m, privat, 8 Schlafplätze, bew. Anfang Juni – Mitte Oktober.

Karten
Siehe Tour 6.

Das Brandenberger Kolmhaus unterstützt die Tour zum Brandberger Kolm. Sein Felsstößel ragt im Hintergrund, von der alten heimeligen Hütte noch 2½ Aufstiegsstunden entfernt, auf.

Der Brandberger Kolm und die Ahornspitze grüßen in Vertretung aller übrigen hohen Zillertaler Berge bis hinaus zur Inntal-Autobahn. Nur diese beiden Gipfel stehen so günstig und verraten schon aus 30 Kilometer Entfernung die Lage von Mayrhofen. Aus dem Mayrhofener Talkessel erscheint der Brandberger Kolm als übermächtiger, schlanker Felsstößel. Diese auffällige Gestalt und das Bergdorf Brandberg, über dem er sich erhebt, mögen die Wurzel für den Namen sein, denn der »Kolm« war im Bergbau ein schwerer, gesteinszerkleinernder »Stößel«. Von den fünf Östlichen Zillerkämmen ziehen vier hinaus zum Gerlostal, der fünfte, der Zillerkamm, begleitet den Zillergrund in Richtung Mayrhofen. Mit dem Brandberger Kolm schenkt er diesem berühmten Zillertaler Fremdenzentrum eine prächtige, 2700 Meter hohe Nahkulisse.

Der Höhenunterschied von Mayrhofen, 628 m, zum Kolm beträgt über 2000 Meter, in Brandberg, 1092 m, dem Ausgangsort, noch 1600 Meter! Die Tour ist demnach kein Spaziergang für Gelegenheitswanderer, aber Kondition und die Freude am Berg überwinden den teils steilen, mühsamen, doch abwechslungsreichen und landschaftlich sehr reizvollen Aufstieg. Die Rast beim Kreuz auf dem Gipfelplateau, die große Schau in die inneren Zillertaler Alpen und, wie könnte es anders sein, auch die Einkehr im alten, gemütlichen Brandenberger Kolmhaus, 1845 m, wiegen alle Plage überreichlich auf.

Zillertaler Hauptkamm

- und **Nördliche Seitenkämme.** Diese Ergänzung gehört mit hinzu, denn der folgende Abschnitt behandelt den gesamten inneren Raum der Zillertaler Alpen, den Hauptkamm und die Bergkämme nach Norden hinaus zum Talbecken von Mayrhofen.

Der Zentralalpenkamm setzt in seinem Zug durch die Venediger-Gruppe mit der Dreiherrnspitze die letzte bedeutende Landmarke der Hohen Tauern, bevor er ab Birnlücke als Zillertaler Hauptkamm nach Westen zum Pfitscher Joch zieht. Die Ausdehnung ist fast gradlinig, hält eine schwache Südwestrichtung ein und beträgt allein in Luftlinie 44 Kilometer.

In diesem Tourenbuch betrachten wir die Nordtiroler Seite der Zillertaler Alpen. (Auf der Südseite des Hauptkammes reichen die Zillertaler Alpen hinein nach Südtirol zum Ahrntal – Tauferer Tal – Pustertal und schließen auch die Pfunderer Berge, die zum Eisacktal grenzen, mit ein; siehe auch Seite 8). Wir erkennen den deutlich ausgeprägten Hauptkamm, von dem ein System ebenso deutlicher Nebenkämme, die sogenannten Nördlichen Seitenkämme, mit Ausdehnungen bis zu 10 Kilometer nach Norden zum Dornauberger Tal und nach Mayrhofen streichen. In Aufzählung von Ost nach West sind dies: der Magner-, Ribler-, Ahorn- und Floitenkamm, der Mörchen-Igentkamm, der Greiner- und der Hochstellerkamm, so benannt nach ihren wichtigsten Erhebungen. Die touristische Bedeutung tritt gegenüber dem Hauptkamm stark zurück, sie beschränkt sich auf wenige schroffe Felsgipfel, die dem versierten Kletterer klassische Urgesteinsführen bis zum VI. Grad anbieten. Eine Ausnahme ist der Ahornkamm, an ihm hat auch der Bergwanderer seine Freude, wenn er die Ahornspitze besucht und den Aschaffenburger Höhensteig begeht. Die Vergletscherung ist gering, nur kleine, dünne Firnflecken schmücken den dunklen, glatten Granitgneis dieser Berge, die in Hauptkammnähe die Dreitausenderlinie knapp überschreiten.

Der große Berg- und Wandertourismus spielt sich am Hauptkamm ab. Die Zillertaler Gründe öffnen ideale Zugänge und über jedem Talschluß glänzt ein Gletscher. Aus dem Eis wachsen Berge mit Rang und Namen, die Anziehungskraft dieser Gipfel ermunterte im vergangenen Jahrhundert die Erschließer zur mutigen Tat. Wir, die Nachfahren dieser damals nur wenigen Männer, schwärmen in jedem Sommer zu Tausenden in die Zillertaler Alpen aus, stapfen über die Gletscher zum Gipfelziel unserer Wünsche oder wandern an den Gletschersäumen den Hauptkamm entlang. Am Zillertaler Hauptkamm kann also auch der Bergwanderer, sofern er gehtüchtig und gehfreudig ist, sein Bergerlebnis bekommen. Die Touren 8 bis 19 preisen die »Edelsteine« der Hauptkammkrone, sie weisen auch die große Zillertaler Höhenroute von Ost nach West, von Hütte zu Hütte mit dem Blick auf »ewiges« Eis und die Gipfel darüber.

Im Ostabschnitt von der Birnlücke zum Hörndljoch – beide über 2500 Meter hoch – ist der Hauptkamm nur schwach vergletschert, die wichtigen Übergänge dazwischen, der Krimmler Tauern, das Heiliggeistjöchl und das Hundskehljoch liegen ebenfalls in 2500 Meter Meereshöhe. Die große Vergletscherung beginnt an der Wollbachspitze, bis zum Auslauf am Pfitscher Joch gibt es keinen aperen Übergang! Im Schwung dorthin dominieren die Namen Löffler, Schwarzenstein, Turnerkamp, Möseler, Weißzint und Hochfeiler. Der Faszination dieser Namen wird jeder Ostalpenbergsteiger irgendwann erliegen, auf dem Normalweg oder einer schwierigeren Route wird er danach trachten, diese Gipfel zu besteigen.

Nach den Männern der ersten Stunde kam in den letzten Jahrzehnten des 19. Jahrhunderts der damalige Deutsche und Österreichische Alpenverein auch in die Zillertaler Alpen. Ideal gesinnte Bergfreunde aus alpenfernen Sektionen setzten erhebliche Geldmittel ein, bauten Wege aus den Gründen hinauf zu den Gletschern und errichteten Hütten. Ihnen verdanken wir die Stützpunkte, ohne deren Dasein wir uns die Touren im Hauptkammbereich nicht vorstellen könnten: die Edel-Hütte und Kasseler Hütte, die Greizer Hütte und Berliner Hütte und das Furtschagl-Haus.

Vom Felsfuß der Berliner Spitze, aus etwa 3150 Meter Höhe, betrachten wir den Zillertaler Hauptkamm im Schwung nach Westen über Turnerkamp – Roßruggspitze – Großer Möseler, im Hintergrund der Hochfeiler. Das Hornkees im Vordergrund, hinein zum feinen Felsgrat des »Roßrugg«, und das Waxeckkees unter dem Großen Möseler entwässern nach Norden, hinab in den Zemmgrund.

8 Edel-Hütte
2238 m
Ahornspitze
2976 m

Mayrhofener Spritztour

*mäßig schwierig
Wander-/Felstour*

Tourensteckbrief

Ausgangsort
Mayrhofen, 628 m, im Zillertal.

Die Tour in Stichworten
Mayrhofen, 628 m – Ahornbahn-Bergstation, 1965 m – Edel-Hütte, 2238 m – Ahornspitze, 2976 m.

Schwierigkeit/Anforderung
II = mäßig schwierig, Wander-/Felstour, mittlere Anforderung, Tagestour.
Von Mayrhofen mit der Ahornbahn zur Bergstation, von dort Weg zur Edel-Hütte.
Ab Hütte auf Steig über Grasböden zu Blockhalden, ca. 2700 m, unter dem Gipfelaufbau. Steiler Felsensteig durch die W-Flanke zur Scharte zwischen den beiden Gipfeln, mit wenigen Schritten zum Kreuz am N-Gipfel.
SW-seitiger, durchgehend mark. Routenverlauf, viel begangen.

Höchste Wegestelle/Gipfel
Ahornspitze, 2976 m.

Anstiegsleistung
Ab Bergstation Ahornbahn 1000, ab Edel-Hütte 700 Höhenmeter.

Abstieg
Wie Anstieg; oder nach Mark. zum S-Gipfel und über die Popbergschneide zurück zur Hütte.

Gehzeiten
Bergstation Ahornbahn, 1965 m – Edel-Hütte, 2238 m: 1 Std.; Edel-Hütte – Ahornspitze, 2976 m: 2 Std.
Abstieg wie Anstieg bis Bergstation: 2½ Std.
Gesamtgehzeit: 5½ Stunden.

Hütten/Stützpunkte
Karl-von-Edel-Hütte, 2238 m, DAV-Sektion Würzburg, 63 Betten und Matratzen, bew. Mitte Juni–Ende September.
Gaststätte an der Bergstation.

Karten
Siehe Tour 9.

Der längste der Nördlichen Seitenkämme, der Ahornkamm, postiert seinen Eckpfeiler knapp hinter Mayrhofen. Nur 24 Meter fehlen diesem edel geformten Felshorn zum Dreitausender, und so ist die Ahornspitze eine prächtige Werbung für die gesamten Zillertaler Alpen! Ein Gipfel mit dieser Ausstrahlung weckte natürlich frühzeitig das Interesse der damaligen »Alpenreisenden«. – »Bergsteiger« und »bergsteigen« waren im Jahre 1840, als der legendäre Salzburger Professor Thurwieser als Erster zur Ahornspitze kam, noch gänzlich unbekannte Begriffe.
Sein Vorhaben gelang Thurwieser auf Anhieb. In Begleitung des Hilfspriesters Seisl von Mayrhofen, des Vikars Weinold von Brandberg, des Schullehrers Thaler, mit dem Träger Kreidl und dem Senner Eberharter verließ Thurwieser am 1. September 1840 um 4.45 Uhr den Mitterleger der Föllenberg-Alpe, 1588 m, wo sie zur Nacht waren. Der Senner Eberharter ging als Führer voran, »in der einfachsten Kleidung, ohne Jacke, Weste, Halstuch und ohne Schuhe«. Der Weg Thurwiesers ist auch heute noch der Normalweg. Im Föllenbergtal, dem Standort der Edel-Hütte

Am Weg von der Bergstation Ahornbahn zur Edel-Hütte. Links oben die Ahornspitze, nach rechts, herab zur sichtbaren Edel-Hütte, die Aufstiegsseite zum Gipfel.

(vom Bahnhof Mayrhofen aus sichtbar), zieht er über bucklige Rasenböden zu den Steinmännern auf dem Geröllsattel (ca. 2700 m) unter dem Aufschwung des Westgrates. Thurwieser wird damals andere Verhältnisse als heute angetroffen haben, denn um 1840 hatte die letzte, die sogenannte »Kleine Eiszeit« (Beginn im 16. Jahrhundert) ihren höchsten Stand. Schnee und auch Eis im Föllenbergkar plagten seine Gesellschaft, und so fragte er Eberharter: »Gehst du wohl barfuss nicht zu hart?« – »O«, erwiderte er, »dies bin ich schon gewohnt.« Vom Sattel schwenkt der Aufstieg in das brüchige Blockgelände der Südwestflanke, ein markierter Steig führt heute die Route steil aufwärts zur Scharte zwischen dem südlichen, etwas höheren Gipfel, (2976 m, gilt als Hauptgipfel) und dem gegen Mayrhofen zu vorgeschobenen, etwas niedrigeren Nordgipfel, der das Gipfelkreuz trägt. Aus der Scharte gelangt man nach links oder

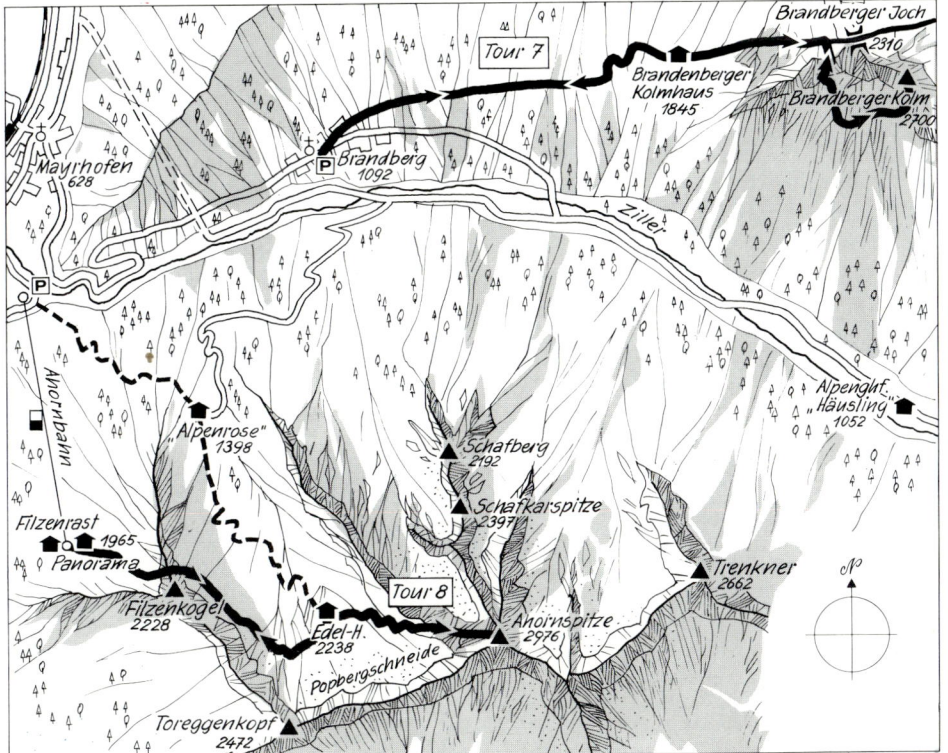

Tour 7

Seit es die Ahornbahn gibt, ist die Edel-Hütte ein schnell und leicht erreichbares und deshalb überaus beliebtes Ausflugsziel herauf von Mayrhofen. Der Weg zur Ahornspitze, nun eine »Mayrhofener Spritztour«, hat seinen früheren Schrecken – 2300 Meter zum Gipfel – verloren. Im Kammverlauf über der Hütte die Bergstation der Ahornbahn.

rechts mit nur wenigen Schritten zum jeweils höchsten Punkt. Ob wir nun in Nord oder Süd stehen, beide Gipfel der Ahornspitze zeigen die große Zillertaler Bergwelt bis hinein zum Hauptkamm.

Thurwieser betrat 4 Minuten nach 8 Uhr den Hauptgipfel und blieb bis 10 Minuten vor 4 Uhr. Er maß mit dem Barometer die Höhe der Ahornspitze mit »9397 Wiener Fuß«, beschrieb und zeichnete das Panorama – fast 8 Stunden stand der Geistliche und Professor für orientalische Sprachen, Peter Carl Thurwieser (1789–1865), auf dem Gipfel. Mag der Aufenthalt auf der Ahornspitze auch noch so schön sein, unsere Rast dauert vielleicht eine Stunde, niemand zeichnet ein Panorama, wir fotografieren und sehen 700 Meter tiefer die Edel-Hütte – wer kann dieser Lockung lange widerstehen?

Nördliche Seitenkämme

9 Aschaffenburger Höhensteig

*Von der Edel-Hütte
zur Kasseler Hütte*

✕

*mäßig schwierig
Wandertour-/Felstour*

Die Ahornbahn, Bergstation 1965 Meter, reduziert die Aufstiegsmühe zur Edel-Hütte auf knappe 300 Höhenmeter, also nur 1 Stunde Gehzeit. Die 1899 erbaute, gut ausgestattete und 1977 letztmalig erweiterte Hütte ist deshalb ein beliebter Ausflugsort und die nahe Ahornspitze ein begehrtes Bergziel. Der kräfteschonende

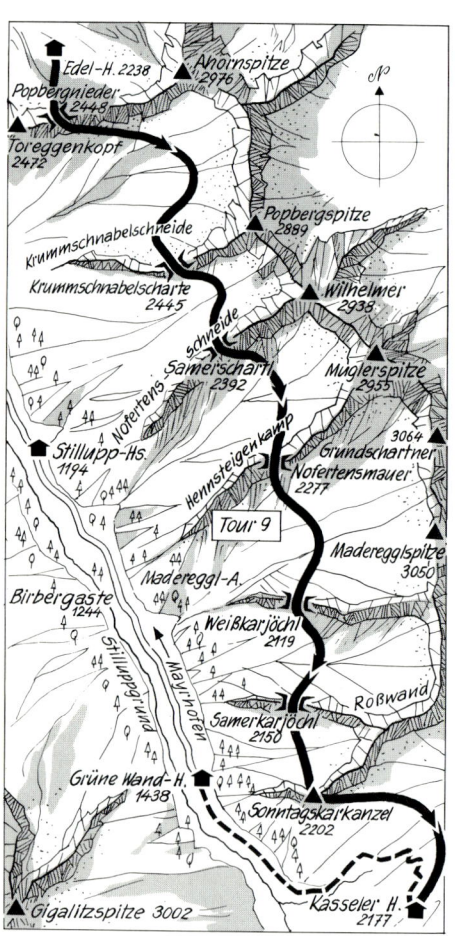

Zugang und die Hüttenposition begünstigen aber nicht nur den Gipfelanstieg, sondern auch den Start zur großen Zillertaler Rundtour: Von der Edel-Hütte zum Hauptkamm und in weitem Bogen über den Tuxer Kamm zum letzten Stützpunkt, zur Gams-Hütte, mit Rückkehr nach Mayrhofen – kein Talabstieg, tiefste Stelle ist mit 1800 Meter der Schlegeisspeicher! Dieses großartige, aber sehr anstrengende Unternehmen beginnt mit dem Aschaffenburger Höhensteig, auch »Siebenschneidensteig« genannt, der für diese Supertour sogleich die richtigen Maßstäbe setzt.

»Aschaffenburger Höhensteig, AV-Weg Nr. 518, Edel-Hütte – Kasseler Hütte, nur für Geübte, reine Gehzeit 8 bis 10 Stunden. Nur bei offenem Wetter zu begehen, alpine Ausrüstung erforderlich, keine Abstiegsmöglichkeit ins Tal. DAV-Sektionen Aschaffenburg, Kassel und Würzburg«.

Dieses Schild an der Edel-Hütte dämpft allzu optimistische Bergwanderer. Ausdauernde Geher können zwar bei guten Verhältnissen und leichtem Rucksack die Entfernung von 14 Kilometern und 600 bis 700 Aufstiegsmetern in 6 Stunden reiner Gehzeit ablaufen, realistischer ist jedoch die obige Zeitangabe. Wer dies bedenkt, wird schon am Tag vorher zur Edel-Hütte kommen, als Eingehtour sogleich die Ahornspitze besteigen und am nächsten Tag frühmorgens zum Aschaffenburger Höhensteig starten.

Das Erlebnis dieses Höhenweges ist das Schauen von einer Schneide zur nächsten, das meist einsame Wandern durch ausgedehnte Karbuchten den hohen, vergletscherten Bergen entgegen, die überraschende Routenführung im Auf und Ab zu den Schneiden und eine vielleicht längere Rast auf der siebten Schneide, der Sonntagskarkanzel. Wer auf dem Talweg zur Kasseler Hütte kommt, sollte diese Kanzel extra aufsuchen: Der Hauptkamm mit Großem Löffler, der Floitenkamm vom Löffler zur Lapenscharte und die Gletscher formen den großartigen Talschluß des Stillupgrundes. Der Einblick in den Wegeverlauf zur Lapenscharte ist zudem eine wichtige Information für den Übergang zur Greizer Hütte, denn die Verhältnisse unter den Gletschern, ob aper oder Schnee, bestimmen die Anforderungen dieser Tour (siehe Tour 13).

Sieben langgezogene Felsschneiden trennen im Aschaffenburger Höhensteig als sehr auffällige Merkmale ein Kar vom nächsten. Im Bild oben die Krummschnabelscharte in der gleichnamigen Schneide im nordseitigen Aufstieg, unten der südseitige Abstieg ins Hasenkar.

Tourensteckbrief

Ausgangsort
Mayrhofen, 628 m, im Zillertal.

Die Tour in Stichworten
Mayrhofen, 628 m – Edel-Hütte, 2238 m – Popbergnieder, 2448 m – Krummschnabelscharte, 2445 m – Samerschartl, 2392 m – Nofertensmauer, 2277 m – Weißkarjöchl, 2119 m – Samerkarjöchl, ca. 2150 m – Sonntagskarkanzel, 2202 m – Kasseler Hütte, 2177 m.

Schwierigkeit/Anforderung
II = mäßig schwierig, Wander-/Felstour, große Anforderung, Tagestour.
Zur Edel-Hütte siehe Tour 8.

Ab Edel-Hütte über Rasenböden und in steilem, gesichertem Anstieg zur sichtbaren Senke der Popbergnieder, 2448 m, in der Popbergschneide. Ausgedehnte Querung in die Rasenhänge der Sonnwand, in etwa 2400 m Höhe durch das Popbergkar zur sichtbaren Krumm-

schnabelscharte, 2445 m, in der Krummschnabelschneide westlich des auffallenden Krummschnabelturmes. Sehr steiler, ausgesetzter Felsanstieg zur Scharte, Drahtseilsicherung. Steiler, drahtseilgesicherter Abstieg ins Hasenkar, aus etwa 2300 m wiederum sehr steiler, drahtseilgesicherter Felsanstieg zum Samerschartl, 2392 m, in der Nofertensschneide. Über steile Grasstufen hinab zum Nofertenskar, in etwa 2300 m durch das Kar gegen die auffallende, geschwungene Linie der Nofertensmauer (= steinerne Viehmauer) im Hennsteigenkamp. Durchlaß bei 2277 m und leicht abwärts zum wenig auffallenden Weißkarjöchl, 2119 m. Kurz vorher verlassene Almhütte, als Unterstand verwendbar. Ab Weißkarjoch höhengleich zum Samerkarjöchl, in etwa 2200 m Höhe über zwei Jöcher durch das Samerkarl und das Steinkarl zum auffallenden Steinmann auf der Sonntagskarkanzel, 2202 m, am Auslauf der Roßwand – Kasseler Hütte in Sicht! In weitem O-S-Bogen durch das Sonntagskar bis etwa 2300 m, über

den Graben des Karbaches hinab zur Kasseler Hütte.
Gesamte Wegestrecke mit 519 durchlaufend mark., SW-seitiger, von Schneide zu Schneide übersichtlicher Routenverlauf, viel Blockgelände; nur bei aperen Verhältnissen begehen!

Höchste Wegestelle/Gipfel
Popbergnieder, 2448 m.

Anstiegsleistung
Etwa 700 Höhenmeter.

Abstieg
Siehe Tourenverlauf.

Gehzeiten
Ungefähre Wegestrecken und Gehzeiten bei günstigen Verhältnissen nach Michel Pflier, Würzburg.
Edel-Hütte – Popbergnieder 1,0 km: 20 Min.
– Krummschnabelscharte 3 km: 60 Min.
– Samerschartl 1,5 km: 40 Min.
– Nofertensmauer 1,7 km: 40 Min.

– Weißkarjöchl 1,5 km: 30 Min.
– Samerkarjöchl 1,0 km: 20 Min.
– Sonntagskarkanzel 1,3 km: 40 Min.
– Kasseler Hütte 3 km: 50 Min.
Gesamtstrecke 14 km, Gehzeit 300 Minuten = Mindestzeit; durchschnittliche Geher müssen mit 7–8 Stunden rechnen.

Hütten/Stützpunkte
Karl-von-Edel-Hütte, 2238 m, siehe Tour 8.
Kasseler Hütte, 2177 m, DAV-Sektion Kassel, 107 Betten und Matratzen, bew. Ende Juni–Ende September.

Karten
Kompass Wanderkarte 1:50000, Blatt 37, »Zillertaler Alpen«.

Im Hinein von der Edel-Hütte nach Süden zur Kasseler Hütte läuft der Aschaffenburger Höhensteig direkt auf den Hauptkamm zu; rechts der Große Löffler.

10 Kasseler Hütte 2177 m Wollbachspitze 3210 m

Zwischen Stillupp- und Sundergrund

schwierig
Gletscher-/Felstour

Der Talzugang zur Kasseler Hütte, von Mayrhofen zum Hauptkamm, durchläuft den wohl schönsten der Zillertaler Gründe, den Stilluppgrund. Als in den Jahren 1926/27 die Sektion Kassel ihre Hütte erbaute und noch über Jahrzehnte danach war ein Fußmarsch von 7 bis 8 Stunden notwendig, um von Mayrhofen bis in die Hüttenhöhe von 2177 Meter am Fuße des Felssporns »Eure Köpfe« zu gelangen. Der Weg war unterhaltsam, denn die Gletscherwasser des Östlichen und des Westlichen Stilluppkeeses und vom Löff-

lerkees konnten ihre Spiele, nur von natürlichen Hindernissen aufgehalten, ungehindert bis hinab nach Mayrhofen fortsetzen. Am wildesten schäumten die Wasser wohl in dem schluchtartigen Steilabfall vom Wirtshaus Lacknerbrunn talwärts. Ab Lacknerbrunn, 1040 m, – der einzige ganzjährig bewohnte Ort im Stilluppgrund – sammelt seit Beginn der siebziger Jahre der »Speicher Stillupp« in 1108 Meter Höhe die Gletscherschmelze, nur ein spärliches Rinnsal fließt noch hinaus nach Mayrhofen.

In unserer Zeit ist ein Hochgebirgs-Stausee eine Attraktion für den Massentourismus. Mehrmals am Tag fährt von Mayrhofen ein Omnibus hinauf zur Haltestelle am Gasthaus Wasserfall; Wanderer und Bergsteiger, die zur Kasseler Hütte möchten, besteigen den Kleinbus weiter zur Grüne-Wand-Hütte, 1438 m, und gehen von dieser letzten Station in etwa 2½ Stunden hinauf. So kommen heute bei gutem Bergwetter oft an einem einzigen Tag mehr Leute zur Hütte als im gesamten Jahr 1933 – dem schlechtesten Hüttenjahr, das nur 159 Besucher registrierte!

Ob als Bergwanderer oder Bergsteiger unterwegs im Zillertal, keiner könnte sich den Stilluppgrund ohne die Kasseler Hütte vorstellen. So war es eine glückliche Entscheidung der Sektion Kassel, nachdem sie ihre Hütte in der Rieserferner-Gruppe im Jahre 1920 durch die neue Grenze Österreich–Italien verlor, dem

bis dahin einsamen Stilluppgrund einen Stützpunkt zu geben. Mit der Hütteneinweihung am 27. August 1927 gab es nun auch im Östlichen Zillertaler Hauptkamm ein »Dach über dem Kopf«, den westlichen Abschnitt betreuten schon längst die Greizer Hütte, die Berliner Hütte und das Furtschagl-Haus.

Der Ahornkamm, dieser gewaltigste Ast der sogenannten »Nördlichen Seitenkämme«, trennt sich am Stangenjoch bei der 3210 Meter hohen Wollbachspitze vom Hauptkamm. Die Wollbachspitze markiert deshalb mit ihrem schönen, felsigen Doppelhorn den bedeutendsten Knotenpunkt und die zweithöchste Vermessung im Östlichen Zillertaler Hauptkamm; sie ist das seit jeher wichtigste Bergziel der Kasseler Hütte. Ihre Vorzüge: Eis und Fels in guter Ausgewogenheit, der Gletscher, das Östliche Stilluppkees, bietet eine mäßig steile, spaltenarme Anstiegsstrasse, das Urgestein ist fester Gneis, nicht zu steil und ausgesetzt, dazu kommt die umfassende Aussicht. Grund genug, im Zuge einer Durchquerung der Zillertaler Alpen – in unserem Fall von Ost nach West – die Wollbachspitze als erstes wertvolles Gipfelziel einzuplanen.

Der Ahornkamm schließt über die Hintere Stangenspitze und das vergletscherte Stangenjoch zur Wollbachspitze (rechts) im Zillertaler Hauptkamm auf. Aus dem Östlichen Stilluppkees steigen wir über das Stangenjoch hinauf zur Wollbachspitze.

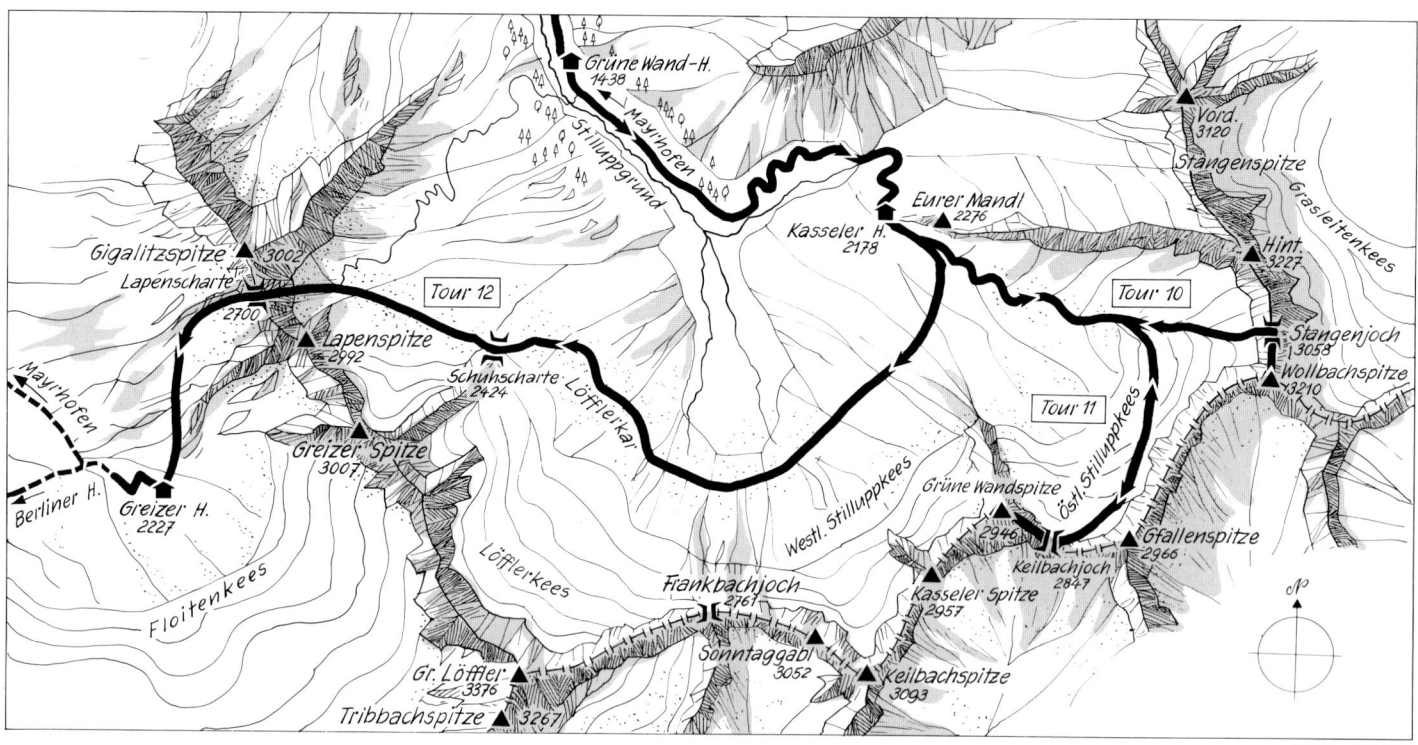

Tourensteckbrief

Ausgangsort
Kasseler Hütte, 2177 m.

Die Tour in Stichworten
Kasseler Hütte, 2177 m – Stangenjoch, 3058 m – Wollbachspitze, 3210 m.

Schwierigkeit/Anforderung
III = schwierig, Gletscher-/Felstour, mittlere Anforderung, Tagestour.
Talzugang Kasseler Hütte: Ab Mayrhofen Busverkehr zum Gasthof Wasserfall, 1130 m, im Stilluppgrund, von dort mit Taxi zur Grüne-Wand-Hütte, 1438 m, oder mit eigenem Pkw zum Parkplatz Wasserfall (Mautstraße). Ab Grüne-Wand-Hütte auf Almweg zur Talstation der Materialseilbahn (ca. 1650 m, Rucksacktransport möglich); von dort mark. Steig zur Kasseler Hütte.
Ab Hütte nach Schilder »Wollbachspitze, Keilbachjoch, Grüne Wand« mark. Steig zur sichtbaren Stirnmoräne des Östl. Stilluppkeeses, vorbei an einem Moränenseelein zu einem nahen, großen Steinmann, ca. 2500 m, am Gletscherrand. Dort bei einem flachen Stein mit Aufschrift »Wollbachspitze« nach links (rechts Keilbachjoch – Grüne Wand), aus dem unteren Gletscherbecken am nördl. linken Fernerrand, meist Trasse, mäßig steil hinauf zum Hochbekken, weiter zum nahen Stangenjoch, von ihm über das steile Blockwerk des N-Grates zum Gipfel.
Nordseitiger Routenverlauf, nur für gletschererfahrene Bergsteiger.

Die Kasseler Hütte mit ihrem Aushängeschild, dem Großen Löffler.
Wir sehen die Löffler-Nordflanke herab zum Löfflerkees, links die Keilbachspitze und das Westliche Stilluppkees.

Höchste Wegestelle/Gipfel
Stangenjoch, 3058 m, Wollbachspitze, 3210 m.

Anstiegsleistung
Ab Kasseler Hütte 1000 Höhenmeter.

Abstieg
Wie Anstieg.

Gehzeiten
Grüne-Wand-Hütte, 1438 m – Kasseler Hütte, 2177 m: 2 Std.; Kasseler Hütte – Wollbachspitze, 3210 m: 3½ Std.
Abstieg Kasseler Hütte: 2½ Std.
Gesamtgehzeit: Ab Kasseler Hütte 6 Stunden.

Hütten/Stützpunkte
Grüne-Wand-Hütte, 1438 m, privat, 20 Betten und Matratzen, Sommerbewirtschaftung.
Kasseler Hütte, 2177 m, DAV-Sektion Kassel, 107 Betten und Matratzen, bew. Ende Juni–Ende September.

Karten
Siehe Tour 11.

11 Grüne Wand 2946 m

Die schöne Aussicht zum Stilluppgrund

mäßig schwierig Gletscher-/Felstour

Am Stausee »Speicher Stillupp« blicken wir auf den etwa 9 Kilometer Luftlinie entfernten Talschluß des Stilluppgrundes: links die breite, 2946 Meter hohe Grüne Wand, in der Mitte die von den beiden Flügeln des Westlichen Stilluppkeeses gerahmte zierliche Kasseler Spitze, 2957 m, rechts die massige Felsmauer der Keilbachspitze, 3093 m. Obwohl die Höhen nicht sehr bedeutend erscheinen, ist diese Formation mit den grünen Steilabstürzen hinab zum hintersten Talkessel ein interessantes Zillertaler Bergbild, am schönsten von der Grüne-Wand-Hütte am Weg zur Stapfenalpe (ca. 1650 m, Talstation der Materialseilbahn zur Kasseler Hütte).
Zentralalpenberge an der Dreitausenderlinie können natürlich nicht grün sein, die Grüne Wand entlehnt ihren Namen von den im Sommer mit üppigem Grün geschmückten Steilhängen unter ihr, hinab zum Stapfenboden.
Ab Kasseler Hütte ist neben der Wollbachspitze auch die Grüne Wand ein empfehlenswertes Gipfelziel. Bis zum Saum des Östlichen Stilluppkeeses laufen die Anstiegswege gleich, droben an der Stirnmoräne in etwa 2500 Meter Höhe schwenkt die Route zur Wollbachspitze nach links; nach rechts über den südwestlichen Gletscherwinkel führt der Aufstieg zur Grünen Wand zuerst zum Keilbachjoch, 2847 m, und von dort über den Südostgrat zum Gipfel – ein vergnügliches Turnen auf festen Blöcken über nur noch 100 Höhenmeter. Bei ausreichender Firndecke auf dem Eis eine leichte und dazu kurze Tour, im späten Sommer jedoch bei Blankeis, ohne Pickel und Steigeisen, trotz der geringen Gletscherneigung ein Unternehmen, bei dem man noch vor dem Keilbachjoch scheitern kann.

Die Aussicht von der Grünen Wand hinab zum Stilluppgrund, draußen im Norden die Tuxer Voralpen mit dem Rastkogel.

Tourensteckbrief

Ausgangsort
Kasseler Hütte, 2177 m.

Die Tour in Stichworten
Kasseler Hütte, 2177 m – Keilbachjoch, 2847 m – Grüne Wand, 2946 m.

Schwierigkeit/Anforderung
II = mäßig schwierig, Gletscher-/Felstour, mäßige Anforderung, Halbtagetour.
Zur Kasseler Hütte siehe Tour 10.
Ab Hütte mark. Steig zum Östl. Stilluppkees, siehe Tour 10. Bei dem Markierungsstein nach rechts und im flachen Gletscherbecken, meist Trasse, in mäßiger Steigung hinauf zu blockigem Felsgelände, dort nach Mark. zum sichtbaren Kreuz am Felssattel des Keilbachjochs. (Übergang nach Südtirol in das Ahrntal möglich.) Vom Joch über den gut gangbaren, mäßig steilen, felsigen SO-Grat zum Gipfel, nicht in die Flanken queren.

Im Gletscher Steinschlaggefahr, im Spätsommer meist Pickel und Steigeisen notwendig – Spaltengefahr!

Höchste Wegestelle/Gipfel
Keilbachjoch, 2847 m, Grüne Wand, 2946 m.

Anstiegsleistung
Ab Kasseler Hütte 800 Höhenmeter.

Abstieg
Wie Anstieg.

Gehzeiten
Kasseler Hütte, 2177 m – Keilbachjoch, 2847 m: 2 Std. – Grüne Wand, 2946 m: ½ Std.
Abstieg Kasseler Hütte: 2 Std.
Gesamtgehzeit: Ab Kasseler Hütte 4½ Stunden.

Hütten/Stützpunkte
Siehe Tour 10.

Karten
Kompass Wanderkarte 1:50000, Blatt 37, »Zillertaler Alpen«.

12 Schuhscharte 2424 m Lapenscharte 2700 m

Von der Kasseler zur Greizer Hütte

mäßig schwierig
Wander-/Felstour

Tourensteckbrief

Ausgangsort
Kasseler Hütte, 2177 m.

Die Tour in Stichworten
Kasseler Hütte, 2177 m – Schuhscharte, 2424 m – Lapenscharte, 2700 m – Greizer Hütte, 2227 m.

Schwierigkeit/Anforderung
II = mäßig schwierig, Wander-/Felstour, mittlere Anforderung, Tagestour.
Zur Kasseler Hütte siehe Tour 10.
Ab Hütte nach Schild »Schuhscharte – Greizer Hütte« fast horizontal unter das Löfflerkees, aus dem blockigen Gletschervorfeld steil höher zu dem Felssporn, der das Löffler- vom Lapenkees trennt, und damit zur Schuhscharte. Ab Scharte drahtseilgesicherter, steiler Abstieg (ca. 70 m) in eine Blockmulde und steiler Wiederanstieg, Drahtseile, zu einer grünen Schulter mit großem Steinmann, ca. 2450 m, mit Blick auf den Routenverlauf zur Lapenscharte. Im Vorfeld des Lapenkeeses zu einer schwach begrünten Moräne (ca. 2500 m, beschilderte Abzweigung in den Stilluppgrund zur Grüne-Wand-Hütte) und mäßig steil höher zum Steinmann in der Lapenscharte (Stempelstelle). Ab Scharte mark. Steig zur sichtbaren Greizer Hütte.
Durchgehend mark., N-seitiger Routenverlauf, in beiden Richtungen viel begangen.

Höchste Wegestelle/Gipfel
Schuhscharte, 2424 m, Lapenscharte, 2700 m.

Anstiegsleistung
Ab Kasseler Hütte 600 Höhenmeter.

Abstieg
Siehe Tourenverlauf.

Gehzeiten
Kasseler Hütte, 2177 m – Schuhscharte, 2424 m: 2½ Std. – Lapenscharte, 2700 m: 1 Std. – Greizer Hütte, 2227 m: 1½ Std.
Gesamtgehzeit: Ab Kasseler Hütte 5 Stunden.

Hütten/Stützpunkte
Kasseler Hütte, 2177 m, siehe Tour 10.
Greizer Hütte, 2227 m, siehe Tour 13.

Karten Siehe Tour 13.

Nachdem nun einmal die Kasseler Hütte so hoch oben über dem Stilluppgrund erbaut war, mußte es auch Wege von ihr zum Berg und Übergänge zu benachbarten Hütten geben. So wurde der Weg zum Stilluppkees geebnet und damit die Touren zur Wollbachspitze und zur Grünen Wand erleichtert. In den Jahren 1929/30 bauten die Kasseler den Weg zur Lapenscharte, also die Verbindung zur Greizer Hütte. Diese Route ist heute wichtiger denn je, aber wegen der Geländebeschaffenheit auch ein Sorgenkind der Sektion. Die Planung für den Aschaffenburger Höhensteig geht auf das Jahr 1957 zurück, wurde aber erst in den siebziger Jahren unter Mithilfe der Sektionen Aschaffenburg und Würzburg verwirklicht.

Weit wandern! Im Hochgebirge eine strapaziöse alpinistische Spielart, die Kraft, Ausdauer und Bergerfahrung voraussetzt. In der großen Zillertaler Runde mit Start und Ziel in Mayrhofen ist in der Tour nach West der Aschaffenburger Höhensteig (siehe Tour 9) die Verbindung zwischen der Edel-Hütte und der Kasseler Hütte das erste, schon sehr lange, anstrengende Wegstück. Die Fortsetzung, der Weg über die Lapenscharte zur Greizer Hütte, ist um einige Stunden kürzer, aber vom Gelände her anspruchsvoller; Schnee und Eis können diese Trasse noch behindern, wenn der Aschaffenburger Steig schon längst aper ist.

Der Übergang zur Greizer Hütte hält ab Kasseler Hütte in weitem Bogen durch den blanken Fels der Eiskares eine durchschnittliche Höhe von 2200 Meter ein, steigt im Vorfeld des Löfflerkeeses steil höher zu einem Felssporn, hinauf zur Schuhscharte, 2424 m, – so benannt, weil eine Dame hier einst einen Schuh verlor! – der heikelsten Stelle dieser Route: steiler, plattiger Fels im Anstieg, im Abstieg zu einer Blockmulde und im Wiederanstieg zu einer grünen Schulter mit großem Steinmann, der die Öffnung zur Lapenscharte verheißt. Diese enge Einschartung unter der gewaltigen, scheinbar senkrechten Felsmauer des Gigalitzturmes ist höchste Wegestelle und landschaftlicher Höhepunkt zugleich, die Pforte zum großen Eis drüben im Floitengrund.

Die Schuhscharte, schwierigste Stelle im Übergang Kasseler Hütte – Greizer Hütte.

13 Greizer Hütte 2227 m
Großer Löffler 3376 m

Hochalpin und heiß begehrt

*sehr schwierig
Gletscher-/Felstour*

Auf der westlichen Seite des Floitenkammes hütet der Floitengrund die erste große Zillertaler Eiskammer. Im Bergab von der Lapenscharte gehen wir diesem Schatz entgegen, wir sehen das Floitenkees, den gewaltigen Gletscher zwischen Schwarzensteinsattel und Großem Löffler, davor ein in dieser strengen, hochalpinen Umgebung scheinbar verlorenes Haus, die Greizer Hütte. Der Talzugang von Ginzling draußen im Dornauberger Tal durch den Floitengrund kann diesen Eindruck nicht vermitteln. Deshalb wohl auch der lebhafte Verkehr im Zillertaler Rund: Wir bleiben auf der Höhe, schmecken und spüren den frischen Hauch der Gletscher; der Wind, das Wasser, der plötzliche Fall von Eis und Stein – auf Tage hinaus begleiten uns nur diese natürlichen, urweltlichen Geräusche.

Im Unterschied zu den Gründen von Ziller, Stillupp und Schlegeis hat der Floitengrund keinen Stausee, deshalb blieb er weitgehendst eine »Fußgängerzone« – 3½ Stunden Gehzeit zur Greizer Hütte, nur die Jausenstation »Steinbock«, 1380 m, im Talinnern lockert diese Anforderung etwas auf. Auch die Hüttenversorgung blieb über die Jahrzehnte bis heute gleich: Mehrmals in der Woche geht der Hüttenwirt hinter seinen beiden Tragpferden hinauf zur Hütte. Das Haus der Alpenvereinssektion Greiz entstand in der Zeit der großen Euphorie im alpinen Hüttenbau, lange vor dem Ersten Weltkrieg, im Jahre 1893. Die Stadt Greiz liegt nicht mehr in unserer Reichweite, aber die Sektion nun mit Sitz in Marktredwitz besteht weiterhin und sorgt mit Hilfe des Hauptvereins mustergültig für das Heim im Zillertaler Gebirge.

Zur sommerlichen Hochtourenzeit kann es manchmal in der Greizer Hütte sehr eng sein, zum Wandervolk von Hütte zu Hütte kommen die Bergsteiger mit Seil, Pickel und Steigeisen. Es locken der Große Löffler und die hohe Gletschertraverse hinauf zum Tribbachsattel mit Übergang zur Schwarzenstein-Hütte. Ein Blick auf die AV-Karte zeigt die überragende Position des Großen Löffler am Knotenpunkt von Floitenkamm und Hauptkamm. Dieser prächtige Gipfel steht hoch zwischen Stilluppe und Floite: auf der Stilluppseite mit seiner steilen, felsigen Nordostflanke mehr zum Anschauen bestimmt, auf der Floitenseite aber über das Floitenkees, das bis auf 3200 Meter an den Gipfelaufbau heranreicht, für den Normalbergsteiger eine Tour großer ostalpiner Klasse. Zur Zeit des hohen Gletscherstandes, als im Jahre

Die Greizer Hütte im Floitengrund, darüber das Floitenkees und die hohe Eisbarriere zum Schwarzensteinsattel. Links der Tribbachsattel, der Übergang zur Schwarzenstein-Hütte in Südtirol.

1843 der Bergrat Lipold in Begleitung eines Gemsjägers als erster den Großen Löffler erreichte, mag der Aufstieg leichter gewesen sein als heute. Die Route blieb die gleiche, aber die fortschreitende Ausaperung zerreißt auch diesen nordöstlichen Gletscherarm in ein Gewirr von tiefen Spalten. Am Großen Löffler garantieren neben verläßlichem Wetter nur Umsicht, gute Ausrüstung und die notwendige Erfahrung den Erfolg.

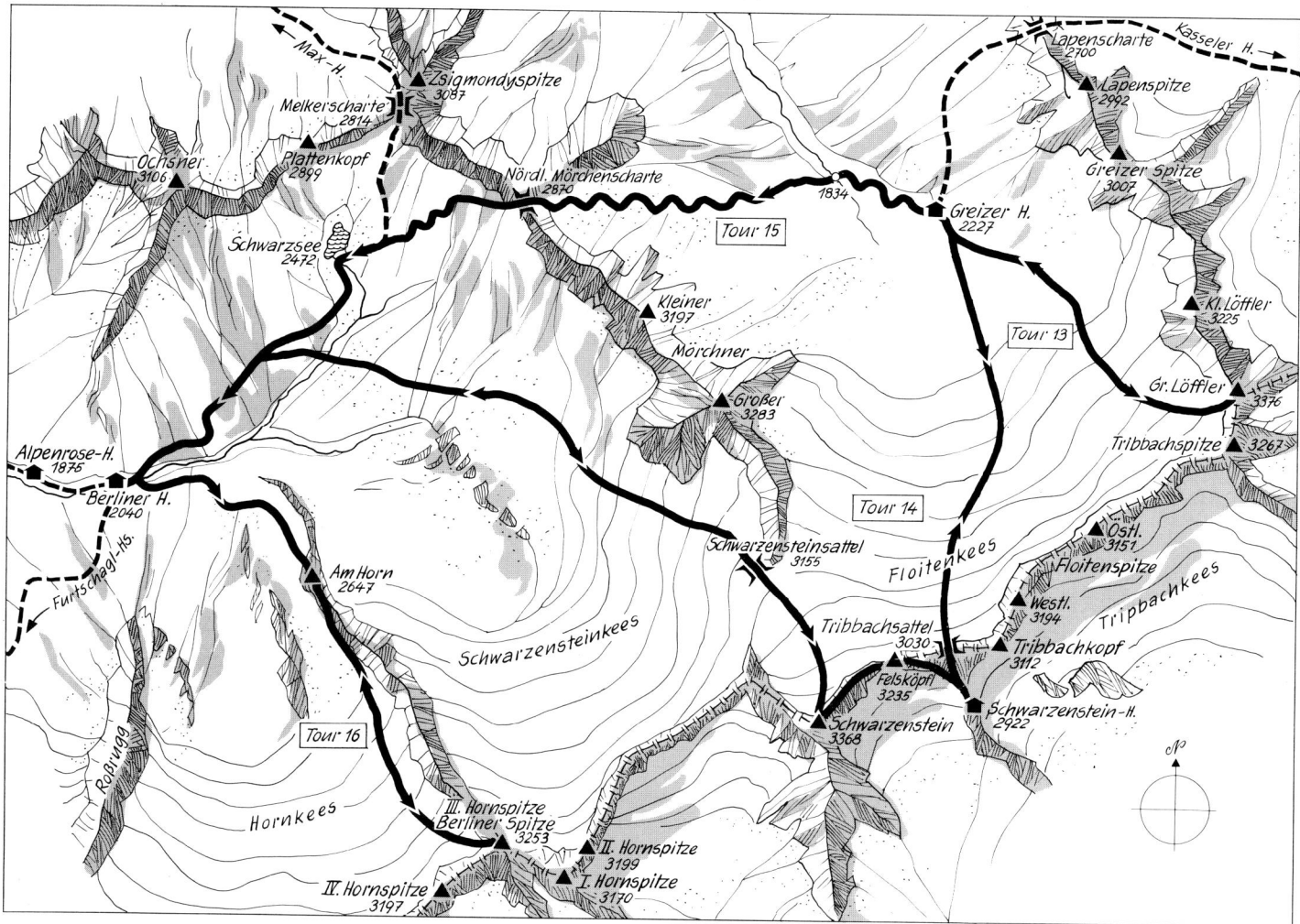

On the map: Max-H., Melkerscharte 2814, Ochsner 3106, Plattenkopf 2899, Zsigmondyspitze 3087, Nördl. Mörchenscharte 2870, 1834, Kasseler H., Lapenscharte 2700, Lapenspitze 2992, Greizer Spitze 3007, Schwarzsee 2472, Tour 15, Greizer H. 2227, Kl. Löffler 3225, Kleiner Mörchner 3197, Tour 13, Gr. Löffler 3376, Großer 3283, Tribbachspitze 3267, Alpenrose-H. 1875, Berliner H. 2040, Ostl. 3151, Tour 14, Floitenkees, Floitenspitze, Tribbachkees, Furtschagl-Hs., Am Horn 2647, Schwarzensteinsattel 3155, Westl. 3194, Tribbachsattel 3030, Tribbachkopf 3112, Schwarzensteinkees, Felsköpfl 3235, Schwarzenstein-H. 2922, Roßrugg, Tour 16, Schwarzenstein 3368, Hornkees, III. Hornspitze Berliner Spitze 3253, II. Hornspitze 3199, I. Hornspitze 3170, IV. Hornspitze 3197

Tourensteckbrief

Ausgangsort
Greizer Hütte, 2227 m.

Die Tour in Stichworten
Greizer Hütte, 2227 m – Großer Löffler, 3376 m.

Schwierigkeit/Anforderung
IV = sehr schwierig, Gletscher-/Felstour, mittlere Anforderung, Tagestour.
Talzugang Greizer Hütte: Von Mayrhofen Auffahrt im Dornauberger Tal nach Ginzling, 999 m; von Ginzling auf Güterweg (gesperrt) in den Floitengrund, in der Talsohle zu den Jausenstationen Tristenbach-Alm, 1177 m, und Steinbock, 1380 m. Auf Almweg zum Talschluß und aus etwa 1800 m auf AV-Weg in steilem Anstieg zur Greizer Hütte.
Ab Hütte nach Wegweisung »Löffler«, geführt von Steigspuren und Mark., hinauf zu einer auffallenden Moräne und damit zu den Steinmännern bei Pt. 2516 AV-Karte. Bei etwa 2600 m in den Ostflügel des Floitenkeeses, anfangs mäßig, dann steil in dem schmalen, spaltenreichen Gletscherfluß höher, meist Trasse, zum Ansatz der SW-seitigen felsigen Gipfelflanke. Steigspuren leiten durch die steile, steinschlaggefährdete Schotterwand zu einem Firn-

fleck, von dort zu einer Firnschulter und über grobe Blöcke zum Gipfel.
Anspruchsvolle, sehr spaltenreiche NW-seitige Gletscher-/Felstour, nur für gletschererfahrene Bergsteiger mit guter Ausrüstung, Wetter beachten!

Höchste Wegestelle/Gipfel
Großer Löffler, 3376 m.

Anstiegsleistung
Ab Greizer Hütte 1100 Höhenmeter.

Abstieg
Wie Anstieg.

Gehzeiten
Ginzling, 999 m – Greizer Hütte, 2227 m: 3½ Std.; Greizer Hütte – Großer Löffler, 3376 m: 4 Std.
Abstieg Greizer Hütte: 3 Std.
Gesamtgehzeit: Ab Greizer Hütte 7 Stunden.

Hütten/Stützpunkte
Greizer Hütte, 2227 m, DAV-Sektion Greiz, Sitz Marktredwitz, 86 Betten und Matratzen, bew. Ende Juni – Ende September.

Karten
Kompass Wanderkarte 1:50 000, Blatt 37, »Zillertaler Alpen«.

Tip
Bei guten Verhältnissen bietet sich mit dem Gipfelanstieg zum Großen Löffler und dem Abstieg zum Floitenkees der Übergang zum Tribbachsattel und damit zur Schwarzenstein-Hütte an. Die Route läuft in möglichst hoher Trasse vorbei am Floitenjoch zum Felssporn der Westl. Floitenspitze und schwenkt dort in den Anstieg, der von der Greizer Hütte kommt. (Siehe auch Sepp Schnürer: »Hohe Route Ostalpen«.)
Sehr spaltenreicher Gletscher, nur für Bergsteiger mit bester Ausrüstung und Erfahrung!

Im Aufstieg über das Floitenkees zum Tribbachsattel.
Der Weg zur Greizer Hütte ist weit, trotzdem kommen neben den Bergsteigern auch viele Tagesgäste zur Hütte, denn der Blick in die Gletscherarena, zum Floitenkees und zum Großen Löffler (siehe Bild), zeigt großes ostalpines Eis.
Die Tour zum Großen Löffler läuft durch den schmalen Gletscherarm hinauf zur schwarzen Wand rechts des Gipfels und über den Firnsattel zum höchsten Punkt.

14 Schwarzenstein-Hütte 2922 m
Felsköpfl 3235 m
Schwarzenstein 3368 m

Über das Floitenkees zum Schwarzenstein

sehr schwierig Gletscher-/Felstour

Die »Erschließung der Ostalpen« bezeichnet im Jahre 1894 den Schwarzenstein als den »populärsten unter allen Hochgipfeln des Zillertaler Hauptkammes« und nennt ihn sogar einen Modeberg, weil er nach dem Tourenverzeichnis der Berliner Hütte im Jahre 1891 von 177 Personen bestiegen wurde.
Obwohl 1894 die Sektion Leipzig auf der südseitigen Tribbachschneide in 2922 Meter Höhe fast in Gipfelnähe die Schwarzenstein-Hütte erbaute, blieb das Schwergewicht bei der Berliner Hütte, 2040 m, denn der nordseitige Zugang aus dem Zillertal und die relativ ungefährliche Trasse über das Schwarzensteinkees waren leichter und einfacher als der Südtiroler Aufstieg aus dem Ahrntal. (Siehe Sepp Schnürer »Bergsteigen in Südtirol«, Band 1.)
Den Vorrang der Berliner Hütte konnte auch die Greizer Hütte nie gefährden, denn die Routensuche durch das Spaltenlabyrinth des Floitenkeeses hatte schon damals ihre Tücken. Und so ist auch heute unser Schwarzenstein-Weg: von der Greizer Hütte über das Floitenkees zum Tribbachsattel mit Einkehr in der Schwarzenstein-Hütte, über das Felsköpfl hinauf zum harmlosen Gletscherdach und zum Gipfel eine Bergfahrt von hohem Reiz, alpin anspruchsvoll. Wer jedoch die notwendigen Voraussetzungen, eine gediegene Gletscher- und Bergerfahrung, mitbringt, den wird diese Tour begeistern!
Was ist nun am Schwarzenstein das Besondere? An Höhe wird er von einigen wenigen Hauptkammgipfeln übertroffen, nicht aber in seiner Position: in der Mitte des Zillertaler Hauptkammes, über dem 1,5 Kilometer breiten, 3155 Meter hohen Schwarzensteinsattel, von dem das Floi-

tenkees nach Osten und das Schwarzensteinkees nach Westen abfließt. Beide Gletscher zusammen ergeben mit 6 Kilometer Längsausdehnung die größte geschlossene Eisdecke der Zillertaler Alpen. Wir stehen auf einer im Vergleich zu dieser gewaltigen Eismasse winzigen Felsspitze, die ein Gipfelkreuz und einen Grenzstein trägt – Italien stößt am »Sasso Nero« an Österreich. Bei so viel Firn und Gletschereis verwundert uns der Name »Schwarzenstein«. Die Anrede kommt aus dem Süden, dorthin zeigt der Berg eine breite, dunkle, hohe Felsformation, aus Südtiroler Sicht ist dieser »schwarze Stein« das auffällige Merkmal.
Von Südtirol kam im August 1852 der erste Mensch zum Gipfel. Der Oberlieutenant Langner hatte den Auftrag, im Zuge der Landesaufnahme von Tirol den Schwarzenstein zu besteigen und genau

zu vermessen. Der Oberlieutenant maß 3370 Meter ü. d. Meer, und mit dieser Höhe betrachtete man von nun an den Schwarzenstein als Kulminationspunkt der gesamten Zillertaler Alpen. Die ersten touristischen Besucher aber, eine Gesellschaft gelehrter Herren, stellten am 31. August 1858 fest: »… daß die Ehre eines solchen wohl dem Mösele zukommen müsse«; mit diesem neuerlichen Irrtum kehrten die Herren ins Tal zurück.
Der Hochfeiler ist der höchste Zillertaler Berg, der Schwarzenstein der populärste und gewiß auch meistbestiegene Hochgipfel der Zillertaler Alpen, also doch – ein Modeberg!

Am Gipfel des Schwarzenstein. Im Hauptkammverlauf nach Osten Großer Löffler, rechts unten Tribbachsattel; die Bergsteiger queren zum nahen Felsköpfl, im Vordergrund Bildmitte.

Tourensteckbrief

Ausgangsort
Greizer Hütte, 2227 m.

Die Tour in Stichworten
Greizer Hütte, 2227 m – Tribbachsattel, 3053 m – Schwarzenstein-Hütte, 2922 m – Felsköpfl, 3235 m – Schwarzenstein, 3368 m – Berliner Hütte, 2040 m.

Schwierigkeit/Anforderung
IV = sehr schwierig, Gletscher-/Felstour, große Anforderung, Tagestour.
Zur Greizer Hütte siehe Tour 13.
Ab Hütte nach Mark. und Steinmänner auf teils sehr abschüssigem Moränensteig zum Floitenkees, das bei etwa 2400 m betreten wird. Aus dieser meist aperen unteren Zone steil höher zur von riesigen Querspalten aufgerissenen Mittelterrasse, Querung dieser gefährlichen Spaltenzone bis die Route, meist Trasse, mäßig steil hinauf zum fast ebenen Gletschergelände

Im Spaltenlabyrinth des Floitenkeeses.
Der Aufstieg von der Greizer Hütte zum Tribbachsattel ist oftmals gespickt mit Überraschungen: Nur der schmale Eissteg erlaubte uns die Überschreitung der Spalte.

am Tribbachsattel zieht. Dort an einem Felssporn bei Pt. 3026 AV-Karte Sichtverbindung zur nahen Schwarzenstein-Hütte, 2922 m. Ab Hütte über S-seitigen, etwas steilen Firn und Fels zum Felsköpfl, 3235 m, und über die Hochfläche des Schwarzensteinkeeses zu den Gipfelfelsen des Schwarzenstein.
Anspruchsvolle, sehr spaltenreiche Gletscherroute, nur für gletschererfahrene Bergsteiger; in beiden Richtungen viel begangen.

Höchste Wegestelle/Gipfel
Schwarzenstein-Hütte, 2922 m, Felsköpfl, 3235 m, Schwarzenstein, 3368 m.

Anstiegsleistung
Ab Greizer Hütte 1100 Höhenmeter.

Abstieg
Ab Schwarzenstein auf der Anstiegsstrasse herauf von der Berliner Hütte im Schwarzensteinkees hinab zum Auslauf des Gletschers, ca. 2700 m; dort nach Mark. über kompaktes, schwach geneigtes Felsgelände zum Steig hinab zur sichtbaren Berliner Hütte.

Gehzeiten
Greizer Hütte, 2227 m – Tribbachsattel, 3053 m – Schwarzenstein-Hütte, 2922 m: 4 Std. – Schwarzenstein, 3368 m: 1½ Std.
Abstieg Berliner Hütte, 2040 m: 3 Std.
Gesamtgehzeit: Ab Greizer Hütte 8½ Stunden.

Hütten/Stützpunkte
Greizer Hütte, 2227 m, siehe Tour 13.
Schwarzenstein-Hütte (Rif. Sasso Nero), 2922 m, Club Alpino Italiano (CAI), 60 Matratzen, bew. Anfang Juli–Mitte September.
Berliner Hütte, 2040 m, siehe Tour 16.

Karten
Siehe Tour 13.

Zillertaler Hauptkamm

15 Mörchenscharte
2870 m
Schwarzsee
2472 m

*Von der Greizer Hütte
zur Berliner Hütte*

**wenig schwierig
Wandertour**

Die Höhenwanderer, die von der Kasseler Hütte zur Greizer Hütte kommen und nach Westen zur Berliner Hütte weiter wollen, müssen zuerst einmal 400 Höhenmeter in den Floitengrund absteigen. Aber wer gibt eine schon einmal gewonnene Höhe gerne auf? Der notwendige Abstieg zur Wegeteilung im Floitengrund (Pt. 1834 Kompass Karte) ist deshalb eine bittere Pille, um so mehr, als in Sicht von der Greizer Hütte der 2870 Meter hohe Einschnitt der Nördlichen Mörchenscharte mehr abschreckt als anlockt. 1000 Meter hinauf über eine sehr kurze Distanz, also steil, und das vielleicht mit einem viel zu schwerem Rucksack! Aber in der direkten Draufsicht wirkt jedes Gelände und des-

Die Nördliche Mörchenscharte rechts der kleinen Spitze im Ausblick von der Greizer Hütte. Aus dem Floitengrund über die sonnenbeschienenen Terrassen 1000 Höhenmeter zur Scharte – eine hohe Hürde zwischen Greizer und Berliner Hütte.

halb auch jede Route steiler, als sie in Wirklichkeit ist, und so legt sich auch der Serpentinensteig entlang der tief eingefrästen Mörchenklamm über die einzelnen Terrassenhöcker doch immer wieder angenehm zurück.

Wichtig ist ein gleichmäßiges, der Kondition angepaßtes Gehen mit möglichst wenig Rastpausen. Der erfahrene Bergwanderer wird deshalb erst droben an der Mörchenscharte den Rucksack ablegen, um in Muße die nun neue westliche Zillertaler Bergwelt zu betrachten: Zwei Gletscher, das Hornkees und das Waxeckkees, den Hauptkamm von den Hornspitzen zum Möseler und Hochfeiler, den Grei-

nerkamm mit dem Schönbichlerhorn und, 800 Meter tiefer und noch zwei Gehstunden entfernt, die Berliner Hütte. Auf dem guten AV-Steig in der Wegehälfte dorthin ist die nächste Rast fällig, denn wer könnte am Schwarzsee nur so vorbeigehen? Dieses Wasser, eine Perle der Zillertaler Alpen in der Fassung nicht zu steiler Uferfelsen, ist ein beliebtes Ziel auch für gehtüchtige Tagesgäste der Berliner Hütte. Die glänzende Gipfellinie von den Hornspitzen bis zum Großen Möseler spiegelt sich in dem dunklen Bergwasser, freilich oft nur am frühen Morgen, wenn der Bergwind noch schläft und das Wort »Still ruht der See« romantische Wahrheit ist.

Tourensteckbrief

Ausgangsort
Greizer Hütte, 2227 m.

Die Tour in Stichworten
Greizer Hütte, 2227 m – Nördl. Mörchenscharte, 2870 m – Schwarzsee, 2472 m – Berliner Hütte, 2040 m.

Schwierigkeit/Anforderung
I = wenig schwierig, Wandertour, mittlere Anforderung, Tagestour.
Zur Greizer Hütte siehe Tour 13.
Von der Hütte auf AV-Weg hinab zum Floitengrund, dort bei Pt. 1834 Kompass Karte beginnt mit dem Schild »Berliner Hütte« der Steilanstieg über 1000 Höhenmeter (!) entlang der

Mörchenklamm zur Nördl. Mörchenscharte. (Im Zugang von Ginzling auf AV-Weg im Floitengrund zu diesem Punkt.) Ausstieg zur Scharte meist Schnee, auch jenseits über etwa 100 Höhenmeter ein Schneefeld hinab zum mark. Steig, vorbei am Schwarzsee, zur Berliner Hütte.
Durchgehend mark. AV-Steig, in beiden Richtungen viel begangen.

Höchste Wegestelle/Gipfel
Nördl. Mörchenscharte, 2870 m, Schwarzsee, 2472 m.

Anstiegsleistung
Ab Floitengrund Pt. 1834 m 1000 Höhenmeter.

Abstieg
Siehe Tourenverlauf.

Der Schwarzsee im Übergang von der Greizer zur Berliner Hütte, darüber der Zillertaler Hauptkamm: links Turnerkamp und Hornkees, rechts Großer Möseler und Waxeckkees, dazwischen der Roßrugg.

Gehzeiten
Greizer Hütte, 2227 m – Nördl. Mörchenscharte, 2870 m: 3½ Std. – Schwarzsee, 2472 m – Berliner Hütte, 2040 m: 2 Std.
Gesamtgehzeit: Ab Greizer Hütte 5½ Stunden.

Hütten/Stützpunkte
Greizer Hütte, 2227 m, siehe Tour 13.
Berliner Hütte, 2040 m, siehe Tour 16.

Karten
Kompass Wanderkarte 1:50000, Blatt 37, »Zillertaler Alpen«.

41

Zillertaler Hauptkamm

16 Berliner Hütte 2040 m Berliner Spitze 3253 m

Berlin im Zillertal

*schwierig
Gletscher-/Felstour*

Nach der Gründung des Deutschen Alpenvereins im Mai 1869 zu München konstituierte sich im März 1870 die Sektion Berlin. 1877 erwählten die Berliner die Zillertaler Alpen als Arbeitsgebiet, und so entstand im Jahre 1879 auf der Schwarzenstein-Alpe die Berliner Hütte, im Erstbau ein bescheidenes, aus Stein errichtetes Haus. Die in kurzen Abständen notwendigen Erweiterungen erfolgten Zug um Zug, und schon 1911 präsentierte sich die Hütte, der Bedeutung Berlins entsprechend, als großes, prächtiges Haus, für die damalige Zeit und im Vergleich zu anderen Hütten ein wahres »Alpenvereinsschloß«. An diesem längst vertrauten Baubild änderte sich bis heute nichts, auch in der Innenausstattung blieb die Berliner Hütte ihrem Status treu: Altersbraune Holzwände teilen den Raum in die hohe Eingangshalle, in den mit geschnitzten Simsen verzierten großen Speisesaal, in lange Gänge zu den Schlafkammern, breite Holztreppen heben die Stockwerke an, die Bilder an den Wänden, die Türklinken, das ganze Interieur - auch das Sanitäre - stammt im wesentlichen aus der Zeit vor dem Ersten Weltkrieg. Das Haus ist gut bewirtschaftet, zur Hochtourenzeit meist voll belegt; auf dem Talzugang, vom Parkplatz Breitlahner ein dreistündiger »Fußweg« durch den Zemmgrund, den Anlieger bis zum Gasthaus Alpenrose befahren - kommen bei Wanderwetter auch viele Tagesgäste. Ab Alpenrose marschiert die letzte halbe Stunde auch der Hüttenwirt zu Fuß, vielleicht sogar hinter den beiden starken Pferden her, die er für die Hüttenversorgung wie eh und je auch heute noch braucht.

Der Name »Berlin« bekam jedoch Flügel und hob sich über die Hütte hinaus, hinauf zu einer Spitze im Hauptkamm. Die Gipfelreihe vom Trattenjoch östlich des Turnerkamp bis zum Schwarzenbachjoch vor dem Schwarzenstein wird von Literatur und Landkarte als Hornspitzen I bis V bezeichnet. Die markanteste und höchste Erhebung, die III. Hornspitze, schickt aus 3253 Meter Höhe einen auffälligen Gruß herab zur Hütte; was lag näher, als sie in deutlicher Unterscheidung zur numerierten Nachbarschaft »Berliner Spitze« zu taufen. Berlin also auch an einem aus mächtigen Urgesteinsquadern aufgerichteten Gipfel, an dem 1000 Jahre gewiß mehr oder weniger spurlos vorübergehen, aber wie wird nach dieser Zeitspanne die Patenstadt aussehen?

Wenn wir von der Berliner Hütte über das Hornkees nach Süden schauen, erkennen wir links oben, über dem schon zerschlissenen Seitenflügel des Gletschers, die Pyramide der Berliner Spitze, von rechts schließen die IV. und V. Hornspitze auf. Das Schild »Berliner Spitze« weist den Aufstieg über die obere Bachbrücke zu den Felsen »Am Horn«, weiter zum Hornkees und auf seinem weißen Firn in langer, nur mäßig steiler Trasse gegen den Gipfel. Der Gletscher ist zahm, aber die Berliner Spitze überrascht mit dem steilen, glatten, blockigen Fels der Westflanke und kompliziert oder würzt, je nach Können, den Schlußanstieg - eine »schöne Bergfahrt«, wie der AV-Führer treffend die Tour charakterisiert.

Berliner Hütte mit Hornkees, links oben Berliner Spitze, nach rechts IV. und V. Hornspitze.

Tourensteckbrief

Ausgangsort
Berliner Hütte, 2040 m.

Die Tour in Stichworten
Berliner Hütte, 2040 m – Berliner Spitze, 3253 m.

Schwierigkeit/Anforderung
III = schwierig, Gletscher-/Felstour, mittlere Anforderung, Tagestour.
Talzugang Berliner Hütte: Von Mayrhofen im Dornauberger Tal über Ginzling zum Alpengasthof Breitlahner, 1257 m, Parkplatz. Ab Breitlahner auf Güterweg (gesperrt) zu den Gasthäusern Grawand, 1640 m, und Alpenrose, 1825 m; ab Alpenrose auf AV-Weg zur nahen Berliner Hütte.
Ab Hütte nach Schild »Berliner Spitze« zur oberen Bachbrücke, jenseits mark., mäßig steiler Steig zu den W-seitigen Felsen »Am Horn«

und über Blockwerk höher zu den ersten Schneeflecken. Bei etwa 2650 m beginnt die nur mäßig steile Gletscherroute, vorbei am letzten Felssporn, ca. 2800 m, hinauf gegen das Mitterbachjoch (3130 m, Übergang nach Weißenbach und Luttach im Südtiroler Ahrntal). Gletscheranstieg bis knapp vor das Joch, über Firn zum W-seitigen Gipfelaufbau und aus etwa 3150 m in festem, grobklotzigem Fels zum höchsten Punkt.
Vielbegangene, W-seitige Route, einfache Gletschertour, aber im felsigen Gipfelanstieg Klettererfahrung notwendig.

Höchste Wegestelle/Gipfel
Berliner Spitze, 3253 m.

Anstiegsleistung
Ab Berliner Hütte 1200 Höhenmeter.

Abstieg
Wie Anstieg.

Gehzeiten
Breitlahner, 1257 m – Berliner Hütte, 2040 m: 3 Std.; Berliner Hütte – Berliner Spitze, 3253 m: 3½ Std.
Abstieg Berliner Hütte: 2½ Std.
Gesamtgehzeit: Ab Berliner Hütte 6 Stunden.

Hütten/Stützpunkte
Alpengasthäuser **Breitlahner,** 1257 m, **Grawand-Hütte,** 1640 m, **Alpenrose,** 1875 m: Sommerbewirtschaftung, Betten und Touristenlager.
Berliner Hütte, 2040 m, DAV-Sektion Berlin, 200 Betten und Matratzen, bew. Ende Mai–Ende September.

Karten
Siehe Tour 15.

Im Vordergrund das Hornkees mit Turnerkamp, im Hintergrund der Große Möseler mit Waxeckkees, dazwischen die Roßrugg.

17 Schönbichlerhorn 3135 m

1988 ✗

*Von der Berliner Hütte
zum Furtschagl-Haus*

**mäßig schwierig
Wander-/Felstour**

Im Vergleich zu den anderen Hauptkammhütten im Zillertal fällt die eher bescheidene Höhenlage der Berliner Hütte auf. Müßte man heute einen Standort auf der Schwarzenstein-Alpe suchen, würde der Bauplatz aber sicher derselbe sein. In der Fallinie des Roßruggrückens, der das Hornkees vom Waxeckkees scheidet, auf einer erhöhten Rampe knapp am Zemmbach, hat auch heute noch die Berliner Hütte den besten Platz, landschaftlich sehr schön mit dem von Jahrtausenden ausgefrästen Steingraben der wasserdurchtosten Kastenklamm und dem Blick auf die Abflüsse von Horn- und Waxeckkees. Der gletscherkundige Betrachter bemerkt aber die gewaltige Veränderung des Landschaftsbildes seit dem Erstbau der Hütte. Die nackten Moränenkämme und der vom Eis geschabte Fels zeigen deutlich den unaufhaltsamen Rückzug der Gletscher seit nun schon über einhundert Jahren. Die Gletscherzungen lagen damals unter Hüttenhöhe, alte Bilder bezeugen, daß man von der Hütte fast direkt in das Eis einsteigen konnte.

Der Wanderer, der von der Berliner Hütte hinüber zum Furtschagl-Haus möchte, braucht keinen Gletscher zu betreten, aber er hat einen weiten Weg – 1100 Höhenmeter hinauf zur Übergangsstelle am Schönbichlerhorn. Von der Berliner Hütte sehen wir das ausgezehrte Bett des Waxeckkees, die Schneide der rechten Randmoräne trägt in einem steilen Bogen den AV-Steig in das grüne, mit Blöcken durchsetzte Garberkar bis in die Höhe von etwa 2300 Meter. Das Garberkar schließt auf zum Waxeckkees und zu einem kompakten Felssporn, dem Schönbichlergrat, der

vom Schönbichlerhorn kommt und den wir nach einem gesicherten Durchstieg bei etwa 2700 Meter betreten. Ein gut gelegter Steig bringt uns über nur mäßig steilen, plattigen Fels zum Gipfelaufbau, links unter uns das Hochbecken des Waxeckkees, gezeichnet von der Schlängelspur einer Trasse hinauf zur Östlichen Möselerscharte und Trittspuren zum Einstieg in das Möseler-Firndreieck. Der Kenner kritisiert oder lobt die Routenwahl der Eisgeher, denn zu uns herauf zeigt das Waxeckkees sein gesamtes Spaltenmuster.

Die Tücken des Übergangs liegen im sehr steilen, teils lockeren Gratfels in der Höhendifferenz von etwa 150 Meter. Bei apere-rer Route und durch die Drahtseilsicherung gewiß nicht schwierig, aber das Schönbichlerhorn – vom Hörensagen ja ein leichter Dreitausender – wird auch bei schlechten Verhältnissen, bei Eis und Schnee, oft von absolut ungeübten Leuten mit nur mäßiger Ausrüstung, sogar von Familien mit zu kleinen Kindern, angegangen. 3081 Meter hoch ist die Schönbichlerscharte, die man erreichen muß, um den Abstieg zur Furtschaglseite zu gewinnen, der etwas leichter und kürzer ist. Aus der Scharte steigen wir in wenigen Minuten hinauf zum Gipfelkreuz; 800 Meter tiefer grüßt das Tagesziel, das Furtschagl-Haus.

Im Übergang Berliner Hütte – Furtschagl-Haus: steiler, aber gut gesicherter Aufstieg aus dem Garberkar hinauf zum Schönbichlergrat.

Tourensteckbrief

Ausgangsort
Berliner Hütte 2040 m oder Alpenrose, 1875 m.

Die Tour in Stichworten
Berliner Hütte 2040 m oder Alpenrose, 1875 m –
Schönbichlerhorn 3135 m – Furtschagl-Haus
2295 m – Parkplatz Schlegeis-Speicher 1800 m.

Schwierigkeit/Anforderung
II = mäßig schwierig, Wander-/Felstour,
mittlere Anforderung, Tagestour.
Zum Gasthaus Alpenrose und Berliner Hütte
siehe Tour 16.
Ab Berliner Hütte nach Schild »Schönbichlerhorn« über die Bachbrücke zum Abfluß des
Hornkeeses. Weiter zur östl. Randmoräne und
über das ausgeaperte Gletscherbett zur westl.
Randmoräne des Waxeckkeeses; hier Einmündung des mark. Anstiegs vom Gasthaus Alpenrose. Auf mark. Steig hinauf zum Garberkar,
dort mit Drahtseilsicherung kurzer Felsanstieg
zum Schönbichlergrat = NO-Ausläufer des
Schönbichlerhorn. Auf dem gut gangbaren
Felsrücken mäßig steil gegen den Gipfelaufbau
und sehr steil, teilweise Sicherungen, ausgesetzt
höher zum Steinmann links des Gipfels, mit wenigen Schritten zum höchsten Punkt.
Abstieg: zurück zum Steinmann, von ihm zur
nahen Schönbichlerscharte, 3081 m, dort steil
über den NW-Ausläufer hinab in das Furt-
schaglkar, im weiteren Abstieg mäßig steil zum
Furtschagl-Haus.
Durchgehend mark. in beiden Richtungen vielbegangener AV-Steig, doch nur für trittsichere,
ausdauernde Bergwanderer.

Höchste Wegestelle/Gipfel
Schönbichlerhorn, 3135 m, Schönbichlerscharte, 3081 m.

Anstiegsleistung
Ab Breitlahner 1900, ab Gasthaus Alpenrose
1300, ab Berliner Hütte 1100 Höhenmeter.

Abstieg
Siehe Tourenverlauf. Ab Furtschagl-Haus
mark. Steig zum Schlegeis-Speicher, Uferstraße
zu den Parkplätzen am N-Ufer. Busverbindung: Breitlahner – Ginzling – Mayrhofen.

Gehzeiten
Breitlahner, 1257 m – Gasthaus Alpenrose,
1875 m: 2½ Std. – Berliner Hütte, 2040 m:
½ Std. – Schönbichlerhorn, 3135 m: 3½ Std.
Abstieg Furtschagl-Haus, 2295 m: 2 Std. – Park-
platz Schlegeis, 1800 m: 2 Std.
Gesamtgehzeit: Ab Gasthaus Alpenrose oder
Berliner Hütte 7½ Stunden.

Hütten/Stützpunkte
Alpengasthäuser **Breitlahner**, 1257 m, **Grawand-
Hütte**, 1640 m, **Alpenrose**, 1875 m, siehe
Tour 16.
Berliner Hütte, 2040 m, siehe Tour 16.
Furtschagl-Haus, 2295 m, siehe Tour 18.

Karten Siehe Tour 18.

*Dieser Plattenweg (unteres Bild) läuft über den
Schönbichlergrat zum ostseitigen Gipfelaufbau
(oberes Bild), aus dem Schneesattel steiler
Felsanstieg zum Schönbichlerhorn.*

18 Furtschagl-Haus
2295 m
Großer Möseler
3478 m

Zillertaler Klassetour

*schwierig
Gletscher-/Felstour*

Wir erinnern uns: Die gelehrten Herren vom Schwarzenstein, an der Spitze Dr. Anton v. Ruthner (siehe Seite 38), stellten im August 1858 fest, daß »der Mösele, ein Schneeberg mit furchtbar steilen Eiswänden«, wohl der höchste Berg in den Zillertaler Alpen sein müsse. Ruthner ließ sich fünf Jahre Zeit, bis er wieder in das Zillertal kam, um endlich den von ihm angenommenen Kulminationspunkt zu erreichen. Obwohl am Ende der fünfziger Jahre des 19. Jahrhunderts das sogenannte »Goldene Zeitalter« der Alpenerschließung anbrach, war ihm noch niemand zuvorgekommen, denn die Zillertaler Alpen standen im Vergleich zur Glockner- und Venediger-Gruppe im Abseits. Von diesem Versuch im Jahre 1863 berichtet die Chronik: »Die Nacht vom 11. auf den 12. August verbrachte man in den Zamser

Hier ist gut rasten – auf der Terrasse des Furtschagl-Hauses.

Hütten. Am nächsten Morgen wanderte die Gesellschaft (Ruthner mit den Führern Gainer und Gauler) durch das Schlegeisthal bis zur Zunge des gleichnamigen Gletschers und dann über diese in südöstlicher Richtung, gegen einen Schneegipfel, den man, da Nebel die Umgebung deckte, für den Mösele hielt. Mit einem Male erhob sich der Nebel und ließ eine hohe, gewaltig dominierende Firnkuppe hervortreten. Der Anblick derselben, in der man nun den wahren Mösele vor sich sah, war so wenig zu einem Versuche ermuthigend, dass Ruthner von einem solchen abstand.« Diese für Ruthner furchterregende Firnkuppe, die aus dem Furtschaglkees bis auf 3458 Meter, also bis auf 20 Meter an den Gipfelfels heranreicht, ist das weithin sichtbare Dach des Großen Möseler und auch heute noch respekteinflößend – im Aufstieg vom Furtschagl-Haus müssen wir dieses hohe Eis überschreiten.

Tagesgäste, die vom Parkplatz Schlegeis herauf schon früh zur Hütte kommen und sich vornehmen, die Hochgebirgswelt von Schlegeis und Furtschagl einen ganzen Tag auf Körper, Geist und Gemüt einwirken zu lassen, sehen die letzten Seilschaften vielleicht noch im Gletscher, im Zugang auf das kleine Felsköpfl (Pt. 2985 AV-Karte) am Fuße des mächtigen nordwestlichen Felspfeilers. Im westseitigen Durchstieg bleiben die Bergsteiger unsichtbar, erst oben auf der Firnkuppe in den letzten Metern zum 3478 Meter hohen Gipfel kann der Beobachter feststellen, ob alle vollzählig sind. Der Hüttenwirt verfolgt mit dem Fernglas das Geschehen, er will wissen, was am Möseler und was drüben in der Nordwand des Hochfeiler »läuft«.

Der Bergsteiger schätzt am Großen Möseler die zentrale Position über fünf großen Eisströmen, der Östliche Nevesferner drüben in Südtirol öffnet die leichteste Route (siehe Sepp Schnürer »Bergsteigen in Südtirol«, Band 1). Der Möseler, ein Bergziel mit großer Ausstrahlung nach Nord und Süd, ist mit dem Schwarzenstein der begehrteste Zillertaler Hochgipfel.

Ruthner scheiterte im Jahre 1863; wem nun gelang der große Wurf, als erster am Möseler zu sein? Die Engländer Fox, Freshfield und Tuckett, begleitet von den Führern Devouassoud aus Chamonix und Michel aus Grindelwald, hatten gleich in der Planung mit der Wahl von Lappach im Südtiroler Mühlwalder Tal als Ausgangsort das richtige Gespür: Über den Östlichen Nevesferner kamen sie am 16. Juni 1865 zum Gipfel und erkundeten damit die einfache Südroute. In die Freu-

de über den Gipfelsieg mischte sich jedoch auch Enttäuschung: »…, die Aussicht auf die umliegenden Gipfel war klar und rein. Vor allem fiel gerade im Westen eine stolze Eisspitze, der Hochfeiler, auf. Eine Winkelmessung Tucketts ergab das unwillkommene Resultat, daß er den Standpunkt der Gesellschaft beträchtlich überrage, der Mösele mithin nicht, wie die Reisenden irrthümlich angenommen hatten, der Culminationspunkt der Gruppe sei.« Den Abstieg unternahmen die westalpenerfahrenen und deshalb gletschertüchtigen Engländer über das Furtschaglkees zu den Zamser Hütten, dem Ausgangsort von Anton v. Ruthner.

Tourensteckbrief

Ausgangsort
Furtschagl-Haus, 2295 m.

Die Tour in Stichworten
Furtschagl-Haus, 2295 m – Großer Möseler, 3478 m.

Schwierigkeit/Anforderung
III = schwierig, Gletscher-/Felstour, mittlere Anforderung, Tagestour.
Talzugang Furtschagl-Haus: Von Mayrhofen über Ginzling Auffahrt zu den Parkplätzen am Schlegeis-Speicher. Auf der Werkstraße am W-Ufer zum S-Ende des Stausees, von dort mark. Steig zur Hütte.
Ab Hütte nach Schild »Möseler« auf Moränensteig zum Schlegeiskees, das man bei etwa 2750 m betritt. Auf dem Gletscher, meist Trasse, gegen den mächtigen westl. Felssporn des Möseler, rechts vorbei am »Felsköpfl« = Pt. 2985 AV-Karte, und im Fels auf Steigspuren steil höher zur Firnkuppe, die dem Felssporn aufliegt und direkt zu den Gipfelfelsen führt.
Vielbegangene Route, aber nur für gletschererfahrene Bergsteiger.

Höchste Wegestelle/Gipfel
Großer Möseler, 3478 m.

Furtschagl-Haus mit Großem Möseler. Am winzigen »Felsköpfl« unter dem mächtigen Felsfuß beginnt der Gipfelanstieg aus dem Gletscher von rechts hinauf zum Firndach.

Anstiegsleistung
Ab Furtschagl-Haus 1200 Höhenmeter.

Abstieg
Wie Anstieg.

Gehzeiten
Furtschagl-Haus, 2295 m – Großer Möseler, 3478 m: 4 Std.
Abstieg Furtschagl-Haus: 3 Std.
Gesamtgehzeit: Ab Furtschagl-Haus 7 Stunden.

Hütten/Stützpunkte
Furtschagl-Haus, 2295 m, DAV-Sektion Berlin, 80 Betten und Matratzen, bew. Ende Juni – Anfang Oktober.

Karten
Kompass Wanderkarte 1:50000, Blatt 37, »Zillertaler Alpen«.

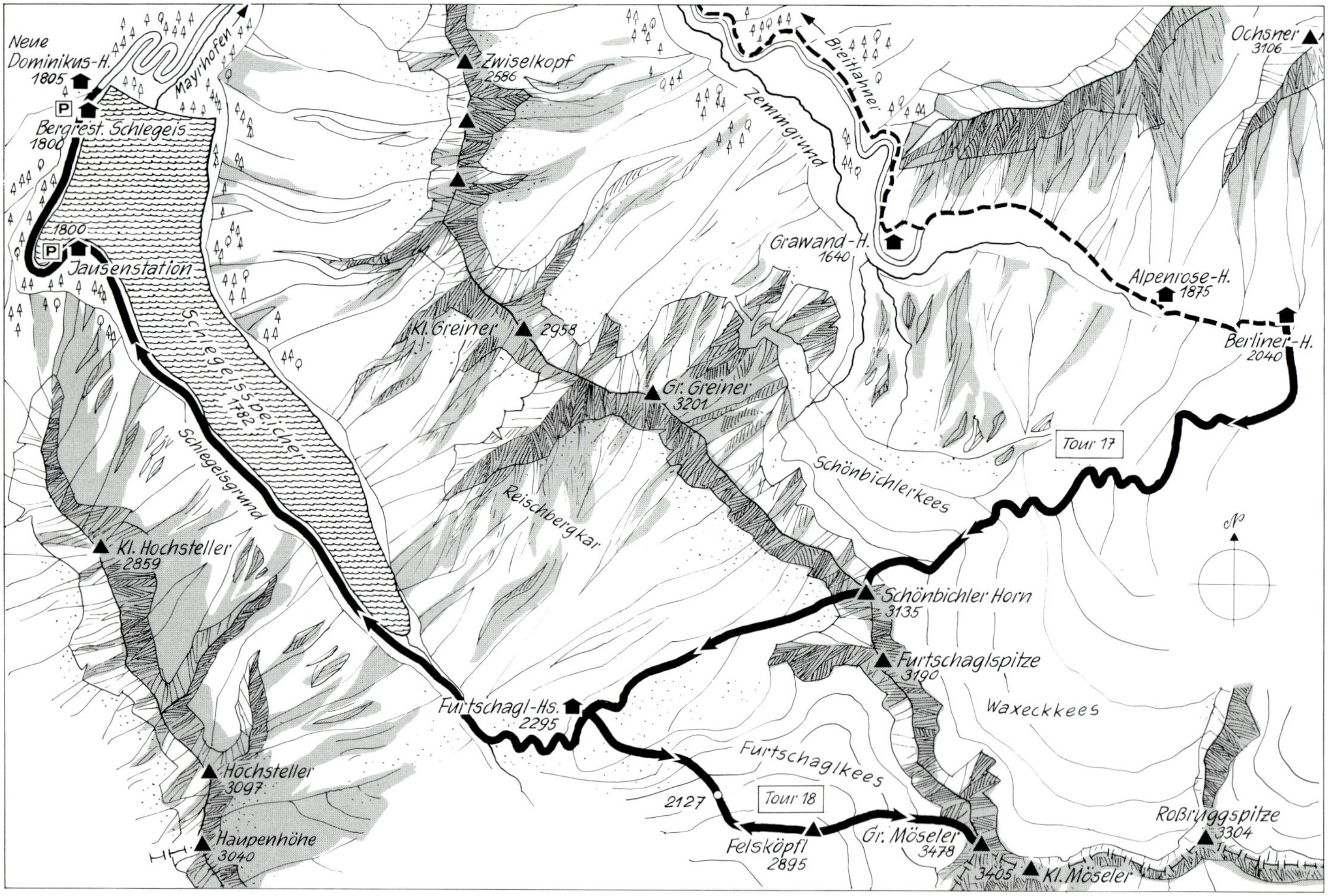

Neue
Dominikus-H.
1805

Bergrest. Schlegeis
1800

1800

Jausenstation

Mayrhofen

Zwiselkopf
2586

Zemmgrund

Breitlahner

Ochsner
3106

Grawand-H.
1640

Alpenrose-H.
1875

Berliner-H.
2040

Kl. Greiner 2958

Gr. Greiner
3201

Tour 17

Schlegeisspeicher 1782

Schlegeisgrund

Reischbergkar

Schönbichlerkees

Kl. Hochsteller
2859

Schönbichler Horn
3135

Furtschaglspitze
3190

Waxeckkees

Hochsteller
3097

Furtschagl-Hs.
2295

Furtschaglkees

2127

Tour 18

Haupenhöhe
3040

Felsköpfl
2895

Gr. Möseler
3478

3405

Kl. Möseler

Roßruggspitze
3304

19 Dristner 2765 m

*Steile »Grasspitze« –
ein ungewohnter Aufstieg*

*wenig schwierig
Wandertour*

Tourensteckbrief

Ausgangsort
Ginzling, 999 m, im Dornauberger Tal.

Die Tour in Stichworten
Ginzling, 999 m – Floitenschlag, ca. 1450 m –
Jagdhütte Wandeck, 1806 m – Dristner, 2765 m.

Schwierigkeit/Anforderung
I = wenig schwierig, Wandertour,
sehr große Anforderung, Tagestour.
Parken in Ginzling. Vom Gasthof »Post« auf
Weg zum Schild »Wandeck«, auf steilem Waldweg und -steig zu den Hütten im Floitenschlag
und zur Jagdhütte Wandeck. Weiter zur Waldgrenze und über Wiesen (Mark.-Pfosten) zum
Ansatz des SW-Grates, ca. 2100 m. Nach Steigspuren sehr steil höher zur Gratschneide, ca.
2400 m (sichtbarer Steinpfahl), knapp S-seits
des Gratverlaufes sehr steil, ausgesetzt, über
Grasschrofen zum Gipfel.
Einsame Tour, SW-seitiger Routenverlauf. Ab
Jagdhütte kaum mark., deutliche Steigspuren,
bei Nässe gefährlich!

Höchste Wegestelle/Gipfel
Jagdhütte Wandeck, 1806 m, Dristner, 2765 m.

Anstiegsleistung
Ab Ginzling 1800, ab Wandeck 900 Höhenmeter.

Abstieg
Wie Anstieg.

Gehzeiten
Ginzling, 999 m – Jagdhütte Wandeck, 1806 m:
2½ Std.; Wandeck – Dristner, 2765 m: 2½ Std.;
Abstieg: 3½ Std.
Gesamtgehzeit: 8½ Stunden.

Hütten/Stützpunkte
Jagdhütte Wandeck, 1806 m, privat, im Sommer
bewohnt, keine Bewirtschaftung.

Karten
Kompass Wanderkarte 1:50000, Blatt 37,
»Zillertaler Alpen«.

◁ *Das Südende des Schlegeis-Stausees, am Weg
zum Furtschagl-Haus.
Links Olperer mit Schneegupf, der vergletscherte Riepensattel schwingt nach Osten,
hinüber zu den Gefrornen Wandspitzen.*

Auf der Zufahrt von Zell am Ziller nach
Mayrhofen ist der 2765 Meter hohe Dristner noch vor der Ahornspitze der beherr-
schende Berg. Mit ihm schiebt der Floitenkamm seinen nördlichsten Gipfel bis
nach Mayrhofen vor; zum Zillertal wendet der Dristner die sehr steile, felsige
Nordflanke, der ein kurzer Grat die Spitze
abschneidet. Fahren wir von Breitlahner
das Dornauberger Tal hinab nach Ginzling, sehen wir die steile, grasige Westflanke: Der Nord- und Südgrat vereinigen
eine Spitze, der Westgrat, seit jeher der übliche Aufstieg, weist direkt nach Ginzling.
Auf der Ginzlinger Seite ist der Berg bis
zum Gipfel grün; der Winterschnee
schmilzt an den sonnigen Steilflanken
sehr schnell, die Dristner-Tour ist deshalb
schon im frühen Sommer möglich.
»Altbekannter Aussichtsberg, sehr lohnend«, schreibt der AV-Führer, ver-
schweigt aber, daß der Aufstieg sehr müh-

sam ist – 1800 Höhenmeter ab Ginzling!
Bis zu den Hütten im Wiesenfleck des
Floitenschlages (ca. 1450 m) fördert ein
guter Waldweg den Auftrieb, der steile
Pfad hinauf zur Jagdhütte am Wandeck,
1806 m kostet schon Kraft. Tisch, Bank
und frisches Bergwasser laden zur Rast,
im Aufblick zum Dristner zeigt der schmale, sehr steile, schrofige Westgrat die noch
erheblichen Anforderungen – 1000 Höhenmeter zum Gipfelkreuz, bei Nässe ein
gefährlicher Weg! Bei schönem, trocke-
nem Wetter jedoch eine Bergtour von
eigenartigem Reiz, wenn auch anstrengend und nicht für jedermann geeignet.

*Herbst am Gasthaus Roßhag, dem letzten
ganzjährig bewohnten Ort im Dornauberger Tal.
Darüber der Dristner, in Fallinie zum Bergwald
der Westgrat = Anstiegsweg zum Gipfel mit
Ausgangsort Ginzling.*

Tuxer Kamm

Neben dem Zillertaler Hauptkamm ist auch der Tuxer Kamm maßgebend am Aufbau der Zillertaler Alpen beteiligt. Ab Pfitscher Joch kommt dem Tuxer Kamm die Aufgabe zu, den Zentralalpenkamm als Grenzscheide zwischen Österreich und Italien zum Wolfendorn und damit zum Brenner zu führen; sein südwestlicher Auslauf mündet im Sterzinger Becken. Wie der Hauptkamm, so ist auch der Tuxer Kamm fast gradlinig, vom Pfitscher Joch greift er nach Nordosten aus und begleitet in Nordtirol den Zamser Grund und das Dornauberger Tal hinaus nach Mayrhofen. Die Gesamtausdehnung von Sterzing bis zur Vorderen Grinbergspitze, 2765 m, bei Mayrhofen beträgt etwa 34 Kilometer. Mit seinem großen Bruder, dem Hauptkamm, ist der Tuxer Kamm nur über das Pfitscher Joch verbunden, nach Norden verzweigen kurze Nebenkämme. Der wichtigste, der Kaserer Kamm, rahmt das Gefrorne Wandkees und berührt am Tuxer Joch die Tuxer Voralpen.

Im mittleren Abschnitt vom Pfitscher Joch zum Hohen Riffler trägt der Tuxer Kamm eine berühmte, über 3000 Meter hohe, vergletscherte Gipfelformation. Die Namen Hohe Wand, Sagwandspitze, Schrammacher, Fußstein, Olperer, Gefrorne Wand und Hoher Riffler repräsentieren die »Tuxer Eisberge«; das Gefrorne Wandkees im Zentrum zwischen Olperer

und Gefrorner Wand – 5 Quadratkilometer Gletscherfirn und Gletschereis – ist weithin bekannt als Hintertuxer Sommerskizirkus. Dieses hochalpine Dreitausender-Revier schätzen natürlich nicht nur Skifahrer, sondern auch Bergsteiger und Bergwanderer. Der Alpenverein stiftete Wege und Hütten, die Geraer Hütte, die Olperer-Hütte, das Friesenberg-Haus und die Gamshütte, markierte Steige erschließen hohe Scharten, der Bergtourismus wechselt im Tuxer Kamm ungleich lebhafter von einer Seite zur anderen als im Hauptkamm. Hintertux im Tuxer Tal ist der allgemeine Ausgangsort im Norden, im Süden der Parkplatz Schlegeisspeicher. In Hintertux regiert der Ski auch im Sommer, während die Südseite ein ausschließliches Reservat für Bergsteiger und Wanderer ist. Der Parkplatz Schlegeis verteilt das Wandervolk in alle Richtungen, zu den Hütten und Höhenwegen: Im Tuxer Kamm, im Nordtiroler Bereich, gibt es die lückenlose Verbindung vom Pfitscher Joch nach Mayrhofen, in Südtirol vom Pfitscher Joch nach Sterzing.

Zwei Bilder zum Tuxer Kamm: das kleinere von Norden, das große Panoramabild von Süden im Aufstieg zur Berliner Spitze.

Von der Geländeschulter, ca. 2750 m, im Aufstieg zur Geierspitze (Tour 30) schauen wir über den noch mit einem Eisdeckel verschlossenen Junsee dem Tuxer Kamm in die Nordseite. Von links: Hoher Riffler, Gefrorne Wandspitzen, Olperer und das großflächige Gefrorne Wandkees, auf dem der Tuxer Skizirkus rotiert. Das Südpanorama zeigt dieselben Berge nun von rechts nach links; unter uns der obere Zemmgrund mit der Berliner Hütte, rechts unten; links am Weg das Gasthaus Alpenrose.

Tuxer Kamm

20 Gamshütte 1916 m
Vordere Grinbergspitze 2765 m

Anspruchsvoller Mayrhofener Wanderberg

**wenig schwierig
Wander-/Felstour**

Auf dem Weg zur Grinbergspitze fordert der nahe, bis oben grüne Dristner immerzu bewundernde Blicke: Ab Ginzling ein 5-Stunden-Aufstieg zu ihm.

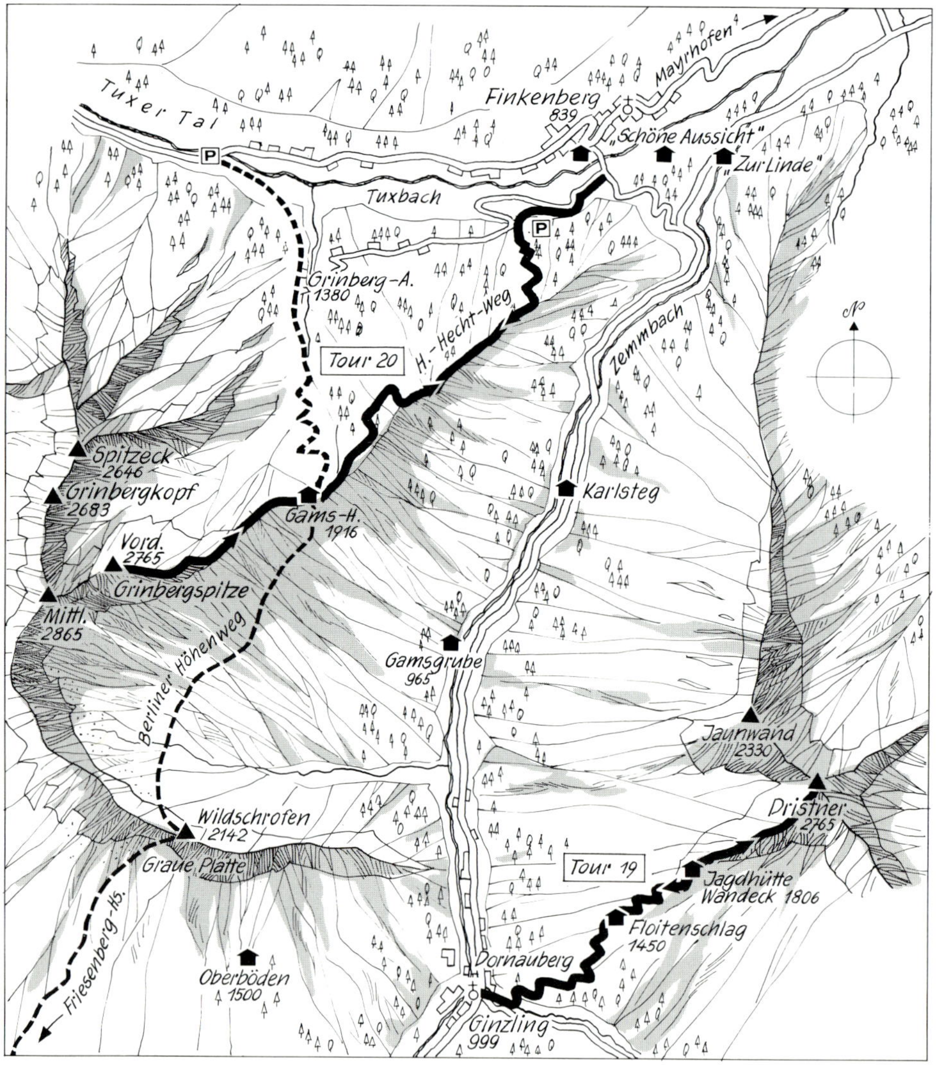

Im Auslauf des Tuxer Kammes nach Mayrhofen vereinigen sich die Hintere, 2884 m, die Mittlere, 2865 m, die Vordere Grinbergspitze, 2765 m, und das Spitzeck, 2646 m, zu einem breiten gemeinsamen Bergstock. Aus der Sicht vom Mayrhofener Kessel gibt es im Verein mit dem Brandberger Kolm, 2700 m, der Ahornspitze, 2976 m, und dem Dristner, 2765 m, dem Hauptort des Zillertals die alpine Note. Nachdem kein Eis die Grinbergspitzen ziert und die großen Ziele hinten im Hauptkamm warten, fährt der Bergsteiger auf der Straße nach Schlegeis oder Hintertux an ihnen meist ohne besondere Beachtung vorbei. Urlaubsgäste jedoch, die länger im Tal verweilen und gerne bergwandern, werden früher oder später – am besten mit Ausgangsort Finkenberg – über den Hermann-Hecht-Weg zur Gamshütte hinaufgehen, um von dort die Vordere Grinbergspitze zu versuchen. Versuchen? Zum 1000 Meter-Aufstieg zur Hütte addieren die noch notwendigen 800 Meter zum Gipfel eine erhebliche Tagesleistung! Der trainierte, ausdauernde Bergwanderer wird an dieser anspruchsvollen Tour seine Freude haben, besonders, wenn er bereits die anderen »Mayrhofener Präsentiergipfel« geschafft hat.

Zur Gamshütte, einer kleinen, holzgeschindelten Alpenvereinshütte der Sektion Berlin, kommen jedoch nicht nur Tagesgäste, sondern auch schwerbepackte Leute, entweder auf dem Berliner Höhenweg vom Friesenberg-Haus herüber oder im Talanstieg, um ab Gamshütte die große Zillertaler Rundtour zu beginnen – etwa 7 Stunden Gehzeit zum Friesenberg-Haus.

Den Berliner Höhenweg Olperer-Hütte – Friesenberg-Haus – Gamshütte gibt es seit Anfang der achtziger Jahre, ab Friesenberg-Haus 14 Kilometer zur Gamshütte! Darum zu Recht am Friesenberg-Haus der warnende Hinweis:

»Hier ist kein Ku'damm, keine Kö, hier geht es ziemlich in die Höh', drum feste Schuhe, gute Nahrung, Regenumhang und Erfahrung.«

Mit den Grinbergspitzen schiebt der Tuxer Kamm einen starken Ausläufer zum Mayrhofener Talbecken vor (Mayrhofen im Talschluß, darüber der Dristner).
Das Bild zeigt die Vordere Grinbergspitze (rechts); die Nordostflanke ist meist bis in den Sommer und wieder früh im Herbst verschneit. Unter dem Auslauf des schneebedeckten linken Grates hinein in die dunkle Flanke steht die Gamshütte.

Tourensteckbrief

Ausgangsort
Finkenberg, 839 m, im Tuxer Tal.

Die Tour in Stichworten
Finkenberg, 839 m – Gamshütte, 1916 m – Vord. Grinbergspitze, 2765 m.

Schwierigkeit/Anforderung
I = wenig schwierig, Wander-/Felstour, große Anforderung, Tagestour.
Von Finkenberg über die Teufelsbrücke, nach Wegweisung »Gamshütte« durch den Ortsteil jenseits des Tuxer Baches und auf Forststraße – bis zu einer Parkmöglichkeit, ca. 1100 m, vor einer Schranke zu befahren – in den Bergwald, bis das Schild »Hermann-Hecht-Weg« den Hüttenzugang aufzeigt.
Ab Gamshütte nach Schild »Grinbergspitze« auf mark. Steig in der breiten, schrofigen O-Flanke steil höher zum Ansatz (ca. 2500 m) des SO-Grates, über blockigen, fast horizontalen Fels zum O-seitigen Aufbau der Grinbergspitze und über Blöcke und Platten mäßig steil zum Gipfelkreuz.

Durchgehend mark., häufig begangene Route, nur für ausdauernde, trittsichere Bergwanderer.

Höchste Wegestelle/Gipfel
Vordere Grinbergspitze, 2765 m.

Anstiegsleistung
Ab Finkenberg 1900, ab Gamshütte 800 Höhenmeter.

Abstieg
Wie Anstieg; oder ab Gamshütte über die Grinberg-Alm, 1380 m, zurück nach Finkenberg.

Gehzeiten
Finkenberg, 839 m – Gamshütte, 1916 m: 3 Std.; Gamshütte – Vord. Grinbergspitze, 2765 m: 2½ Std.
Abstieg Finkenberg: 4 Std.
Gesamtgehzeit: Ab Finkenberg 9½ Stunden.

Hütten/Stützpunkte
Gamshütte, 1916 m, DAV-Sektion Berlin, 28 Matratzen, bew. Anfang Juni–Anfang Oktober.

Karten
Kompass Wanderkarte 1:50 000, Blatt 37, »Zillertaler Alpen«.

Tuxer Kamm

21 Friesenberg-Haus 2498 m
Hoher Riffler 3231 m

Zwischen Tux und Schlegeis

mäßig schwierig
Fels-/Gletschertour

Mit dem Hohen Riffler, 3231 Meter, beginnt das Reich der Tuxer Eisberge. Nachdem der Münchner Bergsteiger H. Weber im AV-Jahrbuch 1876 erstmals eine Anstiegsbeschreibung veröffentlichte, avancierte der Hohe Riffler zu einem beliebten Dreitausender der Zillertaler Alpen. Aus Tuxer Sicht schmückt ihn die pralle Zudeck des Federbettkeeses, zum Zamser Grund dominiert der Fels; die eisfreie Route vom Friesenberg-Haus über den blockigen Südgrat ist deshalb eine vielbe-

gangene Tour. Der Tuxer Aufstieg vom Spannagel-Haus, 2528 m, oder vom Tuxer-Ferner-Haus, 2660 m, zieht gegen die Friesenberg-Scharte, schwenkt im Schwarzbrunnerkees hinauf zum Federbettkees mit kurzem Zugang zum Gipfelkreuz auf aperem Fels.

Unser Tourensteckbrief empfiehlt den Aufstieg über den nur mäßig steilen Südgrat und den Abstieg zur Friesenbergscharte mit Rückkehr auf gesichertem Steig zum Friesenberg-Haus, also eine Rundtour, gewürzt mit dem Fels des Südgrates und dem Eis des Gletscherabstieges über das Schwarzbrunnerkees. Das Friesenberg-Haus ist eine »späte« Alpenvereinshütte, erbaut von Berliner Bergsteigern, die damals noch hoffen durften, auch die Früchte ihrer Opfer und Mühen zu ernten. Die in Bronze gegossene Gedenktafel in der Hütte verkündet:

»Zum Gedenken an die jüdischen Bergsteiger und ihre Bergfreunde, die in den Jahren 1928 bis 1930 das Friesenberg-Haus erbauten. 1968 wurde es von den Überlebenden an die Sektion Berlin des DAV übergeben, als Dank für ihren Widerstand gegen den Ausschluß jüdischer Bergsteiger aus dem DÖAV. - 1980 in Dankbarkeit die Sektion Berlin zum 50jährigen Jubiläum des Friesenberg-Hauses.«

Tourensteckbrief

Ausgangsort
Mayrhofen, 628 m, im Zillertal.

Die Tour in Stichworten
Mayrhofen, 628 m – Parkplatz Schlegeis-Speicher, 1800 m – Friesenberg-Haus, 2498 m – Hoher Riffler, 3231 m – Friesenbergscharte, 2910 m – Friesenberg-Haus.

Schwierigkeit/Anforderung
II = mäßig schwierig, Fels-/Gletschertour, mittlere Anforderung, Tagestour.
Von Mayrhofen Auffahrt (Mautstraße) zum Parkplatz am Schlegeis-Speicher. Ab Parkplatz mark. AV-Weg zum Friesenberg-Haus.
Vom Friesenberg-Haus nach Schild »Riffler« auf Steig zum Sattel zwischen Petersköpfl, 2677 m, und Riffler-S-Grat. Über den breiten, blockigen Felsgrat nach Mark., Steinmänner, Steigspuren teils steil zum Gipfel.
Abstieg: Vom Gipfel nach N zum Federbettkees, dort nach W hinab zum Schwarzbrunnerkees und auf dem Gletscher unter dem Riffler-SW-Grat, meist Trasse, Spalten, (= Anstieg vom Spannagel-Haus) zur Friesenbergscharte, 2910 m. Von der Scharte sehr steiler, mit Drahtseilen gesicherter Steig durch die Seewände hinab zum sichtbaren Friesenbergsee und -Haus.
S-seitige Fels- und N-seitige Gletscherroute, viel begangen.

Höchste Wegestelle/Gipfel
Hoher Riffler, 3231 m, Friesenbergscharte, 2910 m.

Anstiegsleistung
Ab Parkplatz Schlegeis-Speicher 1400, ab Friesenberg-Haus 800 Höhenmeter.

Abstieg
Siehe Tourenverlauf.

Gehzeiten
Parkplatz Schlegeis-Speicher, 1800 m – Friesenberg-Haus, 2498 m: 2 Std.; Friesenberg-Haus – Hoher Riffler, 3231 m: 2½ Std.
Abstieg: Friesenbergscharte, 2910 m – Friesenberg-Haus, 2498 m: 2 Std.
Gesamtgehzeit: Ab Friesenberg-Haus 4½ Stunden.

Hütten/Stützpunkte
Friesenberg-Haus, 2498 m, DAV-Sektion Berlin, 46 Betten und Matratzen, bew. Ende Juni – Ende September.

Karten
Kompass Wanderkarte 1:50 000, Blatt 37, »Zillertaler Alpen«.

Tip
Vom Friesenberg-Haus Übergang zur Olperer-Hütte, siehe Tour 22.

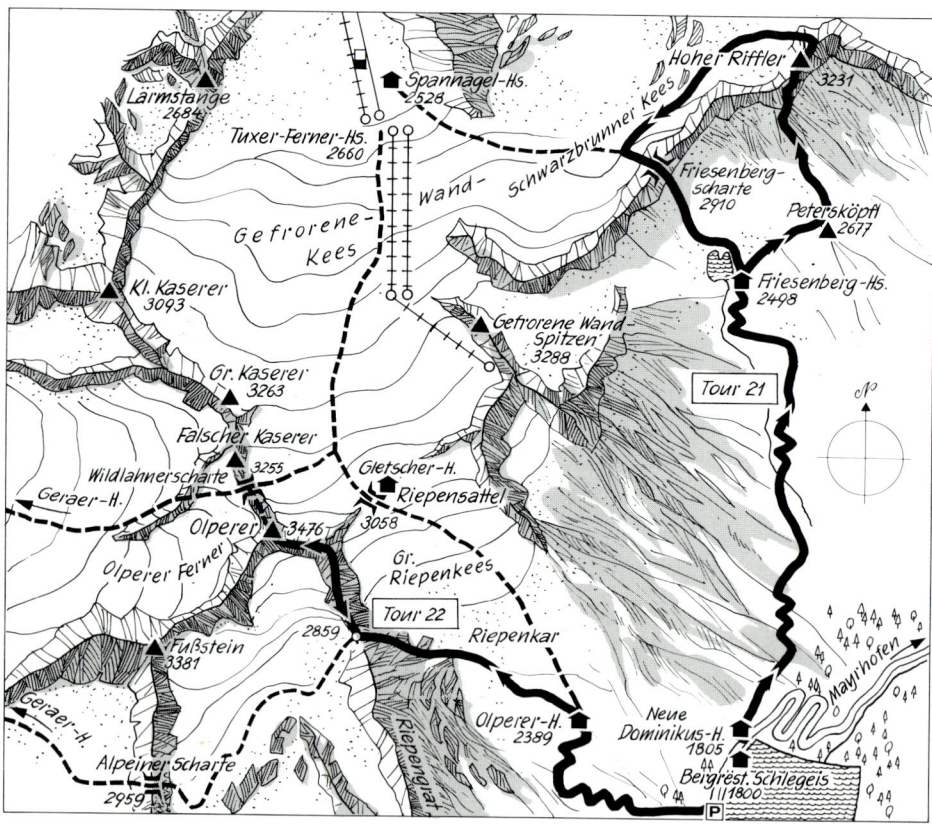

Im Abstieg vom Hohen Riffler auf dem Schwarzbrunnerkees in Richtung Friesenbergscharte = Übergang zwischen Spannagel- und Friesenberg-Haus. Im Kammverlauf nach Westen: Gefrorne Wandspitzen und Olperer.

Tuxer Kamm

22 Olperer-Hütte
2389 m
Olperer 3476 m

König im Tuxer Kamm

schwierig
Gletscher-/Felstour

In seinem Revier, im Tuxer Eisgebirge, ist der Olperer der unbestrittene König. Dem Normalbergsteiger gönnt er zwei Wege: von der Olperer-Hütte über den »Schneegupf« links, rechts der Nordgrat herauf von der Wildlahnerscharte.

An den Hauptgipfel eines Kammzuges oder einer Gebirgsgruppe stellt der Bergsteiger seit jeher besondere Ansprüche. Die Auszeichnung »Hauptgipfel« verdient der Olperer in hohem Maße: Mit der Höhe von 3476 Meter und mit seinem Ansehen nach allen Seiten kann er sich mit berühmten Gipfeln im Hauptkamm vergleichen.

Zur hohen Zeit der Ostalpenerschließung durfte ein Berg mit der Bedeutung des Olperer, nachdem schon Möseler und Hochfeiler bestiegen waren, natürlich keine »Terra incognita« bleiben. Die erfahrensten »Alpensteiger« der damaligen Zeit reisten an, um dem Olperer seine Jungfräulichkeit zu nehmen: Der erfolgreichste Alpinist dieser »Goldenen 60er Jahre«, der Wiener Paul Grohmann, war am 10. September 1867 mit seinen Begleitern Georg Samer (Josele) und Jackl Gainer als erster am Gipfel.

Zu Grohmanns Zeiten war der Name »Olperer« nur im nordwestseitigen Schmirntal gebräuchlich. Die Zillertaler drüben im Zamser Grund sahen den Berg als Felsspitze über dem Riepenkees, für sie war er deshalb der »Riepenspitz«. Grohmann kam von der Zamser Seite, also von der Seite, auf der heute die Olperer-Hütte den Aufstieg unterstützt. Sein Weg über den oberen Riepengrat zur auffallenden Firnschulter des »Schneegupf« (ca. 3250 m), weiter zum Ansatz des Südostgrates und über den Grat zum Gipfel ist auch für uns die Normalroute, wenn wir ab Parkplatz Schlegeis den Olperer besteigen. Der Grat, teils ausgesetzt und steil, nur mit wenigen Eisenstiften gesichert, kann bei Vereisung schwierig sein. Ab Parkplatz Schlegeis 1700 Meter Höhendifferenz zum Gipfel – in einem Tag für einen ausdauernden Bergsteiger zwar möglich, doch eine Übernachtung in der Olperer-Hütte mit frühem Tourenbeginn am nächsten Morgen ist vielleicht vorteilhafter.

Auf nur 600 Höhenmeter schrumpft mit Hilfe der Tuxer Gletscherbahnen (Bergstation Tuxer-Ferner-Haus, 2660 m) die nordseitige Tour. Aus der Wildlahnerscharte, 3220 m, baut der scharfe, sehr steile, aber mit Klammern gesicherte Nordgrat im Vergleich zum Südostgrat eine schwierigere und bei Vereisung auch sehr gefährliche Hürde zum Gipfel. Bergsteiger, die sich für die Olperer-Tour mehr Zeit nehmen, kommen deshalb sehr gerne zur Olperer-Hütte, um weitab vom Tuxer Skizirkus die wohl etwas längere, aber landschaftlich auch großartigere Südostroute zu gehen.

»Olperer Hütte 2385 m, erbaut 1881 von der Sektion Prag, 1900 erworben von der Sektion Berlin, erweitert und umgebaut 1931 und 1975. Sektion Berlin des DAV.«

Dieses Schild über dem Hütteneingang erwähnt ein Stück Alpenvereinsgeschichte, vor allem aber bestätigt es die Beliebtheit des Olperer.

Wie das Friesenberg-Haus, so ist natürlich auch die Olperer-Hütte ab Schlegeis-Stausee ein begehrtes Ziel der Tagesausflügler. Nachdem die Sektion Berlin beide Hütten besitzt, sorgten die Berliner auch für einen

Verbindungsweg, mit etwa 2 Stunden Gehzeit kommt wohl jeder Bergwanderer gut von Hütte zu Hütte. Diese Trasse ist auch Teil des Berliner Höhenweges, der vom Friesenberg-Haus weiter, hinaus zur Gamshütte zieht und die große Zillertaler Rundtour (siehe auch Seite 28) nach Mayrhofen zurückführt.

Ein Ausflug ab Parkplatz Schlegeis mit dem Ziel, die Olperer-Hütte und das Friesenberg-Haus zu besuchen (etwa 6 Stunden Gehzeit, am besten mit dem Friesenberg-Haus beginnen), kann an einem klaren Tag das große Schauerlebnis sein, denn im Süden brillieren die Hauptkammgipfel. Von den Hütten steigt der Weg bis auf 2500 Meter an, aber diese Höhe reicht aus: Wir bewundern den Schwung des Zillertaler Hauptkammes, die gleißenden, noch mächtigen Eisreservate der Gletscher und auch den glänzenden Spiegel des Stausees unter dem Schlegeiskees, der diese hochalpine Landschaft nicht stört, sondern ihr einen neuen Reiz verleiht.

Der Schlegeisspeicher faßt 127,7 Mio cbm Inhalt. Dem Druck dieser Wassermassen muß eine 131 Meter hohe Staumauer – Kronenlänge 722 m, Breite 9 m, für die insgesamt 988 098 cbm Beton eingebracht wurden – standhalten! Das Jahr 1971 vermerkt die Vollendung der Kraftwerksanlagen und das Versiegen der fließenden Wasser. Seitdem tanzen die Wasserspiele der Zillertaler Gründe nur noch in der Erinnerung der älteren Bergsteiger. Die ab Breitlahner mautpflichtige »Alpenstraße Schlegeis« (ab Ginzling 16 km) zum großen Parkplatz am Stausee in 1784 Meter Höhe öffnet dem Massentourismus unserer Tage ein bequemes Tor in die Gletscherwelt der Zillertaler Alpen.

Tourensteckbrief

Ausgangsort
Mayrhofen, 628 m, im Zillertal.

Die Tour in Stichworten
Mayrhofen, 628 m – Parkplatz Schlegeis-Speicher, 1800 m – Olperer-Hütte, 2389 m – Olperer, 3476 m.

Schwierigkeit/Anforderung
III = schwierig, Gletscher-/Felstour, große Anforderung, Tagestour.
Von Mayrhofen Auffahrt (Mautstraße) zum Parkplatz Schlegeis-Speicher. Ab Parkplatz mark. AV-Weg zur Olperer-Hütte.
Ab Hütte nach Schild »Olperer« mark. AV-Weg durch das Riepenkar zum Riepengrat. Dort bei Pt. 2859 zweigt der Olperer-Anstieg nach rechts vom Weg zur Alpeiner Scharte ab. Steigspuren, Steinmänner führen hinauf zum markanten »Schneegupf«, 3250 m, und in Überschreitung dieses mäßig steilen Firnsattels

(meist Trasse) zum Ansatz des SO-Grates. Im Gratverlauf Eisenstifte, teils auf der Seite des Schrammachkeeses, teils zum Riepenkees in steilem, ausgesetztem, blockigem Fels zum Gipfel.
S-seitige Firn- und Felsroute, häufig begangen.

Höchste Wegestelle/Gipfel
Olperer, 3476 m.

Anstiegsleistung
Ab Parkplatz Schlegeis-Speicher 1700, ab Olperer-Hütte 1100 Höhenmeter.

Abstieg
Wie Anstieg; oder über den mit Eisenstiften gesicherten N-Grat sehr steil und ausgesetzt hinab zur Wildlahnerscharte, 3220 m, auf Gletscherroute zum Riepensattel, 3058 m, und über das Riepenkees (meist Trasse) zurück zur Olperer-Hütte. Ab Olperer 3 Std.

Gehzeiten
Parkplatz Schlegeis-Speicher, 1800 m - Olpe-

Die Olperer-Hütte, 600 Höhenmeter über dem Schlegeis-Stausee, ein herrlicher Platz für die Schau nach Süden zum Zillertaler Hauptkamm vom Großen Möseler (links) zum Hochfeiler, miteinander verbunden durch die Eisdecke des Schlegeiskeeses.

rer-Hütte, 2389 m: 2 Std.; Olperer-Hütte - Olperer, 3476 m: 3½ Std. Abstieg wie Anstieg zur Olperer-Hütte: 2½ Std.
Gesamtgehzeit: Ab Olperer-Hütte 6 Stunden.

Hütten/Stützpunkte
Olperer-Hütte, 2389 m, DAV-Sektion Berlin, 48 Betten und Matratzen, bew. Mitte Juni–Ende September.

Karten
Siehe Tour 21.

Tip
Übernachtung in der Olperer-Hütte, Tour 23 Schrammacher anschließen

Tuxer Kamm

23 Schrammacher 3410 m

*Am Pfitscher Joch –
Einkehr in Südtirol*

**schwierig
Gletscher-/Felstour**

*Erst oben am Stampflkees, 600 Meter über dem
Pfitscher Joch, gibt der Schrammacher seine
Aufstiegsgeheimnisse preis. Rechts die Oberschrammachscharte, nach der Schartenspitze
erfolgt der Einstieg zum Südgrat.*

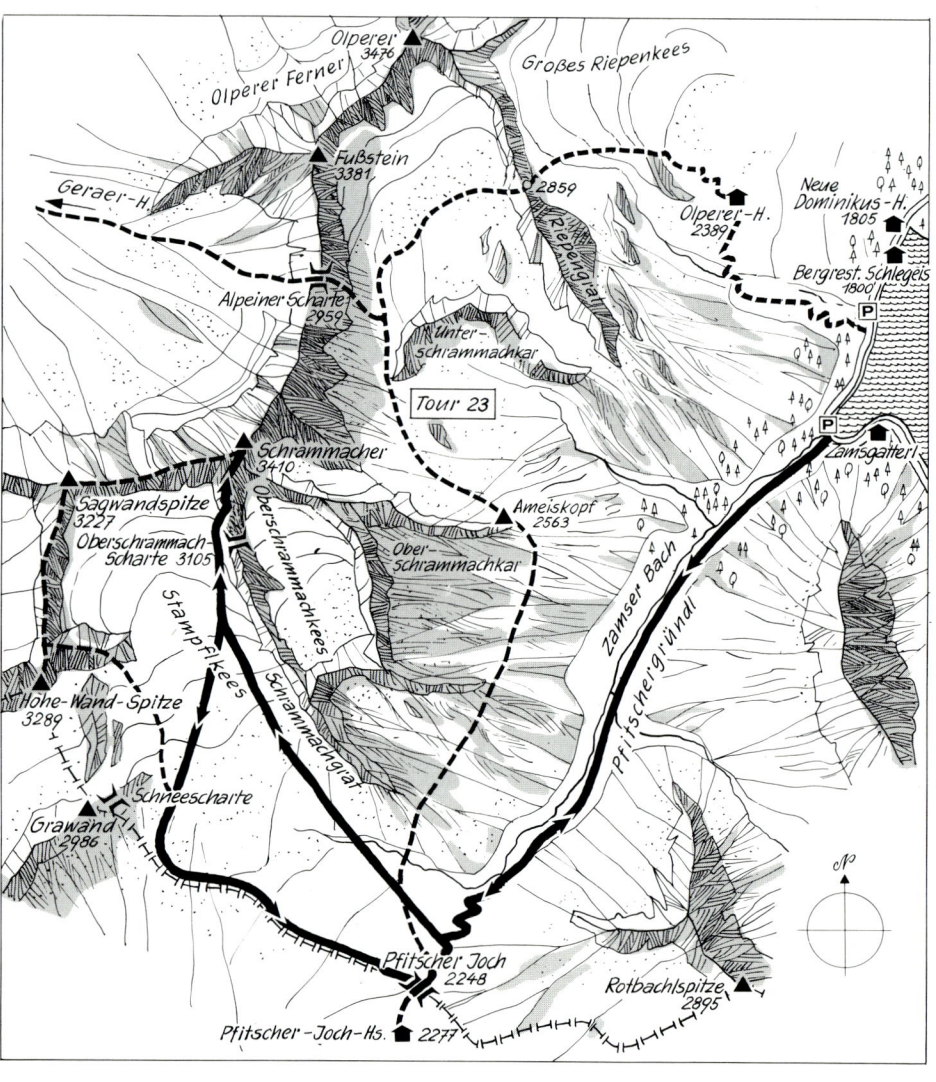

Mit der Tour zum Hohen Riffler und zum Olperer ist der Begriff »Tuxer Eisberge« noch nicht genügend ausgefüllt, es fehlt der Schrammacher. Die vorangegangenen Touren haben die Erwartungen, die ein Bergsteiger in den Schrammacher setzt, nochmals hochgeschraubt, denn im Blick von Osten zeigt dieser Berg einen hohen, von steilen Graten aufgerichteten schlanken Gipfel, der allem Anschein nach nicht einfach zu besteigen ist. Diese Meinung ist richtig, und so wollen wir untersuchen, nach welcher Seite der Schrammacher dem Normalbergsteiger die Tür öffnet.

Der Schrammacher hat wie der benachbarte Olperer seine freundliche Seite im Süden. Dorthin gleiten die Basishänge und der Gletscher, das Stampflkees, in mäßiger Steilheit ab, auch der Südgrat paßt sich diesem Neigungswinkel an, während die Nordabstürze zum schmalen Saum des Alpeiner Ferners geeignet sind, das Fürchten zu lernen. Im Süden liegt, wir wissen dies von Riffler und Olperer, in 1800 Meter Meereshöhe der Schlegeisspeicher; der Parkplatz Zamsgatterl an der Einmündung vom Zamser Bach ist der geeignete Ausgangsort für unsere Tour.

Alle Wasser vom Unterschrammachkees und vom Stampflkees sammelt der Zamser Bach; im Pfitschgründl gehen wir ihm auf einem guten Steig entgegen, schon seit Jahrhunderten ein wichtiger Weg über das Pfitscher Joch, 2248 m, in das südtirolerische Pfitschtal. Die Staatsgrenze Österreich-Italien verwehrt niemand den Übertritt, aber es ist kaum notwendig, Italien zu betreten, denn vom Joch, entlang von Grenzsteinen, führt ein Steig bis in etwa

Tourensteckbrief

Ausgangsort
Mayrhofen im Zillertal, 628 m.

Die Tour in Stichworten
Mayrhofen, 628 m - Parkplatz Schlegeis-Speicher, 1800 m - Pfitscher Joch, 2248 m - Schrammacher, 3410 m.

Schwierigkeit/Anforderung
III = schwierig, Gletscher-/Felstour, große Anforderung, Tagestour.
Von Mayrhofen über Ginzling zum Parkplatz »Zamsgatterl« am SW-Ende des Schlegeis-Speichers, von dort mark. Steig zum Pfitscher Joch.
Von der Jochhöhe direkt an der italienischen Grenzerhütte führt ein mark. Steig, Steinmänner, Grenzsteine, entlang des Grenzverlaufs höher zum SW-Auslauf des Stampflkeeses. Bei einem Moränensee, ca. 2800 m, quer über das flache Stampflkees, meist Trasse, Achtung: Spalten!, gegen die überfirnte Oberschrammachscharte, 3105 m, die aber nicht betreten wird. Erst nach den Schartentürmen an geeigneter Stelle - Achtung: Randklüfte! - Zustieg zum S-Grat des Schrammacher. Über den grobblockigen, mäßig steilen Grat mäßig schwierig zum Gipfel.
Oder: Im Aufstieg von Schlegeis kurz unter dem Pfitscher Joch weglos in den Stampflboden zur AV-Wegetrasse 528, bei den Gletscherabflüssen hinauf zur östl. Seitenmoräne, dort nach Steigspuren zu ihrem Ansatz am Stampflkees. Übertritt zum Gletscher und nun entlang des Schrammachgrates, vorbei an der Oberschrammachscharte, zum allgemeinen Einstieg in den S-Grat.
Ab Pfitscher Joch vielbegangene, S-seitige Route, nur für gletscher- und felserfahrene Bergsteiger.

Höchste Wegestelle/Gipfel
Pfitscher Joch, 2248 m, Schrammacher, 3410 m.

Anstiegsleistung
Ab Schlegeis-Speicher 1600, ab Pfitscher Joch 1200 Höhenmeter.

Abstieg
Wie Anstieg.

Gehzeiten
Parkplatz Schlegeis, 1800 m - Pfitscher Joch, 2248 m: 2 Std. - Schrammacher, 3410 m: 4 Std.
Abstieg Schlegeis: 4½ Std.
Gesamtgehzeit: Ab Schlegeis 10½ Stunden.

Hütten/Stützpunkte
Pfitscher-Joch-Haus, 2277 m, privat, 33 Betten, bew. Anfang Juli – Ende September.

Karten
Siehe Tour 21.

Tip
Übernachtung im Pfitscher-Joch-Haus, am anderen Tag Besteigung der Rotbachlspitze, 2895 m; hervorragender Aussichtspunkt zum Tuxer Kamm und zum Hochferner und Grießferner. (Siehe auch Sepp Schnürer »Bergsteigen in Südtirol«, Band 1.)

Der Südgrat wird, günstige Verhältnisse vorausgesetzt, die Tour zum Schrammacher kaum gefährden. Der blockige Fels ist gut zu gehen, mäßig steil und nur an einer Stelle etwas schwierig.

2800 Meter Höhe: Vor uns das Stampflkees, überhöht vom breiten Felsaufbau des Schrammacher, links der langgezogene Westgrat, rechts der Südgrat mit einem spitzen Turm vor der Oberschrammachscharte (siehe Bild oben). Der Schrammacher ist noch über einen Kilometer entfernt, also Gletscherquerung in dem flachen Hochbecken, dem nur eine dicke Firndecke die Gefährlichkeit nimmt, in Richtung zur deutlich erkennbaren Oberschrammachscharte, 3105 m. Dem AV-Führer, der uns in die überfirnte Scharte schicken will, dürfen wir nicht folgen, die meist vorhandene Trasse schwenkt vor dem Einschnitt nach links und sucht erst nach dem Schartenturm (Überkletterung II–III) an geeigneter Stelle den Zustieg - Achtung! Randklüfte, Bergschrund - zum Fels. Der breite, blockige Südgrat fixiert einen Höhenunterschied von etwa 250 Meter, ist also nicht flach, wie der AV-Führer schreibt, sondern mäßig steil mit steileren Absätzen (eine Stelle II); Felsungeübte brauchen Seilsicherung!
Bei der Auffälligkeit des Schrammacher aus den Tälern Tirols verwundert die späte Erstbesteigung am 4.Juli 1874 ebenso wie die Nationalität der Personen: der Ungar Moritz Dechy aus Pest mit dem Führer Hans Pinggera aus Sulden. Das Gipfelkreuz, aufgestellt im Jahre 1968 von der Bergrettung Matrei a. Brenner, öffnet eine weite Schau über 360 Grad, aber wie könnte es anders sein, am schönsten ist der Blick hinein nach Südtirol; zudem lockt die Einkehr in das Pfitscher-Joch-Haus, um bei Südtiroler Wein den Schrammacher zu feiern.

Tuxer Voralpen

Die Bezeichnung »Voralpen« verdeutlicht, daß dieses Gebirge niedriger und den Hochalpen vorgelagert ist. So liegt das Gesamtniveau der Tuxer Voralpen 400–600 Meter tiefer als das nach Süden zu aufgetürmte, vergletscherte Hochgebirge der Zillertaler Alpen. Obwohl die Tuxer Voralpen nur am Tuxer Joch das Eisrevier der Zillertaler Alpen berühren, gehören sie dieser übergeordneten Gebirgsgruppe an; das Tuxer Tal von Mayrhofen nach Hintertux mit Ursprung am Tuxer Joch gibt diesen »Voralpen« den Namen. Die Höhen, deutlich unter 3000 Meter, das Fehlen jeglicher Vergletscherung und der andersartige geologische Aufbau gestalten im Vergleich zu den inneren Zillertaler Alpen gänzlich andere Berge. Schiefer und Grauwacken nivellieren die Tuxer Voralpen in weiten Bereichen zu einem hügeligen, bis oben begrünten Gebirge, nur die Tarntaler Berge um den Lizumer Reckner vereinigen in einem zentralen Kammzug, infolge härteren Gesteins, eine Kette hochalpiner Gipfel.

Die Tuxer Voralpen gelten als ausgesprochen wanderfreundlich; von den großen Grenztälern, dem Zillertal, dem Inntal und dem Wipptal, dringen schmale, aber für den Verkehr gut erschlossene Stichtäler tief in das Innere vor. Das Sidantal und der Finsinggrund im Osten, das Weer-, Watten- und Voldertal im Norden, das Viggar-, Arz-, Navis- und Schmirntal im Westen teilen die Tuxer Voralpen in weitläufige Wandergebiete auf. Jedes Tal besitzt Jausenstationen, Schutzhütten und in den Bergkämmen darüber auch namhafte Gipfel, die der geübte Wanderer erreichen kann.

Der folgende Abschnitt mit den Touren 24 bis 32 soll eine repräsentative Auswahl sein, er genügt für die Gesamtübersicht. Die Umschau von den Gipfeln verrät die ungenannten Touren, ein erfahrener, selbständiger Bergwanderer möchte dieses Angebot vielleicht gerne selber aufspüren.

Die Tuxer Voralpen verteilen sich so weitläufig, daß man stundenlang die Bergketten abschreiten kann, ohne einem Menschen zu begegnen; der Hirzerkamm (im Bild) ist dafür typisch. Von links: Hippold, Grafennsspitze, Hirzer und Wildofen, im Vordergrund die Weidener Hütte im Nafingtal.

24 Kellerjoch-Hütte 2237 m Kellerjoch 2344 m Kuhmesser 2285 m

Große Aussichtskanzel zum Inntal

*wenig schwierig
Wandertour*

Das Kellerjoch ist der nordöstliche Ausläufer der Tuxer Voralpen und durch die vorgeschobene Position im Winkel zwischen dem Zusammenfluß von Inn und Ziller hinaus zum Inntal weithin sichtbar. Für die Stadt Schwaz im Inntal gilt das Kellerjoch als Hausberg. Am Innufer, 538 m, könnten wir den Sessellift nehmen, nach zwei Stationen an der Bergstation, 1883 m, aussteigen und etwa 1½ Stunden später, vorbei an der Kellerjoch-Hütte, am Gipfel sein - wenig Mühe für diesen altberühmten Aussichtsberg, 1800 Meter über dem Inn! Solch schnelle »Handstreiche« befriedigen jedoch kaum den passionierten Bergwanderer. Wir besteigen das Kellerjoch aus dem Zillertal, fahren auf der Fügener Bergstraße im Finsinggrund hinauf zum Alpengasthaus »Schellenberg-Alm«, 1310 m, und starten dort unsere Zwei-Gipfel-Tour.

Die genußreiche Wanderung auf markiertem Steig berührt die Gart-Alm, führt durch Wald und über weite Grashänge zu der Jausenstation Gartalm-Hochleger,

1856 m, und 1 Stunde später zur Kellerjoch-Hütte. Von diesem in hervorragender 2237 Meter hohen Position gelegenen Haus gelangen wir über einen schrofigen Grat in nur 20 Minuten zur Kapelle am Gipfel. Wir sind 2344 Meter hoch - welch eine Fernsicht zu den vergletscherten Zentralalpen, zum Tuxer Kamm sowie zu den Steinmauern der Nördlichen Kalkalpen auf der drüberen Seite des Inntales! Vor uns, nach Süden zum Tuxer Kamm, wölbt weitläufiges Schiefergebirge die freundliche Bergwelt der Tuxer Voralpen. Der zum frühen Verwittern neigende Schiefer modelliert sanfte Geländeformen, ermöglicht mit seiner Fruchtbarkeit und in Verbindung mit Wasserreichtum eine weithin fast geschlossene Vegetationsdecke. Und so überziehen prächtige Hangwiesen, dichte Wälder und lichte Almböden die Berge bis hinauf in die Gipfelregionen mit einem satten Grün, ein Wanderparadies, wie wir es uns kaum schöner wünschen könnten. Der Nahblick zum Grasgipfel des Kuhmesser, 2285 Meter, und die Information aus der Landkarte fördern den Entschluß, nach einer Visite in der Kellerjoch-Hütte den Kuhmesser zu überschreiten und über den Loassattel, 1683 m, zum Parkplatz Schellenberg-Alm abzusteigen. Diese Rundtour zeigt uns auch die Route Loas - Gilfert, ein Vorhaben, das wir für den nächsten Tag sparen. Der Übergang zum Kuhmesser ist leicht; den felsigen Gratverlauf begleitet ein markiertes, teilweise mit Drahtseil gesichertes Steiglein, das Hinab vom Gamsstein-Haus ist steil und deshalb Gift für ältere Kniegelenke. Am Wiesensattel der »Loas« lädt das Gamsstein-Haus zur nochmaligen Rast vor dem Abstieg zum Parkplatz.

Die östlichen Tuxer Voralpen mit den Stichtälern aus dem Zillertal gehören zum Bezirk Schwaz; die Stadt Schwaz liegt am Innufer zu Füßen des Kellerjochs. Im Inntal, diesem uralten Verkehrsstrang, gelangten allein der günstigen Lage wegen viele Orte zu Rang und Ansehen; das »Glück« von Schwaz war jedoch mehr im dunklen Schoß der Berge verborgen. Zur Blütezeit der ostalpinen Erzgewinnung um die Mitte des 16. Jahrhunderts strömten Bergknappen aus dem gesamten deutschsprachigen Raum ins Schwazer Revier, schürften nach Kupfer und Silber, prägten das »Silberne Zeitalter« und für den Ort den Beinamen »Die Mutter aller Bergwerke«. Bis zu 30000 Leute waren ansässig, trotzdem war diese damals volkreichste Siedlung Tirols keine Stadt. Heute ist Schwaz mit 10500 Einwohnern nach Innsbruck, Kufstein und Hall die viertgrößte Stadt Nordtirols.

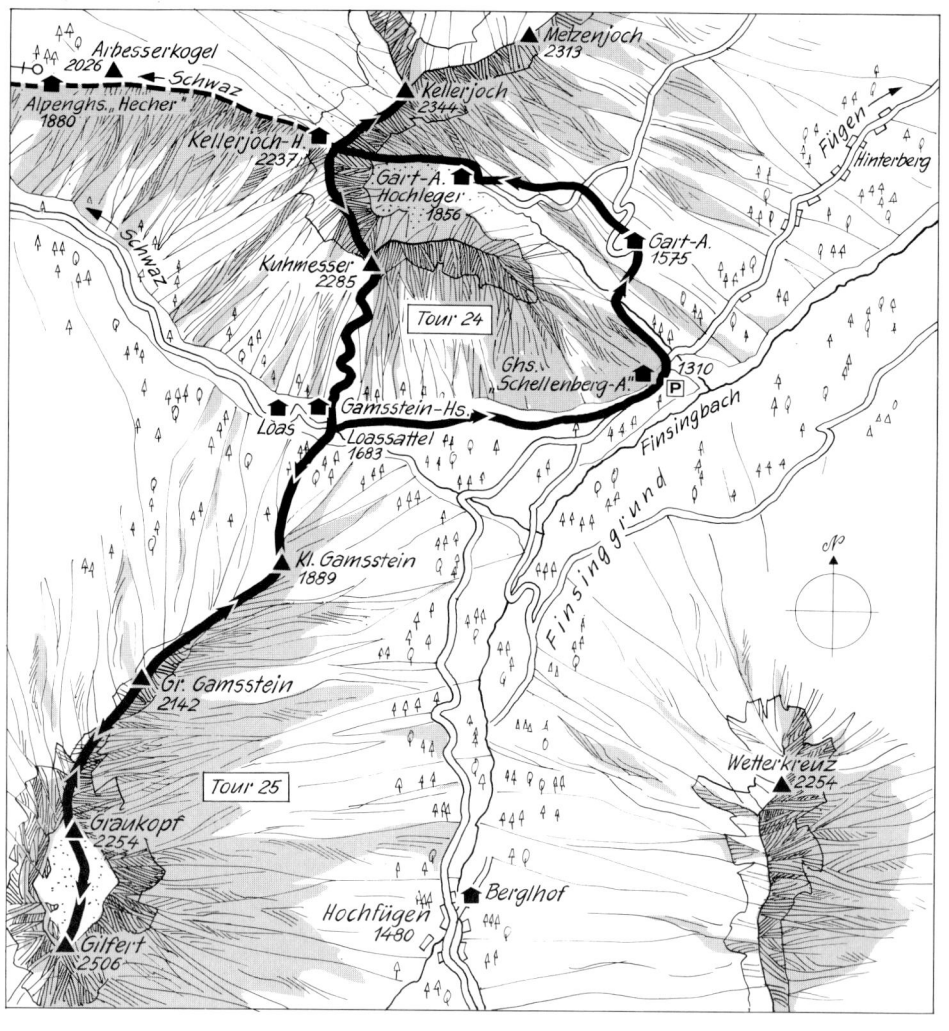

Tourensteckbrief

Ausgangsort
Fügen, 545 m, im Zillertal.

Die Tour in Stichworten
Fügen, 545 m – Finsinggrund – Gasthaus »Schellenberg-Alm«, 1310 m – Jausenstation »Gartalm-Hochleger«, 1856 m – Kellerjoch-Hütte, 2237 m – Kellerjoch, 2344 m – Kellerjoch-Hütte – Kuhmesser, 2285 m – Loassattel, 1683 m (Gamsstein-Haus) – »Schellenberg-Alm«.

Schwierigkeit/Anforderung
I = wenig schwierig, Wandertour, mittlere Anforderung, Tagestour.
Von Fügen auf der Hochfügener Bergstraße im Finsinggrund zum Gasthaus »Schellenberg-Alm«, Parkplatz.
Auf mark. Steig über Almgelände und durch Wald zur Gart-Alm und zur Jausenstation »Gartalm-Hochleger«, 1856 m. Von dort mark. Steig (329) mäßig steil zur sichtbaren Kellerjoch-Hütte. Ab Hütte teilweise gesicherter Felssteig zur Gipfelkapelle auf dem Kellerjoch.

(Auf halbem Weg Jausenstation »Gart-Alm« – Kellerjoch-Hütte wegloser, direkter Aufstieg über steile grasige Schrofenhänge zur sichtbaren Gipfelkapelle möglich.) Von der Kellerjoch-Hütte mark. Steig knapp unter dem Verbindungsgrat, oder mit Drahtseilsicherung über den Grat zum Kuhmesser. Dort steiler Wiesensteig hinab zum Gamsstein-Haus am Loassattel. Ab »Loas« mark. Waldsteig zurück zum Parkplatz.
Durchgehend mark. SO-seitige Wanderroute, viel begangen.

Höchste Wegstelle/Gipfel
Kellerjoch, 2344 m, Kuhmesser, 2285 m.

Anstiegsleistung
Ab Parkplatz »Schellenberg-Alm« 1100 Höhenmeter.

Abstieg
Siehe Tourenverlauf.

Gehzeiten
Parkplatz »Schellenberg-Alm«, 1310 m – Jausenstation »Gart-Alm«, 1856 m: 1½ Std.; Jausenstation – Kellerjoch-Hütte, 2237 m: 1 Std.; Kellerjoch-Hütte – Kellerjoch, 2344 m und zu-

Die Kellerjoch-Hütte, 1700 Meter über dem Inntal. Das Haus ist talauf und talab weithin sichtbar, dementsprechend also auch die Fernsicht landauf – landab; im Bild nach Westen zu den Stubaier Alpen.

rück: ½ Std.; Kellerjoch-Hütte – Kuhmesser, 2285 m: ½ Std.; Kuhmesser – Loassattel, 1683 m (Gamsstein-Haus): ½ Std. – Parkplatz »Schellenberg-Alm«: 1 Std.
Gesamtgehzeit: 5 Stunden.

Hütten/Stützpunkte
Gasthaus Schellenberg-Alm, 1310 m
Jausenstation »Gartalm-Hochleger«, 1856 m
Kellerjoch-Hütte, 2237 m, ÖAV-Sektion Schwaz, 34 Betten und Matratzen, bew. Mitte Juni–Mitte Oktober.
Gamsstein-Haus, 1680 m, DAV-Sektion Neuland, ganzjährig geöffnet.
Alpengasthof »Loas«, 1670 m, privat, Sommer- und Winterbetrieb.

Karten
Kompass Wanderkarte 1:50000, Blatt 28, »Nördliches Zillertal«.

Tuxer Voralpen

25 Großer Gamsstein 2142 m Gilfert 2506 m

Zwischen Inntal und Zillertal

*wenig schwierig
Wandertour*

Tourensteckbrief

Ausgangsort
Fügen, 545 m, im Zillertal.

Die Tour in Stichworten
Fügen, 545 m - Finsinggrund - Gasthaus »Schellenberg-Alm«, 1310 m - Loassattel, 1683 m - Großer Gamsstein, 2142 m - Graukopf, 2254 m - Gilfert, 2506 m.

Schwierigkeit/Anforderung
I = wenig schwierig, Wandertour, mittlere Anforderung, Tagestour.
Wie bei Tour 26 zum Parkplatz »Schellenberg-Alm«.
Mark. Steig über Almwiesen und durch Bergwald zum Loassattel. Dort nach Wegweiser »Gilfert« auf Steig über den NO-seitigen Kammverlauf mäßig steil bis steil zum Großen Gamsstein, weiter zu den Schrofenfelsen des Graukopfes, von dort fast eben zum Gipfelaufbau des Gilfert. Steiler, schrofiger Anstieg zum Hochplateau und mäßig steil zum Gipfel.
Ab Loassattel NO-seitiger Routenverlauf, durchgehend mark., viel begangen.

Höchste Wegestelle/Gipfel
Großer Gamsstein, 2142 m, Gilfert, 2506 m.

Anstiegsleistung
Ab »Schellenberg-Alm« 1200, ab Loassattel 900 Höhenmeter.

Abstieg
Wie Anstieg.

Gehzeiten
Parkplatz »Schellenberg-Alm«, 1310 m - Loassattel, 1683 m: 1 Std.; Loassattel - Großer Gamsstein, 2142 m - Graukopf, 2254 m - Gilfert, 2506 m: 2½ Std.
Abstieg wie Anstieg: 2½ Std.
Gesamtgehzeit: 6 Stunden.

Hütten/Stützpunkte
Siehe Tour 24.

Karten
Kompass Wanderkarte 1:50000, Blatt 28, »Nördliches Zillertal«.

Ähnlich dem Kellerjoch repräsentiert auch der Gilfert die Tuxer Voralpen hinaus zum Inntal. Wege zu ihm gibt es aus dem Weertal und vom Loassattel, 1683 m, zu dem von Schwaz und von Pill eine Auffahrt möglich ist. Der Alpengasthof »Loas« und das Gamsstein-Haus, eine ganzjährig geöffnete Alpenvereins-Hütte, bieten Einkehr und Jause, das Almparadies »Loas« mit Gilfert, Kuhmesser und Kellerjoch lockt auch Einheimische aus dem Inntal zur Höhe.
Wieder fahren wir hinein in den Finsinggrund und gehen ab »Schellenberg-Alm« hinauf zur »Loas«. Am Almgatter zeigt das Schild »Gamsstein/Gilfert« die Richtung: nach Süden über den Gamsstein zum beherrschenden, aber scheinbar weit entfernten, breiten Gipfelaufbau des Gilfert. Der Pfad schlängelt sich durch dichten Bodenbewuchs zum Kleinen Gamsstein, 1898 m, und steigt steil zum markanten Fels des Großen Gamssteins, 2142 Meter, an. Hinweg über den unbedeutenden Graukopf leiten Markierungen zur schrofigen, steilen Ostflanke des Gilfert: Nur diese letzte Hürde kann für weniger geübte Geher, vor allem bei Nässe oder Schnee, unangenehm sein. Vom Gipfelkreuz aus 2506 Meter Höhe sortieren wir das großzügige Angebot der inneren Tuxer Voralpen - der Rastkogel, 7 Kilometer kammeinwärts und genau im Süden, könnte das nächste Tourenziel sein.

Der Loassattel und die Wandertrasse zum Großen Gamsstein (rechts) und Gilfert in Bildmitte. Die Rastkogel-Hütte (rechtes Bild) ist Stützpunkt für den Rastkogel (über der Hütte) und für die Kammwanderung: Kraxentrager - Seewand - Marchkopf.

26 Rastkogel-Hütte 2124 m
Rastkogel 2761 m

*Hauptgipfel der
östlichen Tuxer Voralpen*

**wenig schwierig
Wandertour**

Der Rastkogelkamm, dieses maßgebende Glied der östlichen Tuxer Voralpen, ordnet den Bergraum hinaus zum Inntal und hinab zum Zillertal. Mit dem Kellerjoch und dem Gilfert haben wir die zum Inntal bedeutenden Gipfel kennengelernt, vom Gilfert nach Süden ragt im Kamminneren der dominierende, 2761 Meter hohe Rastkogel. Dieser weithin sichtbare Berg besitzt zum Zillertal, zum Tuxer Tal und zum Weertal eine starke Anziehungskraft, Wanderwege hofieren den Rastkogel deshalb von allen Seiten. Zu einem Berg in dieser Position gehört eine Hütte. Die DAV-Sektion Oberkochen erbaute deshalb dem Rastkogel im Jahre 1955 ein neues Haus, das den Zillertaler Aufstieg unterstützt.

In Hippach, 582 m, verlassen wir das Zillertal mit der Auffahrt durch das Sidantal zur Mautstelle (ca. 1800 m) der »Zillertaler Höhenstraße«. Erst jenseits der Maut zweigt der Güterweg zur Rastkogel-Hütte, 2124 m, von der Höhenstraße ab; bis zu einem Almgatter mit Parkplatz (ca. 1900 m) ist die Zufahrt erlaubt. Parken wir hier, genügen 50 Minuten Gehzeit für den geringen Höhenunterschied zur sichtbaren Hütte.

Zu seiner Hütte zeigt der Rastkogel die durch Mulden, Tälchen, sekundäre Felsrücken und -köpfe abwechslungsreich gegliederte Nordostseite. Dieses aufstiegsfreundliche Gelände fördert die Wanderfreude. Vom nahen Sidanjoch, 2127 m, gehen wir über einen flachen Rücken zur Abzweigung Roßkopf. Die Route schneidet steile, ostseitige Hangwiesen hinab zu einer Mulde, in der zwei Seelein die abfließenden Wasser auffangen. In diesem

Die üppig-würzige Vegetation im Kamm vom Sidanjoch hinauf zum Marchkopf ist für Bergschafe ein Paradies. Im Kammverlauf nach Norden vor uns die Seewand, links hinten der Marchkopf.

Boden, aus der Höhe von etwa 2300 Meter, beginnt in einem ausgeprägten Hochtälchen der durch Steigspuren und Markierungen gut erkennbare, für einen geübten Bergwanderer nie schwierige Weg durch die Nordostflanke. Bei Bergwetter ist das Gipfelkreuz am Rastkogel der geeignete Ort zur großen Orientierungsschau in die westliche Welt der Tuxer Voralpen, nach Süden zum »Tuxer Eisgebirg« und zum Zillertaler Hauptkamm.

Nachdem der Rastkogel auch im Weertal und im Tuxer Tal bekannt und beliebt ist, kommt von der Weidener Hütte, 1799 m, (auch Nafing-Hütte) über das Nurpenjoch ein 3-Stunden-Aufstieg und von Vorderlanersbach, 1257 m, sogar eine 5-Stunden-Tour zu ihm herauf; am kürzesten ist der Zugang vom Penken, 2095 m, (Seilbahn von Mayrhofen).

Tourensteckbrief

Ausgangsort
Hippach, 582 m, im Zillertal.

Die Tour in Stichworten
Hippach, 582 m – Rastkogel-Hütte, 2124 m – Sidanjoch, 2127 m – Rastkogel, 2761 m.

Schwierigkeit/Anforderung
I = wenig schwierig, Wandertour, mäßige Anforderung, Tagestour.
Von Hippach Auffahrt zur Zillertaler Höhenstraße über die Mautstelle hinaus zur Zufahrt Rastkogel-Hütte. Parkplatz, ca. 1900 m, Auffahrt zur Hütte gesperrt. Güterweg zur sichtbaren Hütte. Oder: Parken noch vor der Mautstelle bei der Atlas-Sportalm, 1730 m, und auf dem unteren Almweg zur Rastkogel-Hütte.
Ab Hütte nach Schild »Rastkogel« zum nahen Sidanjoch und auf dem Höhenrücken zur Abzweigung »Roßkopf« (übersichtliche, kurze Wanderroute zum Roßkopf, 2536 m). Der Rastkogel-Anstieg quert die abschüssigen Wiesenhänge des Roßkopf schwach abwärts zu einem Hochbecken mit zwei Seelein, ca. 2300 m. Aus diesem Becken in einem deutlich ausgeprägten Hochtälchen mäßig steil nach Mark. und Steigspuren bis kurz vor den SO-Grat. In der O-Flanke auf Schrofensteig zum Gipfel.

NO-seitiger Routenverlauf, durchgehend mark., viel begangen; häufig bis in den Sommer hinein Schnee!

Höchste Wegestelle/Gipfel
Rastkogel, 2761 m.

Anstiegsleistung
Ab Parkplatz Rastkogel-Hütte 900, ab Rastkogel-Hütte 700 Höhenmeter.

Abstieg
Wie Anstieg.

Gehzeiten
Parkplatz, ca. 1900 m – Rastkogel-Hütte, 2124 m: 1 Std.; Rastkogel-Hütte – Rastkogel, 2761 m: 3 Std.; Abstieg wie Anstieg: 3 Std. Gesamtgehzeit: 7 Stunden.

Hütten/Stützpunkte
Rastkogel-Hütte, 2124 m, DAV-Sektion Oberkochen, 70 Betten und Matratzen, bew. Anfang Juni – Ende September.

Karten
Siehe Tour 27.

Tip
Zum Rastkogel auch von der Weidener Hütte, 1799 m, im Nafingtal lohnender Aufstieg, 3 Std., ebenso von Mayrhofen mit Seilbahn zum Penkenjoch über Wanglspitz – Grindelspitze, 3 Std.

27 Kraxentrager 2429 m
Seewand 2418 m
Marchkopf 2499 m

Hohe Kammwanderung

wenig schwierig
Wandertour

Tourensteckbrief

Ausgangsort
Hippach, 582 m, im Zillertal.

Die Tour in Stichworten
Hippach, 582 m - Rastkogel-Hütte, 2124 m - Kraxentrager, 2429 m - Seewand, 2418 m - Marchkopf, 2499 m.

Schwierigkeit/Anforderung
I = wenig schwierig, Wandertour, mäßige Anforderung, Tagestour.
Zur Rastkogel-Hütte siehe Tour 28.
Ab Hütte zu einer sichtbaren Mark.-Stange und damit zur Höhe des nach NO streichenden Kammzuges. In leichter Wanderung, Steinmänner, Steigspuren, mäßig steil zum Kraxentrager, steil hinauf zur Seewand, hinab in eine weite Senke gegen den sichtbaren, felsigen Gipfelaufbau des Marchkopfes, über Felsschrofen zum Gipfel.
SW-seitiger, übersichtlicher Routenverlauf, nur teilweise mark.

Höchste Wegestelle/Gipfel
Kraxentrager, 2429 m, Seewand, 2418 m, Marchkopf, 2499 m.

Anstiegsleistung
Ab Parkplatz Rastkogel-Hütte 700, ab Rastkogel-Hütte 500 Höhenmeter.

Abstieg
Wie Anstieg.

Gehzeiten
Parkplatz, ca. 1900 m - Rastkogel-Hütte, 2124 m: 1 Std.; Rastkogel-Hütte - Kraxentrager, 2429 m - Seewand, 2418 m - Marchkopf, 2499 m: 2 Std.
Abstieg wie Anstieg: 2½ Std.
Gesamtgehzeit: 5½ Stunden.

Hütten/Stützpunkte
Rastkogel-Hütte, 2124 m, siehe Tour 26.

Karten
Kompass Wanderkarte 1:50 000, Blatt 28, »Nördliches Zillertal«.

Bei der Rastkogel-Hütte, 2124 m, streicht vom Sidanjoch ein Zweig des Rastkogelkammes nach Nordost und rahmt im Auslauf zum Zillertal den Finsinggrund. Die Höhen - Kraxentrager, 2429 m, Seewand, 2418 m, Marchkopf, 2499 m und Wetterspitze, 2254 m - erheben keinen besonderen alpinen Anspruch, versprechen aber schöne Wanderfreuden, für die es sich lohnt, nochmals zur Rastkogel-Hütte zu kommen.

Die Überschreitung eines Kammzuges ist zumeist auch ein Aussichtserlebnis. So profitiert diese Tour schon am ersten Gipfel, dem Kraxentrager, von der großen Weite der Landschaft. Unbeschwert von Wegsuche, auch wenn Markierungen sparsam aufscheinen und nur vereinzelte Steinmänner die Richtung weisen, kann sich bei gutem Wetter niemand verlaufen, denn die Route bleibt immer auf der Kammhöhe. Vom Kraxentrager steigen wir mit geringem Höhenverlust hinab zu einer Senke und jenseits eine steile Grasflanke hinauf zur Seewand. - Seewand deswegen, weil in der Mulde unter ihrer Ostwand, hinab zur »Zillertaler Höhenstraße«, ein Seeauge blinkt. Der Marchkopf, von der Seewand durch einen weiten Sattel getrennt, signalisiert mit einem felsigen, aber kurzen Grat, daß er der Höchste ist und auch etwas Übung verlangt. Auf dem Rückweg zur Rastkogel-Hütte verleitet nach dem Kraxentrager das deutlich sichtbare Kreuz links außen am Kreuzjoch, 2336 m, vielleicht noch zu einem kleinen Umweg.

Die »Zillertaler Höhenstraße« (mautpflichtig) schneidet 700 Meter tiefer die weitläufigen, ostseitigen Hanglehnen. Befahren wir diese Trasse, betrachten wir den Kraxentrager, die Seewand und den Marchkopf von unten. Das teilweise sehr exponierte Straßenband läuft über die Baumgrenze hinaus, berührt den Saum der Hochalmen, dient den Bergbauern als Güterweg für die Almwirtschaft und überrascht Autotouristen mit einem großartigen Panoramablick in die inneren Zillertaler Alpen. 1000 Meter tiefer glitzert das silberne Flußband des Ziller, das der Drachenflieger anvisiert, wenn er von der Höhenstraße hinunter zum Landeplatz bei Mayrhofen schwebt - beobachtet von den vielen Schaulustigen auf der Höhenstraße und am Rande der Landewiese.

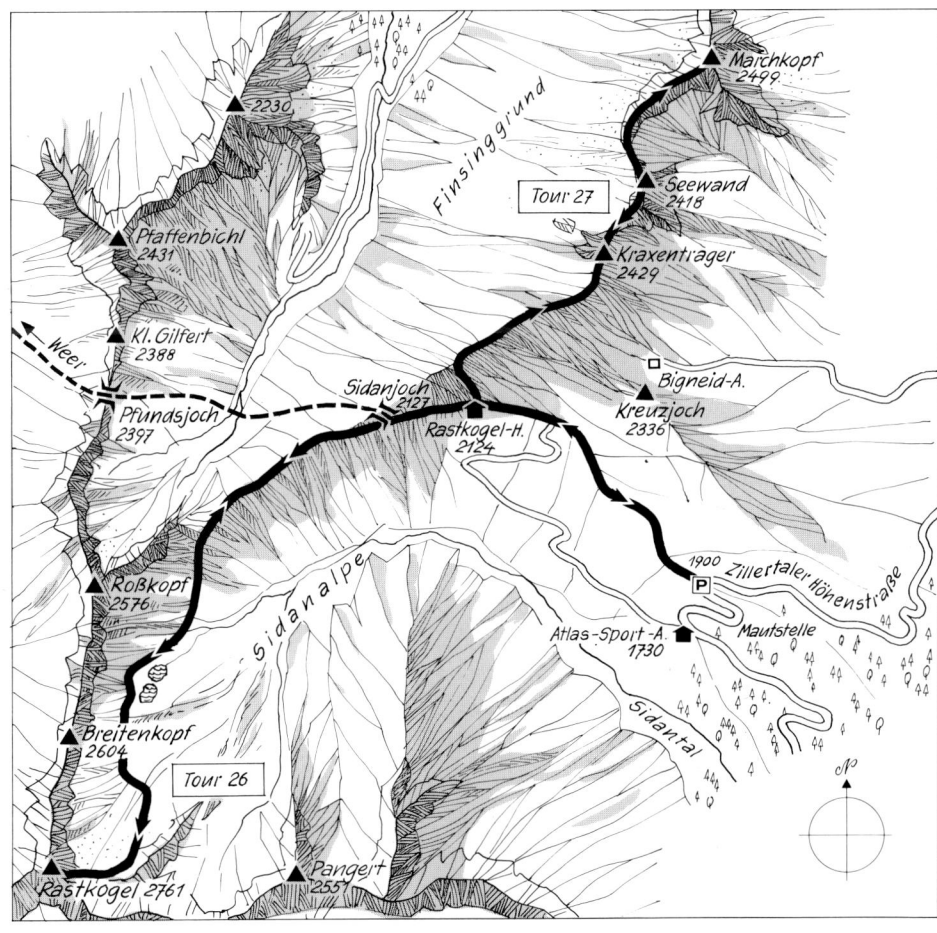

Tuxer Voralpen

28 Weidener Hütte 1856 m
Hippold 2643 m
Grafennsspitze 2619 m
Hirzer 2725 m
Wildofen 2553 m

Hoch über dem Weertal

mäßig schwierig
Wander-/Felstour

Auf der Grafennsspitze: Blick zu Geierspitze und Lizumer Reckner (Bildmitte), links außen der Olperer.

Die Weidener Hütte, auch Nafing-Hütte genannt, liegt hoch oben im Nafingtal, einem Zweig des Weertales, das bei Weer und Kolsaß in das Inntal mündet. Den Weg vom Inn hinauf zur Hütte braucht niemand auf Schusters Rappen zu gehen, eine gute Straße entweder über Kolsaßberg oder Innerst, im letzten Abschnitt jeweils ein schmales Waldsträßchen, führt bis vor diese hochgelegene Weidener Haustür. Jedermann darf herauffahren und vor der Hütte parken.

Die Weidener Hütte, ehemals ein kleines, einfaches Berggasthaus, das wer weiß wie lange dem sommerlichen Saumverkehr über das Geiseljoch hinab zum Tuxer Tal diente, gehört seit 1927 der Sektion Weiden. Mehrmals erweitert und liebevoll renoviert, zuletzt 1984, ist die Hütte für die grünen Hänge der Nafing-Alm ein Schmuckstück; das Haus wird ganzjährig bewirtschaftet und auch von Skitouristen gerne besucht. Der Bergwanderer hat dort oben in diesem stillen, entlegenen Almwinkel kein Problem, immer wieder eine neue Tour zu finden, auch wenn er tagelang bleibt. Zu und auf den Kammhöhen östlich und westlich der Hütte und nach Süden zum Geiseljoch (siehe Rastkogel) gibt es Pfade und Ziele genug.

Wie anderswo, gibt es natürlich auch im Nafingtal gewisse Prioritäten. Weitwanderer auf dem »Zentralalpenweg 02« vom Rastkogel herab nach Nafing ziehen über

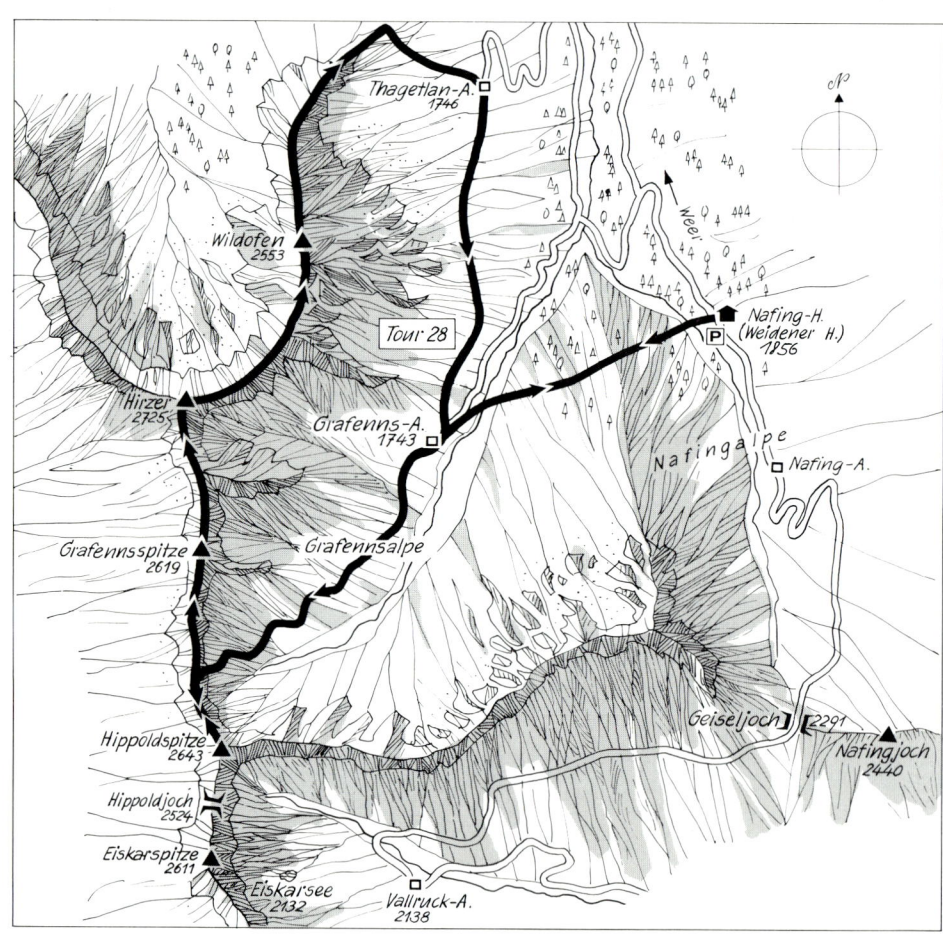

Map labels:

Thagetlan-A. 1746

Wildofen 2553

Tour 28

Weer

Nafing-H. (Weidener H.) P 1856

Hirzer 2725

Grafenns-A. 1743

Nafingalpe

Nafing-A.

Grafennsspitze 2619

Grafennsalpe

Geiseljoch 2291

Nafingjoch 2440

Hippoldspitze 2643

Hippoldjoch 2524

Eiskarspitze 2611

Eiskarsee 2132

Vallruck-A. 2138

die Grafenns-Alm und das Grafennsjoch weiter zur Hütte in der Wattener Lizum. Alm und Joch sind auch die ersten Stationen für die wohl anspruchsvollste Tour der Weidener Hütte: die Überschreitung des Hirzerkammes vom Hippold hinaus zum Wildofen (siehe Bild Seite 60 bis 61). Eine Vier-Gipfel-Tour, zu der wir hinüber zur Grafenns-Alm zuerst einmal 100 Höhenmeter verlieren und auch die Plage, bergauf und bergab von Gipfel zu Gipfel, gerne in Kauf nehmen. Damit diese hohe Wanderung Freude macht, sollen die Voraussetzungen stimmen: apere Verhältnisse und sicheres Wetter, ein langer Sommertag, nicht ein kurzer Tag im Spätherbst, Bergerfahrung und Kondition für eine durchschnittliche Gehzeit von 9 Stunden. Paßt alles zusammen, wird der Weg von Gipfelkreuz zu Gipfelkreuz, begleitet von Einsamkeit und Stille, zu einem Erlebnis von besonderem Reiz – und eine große, befriedigende Tour.

Zur Geschichte des Weertales: Schon im Mittelalter war das Tal von Süden, vom Tuxer Tal, vom Zillertal und von Schmirn herüber besiedelt. Es gab einen »Graf Enns«, daran erinnern die Grafenns-Alm, Joch und Spitze darüber. (Krovenz ist falsch, ist eine Verballhornung von Grafenns). Das Dorf Weerberg entstand dadurch, daß zu Beginn der Klimaverschlechterung, mit Eintritt der sogenannten »kleinen Eiszeit« ab dem 16. Jahrhundert, die Siedler das Tal aufgaben und nach Norden zum Inntal zogen.

Im Abstieg vom Hirzer, vor uns der Aufschwung zum Wildofen, dem letzten Gipfel in dieser Tour.

Tourensteckbrief

Ausgangsort
Pill 556 m oder Kolsaß 553 m im Inntal.

Die Tour in Stichworten
Kolsaß 553 m – Weidener Hütte 1856 m – Grafenns-Alm 1743 m – Grafennsjoch 2450 m – Hippold 2643 m – Grafennsspitze 2619 m – Hirzer 2725 m – Wildofen 2553 m – Tagetlan-Alm 1746 m – Weidener Hütte.

Schwierigkeit/Anforderung
II = mäßig schwierig, Wander-/Felstour, große Anforderung, Tagestour.
Von Pill im Inntal über Weerberg und Innerst, oder auf der besseren Zufahrt von Kolsaß im Inntal über Kolsaßberg zur Weidener Hütte, Parkplatz.
Ab Weidener Hütte nach Schild »Hippold - Lizumer Hütte« auf Weg 319 zur Grafenns-Alm und weiter zum Grafennsjoch (= Übergangsstelle zur Lizumer Hütte). Vom Joch mark., steiler Anstieg über Schotter zur Hippoldspitze. Zurück zum Grafennsjoch und nach Steigspuren im Kammverlauf nach N, mäßig steil höher zum sichtbaren Kreuz der Grafennsspitze. Ab Grafennsspitze über den teils blockigen Kammverlauf abwärts zu einer Scharte, ca. 2500 m, vor dem Hirzer. Ab Scharte nach Steigspuren in der grasigen SO-Flanke des Hirzer steil höher, bei etwa 2600 m hinaus zum felsigen S-Grat und weniger steil zum Gipfelkreuz. Ab Hirzer, nun im Kammverlauf nach NO, mäßig steil, aber in teils sehr blockigem Fels, möglichst am Grat hinab zur Scharte (ca. 2450 m = schwierigster Wegeabschnitt der gesamten Tour) vor dem Wildofen und mäßig steil in blockdurchsetztem Grasgelände aufwärts zum Kreuz am Wildofen.
Ab Wildofen nach Steigspuren, schwache Mark., steiles Bergab über Hochweiden zur sichtbaren Tagetlan-Alm. Von dort auf Almsteig durch Wald zur Grafenns-Alm und auf Weg 319 zurück zur Weidener Hütte.
Ab Grafennsjoch weglose, ausgedehnte, aber übersichtliche Kammüberschreitung nach N. Nur für ausdauernde und erfahrene Bergwanderer, wenig begangen. In umgekehrter Reihenfolge weniger empfehlenswert.

Höchste Wegstelle/Gipfel
Grafennsjoch 2450 m, Hippold 2643 m, Grafennsspitze 2619 m, Hirzer 2725 m, Wildofen 2553 m.

Anstiegsleistung
Ab Weidener Hütte etwa 1500 Höhenmeter.

Abstieg
Siehe Tourenverlauf.

Gehzeiten
Weidener Hütte 1856 m – Grafennsjoch 2450 m: 2½ Std. – Hippold 2643 m und zurück: 1 Std.; Grafennsjoch – Grafennsspitze 2619 m: ½ Std. – Hirzer 2725 m: 1 Std. – Wildofen 2553 m: 1½ Std.
Abstieg: Wildofen – Tagetlan-Alm 1746 m: 1 Std. – Grafenns-Alm 1743 m – Weidener Hütte: 1½ Std.
Gesamtgehzeit: Ab Weidener Hütte 9 Stunden.

Hütten/Stützpunkte
Weidener Hütte (Nafing-Hütte) 1856 m, DAV-Sektion Weiden, 50 Betten und Matratzen, ganzjährig bew. mit Ausnahme November.
Grafenns-Alm 1743 m und **Tagetlan-Alm** 1746 m nur Almbetrieb.

Karten
Kompass Wanderkarte 1:50000, Blatt 28, »Nördliches Zillertal«.

Tip
Zufahrt von Kolsaß, kurz vor der Grafenns-Alm eine Parkmöglichkeit. Die Tour kann unter Auslassung der Weidener Hütte auch hier starten.

Tuxer Voralpen

29 Tuxer-Joch-Haus 2313 m

29.6.92
u. Kolb

Hornspitze 2650 m

Schmale Schneide, steiler Fels

schwierig
Felstour

Wer kennt Hintertux nicht? – so lautet die Frage heute. Aber welch weltentlegener Platz war Hintertux, 1486 m, zum Ausklang des 19. Jahrhunderts und noch über den Ersten Weltkrieg hinaus! Bis 1925 gehörte Hintertux zur Gemeinde Schmirn, und Schmirn, 1405 m, liegt von Hintertux 7 Gehstunden entfernt, westlich vom Tuxer Joch im Schmirntal, das zwischen den Brenner-Ortschaften Steinach und Gries in das Wipptal mündet. Die einzige direkte Wegeverbindung damals und heute läuft über das 2338 Meter hohe Tuxer Joch.

Im Jahre 1960 errichtete die »Jungbauernschaft Schmirn-Tux« zur Erinnerung an die frühere Gemeinsamkeit am Tuxer Joch ein Gedenkkreuz. Wie hart und wie weit muß für die Hintertuxer der Weg hinüber zum Wipptal gewesen sein, als sie ihre Toten über das Tuxer Joch zum Friedhof in Mauern oberhalb Steinach tragen mußten! Wer von uns weiß von diesen Zeiten, wenn wir die Tuxer Gletscherbahnen benützen und vom Joch aus den Sommerskizirkus betrachten? Dem Tuxer Joch kam aber auch touristische Bedeutung zu, denn im vergangenen Jahrhundert war der Weg vom Bahnhof Steinach nach Hintertux und damit zu den Tuxer Eisbergen kürzer und einfacher als der Marsch durch das Zillertal und Tuxer Tal. Seit 1912 steht nahe dem Joch auch eine Unterkunft, das Tuxer-Joch-Haus, 2313 m, erbaut von der Gruppe Wien des Österreichischen Touristenklubs. Von Kasern, 1625 m, dem letzten Weiler im Schmirntal, blieb der Weg unverändert, von Hintertux führt ein Güterweg zum Jochhaus. Dieser Zugang berührt die Sommerberg-Alm, 1986 m, heute ein lauter Umsteigebahnhof hinauf zum Tuxer-Ferner-Haus und zum Gefrornen Wandkees. Das Jochhaus grüßt herab, 40 Minuten später begutachten wir von seiner Terrasse aus die nahe Hornspitze.

Uns überrascht eine Berggestalt mit weitgeschwungener, gezackter Gratschneide den Südgrat herab zum Tuxer Joch und begrünten, jähen Felsflanken hinab zum ostseitigen Weitental. Der mächtigste dieser Felsgiebel trägt den spitzen, 2650 Meter hohen Gipfel. Die Hornspitze gibt mit diesem Ansehen und mit ihrer Höhe einen Hinweis auf die alpin wichtigste Bergkette der Tuxer Voralpen: Dieser zentrale Kamm zieht vom Tuxer Joch nach Norden zur Wattener Lizum, mit dem Lizumer Reckner, 2884 m, und der Geierspitze, 2857 m, erhebt er die höchsten Gipfel der Tuxer Voralpen.

Die Tour vom nahen Tuxer Joch zur Hornspitze ist kurz, aber interessant. Die

Wer ohne Vorkenntnis zur Hornspitze kommt, den überrascht der fast senkrechte Gipfelfels-Anstieg durch den etwa 70 Meter hohen Riß.

schmale Schneide des Südgrates warnt sorglose Geher: Es gibt kein Halten auf dem sehr steilen Fels hinab zum Weitental und noch weniger auf den abschüssigen, glatten Grashängen zur Kaserer Seite! Der nur fußbreite Pfad über die Grathöcker stößt bei etwa 2580 Meter an den hellen, brüchigen, fast senkrechten Fels der Bergspitze. Die Überraschung: Eine sehr steile Rinne über 70 Meter mit nur einem Absatz zum Verschnaufen, dazwischen verengt zu einem kaum körperbreiten Kamin, das ist der »Weg« zum Gipfel.

Tourensteckbrief

Ausgangsort
Hintertux, 1486 m im Tuxer Tal.

Die Tour in Stichworten
Hintertux, 1486 m – Seilbahn-Station Sommerberg-Alm, 1986 m – Tuxer-Joch-Haus, 2313 m – Hornspitze, 2650 m.

Schwierigkeit/Anforderung
III = schwierig, Felstour,
mäßige Anforderung, Tagestour.
Mit der Tuxer Gletscherbahn zur Mittelstation Sommerberg-Alm. Von dort Güterweg zum Tuxer-Joch-Haus. Ab Haus zum nahen Tuxer Joch, 2338 m und auf Steig über die begrünten Höcker des Hornspitz-SO-Grates, teilweise sehr ausgesetzt zum Gipfelaufbau. Bei etwa 2580 m Einstieg in eine sehr steile, brüchige Felsrinne, die sich zu einem kaum körperbreiten, kurzen Kamin verengt. (Vor dem Einstieg Rucksack deponieren!) Aus dem Kamin zu einem grasigen Zwischenabsatz und nochmals durch eine brüchige Steilrinne zum Gipfel. SO-seitige, teils sehr ausgesetzte Route, im Gipfelanstieg Klettererfahrung notwendig. Keine Mark.!

Höchste Wegestelle/Gipfel
Tuxer Joch, 2338 m, Hornspitze, 2650 m.

Anstiegsleistung
Ab Hintertux 1100, ab Sommerberg-Alm 700, ab Tuxer-Joch-Haus 300 Höhenmeter.

Abstieg
Wie Anstieg; oder ab Tuxer-Joch-Haus mark. Steig durch das Weitental nach Hintertux.

Gehzeiten
Sommerberg-Alm, 1986 m – Tuxer-Joch-Haus, 2313 m: 1 Std.; Tuxer-Joch-Haus – Tuxer Joch, 2338 m – Hornspitze, 2650 m: 1 Std.
Abstieg wie Anstieg: 1½ Std., durch das Weitental nach Hintertux 2½ Std.
Gesamtgehzeit: 3½–4½ Stunden.

Hütten/Stützpunkte
Sommerberg-Alm, 1986 m, Restaurant.
Tuxer-Joch-Haus, 2313 m, Österr. Touristenklub, 52 Betten und Matratzen, bew. Anfang Juni – Anfang Oktober.

Karten
Kompass Wanderkarte 1:50 000, Blatt 37, »Zillertaler Alpen«.

Das Bild der Hornspitze zum Tuxer-Joch-Haus. Vom nahen Tuxer Joch gehen wir über den langgezogenen, sehr schmalen Grat zum Fuße des Gipfelaufbaues, siehe Bild links.

30 Lizumer Hütte 2050 m Geierspitze 2857 m Lizumer Reckner 2884 m

*Zum höchsten Gipfel
der Tuxer Voralpen*

*mäßig schwierig
Wander-/Felstour*

Ein Blick auf die Karte verdeutlicht: Im geographischen Zentrum der Tuxer Voralpen versammelt eine Süd-Nord-Kette vom Tuxer Joch hinaus zu den Tarntaler Köpfen den höchsten und alpin auch wichtigsten Bergzug der Tuxer Voralpen. Mittelpunkt und gleichzeitig auch Hauptgipfel dieser »Voralpen« ist der aus grünlich-schwarzem, hartem Serpentin aufgerichtete, 2884 Meter hohe Lizumer Reckner. Von welcher Höhe man auch immer die Tuxer Voralpen überblickt, der Reckner fällt von überall her deutlich auf. Der Beiname »Lizum« gibt den näheren Hinweis, wie man zu ihm kommt: von Wattens im Inntal durch das Wattental zur Wattener Lizum mit der Lizumer Hütte. Das Talinnere ist leider belastet von einem militärischen Sperrgebiet, das der Tourentätigkeit zeitliche Beschränkungen auferlegt. Schade um den landschaftlich so schönen Hochkessel, aus dem wir zur Rechten die Tarntaler Köpfe, die Lizumer Sonnenspitze und den Reckner aus der Nähe betrachten, interessant auch die gewölbten, scheinbar glatten Hänge der Plu-

derlinge, die aufgeplusterten Oberbetten gleich das Tal abschließen.

Ein Berg wie der Reckner übt natürlich eine stark Anziehungskraft aus. Der Weg zu ihm von der Lizumer Hütte mit der einfachen Wanderroute hinauf zum Plateau der vorgelagerten Geierspitze, 2857 m, ist viel begangen; zum nahen Reckner wagt sich jedoch nur noch der trittsichere und geübte Bergwanderer hinüber. Wie sein Name sagt, reckt er steilen, abweisenden Fels empor zu einem schmalen, kreuzgeschmückten Gipfel, von dem die Recknerfreunde eng gedrängt dieFlur der Tuxer Voralpen und die gleißende Gletscherpracht der Tuxer Eisberge überschauen. Besonders diese Rundsicht vom zentralen Gipfel verdeutlicht das Angebot dieser Bergwelt: ein Tourenreichtum, den wir aus den Tälern nur unvollkommen ahnen. Tagelang über alle Berge gehen, kreuz und quer oder in strenger Richtung nach der Windrose, auf viele Stunden mit sich allein und doch eine Hütte oder ein Dorf zur rechten Zeit – ein großer Reiz für den selbständigen Bergwanderer.

Tourensteckbrief

Ausgangsort
Wattens 564 m im Inntal.

Die Tour in Stichworten
Wattens 564 m – Parkplatz Lager Walchen 1402 m – Lizumer Hütte 2050 m – Geierspitze 2857 m – Lizumer Reckner 2884 m.

Schwierigkeit/Anforderung
II = mäßig schwierig, Wander-/Felstour, mittlere Anforderung, Tagestour.
Von Wattens im Wattental zum Parkplatz, 1402 m, am Lager Walchen. Hier beginnt das militärische Sperrgebiet. Weiterfahrt zur Lizumer Hütte mit Taxi oder Fahrerlaubnis (nur für österr. Kennzeichen!). Zu Fuß 1½ Std. zur Lizumer Hütte.
Ab Hütte nach Schild »Geierspitze – Reckner« auf mark. Steig links des Lizumer Bodens mäßig steil höher, hinein zu den Steilrinnen unter den Pluderlingen; steil höher zu einer ebenen Geländeschulter (ca. 2750 m = Übergangsstelle in das Navistal zur Naviser Hütte und zum Tuxer-Joch-Haus) zwischen den Pluderlingen und der Geierspitze. Auf mark. Steig mäßig steil zum Gipfelplateau der Geierspitze. Dort etwa 50 m bergab zum S-Grat des Reckner, auf teils gesichertem Felssteig steil und ausgesetzt zum Gipfelkreuz am Reckner.
Ab Lizumer Hütte bis zur Wegeteilung bei den Pluderlingen ebenso im Anstieg zur Geierspitze mark., vielbegangene, einfache Wanderroute. Übergang zum Reckner nur für im Fels erfahrene, trittsichere Bergwanderer.

Höchste Wegestelle/Gipfel
Geierspitze 2857 m, Lizumer Reckner 2884 m.

Anstiegsleistung
Ab Lizumer Hütte 900 Höhenmeter.

Abstieg
Wie Anstieg.

Gehzeiten
Lizumer Hütte 2050 m – Geierspitze 2857 m: 2½ Std.; Übergang Lizumer Reckner 2884 m und zurück: ½ Std.
Abstieg Lizumer Hütte: 1½ Std.
Gesamtgehzeit: Ab Lizumer Hütte 4½ Stunden.

Hütten/Stützpunkte
Lizumer Hütte 2050 m, ÖAV-Sektion Hall i. Tirol, 100 Betten und Matratzen, ganzjährig bew. außer November.

Karten
Kompass Wanderkarte 1:50000, Blatt 36, »Innsbruck – Brenner«.

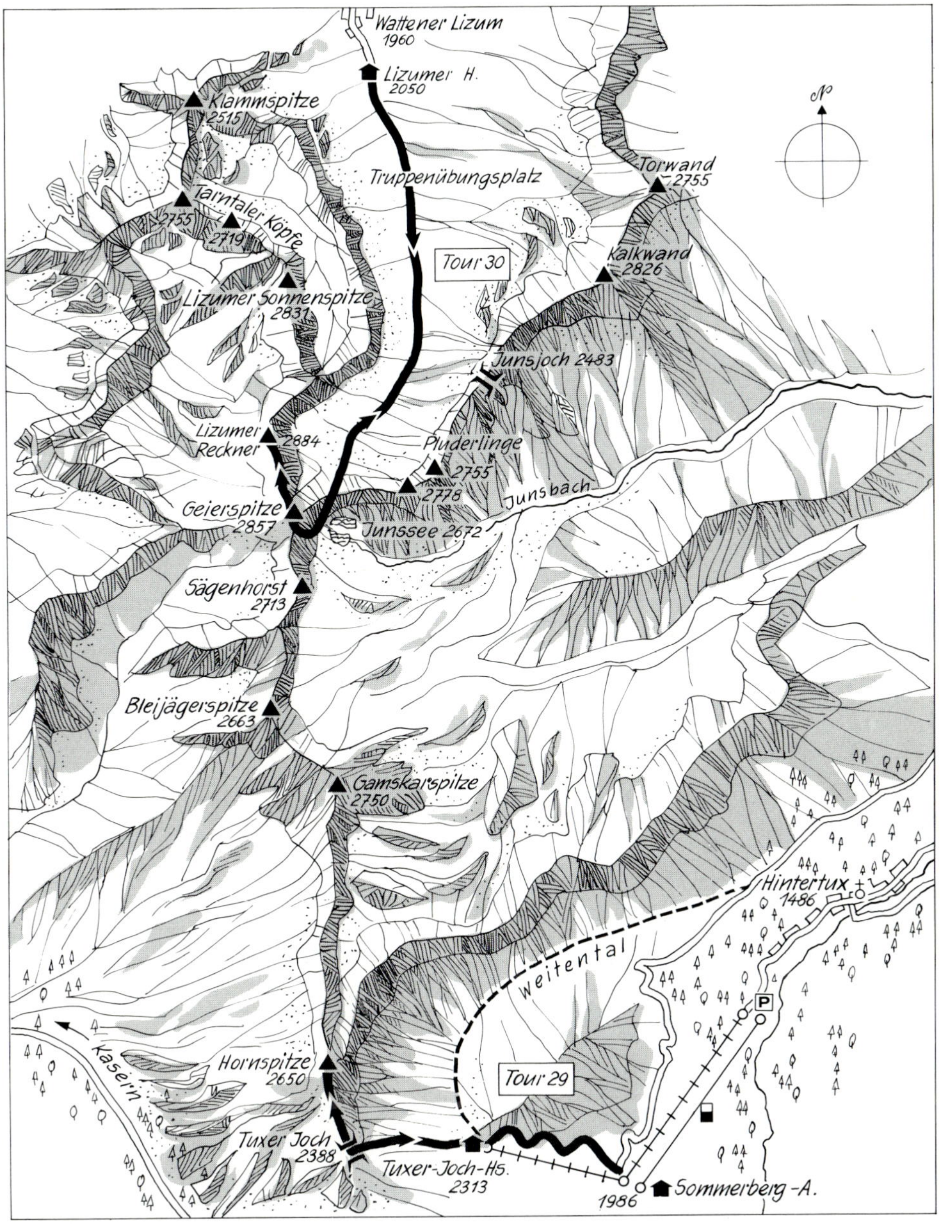

◁ *Vom Plateau der Geierspitze schauen wir hinüber zum nahen Lizumer Reckner. Die markante, reckenhafte Gestalt gibt dem Berg den Namen; als höchster und weithin sichtbarer Gipfel beherrscht der Reckner den Bergraum der Tuxer Voralpen.*

Die Lizumer Hütte in der Wattener Lizum, auch im Winter geöffnet: »Die Lizum« ist ein großartiges Skitourengebiet.

Tuxer Voralpen

31 Meißner Haus 1720 m Patscherkofel 2246 m Viggarspitze 2306 m

Am Zirbenweg über Innsbruck

wenig schwierig Wandertour

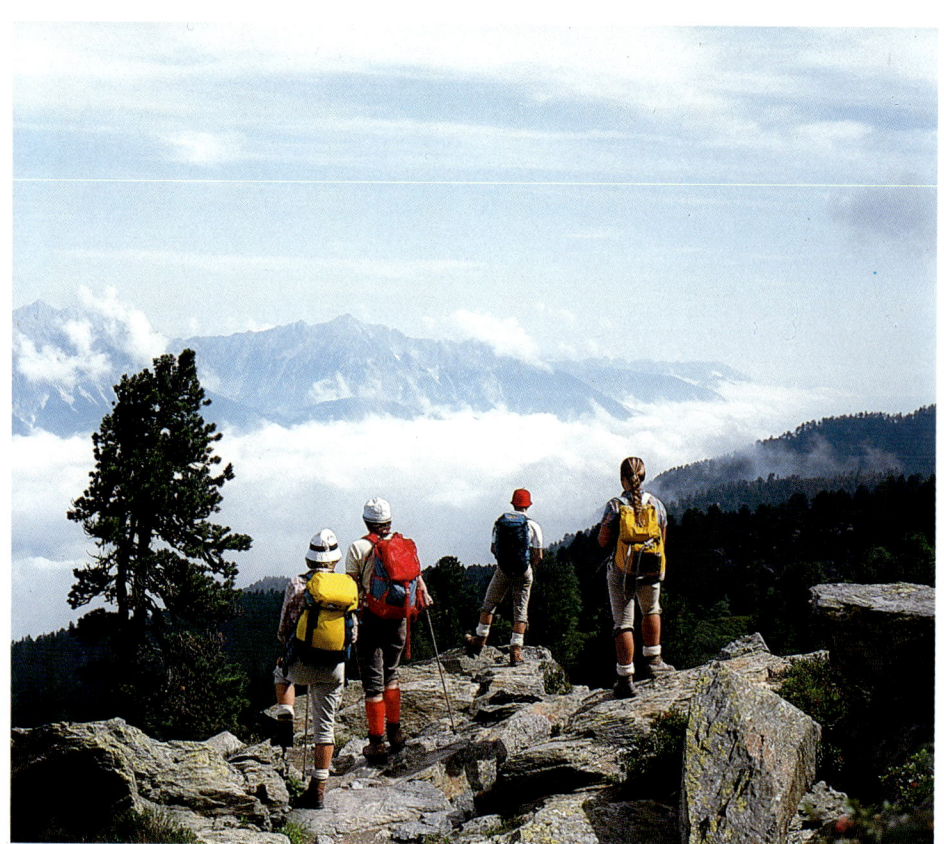

Auf dem »Zirbenweg« von Boscheben zur Viggarspitze. Die Zirbe, verbreitet bis in etwa 2500 m Höhe, ist der äußerste Vorposten des Bergwaldes; durch sein sehr langsames Wachstum kann dieser edle Baum bis zu 1000 Jahre alt werden.

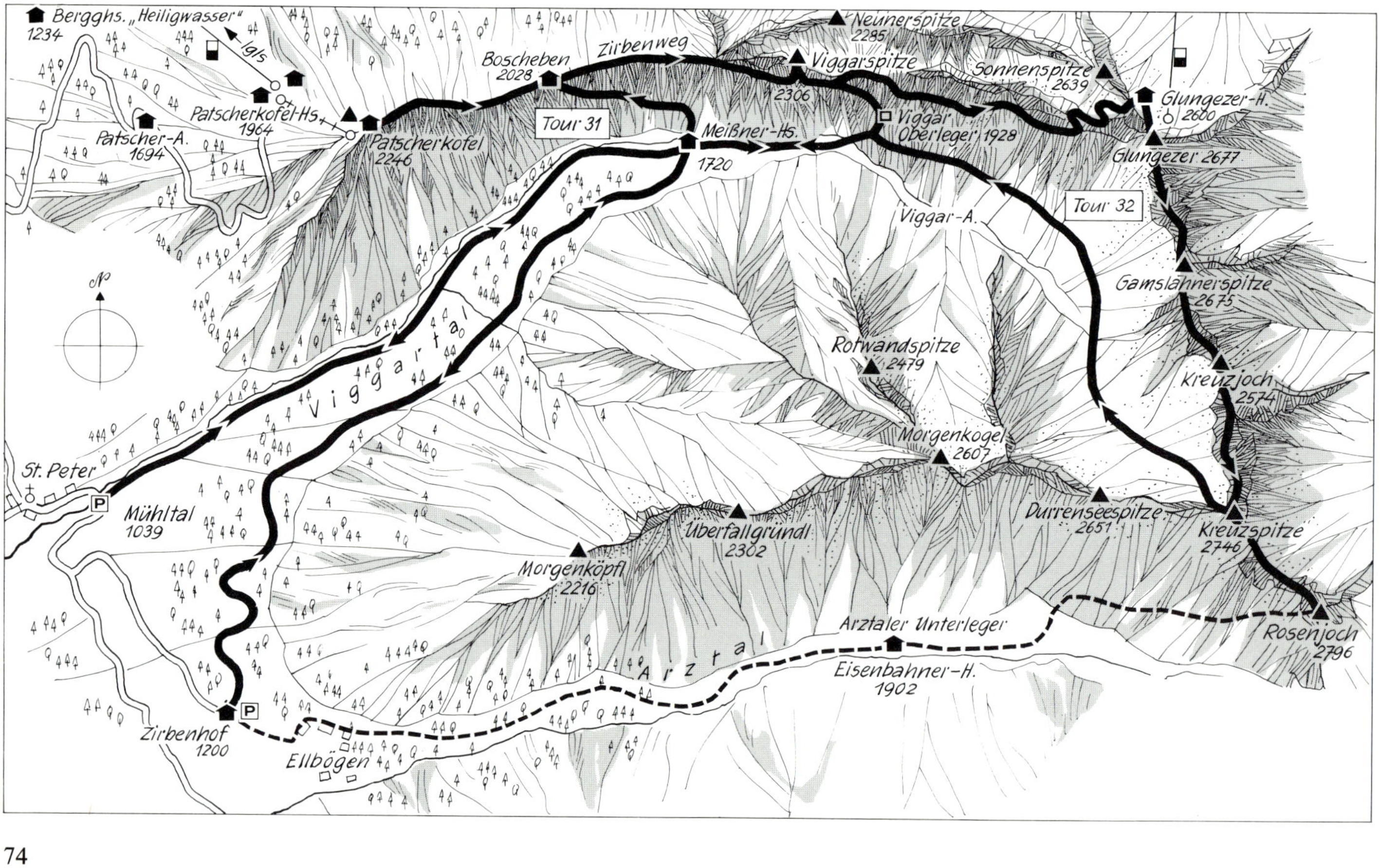

Der 2246 Meter hohe Patscherkofel ist der wohl berühmteste »Kofel« in Tirol. Die unvergleichliche, talauf und talab weithin erkennbare Position im Ostwinkel zwischen dem Wipptal und dem Inntal und die außerordentliche Fernsicht in alle Richtungen der Windrose rechtfertigen für den Innsbrucker Hausbuckl die Auszeichnung »berühmt«. Kofel bedeutet ganz einfach Berg, der Name Patsch stammt von dem Dorf an seinem Westhang. Seilbahn, Wetterstation, Sendeanlagen und ein Schutzhaus, das Patscherkofel-Haus, 1964 m, gehören als zeitgemäße Attribute mit hinzu. Offene, ski- und wanderfreundliche Nordwesthänge gegen Igls und Innsbruck geben dem Berg die Schauseite, das Viggartal fängt die weniger attraktiven, dicht bewaldeten Südhänge auf. An dieser stillen Seite des Patscherkofels betreut das Meißner Haus den ungeahnten Tourenreichtum im Viggartal.

»Meißner Haus, 1720 m, erbaut im Jahre 1926 von der Sektion Meißen des D.u.Ö.A.V., übernommen im Jahre 1968 von der Sektion Ebersberg/Grafing.«

Diese Inschrift lesen wir an einer stattlichen, erkergeschmückten »Hütte« in der Hanglichtung oberhalb des Viggar-Unterlegers. Der Name Meißen verpflichtet – ein Gönner, Ernst Teichert, stiftete den Ofen aus Meißner Kacheln, der dem gemütlichen Gastraum seit nun schon 60 Jahren die besondere Note gibt. Der Name Ernst Teichert scheint aber auch im Weg nach Boscheben auf. Boscheben, 2028 m, liegt über der Waldgrenze, bietet eine Jausenstation und den nur noch kurzen Aufstieg zum Patscherkofel. Vom Patscherkofel-Schutzhaus herüber mündet der berühmte Zirbenweg ein, der uns zur markanten Viggarspitze führt.

»Der Zirbenweg ist ein bequemer, auch für Kinder geeigneter Wanderweg mit geringen Steigungen, der in herrlicher Aussichtslage 1500 m über dem Inntal an der Waldgrenze des berühmten Zirbenwaldes entlangführt«, schreibt das »Tiroler Wanderbuch«. Diese Trasse, eingerichtet von der DAV-Sektion Charlottenburg, verbindet die Bergstation Patscherkofel, 1964 m mit der Tulfein-Alm, 2035 m, nördlich des Glungezer und steht bei alt und jung bis in den späten Herbst hinein hoch im Kurs. Nach nur 20 Minuten Gehzeit ab Boscheben zweigt am Schild »Viggarspitze« ein Steig zu unserem zweiten Tagesziel ab. Der Ausblick vom Gipfelkreuz der Viggarspitze, 2306 Meter, zeigt uns nun auch die Bergkette nach Süden, den hohen Rahmen des Viggartales vom Glungezer über die Kreuzspitze zum Morgenkogel.

Tourensteckbrief

Ausgangsort
Ellbögen/Mühltal, 1039 m bei Innsbruck.

Die Tour in Stichworten
Ellbögen/Mühltal, 1039 m – Meißner Haus, 1720 m – Boscheben, 2028 m – Patscherkofel, 2246 m – Viggarspitze, 2306 m.

Schwierigkeit/Anforderung
I = wenig schwierig, Wandertour, mittlere Anforderung, Tagestour.
Von Innsbruck über Igls nach Patsch, weiter bis Ellbögen/Mühltal, dort parken, oder bis zum Gasthof »Zirbenhof«, ca. 1200 m und dort parken. – Von Mühltal auf mark. Weg im Viggartal zum Meißner Haus, oder ab »Zirbenhof« auf gesperrter Forststraße (bessere Parkmöglichkeit beim »Zirbenhof«, Wegestrecke gleich).
Ab Meißner Haus mark. Steig zur Jausenstation »Boscheben«; von dort kurzer Abstecher zum Patscherkofel. Ab Boscheben auf dem Zirbenweg zur Abzweigung »Glungezer-Hütte – Viggarspitze« und mäßig steil zur sichtbaren Viggarspitze.
SW-seitiger Routenverlauf, durchgehend mark., viel begangen.

Höchste Wegestelle/Gipfel
Patscherkofel, 2246 m, Viggarspitze, 2306 m.

Anstiegsleistung
Ab Ellbögen/Mühltal 1500, ab Meißner Haus 800 Höhenmeter.

Abstieg
Wie Anstieg; oder von der Viggarspitze nach Steigspuren hinab zum Glungezer-Weg, ein mark. Steig zweigt hinab zum sichtbaren Viggar-Oberleger, 1928 m, auf Güterweg zurück zum Meißner Haus.

Gehzeiten
Parkplatz Ellbögen/Mühltal, 1039 m oder »Zirbenhof«, ca. 1200 m – Meißner Haus, 1720 m: 2 Std.; Meißner Haus – Boscheben, 2028 m – Patscherkofel, 2246 m – Boscheben: 2 Std. – Viggarspitze, 2306 m: ½ Std. Abstieg wie Anstieg: 1 Std. oder Viggarspitze – Oberleger, 1928 m – Meißner Haus: 1 Std. – Ellbögen/Mühltal: 1½ Std.
Gesamtgehzeit: 7 Stunden.

Hütten/Stützpunkte
Meißner Haus, 1720 m, DAV-Sektion Ebersberg/Grafing, 84 Betten und Matratzen, ganzjährig bew.

Karten
Kompass Wanderkarte 1:50000, Blatt 36, »Innsbruck – Brenner«.

Das Meißner Haus im Viggartal, südseitig von Patscherkofel und Viggarspitze.
Das schöne, gut geführte Haus, hineingestellt in eine Waldlichtung, gehört der Sektion Ebersberg/Grafing in Oberbayern, ist Stützpunkt für alle Touren im Viggartal bis hinauf zu Glungezer und Kreuzspitze und auch im Winter bewirtschaftet.

32 Glungezer-Hütte 2600 m Glungezer 2677 m Gamslahnerspitze 2675 m Kreuzspitze 2746 m

Start und Ziel am Meißner Haus

*mäßig schwierig
Wander-/Felstour*

Der Glungezer und direkt neben ihm die Sonnenspitze sind Frontberge der Tuxer Voralpen hinab zum Inntal. Der Höhenunterschied zum Tal beträgt 2000 Meter, vom 2677 Meter hohen Gipfel schauen wir der Stadt Hall i. Tirol auf die Hausdächer. Hall ist eine Kleinstadt mit noch gut erhaltenem mittelalterlichem Habitus; die Entwicklung des Ortes, Stadtrechte seit 1303, wurde geprägt vom Salz, Silber und dem Inn: Die Saline, die landesfürstliche Münze und die Innschiffahrt waren über Jahrhunderte hinweg maßgebend für Ansehen und Wohlstand.

Die Stadt Hall ist auch am Glungezer vertreten, denn das Gipfelhaus, die Glungezer-Hütte, gehört seit 1951 der ÖAV-Sektion Hall. Als Skiberg genießt der Glungezer nicht nur im Inntal, sondern weit darüber hinaus Namen und Ansehen, und so hat die im Schutze der nahen Sonnenspitze hingeduckte Glungezer-Hütte zweimal im Jahr Saison: von Mitte Juni bis Ende Oktober und von Ende Dezember bis Ende April. Neben dem Alpenverein ist auch das Militär am Glungezer seßhaft, zwar nur mit einer „lautlosen" Station, aber doch auffällig. Der Gipfel öffnet einen sehr weitreichenden, durch keinen höheren Nachbarberg beeinträchtigten Horizont – eine hervorragende Position zur Überwachung des Luftraumes.

Das Gipfelkreuz auf der Kreuzspitze, eingeschnitzte Jahreszahl 1945; rechts hinten das Rosenjoch.

Die Tulfer Bergbahnen schließen nordseitig mit der Bergstation Tulfein-Alm, 2035 m, direkt an den Gipfelaufbau, dienen dem Winter- wie dem Sommertourismus und empfehlen im Kammzug zwischen Patscherkofel, Viggarspitze und Glungezer interessante Wandermöglichkeiten. Im Vergleich zum Spaziergang auf dem Zirbenweg nach Boscheben am Patscherkofel (siehe Tour 31) ist der Aufstieg zum Glungezer schon eine Bergtour, die ein leidlich geübter Wanderer zu einem Rundweg über die Viggarspitze, 2306 m, zurück zur Tulfein-Alm, ausdehnen kann. Das nachhaltigste Bergerlebnis in diesem nordwestlichen Zipfel der Tuxer Voralpen bietet jedoch die Kammüberschreitung vom Glungezer nach Süden, hinein zur Kreuzspitze, eine Rundtour mit Start und Ziel am Meißner Haus.

Nach dem Aufstieg zur Glungezer-Hütte, über ein Almsträßchen zum Viggar-Oberleger, 1928 m, und einen guten Steig, schickt uns das Schild „Kreuzspitze - Rosenjoch" zum nahen Gipfelkreuz am Glungezer, von dem wir die felsige Kammlinie nach Süden: Gamslahnerspitze, 2675 m, Kreuzspitze, 2746 m, und Rosenjoch, 2796 m, überblicken. Gute Verhältnisse, sicheres Wetter, Bergerfahrung und Kondition müssen die Vorbedingungen sein, wenn man sich entschließt, den Markierungen zur Kreuzspitze zu folgen; erst dort ist die erste Abstiegsmöglichkeit. Die Route führt über Stock und Stein, nur wenige Steigspuren erleichtern das Gehen – ein Vergnügen für den passionierten Bergwanderer.

Zur Kreuzspitze wirkt das Viggartal mit den idyllischen Karseen im obersten Alpboden so verführerisch, daß wir das Rosenjoch im Süden nicht mehr so wichtig nehmen und im Bergab durch das schöne Viggartal nach etwa 7 bis 8 Stunden Gehzeit wieder am Meißner Haus ankommen.

Dieses Bild, aufgenommen im Bereich der ▷ *Gamslahnerspitze, zeigt sehr anschaulich den Geländecharakter der Tour vom Glungezer zur Kreuzspitze.*

Tourensteckbrief

Ausgangsort
Ellbögen/Mühltal 1039 m bei Innsbruck.

Die Tour in Stichworten
Ellbögen/Mühltal 1039 m – Meißner Haus 1720 m – Glungezer-Hütte 2600 m – Glungezer 2677 m – Gamslahnerspitze 2675 m – Kreuzspitze 2746 m – Meißner Haus.

Schwierigkeit/Anforderung
II = mäßig schwierig, Wander-/Felstour, mittlere Anforderung, Tagestour.
Zum Meißner Haus siehe Tour 31.
Vom Meißner Haus kurz hinab zur Hörtnagel-Alm, dort nach Schild »Glungezer – Kreuzspitze« auf Güterweg zum Viggar-Oberleger, 1928 m, und auf mark. Steig über Alpweiden zur Glungezer-Hütte. Ab Hütte nach Schild »Kreuzspitze« kurzer Anstieg zum Gipfelkreuz am Glungezer. Ab Glungezer in südlicher Kammüberschreitung über blockigen Fels auf

mark. Route im Auf und Ab zur markanten Gamslahnerspitze; dort größerer Höhenverlust zu einer Scharte, ca. 2570 m, und über das unbedeutende Kreuzjoch zum Gipfelkreuz der Kreuzspitze. Von dort mark. Steig hinab zu kleinen Karseen im obersten Alpboden des Viggartales. Vorbei am »Geschriebenen Stein« zur Einmündung in den Weg Meißner Haus – Glungezer und auf ihm zurück zum Meißner Haus.
Bis zum Glungezer einfache Wanderroute; ab Glungezer nur für ausdauernde, trittsichere Bergwanderer; durchgehend mark.

Höchste Wegestelle/Gipfel
Glungezer 2677 m, Gamslahnerspitze 2675 m, Kreuzspitze 2746 m.

Anstiegsleistung
Ab Meißner Haus etwa 1300 Höhenmeter.

Abstieg
Siehe Tourenverlauf, oder über das Rosenjoch zum Arztal.

Gehzeiten
Meißner Haus 1720 m – Glungezer Hütte 2600 m: 2½ Std.; Glungezer-Hütte – Glungezer 2677 m – Gamslahnerspitze 2675 m – Kreuzspitze 2746 m: 3 Std.
Abstieg Meißner Haus: 2 Std.
Gesamtgehzeit: Ab Meißner Haus 7½ Stunden.

Hütten/Stützpunkte
Meißner Haus 1720 m, siehe Tour 31.
Glungezer-Hütte 2600 m, ÖAV-Sektion Hall i. Tirol, 33 Matratzen, bew. Mitte Juni bis Ende Oktober.

Karten
Kompass Wanderkarte 1:50000, Blatt 36, »Innsbruck – Brenner«.

Tip
Auch der direkte Anstieg: Meißner Haus – Kreuzspitze ist sehr lohnend. Mit Übergang von der Kreuzspitze zum Rosenjoch, 2796 m, ist der Abstieg in das Arztal mit Rückkehr zum Parkplatz Ellbögen möglich.

Der Brenner

Den Brenner überwinden, wie wir alle wissen, eine Straße, eine Eisenbahn und eine Autobahn. Dieser etwa 6 Kilometer lange Wipptalscheitel – belastet mit einem rauhen, windigen Klima und gefürchteten Wetterstürzen und Kälteeinbrüchen auch im Sommer – ist mit der Höhe von 1370 Meter über dem Adriatischen Meer der niedrigste Paß innerhalb des vergletscherten Ostalpen-Hauptkammes.

Zuerst war die Straße; in ihrem Urzustand als steiniger Karrenweg entstand sie zur Römerzeit aus den Saumpfaden rätischer Bergvölker. Wo die Römer Land eroberten, legten sie auch Straßen an, und so schreibt die Geschichte dem römischen Kaiser Septimus Severus (193–211) den ersten frühen Ausbau des Brenner-Überganges zu. Die deutschen Kaiser sahen den Brenner zum Ausklang des Jahrtausends nach Christi über Jahrhunderte hinweg bis zum Mittelalter als Eingangspforte zur »Kaiserstraße« nach Italien, nach Rom zum Papst. Von den mehr als 60 deutschen Kaiserzügen seit Otto I. im

Jahre 950 war der von Karl V. im Jahre 1530 der letzte. Der nachdem ständig zunehmende Handel und Wandel festigte die Bedeutung des Brenner als wichtige europäische Klammer zwischen Nord und Süd. Alpenübergänge waren aber bis zum Beginn des 19. Jahrhunderts mühselig, gefährlich und langwierig, des öfteren ein gar abenteuerliches Unternehmen. Wer über die Alpen reiste, konnte an den Pässen eine Unterkunft nur in einer Sennhütte oder in einem der Hospize erwarten. Als Hospiz am Brenner diente ein Hof, den die Chronik seit dem Jahre 1288 belegt. Dieser »Wolfenwirt« mußte Tag und Nacht die Tür offen haben, um so den Reisenden jederzeit und unentgeltlich Zuflucht zu gewähren.

Die Neuzeit kam mit dem Dampfroß, der Eisenbahn, die dem bis dorthin am Brenner blühenden Fuhrmannswesen ein jähes Ende setzte. Von 1863 bis 1867 entstand nach den Plänen des Ingenieurs Karl von Etzel (Denkmal im Brenner Bahnhofsgebäude) die zuerst eingleisige Strecke. Inzwischen längst zweigleisig – das Doppelgleis hatte Etzel vorprojektiert – und in den Jahren 1929/30 elektrifiziert, hat diese einmal genial trassierte Brennerbahn bis jetzt den unglaublichsten Belastungen standgehalten.

»Die Brennerbahn ist zwischen Innsbruck und Bozen 16 Meilen oder ungefähr 120 km lang und hat 30 Tunnels. Der Bau hat rund 32 000 000 fl. oder der Kilometer 270 000 fl. gekostet. Die Eröffnung fand im August 1867 statt, und zehn Jahre darauf, im August 1877, hatten sich die ehemaligen Ingenieure aus aller Herren Länder fast vollzählig – so weit sie noch am Leben – zu einem unvergeßlich schönen Fest zusammengefunden, und das einstimmige Urtheil bei gemeinschaftlicher Bereisung der Bahn – wo so zu sagen jeder Stein eine Erinnerung weckte – war: Solider ist nie gebaut worden und kann nicht gebaut werden. Etzel sollte die Vollendung seines grössten Werkes nicht erleben. Er starb 1865 in der Blüte seines Schaffens, 52 Jahre alt, an einem Schlagfluss.« (Aus AV-Jahrbuch 1884.) Der supermoderne Plan einer Brenner-Flachbahn mit 50 Kilometer langem Basistunnel kündigt jedoch das nächste Jahrtausend an, und wiederum wird hier vieles anders sein. Die derzeitige Brennerbahn muß, bis es soweit ist, noch für Jahrzehnte genügen, die Brennerstraße jedoch würde längst ein fast unpassierbares Nadelöhr sein, wenn nicht die Autobahn gekommen wäre, als sehnlichst erwarteter Brückenschlag für die Völker Europas.

Die Autobahn-Brückenkurve über das Obern-bergtal, noch wenige Kilometer zum Brenner. Das Kirchlein St. Jakob, links die alte Brenner-straße, darüber die Bahnlinie.

◁ *Die Europabrücke (am 17. Nov. 1963 eröffnet); von links Serles, Habicht, Wilder Freiger, Wilder Pfaff, Zuckerhütl.*

Der nach 1950 rapid zunehmende Güter-transit zwischen Nord und Süd und die kontinuierlich wachsende Mobilität der Völker Europas erzwangen 1959 den Bau-beginn dieser ersten durchgehenden Auto-bahn über die Alpen. Auf Nordtiroler Sei-te im Silltal von Innsbruck zum Brenner, auf Südtiroler Seite im Eisacktal vom Brenner nach Bozen, die Menschen und die Natur dieser Täler müssen mit der Au-tobahn den nun dritten und lautesten Ver-kehrsstrang hinnehmen. Im Gegensatz zur 80 Kilometer langen italienischen Auto-strada bis Ausfahrt Bozen-Nord, davon 10 Kilometer Tunnels, 4,9 Kilometer auf Brücken und 10,3 Kilometer auf Viadukte, braucht die Nordrampe bis Ausfahrt Inns-bruck-Süd nur 36 Kilometer Fahrbahn, davon insgesamt 10 Kilometer auf Via-dukten, Brücken und Tunnels; Österreich mußte aber dafür die Europabrücke bau-en. Diese 820 Meter lange und mit den mittleren Tragepfeilern 190 Meter über

der Sill aufragende Konstruktion ist ein Meisterwerk der modernen Brückenbau-Technik, verwirklicht in den Jahren 1959 bis 1963 unter der Leitung von Hofrat Dipl. Ing. Josef Gruber. Vorgänger der Europabrücke war die zwischen 1842 bis 1845 über die Ruetz-Einmündung zur Sill erbaute Stephansbrücke (in der Bundes-straße zwischen den Ausfahrten Mutters/ Natters und Schönberg, beim Gasthaus »Stephansbrücke«).
»Zu dieser Zeit war die Brücke ein außer-ordentliches Bauwerk und mit ihrer Länge von 43,6 m und in ihrer Höhe von 36,5 m die größte derartige Brücke in Österreich und die viertgrößte in ganz Europa. Den Namen erhielt sie nach dem Erzherzog Stephan, der die Eröffnung vornahm. Durch diesen Bau erfuhr die Straßentras-se eine entscheidende Veränderung. Muß-ten sich bis dahin alle Fahrzeuge zunächst die Ruetz entlang bis zur Brücke bei Un-terberg und dann über die steile Römer-straße nach Schönberg und jenseits wie-der hinabmühen, so wurde durch den Bau der Stephansbrücke und der folgenden Straße am Schönberg-Osthang im Silltal die Strecke nicht nur verkürzt, sondern vor allem wesentlich verflacht und ent-schärft.« (Schichtl: »Tiroler Wander-buch 2«.) Damals also die letzte entschei-

dende Verbesserung der heutigen Brenner Bundesstraße, die Brenner Autobahn Innsbruck–Bozen war erstmal zu Ostern 1974 durchgehend befahrbar.
Die eingangs erwähnten Naturgewalten schlagen jedoch rücksichtslos zu und ignorierten schon mehrmals dieses Wun-der neuzeitlicher Straßenbau-Technik. Ein katastrophaler Lawinenabgang zu Ostern 1975 blockierte auf Tage hinaus die italie-nische Seite. Knapp an der Paßhöhe ver-schüttete er zwei Personenautos mit insge-samt sechs Insassen, erst nach 14 Tagen konnte man die Leichen bergen. Im Janu-ar 1977 legte sich der Winter wiederum quer und verriegelte den Brenner über mehrere Tage total.
Die am 3. Juli 1964 von der Republik Österreich und dem Land Tirol gegrün-dete Brenner Autobahn-AG begann am 1. Januar 1968 mit dem Mautinkasso und zählte noch im gleichen Jahr knapp 2 Mil-lionen Fahrzeuge in beide Richtungen. Das Jahr 1983 – also 15 Jahre später – re-gistriert 8,4 Millionen Fahrzeuge mit stei-gender Tendenz. Wie in Zukunft die Ver-kehrsströme über die Alpen auch laufen mögen, innerhalb der Ostalpen ist der Brenner, wie schon seit 2000 Jahren, ge-wiß auch im dritten Jahrtausend die wich-tigste Brücke zwischen Nord und Süd.

Stubaier Alpen

Nachdem die Alpen durch eruptive und tektonische Kräfte und durch Kalkablagerungen im Urmeer der Tethys in Hunderten von Millionen Jahren aufgefaltet worden waren, blieb die Oberflächenformung den in Schüben wiederkehrenden Eiszeiten der letzten Jahrmillion überlassen. Die jüngste, die Würmeiszeit, hinterließ vor 10 000 Jahren das Alpenprofil so, wie wir es heute sehen: Die Gebirgskämme und die Täler, durch die einst ungehindert die Gletscherschmelze tobte, mit Muren die Talböden nivellierte, den Fels ausfräste, da und dort ein glaziales Becken mit ruhendem Wasser füllte und so in Tausenden von Jahren – im Zusammenspiel mit dem Kammzug der Gebirge – die Rangordnung der Täler festlegte. Berg und Tal und das Wasser bestimmen den Charakter jeder einzelnen Gebirgsgruppe, also auch das Bild jener Alpen, die wir heute Stubaier Alpen nennen.

Stubai – Tal und Gebirge

Wie kommt es zu dem Namen »Stubai« und wie unterscheiden sich die Stubaier von den benachbarten Zillertaler und Ötztaler Alpen? Die erste schriftliche Erwähnung des Stubaitales fällt in das Jahr 1000 n. Chr. Es scheint somit geschichtlich sehr früh auf, aber namensgebend wurde diese 20 Kilometer lange, diagonale Talfurche vom Wipptal zum Hauptkamm erst im späteren 19. Jahrhundert. Nach der vorherrschenden, streng geologischen Alpeneinteilung gehörten damals die Zillertaler Alpen zu den Hohen Tauern, die heutigen Stubaier Alpen dagegen zu den Ötztaler Alpen. Der Topograph jedoch gliedert das Gebirge nach dem Zug der Haupt- und Nebenkämme und dem Fluß der Quelltäler zum nächsten Haupttal. Ein Blick auf die Landkarte genügt, um zu erkennen, daß die wichtigen inneren Täler – das Obernbergtal, das Gschnitztal und das Stubaital – weite Eingangspforten zum Wipptal öffnen, zum Ötztal dagegen scheinen die Stubaier Alpen fast verschlossen zu sein. Die alpin-geographische Abtrennung und der neue Name »Stubaier Alpen« waren deshalb logisch.

Neustift im Stubaital, darüber glänzen das Zuckerhütl – höchster Gipfel der Stubaier Alpen – und der Sulzenauferner.

◁ Im Grawa-Wasserfall, einem Stubaier Naturdenkmal, stürzt die Gletscherschmelze des Sulzenauferners herab in das Unterbergtal.

Die Zentralalpen sind aus Urgestein aufgebaut, der großen Familie der Silikatoder kristallinen Gesteine. Die Zillertaler, Stubaier und Ötztaler Alpen fügen sich darin ein, aber nur die Stubaier Alpen überraschen inmitten der Gneise, Granite und Schiefer mit Bergmassiven, die nur der Kalkstein so formieren, färben und konservieren kann. Die Tribulaune, der Serleskamm, der Elferkamm und die

Kalkkögel bereichern als Kalkinseln im Urgestein als »versprengte Dolomiten« die Bergwelt der Stubaier Alpen.

Bäche und Täler sind sehr oft namensgleich; nicht so im Stubaital und im Wipptal. Im Stubaital sammelt der Ruetzbach die Wasser von den Gletschern am Hauptkamm, mästet sich gewaltig am Oberbergbach mit dem Abfluß des Alpeiner Ferners, rauscht zum Talausgang unterhalb von Schönberg – dort muß er für die E-Werke Innsbruck arbeiten –, das Restwasser fließt unter der altehrwürdigen Stephansbrücke hindurch und mündet im Wipptal in die Sill. Dabei berührt er die fünf Talgemeinden Neustift, Fulpmes, Telfes, Mieders und Schönberg. Nur

11 Kilometer von Innsbruck entfernt bildet die Autobahnausfahrt Schönberg ein auffälliges, weit geöffnetes und auch lautes Einfahrtstor in das Stubaital. Unbemerkt vom großen Verkehr und auch unverändert leise und umweltfreundlich »schleicht« seit 1904 noch immer eine elektrische Schienenbahn, das »Stubaier Bahndl«, von Innsbruck über die Geländeschultern von Natters und Mutters zur Endstation Fulpmes (18,2 km).

Wie die Zillertaler und Ötztaler Alpen, so greifen auch die Stubaier Alpen über die Wasserscheide des Zentralalpenkammes hinweg hinein nach Südtirol. Das Pflerschtal und die Täler und Berge von Ridnaun und Ratschings gehören den Stu-

baier Alpen an, erst der Jaufenpaß, das Passeier Tal und das Timmelsjoch im Zentralalpenkamm führen die Grenze zurück nach Nordtirol, hinein in das Ötztal. Zum Inntal verschließen sich die Stubaier Alpen mit einer Querkette niedrigerer, wenn auch noch schroffer Berge. Dieser nördliche Gipfelzug verbirgt das Sellraintal, das einzige Quertal von Ost nach West; zu ihm münden zentrale Quelltäler, das Fotscher-, Lüsens- und Gleirschtal.

Den Bergsteiger und Wanderer erwarten 71 Dreitausender, ungezählte Zweitausender, überlegt plazierte, gut geführte Alpenvereinshütten, dazu Weg und Steg hinein zum großen Bergerlebnis Stubaier Alpen, in diesem Buch die Touren 33 bis 70.

Serles- und Habichtkamm

Der Serleskamm, ein mächtiges, aus Dolomitkalk gebautes Bergmassiv, trennt das Stubaital vom Gschnitztal und schiebt den Hauptgipfel, die attraktive Serles, zum Wipptal vor. Die Serles, 2718 m, bestimmt das Niveau ihres Gebirgszuges: Bis zur Begegnung mit dem Habichtkamm am Pinnisjoch ist jeder Gipfel über 2500 Meter hoch, das Serlesjöchl, 2384 m, der tiefste Einschnitt und die Kirchdachspitze, 2840 m, der höchste Berg. Den besten Eindruck vermittelt der Serleskamm zum Gschnitztal, aus dieser Sicht ist der waagrechte Felsgiebel der Kirchdachspitze wirklich das Dach der gesamten Gipfelkette. Das Gschnitztal gibt dem Serleskamm auch Raum, außerhalb der Kammlinie haben der Blaser, die Peilspitze, Almen und Wälder noch genügend Platz; die Gschnitzer Seite ist deshalb ungleich wanderfreundlicher als der Steilabfall ins Stubaital.

Serleskamm: Blick von der Kirchdachspitze zur breitgelagerten Kesselspitze, darüber spitzt die Serles hervor.

◁ *Habichtkamm: Aufsicht aus dem Gschnitzer Talboden zum Habicht rechts oben.*

Der Habichtkamm glänzt mit dem Habicht, einem begehrten Dreitausender. Der Habicht ist das Zentrum und der höchste Punkt, er beherrscht die Kammausdehnung hinaus zur Elferspitze über Neustift und hinein zur Inneren Wetterspitze am Simmingjöchl. Das Pinnisjoch an seiner Ostflanke ist die Brücke zum Serleskamm und der Ursprung des kleinen Pinnistales hinab nach Norden zum Stubaital.

Am Pinnisjoch treffen Welten aufeinander, entstanden Millionen Jahre voneinander entfernt: Der dunkle Zentralgneis des Habichtkammes berührt den Dolomitfels des Serleskammes. Vom Habicht talaus sinken die Höhen schnell und deutlich ab, hinein zum Simmingjöchl, zum Anschluß an den Stubaier Hauptkamm, bleibt jedoch das Dreitausender-Niveau erhalten. Der Tourismus bevorzugt natürlich den stolzen Habicht, aus dem Stubaital und dem Gschnitztal ist deshalb ein ständiges Kommen und Gehen auf den Wegen zur Innsbrucker Hütte am Pinnisjoch.

33 Maria Waldrast 1641 m Serles 2718 m

Das Innsbrucker Wahrzeichen

wenig schwierig   16.10 88
Wandertour   7.9.89

Die Serles zeigt ihre ebenmäßige und deshalb auch schönste Seite der Stadt Innsbruck. Jeder, der von dort nach Süden schaut oder auf der Autobahn den Tunnel und die Geländestufe am Berg Isel in Richtung Brenner passiert, bewundert diese mächtige, fast gleichschenklige Pyramide, von deren günstiger Position die Landeshauptstadt Innsbruck landschaftlich sehr viel profitiert. Passionierte Berggeher empfinden es als eine Bildungslücke, sollten sie noch nicht auf der Serles gewesen sein. Am einfachsten und gewiß auch am interessantesten erreichen sie ihr Ziel von Matrei am Brenner mit Auffahrt zum Parkplatz bei Maria Waldrast.

Zum Anfang also eine berühmte Tiroler Wallfahrt, deren Grundstein eine Marienlegende vom Jahre 1407 legte. Die Kirche und das angeschlossene Servitenkloster entstanden 1621 bis 1624; nach der Zäsur der Säkularisation erlebt diese Marienwallfahrt nun seit 1850 eine Renaissance. Fußgänger kommen zur »Waldrast« meist von der Stubaier Seite, von Mieders und Fulpmes. Wer einen Bergausflug im Sinn hat, geht hinauf zur Serles – an einem schönen Sonntagvormittag wallfahren nicht selten ganze Prozessionen zum Gipfelkreuz in 2718 Meter Höhe.

Bei der Kirche weist ein Schild in den Bergwald. Der Steig quert den Krummholzgürtel unter der von tiefen Rinnen aufgerissenen Südflanke hinauf zur Serlesgrube und zieht steil über Schotter höher zum Serlesjöchl, 2384 Meter. Das Jöchl ist ein gerne angenommener Rastplatz zur Kräftesammlung für die restlichen 300 Höhenmeter, vor allem für die Bergwanderer mit Ausgangsort Kampl im Stubaital, die hier einmünden und schon 1000 Aufstiegsmeter hinter sich haben. Bei dem Steilfels, den die Serles nach jeder Seite zeigt, wundern wir uns über die bis jetzt leichte Tour. Die niedrige Felsstufe vom Serlesjöchl hinauf zur Südwestabdachung des Gipfels braucht aber doch eine kleine Leiter und kurze Drahtseilsicherung, damit an dieser Stelle niemand enttäuscht aufgeben muß.

Wer nach dem letzten Geröllhang am schweren, im Jahre 1948 aufgerichteten Holzkreuz der Serlesspitze ankommt, erfährt, warum dieser Berg (auch Waldrastspitze genannt) eine so große Anziehungskraft ausübt. Nicht nur die Großstadtnähe, noch viel mehr die unwahrscheinlich weite Rundschau – nach Südosten bis zu den Dolomiten – sichern der Serles eine treue Freundesschar, die immer wieder kommt. Stichwort Sonnenaufgang: Der Wunsch, das erste Licht des neuen Tages wieder einmal auf einem hohen Gipfel zu erleben, treibt manchen »Stadtmenschen« mitten in der Nacht aus den Federn und hinauf zur Serles.

Tourensteckbrief

Ausgangsort
Matrei, 992 m am Brenner.

Die Tour in Stichworten
Matrei, 992 m – Maria Waldrast, 1641 m – Serlesjöchl, 2384 m – Serles, 2718 m.

Schwierigkeit/Anforderung
I = wenig schwierig, Wandertour, mäßige Anforderung, Tagestour.
Von Matrei am Brenner auf Mautstraße zum Wallfahrtsort Maria Waldrast, Gasthaus. Ab Maria Waldrast auf Weg 121 durch Bergwald, in langer Querung durch die Latschenfelder in der Serles-SO-Flanke und auf Schottersteig zum Serlesjöchl. Mittels einer kleinen Leiter und kurzem Drahtseil in die SW-Flanke, über Schotter mäßig steil zum Gipfel.
Übersichtlicher SO- und SW-seitiger Routenverlauf, mark., viel begangen.

Höchste Wegestelle/Gipfel Serles, 2718 m.

Anstiegsleistung
Ab Maria Waldrast 1100 Höhenmeter.

Abstieg Wie Anstieg.

Gehzeiten
Maria Waldrast, 1641 m – Serlesjöchl, 2384 m: 2 Std.; Serlesjöchl – Serles, 2718 m: 1 Std. Abstieg wie Anstieg: 2 Std.
Gesamtgehzeit: 5 Stunden.

Hütten/Stützpunkte
Maria Waldrast, 1641 m, Alpengasthaus.

Karten Siehe Tour 34.

Das Serlesjöchl, bei ihm beginnt der Schlußanstieg zur Serles.

34 Blaser-Hütte 2176 m
Blaser 2241 m
Peilspitze 2393 m

Die Bergwiesen am Blaser

wenig schwierig
Wandertour

16.10.88
7.89/108

Vom Gipfelkreuz am Blaser schauen wir hinab zur nahen Blaser-Hütte, darüber die Padasterwiesen, der Standort des »Naturfreundehauses am Padasterjoch«, von Wolken verdeckt die Kirchdachspitze.
Von links schließt der Stubaier Hauptkamm zu den östlichen Stubaier Gletscherbergen Schneespitze, Pflerscher Hochjoch und Feuersteine auf. Am rechten Bildrand die Wasenwand im Serleskamm.

Der Blaser, eine von Gestalt her unbedeutende Vorfallkuppe vom Serleskamm hinab nach Matrei am Brenner, ist berühmt wegen seiner Aussicht und seinem Blütenflor. Wer im Wipptal oder im Gschnitztal Urlaub macht und leichte Bergwanderungen liebt, wird den Blaser nicht übersehen, dafür sorgen schon die Einheimischen, die ihren Blaser über alles loben. Seit Anfang der siebziger Jahre steht knapp unter dem Gipfel ein hübsches, modernes Haus, die neue Blaser-Hütte; ihre Gastfreundlichkeit erhöht noch den Reiz dieser Tour.
Als Ausgangsort wählen wir Trins, 1233 m, im Gschnitztal; im frühen Sommer ist die Wanderung zum Blaser besonders lohnend. Wer zur rechten Zeit kommt, noch bevor die Sense über die Bergwiesen streicht, erlebt die sanften Hangmähder auf der Sonnseiten zum Gschnitztal, im Freiraum zwischen Waldsaum und Gipfel, in überaus reicher, bunter Hochblüte. Dazwischen sitzen altersgraue Heuhütten, vor hundert Jahren einmal aus Lärchenstämmen gezimmert, die freilich der Bergbauer heute nicht mehr braucht. Zum Heuen kommt er mit dem Traktor über die Forst- und Almstraße herauf und fährt die nun trockene, aber würzig duftende Wiesenpracht gleich hinab zu seinem Hof.

Das geräumige Hochplateau des Blaser rundet eine 2241 Meter hohe, kreuzgeschmückte Gipfelkuppe. Die Rasendecke ist dünn, feiner Kalkschotter tritt zutage, nach Nordwesten, in den Steilhängen hinab zum »Langen Tal«, halten sich nur noch Latschen. Im Rücken des Blaser steht die Peilspitze, dahinter reiht der Serleskamm Gipfel an Gipfel. Wir schauen hinab zum Kloster Maria Waldrast zu Füßen der Serles, hinüber zu den tiefen Erosionsrunsen der Serles-Südflanke und zum auffallenden Felsgiebel der Kirchdachspitze. Im Osten, über dem Einschnitt des Wipptales, wogt zwischen dem Inntal und dem glitzernden Streifen der Tuxer Eisberge das weitläufige, bucklige Auf und Nieder der Tuxer Voralpen.
Die nahe, 150 Meter höhere Peilspitze verspricht einen noch weiteren Horizont, aber dazu müssen wir von der Blaser-Hütte zum Wiesensattel darunter absteigen und uns dort aufraffen, die steilen Mähder hinauf zur Peilspitze noch zu besiegen. Nur ein Steinmann markiert diese meist im Übergang von und zur Serles besuchte, 2393 Meter hohe Gipfelposition. Ein Tip: den Blaser, die Peilspitze und die Serles vielleicht in einer Rundtour, etwa 6 Stunden ab Maria Waldrast, zu »beehren«.

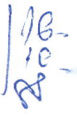

Die von tiefen Erosionsrinnen aufgerissene Südflanke der Serles, aus der Sicht vom Blaser. Durch die »Serlesgrube« darunter zieht von Maria Waldrast der Anstiegsweg nach links höher, zum Serlesjöchl, am linken Bildrand.

Tourensteckbrief

Ausgangsort
Trins, 1233 m im Gschnitztal.

Die Tour in Stichworten
Trins, 1233 m – Blaser-Hütte, 2176 m – Blaser, 2241 m – Peilspitze, 2393 m – Trins.

Schwierigkeit/Anforderung
I = wenig schwierig, Wandertour, mittlere Anforderung, Tagestour.
Parken in Trins oder etwas oberhalb bei den Häusern im Dorfteil Leiten. Ab Parkplatz auf Güterweg nach Mark. 30 (Mark. 27 sehr steil, siehe Abstieg) durch Wald und über Alpweiden zur Blaser-Hütte. Von der Hütte in wenigen Min. über einen mäßig geneigten SW-Hang zum Gipfel.
Übergang zur Peilspitze: Von der Hütte hinab zu einer Rasensenke und über steile S-seitige Hangwiesen auf Steig zu den Schrofenfelsen am O-Grat, am Grat leichter Zugang zum Gipfel.
Vielbegangener, durchgehend mark., S-seitiger Routenverlauf.

Höchste Wegestelle/Gipfel
Blaser, 2241 m – Peilspitze, 2393 m.

Anstiegsleistung
Ab Parkplatz Trins 1200 Höhenmeter.

Abstieg
Von der Peilspitze zurück zur Rasensenke, kurzer Gegenanstieg zur Blaser-Hütte und auf Anstiegsweg nach Trins; oder von der Senke auf Pfad nach Mark. 27 nach rechts in einem engen Wiesengraben abwärts zu einem breiten Bachgraben und entlang des Bachlaufes sehr steil, direkt hinab zum Parkplatz bei den Häusern von Leiten.

Gehzeiten
Parkplatz Trins, ca. 1300 m – Blaser-Hütte, 2176 m – Blaser, 2241 m: 2½ Std.; Blaser – Peilspitze, 2393 m: 1 Std. Abstieg wie Anstieg: 2½ Std. oder nach Mark. 27 – Parkplatz Trins: 1½ Std.
Gesamtgehzeit: 5–6 Stunden.

Hütten/Stützpunkte
Blaser-Hütte, 2176 m, privat, 30 Matratzen, bew. Pfingsten – Ende September.

Karten
Kompass Wanderkarte 1:50000, Blatt 83, »Stubaier Alpen/Serleskamm«.

Tip
Von der Peilspitze mark. Steig über das Kalbenjoch, 2226 m zum Serlesjöchl, 2384 m, dort Aufstieg zur Serles, 2½ Std. (siehe Tour 36); oder vom Kalbenjoch Aufstieg zur Kesselspitze, 2728 m, ab Peilspitze, 2 Std.; oder ab Blaser-Hütte durch das Langental nach Maria Waldrast.

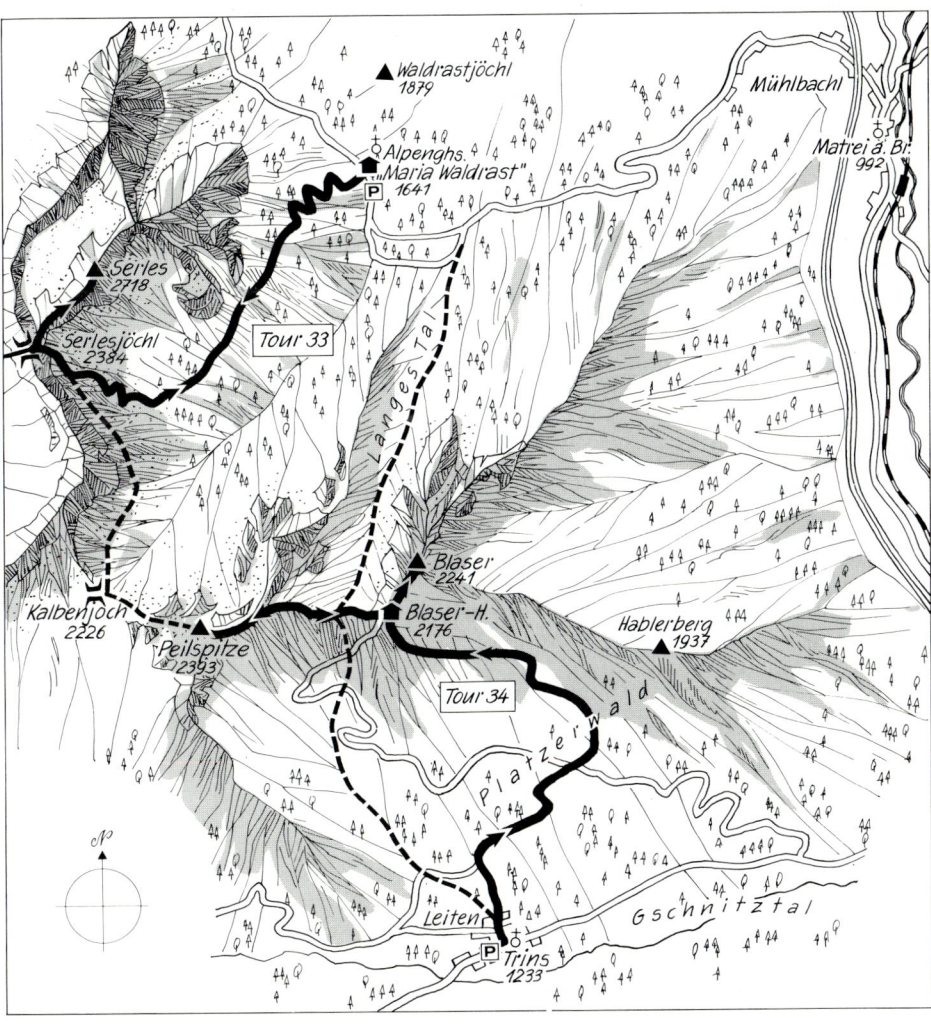

Serleskamm

35 Padasterjoch- Haus 2232 m Kirchdachspitze 2840 m Kesselspitze 2728 m

Zum höchsten Punkt im Serleskamm

mäßig schwierig Wander-/Felstour

Das Gschnitztal durchläuft von der weit geöffneten Einmündung bei Steinach in das Wipptal bis zur Laponis-Alm im Talschluß eine Längsausdehnung von 15 Kilometer. Fahren wir von Steinach hinauf nach Trins, 1233 m, dem ersten Talort, zieht die Straße über eine glatte, schräge Wiesenrampe in sanfter Steigung höher, um kurz vor Trins wieder gering zu fallen. Die fruchtbaren Wiesen, gesprenkelt von einem Dutzend Heuhütten, grünen und blühen auf einer Stirnmoräne, die der zurückweichende eiszeitliche Gletscher vor zehntausend Jahren aufschüttete. Von Trins, einst Heimat der Bergknappen, mit Haus und Kirche am Hang, läuft die Talstraße einige Kilometer weiter zu einem ebenen, geräumigen Boden mit behäbigen Einzelhöfen, in denen seit jeher der Bergbauer seßhaft ist, hinein zum Kirchdorf Gschnitz, 1242 m. Als „Gasnitz" im Jahre 1286 erstmals urkundlich erwähnt, gibt es dem Tal den Namen.

Die attraktiven Berge, mit denen das Gschnitztal wanderfreudige Urlauber anlockt, erheben sich im Serles- und Habichtkamm und im Stubaier Hauptkamm, der von Osten über die Tribulaune zum Tal aufschließt. Kalk und Urgestein mit ihrem typischen Fels, ein Gletscher, der Simmingferner, viel Wald an den Berghängen, lichte Almen über der Baumgrenze, der grüne Talboden und eine „sanfte" Erschließung ohne Bergbahnen und Lifte bilden das wertvolle Kapital der Talgemeinden Trins und Gschnitz.

Nach der Tour zum Blaser und zur Peilspitze bleiben wir auf der wanderfreundlichen Sonnenseite des Serleskammes. Kammeinwärts zum Gschnitztal erhebt der breite Rücken der Kirchdachspitze ein Dach im Serleskamm. Das »Naturfreundehaus am Padasterjoch«, 2232 m, ist Stützpunkt für die beliebte Tour zur Kirchdachspitze und für die von einem Steig erschlossene Kammüberschreitung: Kesselspitze – Serles.

Ein weitläufiger Forst- und Almgüterweg von Trins hinauf zu den Padasterwiesen – von markierten Steigen immer wieder abgekürzt – führt bis ½ Stunde vor die Haustür. Das Haus auf der Rampe eines grünen Kessels mit weit offener Landschaft nach Osten und Süden liegt so schön, daß wir uns auf den Nachmittag, den Abend und den Morgen bei ihm schon freuen, noch

bevor wir zur Kirchdachspitze hinaufsteigen. Unser Berg ist nicht zu sehen, erst wenn wir am Padasterjoch den Felsfuß der Hammerspitze umrunden und zu einem Schäferhüttchen kommen, zeigt die Kirchdachspitze ihr gewaltiges Steildach mit dem Gipfel als 2840 Meter hoher Kirchturmspitze. Ein geübtes Auge sieht die Anstiegsroute, vom deutlich ausgeprägten Wiesensattel (Pt. 2428 Kompass Karte) zum Felsaufbau und über den Südostgrat zum Gipfelkreuz. Die Aussicht dort oben in nahe Täler und von den nächsten zu weit entfernten Bergen ist für die Kirchdachspitze der große Trumpf. Überblicken wir den Serleskamm hinaus zur Serles (Bild Seite 82), wissen wir, auch morgen, im Weg vom Naturfreundehaus über die Kesselspitze zurück nach Trins, dürfen wir einen großen Tag erwarten.

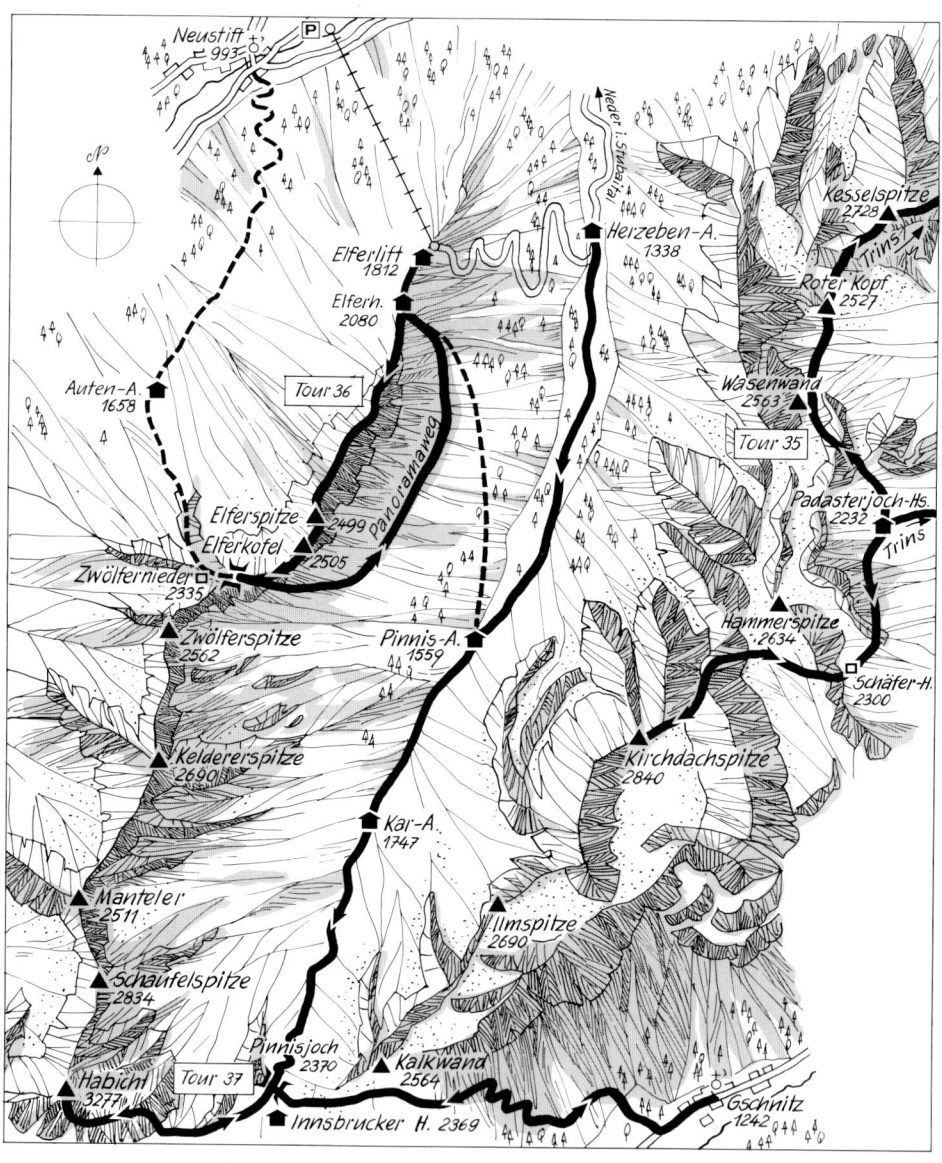

Tourensteckbrief

Ausgangsort
Trins 1233 m im Gschnitztal.

Die Tour in Stichworten
Trins 1233 m – Naturfreundehaus am Padasterjoch 2232 m – Kirchdachspitze 2840 m – Naturfreundehaus – Roter Kopf 2527 m – Kesselspitze 2728 m – Trins.

Schwierigkeit/Anforderung
II = mäßig schwierig, Wander-/Felstour, mittlere Anforderung, 1½-Tage-Tour.
Parken in Trins oder etwas oberhalb bei den Häusern im Dorfteil Leiten.
Vom Parkplatz auf Güterweg (für den öffentlichen Verkehr gesperrt) und mark. Steig zum Naturfreundehaus am Padasterjoch.

Kirchdachspitze:
Ab Naturfreundehaus auf mark. Steig zum Padasterjoch. Dort um den Geländesporn der Hammerspitze und bei einer Schäferhütte, ca. 2350 m, in die abschüssige S-Flanke dieser Spitze, Querung hinauf zu einem weitgeschwungenen Wiesensattel, Pt. 2428, mit Anschluß zum Felsaufbau der Kirchdachspitze. Über Schotter hinaus zum SO-Grat (alte Eisensicherung), bei etwa 2780 m Einstieg in den

Gipfelaufbau und steil, teilweise ausgesetzt, auf mark. Steig entlang von Eisensicherungen zum Gipfel.
Durchgehend mark., südöstl. Routenverlauf, Gipfelanstieg nur für geübte, trittsichere Bergwanderer.
Abstieg: Auf Anstiegsweg zurück zum Naturfreundehaus.

Kesselspitze:
Ab Naturfreundehaus auf mark. Steig hinauf zur Scharte, ca. 2450 m, rechts der Wasenwand. Dort beginnt der mark. Serleskamm-Weg über den Roten Kopf nach N zur Kesselspitze und weiter zum Kalbenjoch. Kurz vor dem markanten Kalbenjoch, 2226 m, weist die Tafel »Trins« über Alpmatten den Abstieg zu Forststraßen und damit die Rückkehr nach Trins.
Durchgehend mark. Routenverlauf, häufig begangen, einfache Wanderung.

Höchste Wegestelle/Gipfel
Kirchdachspitze 2840 m, Roter Kopf 2527 m, Kesselspitze 2728 m.

Anstiegsleistung
Kirchdachspitze: Ab Trins 1600 Höhenmeter; Kesselspitze: Ab Naturfreundehaus 500 Höhenmeter.

Vor dem Gipfelkreuz der Kirchdachspitze. Drahtseile sichern den steilen, plattigen Fels über die letzten 100 Höhenmeter; für geübte, trittsichere Bergwanderer eine schöne Route zu einem aussichtsreichen Gipfel.

Abstieg
Siehe Tourenverlauf.

Gehzeiten
Parkplatz Trins ca. 1300 m – Naturfreundehaus 2232 m: 2½ Std. – Kirchdachspitze 2840 m: 2 Std.
Abstieg Naturfreundehaus: 1½ Std.
Naturfreundehaus – Kesselspitze 2728 m: 2 Std. Abstieg Trins: 2 Std.
Gesamtgehzeit: Ab Trins 10½ Stunden.

Hütten/Stützpunkte
Naturfreundehaus am Padasterjoch 2232 m, Naturfreunde Wien, 70 Betten und Matratzen, bew. Mitte Juni bis Ende September.

Karten
Siehe Tour 34.

36 Elferhütte 2080 m
Elferspitze 2499 m
Elferkofel 2505 m

Die Klettersteige im Elferkamm

schwierig
Felstour

6.9.89
Bernd

Die triadische Kalkdecke, die quer durch die östlichen Stubaier Alpen verläuft, tritt im Auslauf des Habichtkammes zum Talbecken von Neustift mit dem Elferkamm zutage. Dieser durch die Elfertürme, der Elferspitze, 2499 m, und dem Elferkofel, 2505 m, interessant gestaffelte Zug schließt über die Zwölfernieder zur Zwölferspitze, 2562 m, auf, erst dort regiert wieder der Gneis. Dieses Naturgeschenk wurde bis Ende der siebziger Jahre kaum beachtet, erst seit 1979 gibt es den Elferkofel-Klettersteig, ein Jahr darauf war auch die Elferspitze-Nordroute gesichert: Neustift im Stubaital, der Elferlift und die Elferhütte hatten eine neue, der modernen Zeit angepaßte Attraktion.

Beide Klettersteige dürfen als Muster dafür gelten, wie eine »Ferrata« angelegt sein sollte. Den reizvoll gegliederten Fels – fast senkrechte, aber noch mit natürlichen Griffen und Tritten versehene Wände, schmale, steile Gratrippen, enge Kamine, luftige Absätze – sichern nur Drahtseile, Stifte und Klammern. Im Vergleich zu den Dolomitensteigen verdienen die Klettersteige im Stubaier Elferkamm die Einstufung »schwierig« und dürfen nicht unterschätzt werden! Der schnelle, sichere Geher wird beide Steige aneinanderknüpfen, den Elferkamm im Auf und Ab bis zur Zwölfernieder überschreiten und mit dem Panorama-Weg zurück zur Elferhütte die Runde schließen.

Die Kriterien der Dolomiten-Klettersteige gelten auch für die Stubaier Alpen: Ein Klettersteig ist eine Steiganlage, die Felsgelände durch künstliche Sicherungen wie Drahtseile, Leitern, Eisenklammern und -stifte auch für den Nichtkletterer begehbar macht. Klettersteig-Ausrüstung: Steinschlaghelm, Brust- und Sitzgurt, Reepschnur, Karabiner notwendig.

Tourensteckbrief

Ausgangsort
Neustift, 993 m im Stubaital.

Die Tour in Stichworten
Neustift, 993 m – Elferlift-Bergstation, 1812 m – Elferhütte, 2080 m – Klettersteig-Nordroute – Elferspitze, 2499 m – Klettersteig Elferkofel, 2505 m – Zwölfernieder, 2335 m – Elferhütte.

Schwierigkeit/Anforderung
IV = sehr schwierig Klettersteig-N-Route,
III = schwierig Klettersteig Elferkofel, mittlere Anforderung, Tagestour.
Zugang: Ab Bergstation Elferlift zur Elferhütte, mit roter Mark. bis zur Abzweigung der gelben Mark. Klettersteig-N-Route.
Klettersteig Nordroute: Einstieg, ca. 2300 m, Klammern, Stifte, Drahtseile sichern den fast senkrechten, sehr ausgesetzten Durchstieg in dem tiefen Riß zur Scharte zwischen Nordturm und Hauptgipfel, schwierigste Stelle ein sehr enger Kamin. Aus der Scharte Variante zum N-Turm, nach links rot mark. zur Elferspitze.
Klettersteig Elferkofel: Einstieg bei der Unterstandshütte am Elferkofel. Verwickelte Route mit viel Auf und Ab, teilweise sehr ausgesetzt, nur mit Stiften und Klammern gesichert. Klettersteige durchgehend gelb mark., vollständige Klettersteig-Ausrüstung notwendig!

Die Überschreitung des Elferkammes beginnt mit dem Klettersteig zur Elferspitze; auf der Kammhöhe knüpft der Elferkofelsteig – siehe Bild – die Verbindung über den Elferkofel hinab zur Zwölfernieder.

Höchste Wegestelle/Gipfel
Elferspitze, 2499 m, Elferkofel, 2505 m.

Anstiegsleistung
Ab Bergstation Elferlift 800 Höhenmeter, davon Klettersteige etwa 350 Höhenmeter.

Abstieg
Ab Zwölfernieder auf dem beschilderten Panorama-Weg zurück zur Elferhütte.

Gehzeiten
Bergstation Elferlift, 1812 m – Elferhütte, 2080 m – Klettersteig-N-Route Einstieg bei ca. 2300 m: 1½ Std.; N-Route – Elferspitze, 2499 m: 2 Std. – Klettersteig Elferkofel, 2505 m – Zwölfernieder, 2335 m: 2 Std. – Elferhütte – Bergstation: 1 Std.
Gesamtgehzeit: 6½ Stunden.

Hütten/Stützpunkte
Elferhütte, 2080 m, privat, 52 Betten ganzjährig geöffnet.

Karten
Siehe Tour 37.

37 Innsbrucker Hütte 2369 m Habicht 3277 m

Klassischer Dreitausender zwischen Neustift und Gschnitz

1988 mit Bernd

mäßig schwierig Fels-/Gletschertour

Die Innsbrucker Hütte am Pinnisjoch – seit 1984 eine alte Hütte im neuen Gewand. Das nun sehr gut ausgestattete Haus hat 150 Übernachtungsplätze, aber auch dieses Angebot wird oftmals nicht ausreichen, denn der Habicht steht hoch im Kurs; auch der Höhenweg zur und von der Bremer Hütte findet immer mehr Freunde.

Bestimmte Berge übten schon früh nicht nur auf Alpenreisende, sondern auch auf die nächste Talbevölkerung den unwiderstehlichen Drang aus, ihre Gipfel zu besteigen, oder sie mußten im Zuge der in den ersten Jahrzehnten des 19. Jahrhunderts in Österreich durchgeführten militärischen Landvermessung »auf Befehl« erobert werden. Dieses Los traf auch einzelne, noch unbetretene Zentralalpenberge, von denen sich das Militär eine gute Übersicht versprach – speziell ausgebildete Offiziere führten die Vermessung aus. Der »Hager« (damaliger Name für Habicht) bekam deshalb irgendwann vor 1836 den ersten Besuch, denn als Peter Carl Thurwieser, der uns schon an der Zillertaler Ahornspitze begegnete, am 1. September 1836, begleitet vom Fulpmeser Feilenhauer Ingenuin Krösbacher, »freudig ergriffen auf der Spitze des Hagers stand«, fand er einen Steinmann vor. Als Professor war Thurwieser natürlich schreibgewandt, und so verdanken wir ihm den ersten Nachweis über eine Habichtsbesteigung und die Schilderung der Aussicht. Sein Aufsatz erschien 1840 in der »Zeitschrift des Ferdinandeums« Innsbruck. Seitdem

sammelt der Habicht alle nur möglichen Superlative, die schriftlich oder mündlich immer wiederholt werden müssen, weil niemand mehr neue findet!

Der Führer »ins Stubai«, erschienen 1927 in Innsbruck, schreibt: »Obwohl der Habicht von anderen Spitzen in der Stubaier-Gruppe an relativer Höhe übertroffen wird, so gewährt er doch wegen seiner vorgeschobenen Lage eine ausnehmend herrliche Fernsicht; er gilt mit Recht als einer der aussichtsreichsten Berge unseres Landes. An klaren Herbst- oder Wintertagen umspannt der Gesichtskreis vom Habichtgipfel aus den Alpenzug im Norden vom Wetterstein in Bayern und die Nordkette bis zum Wilden Kaiser bei Kufstein, im Osten die Salzburger und Hallstätter Berge, Venediger, Tauern und Großglockner, über welche aus duftiger Ferne der höchste Gipfel der Julischen Alpen, der Triglav, heraufschimmert; gegen Süden Marmolata und Vernel, im Westen der Arlberg und endlich die überraschend schöne, nächste Umgebung, die Eisriesen des Ötztales und des Stubais.« Diese begeisterte Beschreibung erzählt vom Habicht sehr viel, und der Nachsatz: »Seine Besteigung auf mar-

Die Habicht-Südflanke, gesehen im Aufstieg zum Tribulaun-Haus. Rechts oben das Pinnisjoch, die Position der Innsbrucker Hütte. Der Habicht-Aufstieg verläuft über die angeschneite südöstliche Gratrippe.

Tourensteckbrief

Ausgangsort
Gschnitz 1242 m im Gschnitztal oder Neder 964 m im Stubaital.

Die Tour in Stichworten
Gschnitz 1242 m oder Neder 964 m – Innsbrucker Hütte 2369 m – Habicht 3277 m.

Schwierigkeit/Anforderung
II = mäßig schwierig, Fels-/Gletschertour, mittlere Anforderung, 1½ Tage-Tour.
Talzugang Innsbrucker Hütte: Von Gschnitz auf AV-Weg mäßig steil oder von Gschnitz/Obertal (Talstation der Materialseilbahn, Rucksacktransport möglich) entlang der Seilbahntrasse auf steilerem Steig zur Hütte. Oder von Neder im Stubaital zur Pinnisalm (1559 m, hierher auch Taxiverkehr ab Gasthof Zegger), weiter zur Karalm, 1747 m, auf Steig zum Pinnisjoch, 2370 m, und damit zur Innsbrucker Hütte, die am Joch zum Gschnitztal hin steht.
Ab Hütte mark. Steig zum Ansatz der südöstl. Gratrippe des Habicht. Über einen steilen, teilweise drahtseilgesicherten Felssteig hinauf zur Ostecke des Gipfelaufbaus, dem sog. »Köpfl«, ca. 3100 m. Von dort über den kleinen Habichtferner mäßig steil zum Gipfelfels und mit Drahtseilsicherungen zum höchsten Punkt.
Nur für im Fels erfahrene, ausdauernde Bergsteiger; im Spätsommer Pickel und Steigeisen ggf. notwendig. Viel begangene Route.

Höchste Wegestelle/Gipfel
Habicht 3277 m.

Anstiegsleistung
Ab Gschnitz 2000, ab Innsbrucker Hütte 900 Höhenmeter.

Abstieg
Wie Anstieg.

Gehzeiten
Gschnitz 1242 m – Innsbrucker Hütte 2369 m: 3 Std.; Neder 964 m – Pinnisalm 1559 m – Innsbrucker Hütte: 4½ Std.; Innsbrucker Hütte – Habicht 3277 m: 3 Std.
Abstieg Innsbrucker Hütte: 2 Std.
Gesamtgehzeit: Ab Innsbrucker Hütte 5 Stunden.

Hütten/Stützpunkte
Innsbrucker Hütte 2369 m, ÖAV-Sektion Touristenklub Innsbruck, 150 Betten und Matratzen, bew. Mitte Juni bis Ende September.

Karten
Kompass Wanderkarte 1:50000, Blatt 83, »Stubaier Alpen/Serleskamm«.

kiertem Felspfade, die überaus lohnend und für Bergsteiger mit einiger Übung unbeschwerlich ist, erfordert vom Unterkunftshause am Joche aus bequem 3 Std.«, spornte gewiß viele Habicht-Interessenten an, die Besteigung auszuführen. Unangenehme Überraschungen, hervorgerufen durch schlechte Verhältnisse und eigene Überschätzung, mögen so manchen anfangs hochgemuten Habicht-Anwärter schwer gedrückt haben. Auch heute ist die seit Thurwieser unveränderte Normalroute kein Spaziergang! Den Weg vom Pinnisjoch, 2370 m, zum Bergfuß, auf Steigspuren durch die Felsrippen des Ostgrates – teilweise mit Drahtseilen gesichert – hinauf zum Einblick in die jähe Flanke zum Pinnistal, weiter zum Köpfl vor dem Habichtferner, über den kleinen Gletscher zum Gipfelaufbau und über eine kurze Felsstufe zum Kreuz auf 3277 Meter Höhe stuft der Alpenvereinsführer »Stubaier Alpen« mit I = wenig

schwierig ein. Aber die bis auf die Querung am Habichtferner steile Felsroute ist ausgesetzt und sehr von den Verhältnissen abhängig. Die Habichttour kann mitten im Sommer durch Schnee und Eis schwierig, gefährlich oder auch unmöglich sein. Mit dem »Unterkunftshause am Joche« ist die Innsbrucker Hütte, 2369 m, gemeint. Ohne diesen guten Stützpunkt könnte man sich heute eine Habichtbesteigung nicht mehr vorstellen. Seit 1884 steht das Haus am Pinnisjoch, mehrmals erweitert und modernisiert, letztmalig 1984, besonders großzügig zum 100jährigen Jubiläum der ÖAV-Sektion Touristenklub Innsbruck. Die Lage, knapp südseitig vom Pinnisjoch, ist günstig, denn die Innsbrucker Hütte hat sowohl von Neder aus dem Stubaital (Jeep-Auffahrt bis Pinnis-Alm, 1559 m) als auch von Gschnitz im Gschnitztal einen Zugang. Die Tour zum Habicht sollte man auf zwei Tage verteilen.

Habichtkamm

38 Bremer Hütte 2413 m
Innere Wetterspitze 3064 m

188 w?
Berd

Ein Gipfel für Individualisten

schwierig
Felstour

Tourensteckbrief

Ausgangsort
Gschnitz 1242 m im Gschnitztal.

Die Tour in Stichworten
Gschnitz/Obertal 1242 m – Laponis-Alm 1487 m – Bremer Hütte 2413 m – Innere Wetterspitze 3064 m.

Schwierigkeit/Anforderung
III = schwierig, Felstour,
große Anforderung, Tagestour.
Zur Bremer Hütte siehe Tour 41.
Ab Bremer Hütte nach Schild »Aussichtskanzel/Inn. Wetterspitze« nach Steigspuren und Mark. über Gras- und Schrofenhänge zur »Aussichtskanzel« (Pt. 2887 AV-Karte) und damit zum Anschluß an den O-Grat. Dort über eine Scharte zum Grat, nach Steinmänner über Gratblöcke und teils S-seitigem, sehr ausgesetztem Schrofengelände zum Gipfel.
Nur für trittsichere, im Fels erfahrene Bergsteiger, wenig begangen.

Höchste Wegestelle/Gipfel
Innere Wetterspitze 3064 m.

Anstiegsleistung
Ab der Bremer Hütte 600 Höhenmeter, ab Gschnitz/Obertal 1800 Höhenmeter.

Abstieg
Wie Anstieg; oder über den weniger schwierigen N-Grat zu einer Rinne vor dem ersten roten Gratturm. Steil hinab zu einem Geröll- und Schneefeld, nach rechts über Blöcke steil abwärts zum Firnauslauf des »Schneekachl« hinab zum sichtbaren Lauterer See, 2425 m; auf mark. Steig zurück zur Bremer Hütte.

Gehzeiten
Bremer Hütte 2413 m – Innere Wetterspitze 3064 m: 2½ Std.
Abstieg Bremer Hütte: 2 Std.
Gesamtgehzeit: Ab Bremer Hütte 4½ Stunden.

Hütten/Stützpunkte
Bremer Hütte 2413 m, siehe Tour 43.

Karten
Siehe Tour 37.

Der Habichtkamm schließt über die Äußere und die Innere Wetterspitze am Simmingjöchl nahe der Bremer Hütte zum Stubaier Hauptkamm auf. Am Habichtkamm verläuft in der südseitigen Böschung hinab zum Gschnitztal der Höhenweg Innsbrucker Hütte – Bremer Hütte: 6 bis 7 Stunden Gehzeit auf einer landschaftlich sehr schönen Route, aber mit vielem Auf und Ab auch anstrengend. Im letzten Wegeabschnitt knapp unter dem Lauterer See, 2425 m, schaut der Wanderer immer wieder zur Inneren Wetterspitze hinauf, denn ihr hoher Fels mit dem eingebetteten kleinen Gletscher, dem „Schneekachel", und der Ostgrat – hinter seinem Auslauf versteckt sich die Bremer Hütte – beherrschen die nahe Gebirgsszenerie. Aber nicht nur in der Nähe, auch aus dem hinteren Gschnitztal ist die 3064 Meter hohe, gleichmäßig geformte Felspyramide der Inneren Wetterspitze ein Blickfang.

Bei soviel deutlicher Präsenz zum Tal und zur Bremer Hütte wundert uns, daß dem Hinweisschild »Innere Wetterspitze« so wenig Bergsteiger Beachtung schenken. Wer zur Bremer Hütte kommt, um die Feuersteine zu besuchen, sollte aber vielleicht einen Tag zugeben oder nach einem frühen Hüttenanstieg noch am gleichen Tag die Tour zur Inneren Wetterspitze unternehmen. Die interessante Felsroute über den Ostgrat lohnt mit informativen Ausblicken zum Östlichen Stubaier Hauptkamm, und am Gipfel gibt die Innere Wetterspitze detaillierte Auskunft über den Weg zu den Feuersteinen.

Auf dem Weg über den Ostgrat zum Gipfel der Inneren Wetterspitze; für Bergsteiger mit Klettererfahrung ab Bremer Hütte eine kurze, sehr lohnende Tour.

Stubaier Hauptkamm

Die neue Grenze zwischen Österreich und Italien - beschlossen am 19.9. 1919 zu St. Germain und durch Grenzsteine im Jahre 1920 manifestiert - basiert auf der damals entscheidenden Wasserscheiden-Theorie. Diese Theorie erhob die natürliche Funktion des Zentralalpenkammes, nach Norden oder nach Süden die Wasser zu scheiden, zum Dogma und bestimmte den Kammzug von der Dreiherrnspitze bis zum Reschenpaß als Staatengrenze. Der Brenner war damit ein Grenzpaß und der Stubaier Hauptkamm, vom Brenner westwärts bis zum Wilden Pfaff als Teil des Zentralalpenkammes, der neue Grenzträger. Der Zentralalpenkamm und mit ihm die Staatengrenze schwenken am Wilden Pfaff nach Süden über Sonklarspitze und Schwarzwandspitze zur Windachscharte, nützen den Windach-, auch Brunnkogelkamm genannt, bis zum Jochköpfl und sinken über den Timmelsjochberg zum Timmelsjoch, der Nahtstelle zu den Ötztaler Alpen, ab. In der Eigenschaft als Wasser- und Grenzscheide teilt somit der Zentralalpenkamm das Land Tirol in Ost-, Nord- und Südtirol.

Das Rückgrat der Stubaier Alpen ist jedoch nicht allein der Zentralalpenkamm, sondern mit ihm der westliche Stubaier Hauptkamm. Der östliche Stubaier Hauptkamm vom Brenner über die Tribulaune, Feuerstein, Wilder Freiger zum Wilden Pfaff ist mit dem Zentralalpenkamm identisch, der westliche Stubaier Hauptkamm jedoch demonstriert seine Selbständigkeit - nun innerhalb von Nordtirol - in der Gipfelkette Wilder Pfaff - Zuckerhütl - Schaufelspitze - Stubaier Wildspitze - Daunkögel - Wütenkarsattel. Ab Wütenkarsattel übernimmt der Sulztalkamm das Dreitausender-Niveau, erhebt die Wilde Leck und läuft gegen Längenfeld im Ötztal aus.

Der Stubaier Hauptkamm von links: Wilder Freiger und Aperer Freiger, dazwischen der Wilde-Freiger-Ferner, nach rechts Wilder Pfaff, Zuckerhütl und Pfaffenschneid, links unten der Grünausee.

Kleines Bild: Das Zuckerhütl aus der Sicht vom Wilden Pfaff. Der Firngrat in der Fallinie vom Gipfel ist die Anstiegsroute.

In den Zillertaler Alpen ist nur ein Tal, das Zillertal, die Eingangspforte zu den Gletschern am Hauptkamm, in den Stubaier Alpen stoßen aus dem Wipptal drei Täler zum Hauptkamm vor. Das erste und kleinste, das dem Brenner nahe Obernbergtal, erschließt den Zugang zum Kalkstock der Tribulaune. Das zweite, das Gschnitztal, ist wesentlich länger, greift diagonal weit aus und führt zum Simmingferner, dem östlichsten Stubaier Gletscherreservat. Das dritte, das Stubaital, ist die Hauptschlagader der Stubaier Alpen. Im Talschluß bei den Parkplätzen der Mutterberg-Alm stoppt der Verkehr, die »Stubaier Gletscherbahn« schließt zu den zentralen Gletscherfeldern zwischen Zuckerhütl und Daunkögel auf. Die Seilbahn bestimmt das touristische Zentrum: Tag für Tag, fast das ganze Jahr hindurch, rotiert auf dem Schaufelferner der Skizirkus, auch Bergsteiger und Bergwanderer können sich diesem Sog, diesem großen Tourenkarussell zwischen Wildem Freiger, Wildem Pfaff, Zuckerhütl, Schaufelspitze und Hochstubai nicht entziehen. Wie am Zillertaler Hauptkamm kommt der Bergwanderer auch am Stubaier Hauptkamm auf seine Kosten. Mit den Touren 43 bis 51 besteigen wir die wichtigsten Gipfel im Stubaier Hauptkamm, aber wir nützen auch die markierten Alpenvereinswege von Hütte zu Hütte.

Der Alpenverein war im vergangenen Jahrhundert die treibende Kraft und Wegbereiter für den Bergtourismus. Die erste Dresdner Hütte, erbaut 1875, war die Urmutter aller Stubaier Alpenvereinshütten. Entlang des östlichen Hauptkammes, am Saum der Gletscher, finden wir die Bremer Hütte, die Nürnberger Hütte und Sulzenau-Hütte, am westlichen Hauptkamm die Siegerland-, Hildesheimer und Hochstubai-Hütte und am Sulztalkamm die Amberger Hütte.

Stubaier Hauptkamm

39 Obernberger Tribulaun 2780 m Schwarze Wandspitze 2917 m

Grenzkamm zwischen Österreich und Italien

mäßig schwierig Wander-/Felstour

Am Gipfelplateau des Obernberger Tribulaun, ▷ rechts hinten die Schwarze Wandspitze. Millionen Jahre haben den Hauptkamm im Bereich von Roßlauf Nord, Pfeiferspitzen und Roßlauf Süd fast zu einem Tafelgebirge nivelliert – ein Gang zwischen Nord- und Südtirol, über unzählige Kalkschieferplatten in allen Schattierungen von Grau und Braun.

Die Autobahn-Brückenkurve bei Gries am Brenner über das Obernbergtal öffnet die Sicht zum Talschluß mit Obernberger Tribulaun und Schwarze Wandspitze. Diese Information spiegelt die Verhältnisse am Tribulaun, denn in der Nordostflanke, die wir voll einsehen können, verläuft die anspruchsvolle Wandertour vom Obernberger See zu den beiden Gipfeln.

Das Obernbergtal und die Gemeinde Obernberg, beide um einiges bescheidener als das benachbarte Gschnitztal, besitzen in Talmitte das hübsche, auf einem Moränenhügel thronende Kirchlein St. Nikolaus, 1396 m. Ohne direkten Ortskern verteilen sich im etwa 6 Kilometer langen Talgrund wenige, aber stattliche Einzelhöfe, kleine Häusergruppen, einige Gasthöfe, das Gemeindehaus und die Schule. Ein gut proportioniertes altes Gebäude gehört dem Zoll, der Alpenverein unterhält eine Jugendherberge; dazwischen breiten sich Wiesen und Äcker, der Seebach durchfließt das Tal hinaus nach Steinach, zur Sill. Ab Wirtshaus »Waldesruh«, 1445 m, im hintersten Talwinkel wird der öffentliche Verkehr ausgesperrt. Das Gelände steigt an, nach rechts zur Wildgrube und zum Gstreinjoch, 2608 m, nach links zum Obernberger See und zum Portjoch, 2110 m, zwischen beiden Jöchern trägt der

östliche Stubaier Haupt- und Grenzkamm unsere Tourenziele, Tribulaun und Schwarze Wandspitze.

Erste Station ist der Obernberger See, 1593 m. Genau genommen füllen zwei Seen, verbunden mit einem schmalen Durchfluß, diese waldumschlossene, mit rötlichen Felsblöcken gesäumte Idylle. Dieses romantische Wasser, nur ½ Stunde vom allgemeinen Parkplatz »Waldesruh« entfernt, gibt dem Obernbergtal einen besonderen Reiz – über dem See, mit einer Höhendifferenz von 1200 Meter, thront der Obernberger Tribulaun. Fast senkrecht hellgrauer Kalkfels fußt in latschenbewachsenen Steilhängen, rechts dieser Felsen heben sich hohe Wiesenmulden das Gelände terrassenförmig zu den ausgewaschenen Karrenplateau am Kleinen Tribulaun, 2491 m, an. Dieses günstige, wenn auch steile Terrain bestimmt den Aufstieg, am Plateau schwenkt die Route nach links und erreicht über kleine Felsstufen, plattigen dunklen Kalkschiefer, das hohe Gipfelkreuz am Obernberger Tribulaun, 2780 Meter.

Wieder müßte man die Aussicht, vor allem zum östlichen Halbkreis, über alles loben, nach Westen verbauen langgezogene Höhenrücken und der dunkelbraune Stock der Schwarzen Wandspitze die Sicht. »Für geübte, trittsichere Felsklimmer sehr lohnend, Weiterwanderung auf versichertem Steig zur Schwarzen Wand«, so beurteilte Hermann Delago den Übergang ab Obernberger Tribulaun. Die Route ist etwas verwickelt, aber deutlich markiert, im leichten Bergauf und Bergab, in einer engen Scharte gesichert, berührt sie am Roßlauf-Nord den Grenzkamm und steigt mit ihm hinauf zur 2917 Meter hohen, winzigen Gipfelplattform der Schwarzen Wandspitze. »... Von da Abstieg auf steilem Felspfad mit Stiften und Klammern zur Schneetalscharte und nordwärts hinab zur Tribulaun-Hütte, 3 Std.«, schreibt Delago als Tip für die Überschreitung.

Der Gschnitzer und der Pflerscher Tribulaun ragen im Westen auf, zurück nach Südosten sinkt der Grenzkamm nach dem Roßlauf-Nord, 2878 m, und den Pfeiferspitzen, 2670 m, sehr stark zum Roßlauf-Süd, 2378 m, ab. Die Wanderung über diesen Kammverlauf bis zum Portjoch, 2110 m, geführt von Grenzsteinen Nr. 28 bis 34 und der Markierung 32, ist der wohl schönste, wenn auch etwas längere Rückweg zum Obernberger See und zur guten Einkehr im stattlichen Wirtshaus am Nordufer. Der landschaftlich reizvolle See wird bereits im Jahre 1500 im Fischereibuch von Kaiser Maximilian I. als »die zwei Wildseelein am Oberperg« erwähnt.

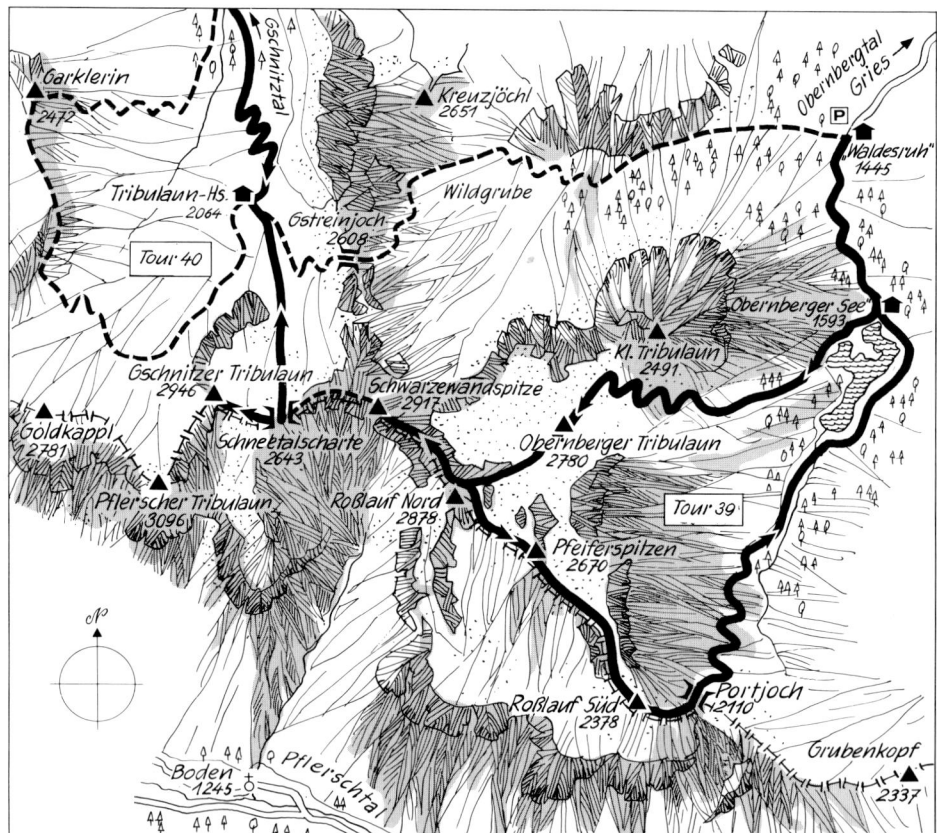

Tourensteckbrief

Ausgangsort
Obernberg, 1396 m am Brenner.

Die Tour in Stichworten
Obernberg, 1396 m – Wirtshaus »Waldesruh«, 1445 m – Obernberger See, 1593 m – Obernberger Tribulaun, 2780 m – Schwarze Wandspitze, 2917 m – Roßlauf Nord, 2878 m – Pfeiferspitzen, 2670 m – Roßlauf Süd, 2378 m – Portjoch, 2110 m – Obernberger See.

Schwierigkeit/Anforderung
II = mäßig schwierig, Wandertour, große Anforderung, Tagestour.
Von Gries, 1165 m am Brenner im Obernbergtal zum Wirtshaus »Waldesruh«, Parkplatz, auf Forststraße zum Alpengasthaus Obernberger See (Auffahrt nur für Hausgäste gestattet) am nördl. See-Ende. Dort beginnt der Anstieg zum Obernberger Tribulaun.

Auf Weg Nr. 129 durch Wald, Latschenhänge, Wiesenmulden steil höher zum Hochplateau, ca. 2450 m am Kleinen Tribulaun, 2491 m. Dort nach links und über ausgewaschenen, mäßig steilen Fels und Schotter zum sichtbaren Gipfelkreuz des Obernberger Tribulaun.
Übergang Schwarze Wandspitze: Nach Mark. 129 im Auf und Ab, teilweise Drahtseilsicherung, zum Roßlauf-Nord und mit Mark. 32 zur sichtbaren Schwarze-Wandspitze. Zurück zur Wegeabzweigung, ca. 2800 m am Roßlauf-Nord. Nach Mark. 32, Steinmänner, Grenzsteine, über die Schotterhöhen des Grenzkammes, nur spärlich mark., teils steil abwärts zum Portjoch, 2110 m. Vom Joch mark. Steig durch Alpweiden hinab zum sichtbaren Obernberger See.
Mark., SO-seitiger Routenverlauf, erst im Hochsommer begehen!

Höchste Wegstelle/Gipfel
Obernberger Tribulaun, 2780 m, Schwarze Wandspitze, 2917 m, Wegeabzweigung am Roßlauf-Nord, 2878 m, Pfeiferspitzen 2670 m.

Anstiegsleistung
Ab Wirtshaus »Waldesruh« 1700 Höhenmeter.

Abstieg
Siehe Tourenverlauf.

Gehzeiten
Wirtshaus »Waldesruh«, 1445 m – Obernberger See, 1593 m: ½ Std.; Obernberger See – Obernberger Tribulaun, 2780 m: 3 Std. – Schwarze Wandspitze, 2917 m: 1½ Std.
Abstieg: Schwarze Wandspitze – Wegeteilung Roßlauf-Nord, ca. 2800 m: 1 Std. – Portjoch, 2110 m: 2 Std. – Obernberger See: 1 Std.
Gesamtgehzeit: 9 Stunden.

Hütten/Stützpunkte
Alpengasthaus Obernberger See, 1593 m, privat, Betten und Touristenlager, bew. Mai–Oktober.

Karten
Siehe Tour 40.

Stubaier Hauptkamm

40 Tribulaun-Haus 2064 m Gschnitzer Tribulaun 2946 m

Kalkpyramide zwischen Gschnitz und Pflersch

*mäßig schwierig
Wander-/Felstour*

Die Umschau von der Schwarzen Wandspitze, 2917 m, entschlüsselt die Gruppierung der Tribulaune. Der Obernberger Tribulaun, 2780 m, steht unter ihr; kaum merklich höher, in Luftlinie nur wenig entfernt, zeigt der Gschnitzer Tribulaun, 2946 m, den hellen Kalkschotter seiner Aufstiegsseite; etwas nach Süden versetzt, damit auch er sich frei entfalten kann, beansprucht der doppelgipfelige Pflerscher Tribulaun mit 3096 Meter Höhe den Nimbus eines Dreitausenders. Auf der Schwarzen Wandspitze befinden wir uns inmitten der Kalkscholle, die quer durch die östlichen Stubaier Alpen verläuft, dem Urgestein aufliegt und in sehr unterschiedlicher Laune ihre Schätze verteilt. Der Serleskamm und die Kalkkögel wirken, im ganzen gesehen, mächtiger und massiver, doch der Pflerscher und Gschnitzer Tribulaun sind die höchsten, prächtigsten Gipfel dieser vor Jahrmillionen entstandenen »Stubaier Dolomiten«. Das Wort Tribulaun klingt, als wären Ursprung und Sinn irgendwo zwischen Sagen und Märchen verborgen; die Namen Obernberg, Gschnitz und Pflersch deuten die Position zu den Tälern – wir wissen sofort das Ausgangstal. Erinnern wir uns an Delago. Von der Schwarzen Wandspitze zeigte er den Abstieg zur Schneetalscharte und zur Tribulaun-Hütte. Wir sehen den Hüttenplatz in 2064 Meter Höhe am Nordfuß des Gschnitzer Tribulaun, aus dem Gschnitztal führt ein Steig durch das reizvolle Sandestal zu ihm hinauf. Das Haus ist neu, seit 1978 ersetzt es die im Lawinenfrühjahr 1975 zerstörte Österreichische Tribulaun-Hütte. Als Unterscheidung zur Tribulaun-Hütte drüben in Südtirol trägt dieser neue Stützpunkt nun den Namen »Tribulaun-Haus«. Die Umgebung ist es wert, daß wir sie genießerisch betrachten: Vom Gstreinjoch schließt heller Kalk an die dunklen Nordabstürze der Schwarzen Wand, fast senkrecht rammt der Fels in die Firnflecken und im Sand des Hochkares darunter; das Hochkar, aus dem die festgefügte, jähe Nordfront des Gschnitzer Tribulaun wächst, reicht mit einer Firnzunge hinauf zur Schneetalscharte, wir sehen den Doppelgipfel des Pflerscher Tribulaun, den kühnen Felsenzahn des Goldkappl, die drübere Gschnitztaler Seite präsentiert den Habicht mit dem hübschen Schmuck des kleinen Gletschers unter dem Gipfel.

Für geübte Bergwanderer ist der Gschnitzer Tribulaun ein begehrtes Tagesziel. Die zahme Seite, das Südostdach, wendet er zur Schneetalscharte, 2643 m, und diese

Das neue Tribulaun-Haus, hoch oben im Sandestal zu Füßen des Gschnitzer Tribulaun.

Schwäche nützt der Normalweg aus. Ein Steig führt vom Tribulaun-Haus in das Hochkar, die Aufstiegsspur zieht über Schotter, Sand, Geröll und mehr oder weniger Schnee steil höher in den Winkel der Schneetalscharte. Der Durchstieg im sehr steilen, aber gut gestuften Sockelfels zum Südostgrat ist die einzige etwas schwierigere Passage. Vom Schottergiebel des Grates steigen wir über eine niedrige Felsstufe dem Gschnitzer Tribulaun aufs Dach, dem zweithöchsten im Kalkmassiv der Tribulaune. Die höchste Spitze, der 3096 Meter hohe Pflerscher Tribulaun, steht nur wenig entfernt; er orientiert sich zum Südtiroler Pflerschtal.

Trins im Gschnitztal und der Talschluß: Von links der Stubaier Hauptkamm über Schneespitze und Pflerscher Hochjoch zum Simmingjöchl (Bildmitte), der Habichtkamm schließt von rechts mit der Äußeren und Inneren Wetterspitze zum Joch auf.

Tourensteckbrief

Ausgangsort
Gschnitz, 1242 m im Gschnitztal.

Die Tour in Stichworten
Gschnitz/Obertal, 1242 m – Tribulaun-Haus, 2064 m – Schneetalscharte, 2643 m – Gschnitzer Tribulaun, 2946 m.

Schwierigkeit/Anforderung
II = mäßig schwierig, Wander-/Felstour, große Anforderung, Tagestour.
Von Gschnitz 1 km talein nach Gschnitz/Obertal, Parkplatz. Gasthaus »Feuerstein«, mark. Steig durch das Sandestal zum Tribulaun-Haus (früher Österr. Tribulaun-Hütte).
Ab Tribulaun-Haus mark. Steig in das oft bis in den Sommer mit Schnee gefüllte Hochkar unter der Schneetalscharte. Über Sand, Schotter, Schnee steil höher zur sichtbaren Scharte rechts des felsigen Schartenhöckers. In sehr steilem, aber gut gestuftem Fels zum SO-Grat, über den Grat und eine Felsstufe auf das Gipfeldach und nach Mark. und Steinmänner zum höchsten Punkt.
N- und SO-seitiger Routenverlauf, durchgehend mark., viel begangen.

Höchste Wegestelle/Gipfel
Gschnitzer Tribulaun, 2946 m.

Anstiegsleistung
Ab Obertal 1700, ab Tribulaun-Haus 900 Höhenmeter.

Abstieg
Wie Anstieg.

Gehzeiten
Gschnitz/Obertal, 1242 m – Tribulaun-Haus, 2064 m: 2 Std.; Tribulaun-Haus – Gschnitzer Tribulaun, 2946 m: 2½ Std.
Abstieg wie Anstieg: 3 Std.
Gesamtgehzeit: 7½ Stunden.

Hütten/Stützpunkte
Tribulaun-Haus (früher Österr. Tribulaun-Hütte), 2064 m, Touristenverein Naturfreunde Innsbruck, 40 Betten und Matratzen, bew. Mitte Juni – Ende September.

Karten
Kompass Wanderkarte 1:50 000, Blatt 83, »Stubaier Alpen/Serleskamm«.

Tip
Vom Tribulaun-Haus mark. Steig zur Garklerin, 2472 m. Ab Haus in einem Bogen durch das sandige Hochkar unter dem Gschnitzer Tribulaun nach N und mäßig steil über schrofigen Fels zum Gipfel. Großartige Aussicht, sehr lohnend. Vom Gipfel mark. Abstieg nach Obertal.

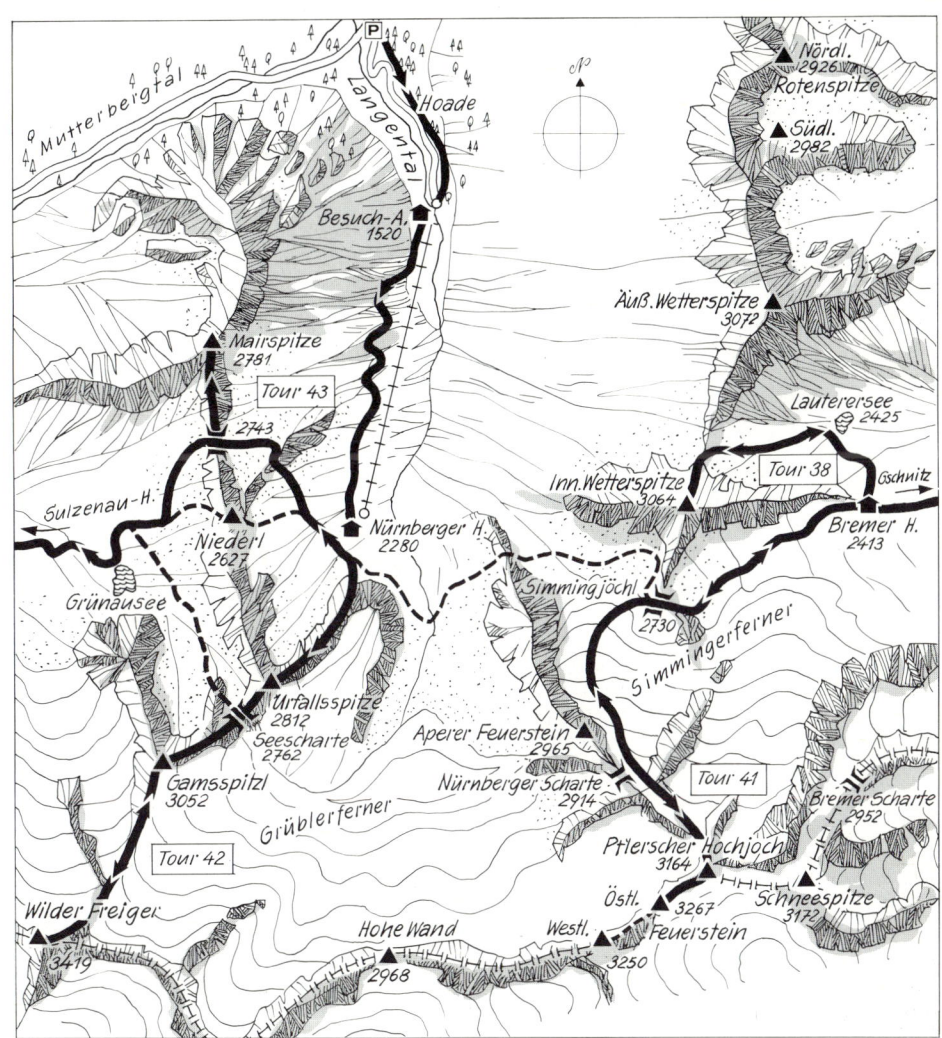

41 Bremer Hütte 2413 m Pflerscher Hochjoch 3166 m Östlicher Feuerstein 3267 m

1988
wiederBesteigung

Die Gletscherberge des Gschnitztales

schwierig
Gletscher-/Felstour

Der Dolomitkalk des östlichen Stubaier Hauptkammes verliert nach dem Gschnitzer und dem Pflerscher Tribulaun an Höhe und Stärke, den Übergang zum Urgestein markiert die Weißwandspitze, 3018 m. Sie trägt noch ein keckes weißes Kalkhütchen, der Hauptkamm schüttelt die Kalkdecke vollends ab, steigt merklich an und präsentiert, nun deutlich über 3000 Meter hoch, gletschergeschmückte Urgesteinsberge, wie wir sie im Zentralalpenkamm erwarten. Der östlichste Dreitausender-Knotenpunkt der Stubaier Alpen vereinigt die Berge zwischen dem Südtiroler Stuben- und Feuersteinferner und dem Nordtiroler Simmingferner zu einem gemeinsamen Massiv. Eng gestaffelt bilden die Schneespitze, 3172 m, das Pflerscher Hochjoch, 3166 m, und die beiden Feuersteine (Östlicher, 3267 m, Westlicher, 3250 m) die Grenzscheide zwischen Nord und Süd. Die Schneespitze, drüben im Südtiroler Pflerschtal »Schneepinggl«

genannt, ist bis zum Gipfel vergletschert und erhält von Pflersch über die Magdeburger Hütte den günstigsten Zugang; das Pflerscher Hochjoch und die Feuersteine geben sich anstiegsfreundlich aus dem Gschnitztal.

Das innerste Gschnitztal wurde 1949 wegen seiner landschaftlichen Schönheit und Eigenart zum Naturschutzgebiet erklärt. Der öffentliche Verkehr wird hinter dem Gasthof Feuerstein ausgesperrt; hineinfahren zur Laponis-Alm, 1487 m, dürfen nur Anlieger und der örtliche Taxi-Unternehmer. Aus der kleinen Almwirtschaft von ehedem ist ein schmuckes Almgasthaus entstanden, bei ihm starten die Materialseilbahn und der Weg zur Bremer Hütte. Der Simmingbach verfrachtet die Gletscherwasser zu Tal, wir gehen ihm entgegen, müssen uns aber bald in einer Steilstufe buchstäblich »in die Büsche schlagen«, bis der Steig auf 2000 Meter Höhe den ebenen grünen Boden der Simminger Alm erreicht. Bergwasser ruhen im Simmingsee; die Wegetrasse zur Bremer Hütte läuft über einen Höhenrücken, auf Fels, den das Eis einst zu sogenannten »Elefantenrücken« geschliffen hat.

Das Haus, weit über 1000 Kilometer von Bremen entfernt, wurde im Jahre 1898 von der Alpenvereinssektion Bremen errichtet, damit war die Lücke zwischen der Innsbrucker Hütte am Habicht und der Nürnberger Hütte am Wilden Freiger geschlossen, und die Feuersteine hatten einen eigenen, bergnahen Stützpunkt. Die reizvolle Hüttenlage - Meereshöhe 2413 Meter - inmitten rundgeschabtem Urgestein, dem steilen Fluß des Simmingferners und dem dunklen Fels des Pflerscher Hochjoch gegenüber, fördert die Erwartung, die wir den östlichen Stubaier Gletscherbergen entgegenbringen. Für den Bergwanderer, unterwegs von Hütte zu Hütte, beginnt an der Bremer Hütte die große Hauptkamm-Schleife hinüber zur Dresdner Hütte.

Das Pflerscher Hochjoch verdeckt den Östlichen Feuerstein, aber das Simmingjöchl, 2764 m, (Übergang zur Nürnberger Hütte) öffnet die Sicht zum Berg und zum Tourenverlauf. Die Route führt über den Aperen Feuersteinferner, vorbei an der Nürnberger Scharte, 2914 m, zum Pt. 3038 der AV-Karte und über den eisfreien, felsigen Nordsporn des Pflerscher Hochjochs zu seinem Firnscheitel in 3166 Meter Höhe. Diese hervorragende Position wird nur noch vom Östlichen Feuerstein, 3267 Meter, übertroffen. Der felsige und bei normalem sommerlichen Wetterablauf meist schneefreie, gut gangbare Nordostgrat läuft am Gipfelkreuz aus - im nächsten Umkreis ist kein Berg höher!

Tourensteckbrief

Ausgangsort
Gschnitz 1242 m im Gschnitztal.

Die Tour in Stichworten
Gschnitz/Obertal 1242 m – Laponis-Alm 1487 m – Bremer Hütte 2413 m – Simmingjöchl 2764 m – Pflerscher Hochjoch 3166 m – Östlicher Feuerstein 3267 m.

Schwierigkeit/Anforderung
III = schwierig, Gletscher-/Felstour, mittlere Anforderung, 1½ Tage-Tour.
Talzugang Bremer-Hütte: Parken in Gschnitz/Obertal beim Gasthaus Feuerstein. Taleinwärts ca. 3 km auf Güterweg zur Laponis-Alm, dort Gepäcktransport mit Materialseilbahn möglich; ab Alm auf mark. AV-Weg zur Hütte.
Ab Bremer Hütte mark. Steig, zuletzt steil, drahtseilgesichert, zum Grenzerhüttchen am Simmingjöchl = Übergangsstelle zur Nürnberger Hütte. Ab Simmingjöchl nach Steinmännern auf horizontalem Felsgrat nach S zum Aperen Feuersteinferner, über das kleine Glet-

Die Bremer Hütte in ihrer reizvollen nahen Umgebung: Festes, grün eingefaßtes Urgestein als Fundament, als Spiegel ein blankes Wasser; stehen wir an der Hüttentür, spiegeln sich darin der Simmingferner und das Pflerscher Hochjoch (siehe Bild nebenan).

scherbecken mäßig steil gegen die Nürnberger Scharte, 2914 m, links des Aperen Feuerstein. Dort hinauf zum Felskamm und über Pt. 3038 und 3026 AV-Karte zur Firnschulter des Pflerscher Hochjoch. Dort zum NO-Grat des Östl. Feuerstein und über Fels und Firn mäßig steil zum Gipfel.
Häufig begangene kombinierte Fels-/Gletscherroute, nur für erfahrene Bergsteiger.

Höchste Wegstelle/Gipfel
Simmingjöchl 2764 m, Pflerscher Hochjoch 3166 m, Östl. Feuerstein 3267 m.

Anstiegsleistung
Ab Bremer Hütte 800 Höhenmeter.

Abstieg
Wie Anstieg; oder vom Gipfel auf dem NW-Grat bis zum geeigneten Übertritt in den Grüblferner und in Querung des Gletscherhochbeckens zurück zum Anstiegsgrat bei der Nürnberger Scharte.

Gehzeiten
Parkplatz Gschnitz/Obertal 1242 m – Laponis-Alm 1487 m – Bremer Hütte 2413 m: 4 Std; Bremer Hütte – Simmingjöchl 2764 m: 1 Std.; Simmingjöchl – Pflerscher Hochjoch 3066 m – Östl. Feuerstein 3267 m: 2½ Std.
Abstieg Bremer Hütte: 3 Std.
Gesamtgehzeit: Ab Bremer Hütte 6½ Stunden.

Hütten/Stützpunkte
Laponis-Alm 1487 m, Gasthaus, 18 Betten und Matratzen, bew. Anfang Mai–Ende Oktober.
Bremer Hütte 2413 m, DAV-Sektion Bremen, 60 Betten und Matratzen, bew. Ende Juni–Ende September.

Karten
Siehe Tour 42.

42 Nürnberger Hütte 2280 m
Wilder Freiger 3419 m

Ein Glanzlicht zwischen Nord und Süd

**schwierig
Fels-/Gletschertour**

Den Talweg erhält die Nürnberger Hütte aus dem Unterbergtal, der Verlängerung des Stubaitales ab Neustift. Kurz nach Ranalt, 1303 m, mündet das Langental zum Haupttal, in ihm läuft der Aufstieg über die Bsuch-Alm, 1520 m, zur Hüttenhöhe, 2280 Meter. Bei der Nürnberger Hütte spüren wir, wie bei der Innsbrucker Hütte am Habicht, die starken Impulse berühmter Bergnamen, die enge Partnerschaft von Hütte und Berg. Fast alleiniger Partner ist der Wilde Freiger, ihm gelten die meisten Bergsteigerwünsche, auch wenn der Östliche und der Westliche Feuerstein zur Hütte herunterschauen und die Nürnberger Scharte, 2914 m, zwischen Grübl- und Simmingferner den Aufstieg freigibt. Der Wilde Freiger ist von der Hütte aus nicht sichtbar, die Urfallspitze verdeckt den Berg, aber das nimmt ihm nichts von seiner Popularität: Man hört und spürt, die Gespräche und Erwartungen der Bergsteiger umkreisen den Wilden Freiger. Seine hohe und breite Gestalt, zum Langental vom Grüblferner in einem nordostseitigen Eisdach überaus attraktiv und hochalpin, konnten wir vom Simmingjöchl aus gut betrachten, auch der Normalweg von der Nürnberger Hütte zum weißschimmernden Gipfelfirst verlor seine Geheimnisse. Dieses Bild haben die Bergwanderer und Bergsteiger, die über das Simmingjöchl zur Nürnberger Hütte kommen, den Freiger-Neulingen aus dem Stubaital voraus.

Der Erstbau der Nürnberger Hütte stammt aus dem Jahr 1885. Aber der Wilde Freiger stand damals schon so hoch im Kurs, daß die Hütte noch vor dem Ersten Weltkrieg zweimal erweitert werden mußte. Der wieder aufblühende Bergtourismus nach 1950 erforderte 1962 eine nochmalige Erweiterung und Modernisierung. Heute überträgt dieses prächtige, zweistöckige Haus, das seinen ursprünglichen Baustil bewahrt hat, die Bedeutung der Stadt Nürnberg auch in die 300 Kilometer entfernten Stubaier Alpen.

Der Wilde Freiger ist natürlich kein Allerweltsberg, obwohl erfahrene Bergsteiger die Normalroute als »leicht« einstufen. Nach dem markierten Felssteig zur Seescharte, 2762 m, und zum Gamsspitzl, 3052 m, verkündet ein erster Firnfleck den nahen Gletscher. Ein schmaler Felsensporn reicht über 3200 Meter hinaus, verliert aber die letzten Steine bald im Eis des Grüblferners. Nur mäßig steil und gut geschlossen scheint das Gletscherdach des Freiger fast harmlos zu sein, aber wehe, wenn in dieser Höhe das Wetter umschlägt. Die meist vorhandene Trasse zieht gegen den eisfreien, fast flachen und nur wenig markanten Fels des Signalgipfels, schwenkt aber vorher nach rechts zum nahen, höchsten Punkt, einer Felsspitze, 3419 Meter, die das Gipfelkreuz trägt. Ohne Scheu vor Superlativen stellen wir fest: Der Wilde Freiger ist ein Stern im Zentralalpenkamm, in der Grenze von Nordtirol zu Südtirol.

Wer war als erster am Freiger? Diese Ehre vergibt die Alpine Geschichte an den Senner Franz Leis von der Mutterberger Graba-Alm, der Mitte Juli 1865 mit noch zwei Älplern den Wilden Freiger von der Sulzenau aus erstieg.

Die Nürnberger Hütte, Ausblick zu den Feuersteinen, von links: Aperer, Östlicher und Westlicher Feuerstein, darunter der Grüblferner; im Aufstieg ab Nürnberger Hütte leider etwas vernachlässigt.

Tourensteckbrief

Ausgangsort
Ranalt 1303 m im Stubaital.

Die Tour in Stichworten
Ranalt 1303 m – Bsuch-Alm 1520 m – Nürnberger Hütte 2280 m – Wilder Freiger 3419 m.

Schwierigkeit/Anforderung
III = schwierig, Fels-/Gletschertour, mittlere Anforderung, 1½ Tage-Tour.
Talzugang Nürnberger Hütte: Nur wenig hinter Ranalt an der Straße in das Mutterbergtal Parkplatz für die Nürnberger Hütte. Ab Parkplatz auf Güterweg zur Bsuch-Alm und auf mark. AV-Weg zur Hütte.
Ab Hütte nach Schild »Wilder Freiger« auf mark. Steig zu dem auffallenden weißen Gestein an der Seescharte (2762 m, Einmündung des Anstiegs von der Sulzenau-Hütte) und höher zu dem Ewigschneefleck unter dem Gamsspitzl. Dort entweder im Firn links des NO-Felsgrates steil zum Gletscherplateau oder je nach den Verhältnissen zu einem deutlichen hölzernen Bildstöckl, ca. 3000 m, am Grat. Über gut gangbaren Fels zum Gratauslauf, Übertritt zum Gletscher und auf meist vorhandener, nur mäßig steiler Trasse, vorbei an der verfallenen österr. Grenzerhütte, zum Gipfelfels.
Viel begangene, im Fels durchgehend mark. Route.

Höchste Wegestelle/Gipfel
Seescharte 2762 m, Wilder Freiger 3419 m.

Anstiegsleistung
Ab Parkplatz 2100, ab Nürnberger Hütte 1100 Höhenmeter.

Abstieg
Wie Anstieg; oder ab Seescharte auf mark. Steig zur Sulzenau-Hütte.

Gehzeiten
Parkplatz Ranalt 1303 m – Nürnberger Hütte 2280 m: 3 Std.; Nürnberger Hütte – Wilder Freiger 3419 m: 3½ Std.
Abstieg Nürnberger Hütte: 3 Std.
Gesamtgehzeit: Ab Nürnberger Hütte 6½ Stunden.

Hütten/Stützpunkte
Nürnberger Hütte 2280 m, DAV-Sektion Nürnberg, 180 Betten und Matratzen, bew. Mitte Juni–Ende September.

Karten
Kompass Wanderkarte 1:50000, Blatt 83, »Stubaier Alpen/Serleskamm«.

Tip
Vom Gipfel über den gut gangbaren felsigen S-Grat kurzer Abstecher zum Becher-Haus, 3195 m, in Südtirol. Dort kurzer Übergang auf dem Übeltalferner zur Müller-Hütte, von dort Aufstieg zur Sonklarspitze, zum Wilden Pfaff und weiter zum Zuckerhütl.

An dieser Stelle, schon 3000 Meter hoch, steht das kleine, hölzerne Bildstöckl (siehe Tourensteckbrief), das den Freiger-Anstieg über den gut gangbaren Fels des Nordostgrates (im Bild) in das Firndach lenkt; rechts der Gipfel.

Stubaier Hauptkamm

43 Mairspitze 2781 m
Sulzenau-Hütte 2191 m

1988 57 Bul

Von der Nürnberger Hütte zur Sulzenau-Hütte

**wenig schwierig
Wander-/Felstour**

Für den Übergang zur Sulzenau-Hütte stellt die Nürnberger Hütte zwei Möglichkeiten zur Wahl. Erstens: den AV-Weg über das Niederl, 2627 m, einem Einschnitt im Kamm von der Urfallspitze hinaus zur Mairspitze; mit 2½ Stunden Gehzeit der kürzeste und auch leichteste Übergang, das Wegeschild fügt aber die Warnung »Nur für Geübte« hinzu.
Zweitens: die Route über die Mairspitze, 3½ Stunden Gehzeit, also erheblich länger und selbstverständlich auch »Nur für Geübte«. Das nahe Niederl direkt über der Hütte und auch die Mairspitze können wir gut erkennen, aber ihr Gipfel im Kammverlauf zum Mutterbergtal ist relativ weit entfernt, deshalb auch die erwähnte längere Gehzeit.
Wer schnell von Hütte zu Hütte möchte, vielleicht sogar bei schlechtem Wetter, steigt zum Niederl an, wer Zeit und Muße hat und an einem blanken Morgen die Mairspitze im Sonnenlicht sieht, der tut gut daran, die längere Route zu wählen. Im weiten Osthang hinaus zu einem Geländesporn genügt diesem guten AV-Steig ein mäßig steiles Bergauf, nur im drahtseilgesicherten Fels zur Spornhöhe und über Blockwerk zu einer Einschartung, ca. 2700 m, wird der Steig für eine kurze Strecke steil. Durch eine Felsmulde wechselt er zur Westseite des Kammzuges, dort Wegeteilung: hinab zur Sulzenau-Hütte, hinauf zu einem nahen Holzkreuz, bei dem neben der großartigen Aussicht zwei solide Holzbänke zu einer Ruhepause einladen. Kreuz und Bänke wurden im Jahre 1981 von der Schützenkompanie Neustift heraufgetragen, die Inschrift »... ist der Pfad auch steil und schmal, mach hier kurze Rast und komm gut zurück ins Tal« spricht jedem, der hier in 2760 Meter Höhe den Rucksack ablegt, gewiß aus der Seele. Kreuz und Bänke zieren aber nicht den Gipfel der Mairspitze.

Der Weiterweg zur sichtbaren Sulzenau-Hütte scheint ohne besondere Überraschungen zu sein, wir bewundern das prachtvolle Hochgebirgsbild des Wilden Freiger mit seinem Gletscher, die Seen unter uns, freuen uns über die kleinen Wasser im Schafgrübl und den Grünausee in seinem Bett 400 Meter tiefer – ein erster Ausblick in das zentrale Stubai. Aber der enge und sehr ausgesetzte Serpentinensteig auf steiler Gratrippe hinunter zum Schafgrübl wird für weniger geübte Geher doch ein unangenehmer Abstieg sein, der noch Konzentration und Trittsicherheit erfordert. Auf den Alpweiden der Grünau mündet der Steig vom Niederl herab hinzu, fast direkt über dem Grünausee treffen

wir den Weg zur Seescharte, von der Sulzenau-Hütte ein vielbegangener Aufstieg zum Wilden Freiger. Ein niedriger Felsriegel mit dem Namen »Übergschritt« lenkt die Gletscherwasser talwärts, für uns ist der Schritt über ihn zum drüberen Boden kein Problem, der AV-Weg läuft zur nahen Sulzenau-Hütte hinaus.

*Die Mairspitze im Übergang Nürnberger Hütte – Sulzenau-Hütte.
In dieser landschaftlich großartigen Route ist der Sprung vom Jochkreuz zum Gipfel (Aufnahme-Standort) nur eine mäßig schwierige Fleißaufgabe von wenigen Minuten.*

Tourensteckbrief

Ausgangsort
Nürnberger Hütte 2280 m.

Die Tour in Stichworten
Nürnberger Hütte 2280 m – Mairspitze 2781 m – Sulzenau-Hütte 2191 m.

Schwierigkeit/Anforderung
I = wenig schwierig, Wander-/Felstour, mäßige Anforderung, Halbtagetour.
Zur Nürnberger Hütte siehe Tour 42 oder im Übergang: Bremer Hütte – Simmingjöchl siehe Tour 41.
Ab Hütte nach Schild »Sulzenau-Hütte – Mairspitze« auf mark. Steig durch einen weiten O-Hang zu dem Geländeriegel, der nach NO zum Langental zieht. Auf ihm steil höher (Mairspitze rechts in Sicht) zu einer Scharte, ca. 2700 m, dort hinab in eine Felsgrube, jenseits, nun W-seitig, zu einem Jochkreuz mit zwei Rastbänken. Vom Kreuz, ca. 2750 m, kurzer, mäßig schwieriger Felsanstieg zur Mairspitze.
Abstieg: Zurück zum Kreuz und W-seitig auf mark., teils gesichertem Steig über eine schmale, steile Felsrippe hinab zu den Seen, ca. 2570 m, im Schafgrübl; über Alpweiden zum Grünau-See und weiter zur schon sichtbaren Sulzenau-Hütte.
In jeder Richtung viel begangene, durchgehend mark. Wanderroute.

Höchste Wegestelle/Gipfel
Mairspitze 2781 m.

Anstiegsleistung
Ab Nürnberger Hütte 500 Höhenmeter.

Abstieg
Siehe Tourenverlauf.

Gehzeiten
Nürnberger Hütte 2280 m – Mairspitze 2781 m: 2 Std. – Sulzenau-Hütte 2191 m: 1½ Std. Gesamtgehzeit: 3½ Stunden.

Hütten/Stützpunkte
Nürnberger Hütte 2280 m, siehe Tour 42.
Sulzenau-Hütte 2191 m, DAV-Sektion Leipzig, Sitz München, 110 Betten und Matratzen, bew. Anfang Juni bis Ende September.

Karten
Siehe Tour 42.

Im Abstieg von der Mairspitze durch das Schafgrübl hinab zum Grünausee. Über dem See Wilder-Freiger-Ferner und Wilder Freiger, rechts Aperer Freiger.

44 Großer Trögler 2901 m
Dresdner Hütte 2302 m

1988 mit Bernd

8.9.89 Hütte Bernd

*Von der Sulzenau-Hütte
zur Dresdner Hütte*

**wenig schwierig
Wander-/Felstour**

Das Lawinenfrühjahr 1975 fegte die alte Sulzenau-Hütte von ihrem Standort, und so meldet das Hüttenschild:

»Sulzenauhütte, 2191 m, erbaut 1926, nach Zerstörung wieder erbaut 1976- 1978, Sektion Leipzig in München, Deutscher Alpenverein e. V.«

Von diesem, nach den neuesten Erkenntnissen erbauten Haus darf der Alpenverein hoffen, daß es bis in das 3. Jahrtausend hinein wie so wie es nun einmal steht, dem Bergtourismus dient. Die Hütte hat einen kurzen Talzugang (1½ bis 2 Stunden), und so kommen nicht nur Bergsteiger und Bergwanderer, sondern auch überaus viele Tagesgäste, denn das weiträumige, flache Hochbecken von der Hütte hinein zum

Gletscher mit viel Wasser und geschliffenen Steinen, ist für alt und jung ein idealer Auslauf.

Wie der Übergang von der Nürnberger Hütte zur Sulzenau-Hütte, so hat auch das Hinüber zur Dresdner Hütte – zusammen an einem Tag gut möglich – zwei Routen: die leichte über ein Joch und die schwierigere mit einem Gipfel. Der AV-Weg über das Peiljoch, 2676 m, ist mit 2½ Stunden Gehzeit kurz und einfach, der über den 2901 Meter hohen Großen Trögler ist eine Stunde länger und »Nur für Geübte« – so die Aussage der Wegeschilder. Tatsächlich aber sollte man über den Trögler mit mindestens 4 Stunden rechnen und sich zuvor die Schrofenflanken über dem Gelände-

rücken der »Hohen Salze« bis hinauf zum Tröglerkamm betrachten. Für einen AV-Weg ist diese Route auf etwa 150 Höhenmeter außerordentlich steil, zwar mit Drahtseilen gesichert, aber Trittsicherheit, ruhiges, überlegtes Gehen ohne Angst und trockenes Gelände, diese Voraussetzungen müssen gegeben sein, wenn wir uns für den Großen Trögler entscheiden. Demnach also kein Weg für Familien mit Kindern, vor allem keinesfalls im Abstieg, also herüber von der Dresdner Hütte. Oben auf dem Tröglerkamm, den wir bei etwa 2700 Meter betreten, im Weg über den Kleinen Trögler zum einfachen Holzkreuz am Großen Trögler, zeigt dieser Übergang seinen Glanz: Einen besseren

Aussichtsort in das zentrale Stubai vom Wilden Freiger, 3419 m, über den Wilden Pfaff, 3457 m, zum Zuckerhütl, 3505 m, und Aperen Pfaff, 3351 m, gibt es nicht! (Bild Seite 111). Darunter die Gletscher, von denen der Sulzenauferner der mächtigste ist; eine Bergwelt, in der nur die Natur webt und wirkt und die Bergsteigerspur über weißen Firn zu den Gipfeln nur für den Augenblick duldet.
Steigen wir vom Trögler hinab zur sichtbaren Dresdner Hütte, sehen wir das Gegenteil, das Stubaier Skizentrum mit allem »Zubehör«: Seilbahnen, Lifte, glatte, apere Pisten im Gletschervorfeld; im Vergleich zur Sulzenau-Seite ein häßlicher Anblick. Das Aufschauen zu den Gipfeln

stimmt jedoch wieder versöhnlich. Die Dresdner Hütte trägt mit dazu bei, trotz Seilbahnrummel ist sie eine Bergsteigerhütte geblieben. Wie herrlich mögen damals, im Jahre 1875, der Fernau-, Schaufel- und Daunkogelferner gewesen sein, als die Sektion Dresden ihr erstes Haus im Gebirge, die Dresdner Hütte, erbaute; gewiß eine von einem Ferner zum anderen übergreifende, großartige Gletscherszenerie, wogegen heute vom Hüttenstandort kaum noch Eis zu sehen ist.

Die Dresdner Hütte, links oben der Große Trögler. Der Abstieg verläuft in der Diagonale vom Gipfel zur Hütte.

Tourensteckbrief

Ausgangsort
Sulzenau-Hütte 2191 m.

Die Tour in Stichworten
Sulzenau-Hütte 2191 m – Kl. Trögler 2885 m – Gr. Trögler 2901 m – Dresdner Hütte 2302 m.

Schwierigkeit/Anforderung
I = wenig schwierig, Wander-/Felstour, mäßige Anforderung, Halbtagetour.
Talzugang Sulzenau-Hütte: Ab Parkplatz Graba-Alm, 1530 m, im Mutterbergtal auf mark. AV-Weg, 2 Stunden.
Ab Hütte nach Schild »Dresdner Hütte – Gr. Trögler« auf mark. Steig über Alpweiden zu den SO-Hängen des mächtigen Trögler Bergkammes. Sehr steil und ausgesetzt, teilweise Drahtseilsicherung, hinauf zum Kammrücken, ca. 2700 m, und über den Kl. Trögler zum Gipfelkreuz am Gr. Trögler.
Abstieg: Teils steiler, aber gut gangbarer Steig hinab zur sichtbaren Dresdner Hütte.
Durchgehend mark., in beiden Richtungen häufig begangene Route, aber nur für trittsichere Bergwanderer.

Höchste Wegestelle/Gipfel
Großer Trögler, 2901 m.

Anstiegsleistung
Ab Sulzenau-Hütte 700 Höhenmeter.

Abstieg
Siehe Tourenverlauf.

Gehzeiten
Sulzenau-Hütte, 2191 m – Gr. Trögler, 2901 m: 2½ Std. – Dresdner Hütte, 2302 m: 1½ Std. Gesamtgehzeit: Ab Sulzenau-Hütte 4 Stunden.

Hütten/Stützpunkte
Sulzenau-Hütte, 2191 m, siehe Tour 43.
Dresdner Hütte, 2302 m, DAV-Sektion Dresden, Sitz Wuppertal, 200 Betten und Matratzen, bew. Ende Juni–Ende September.

Karten
Siehe Tour 42.

45 Siegerland-Hütte 2710 m Sonklarspitze 3471 m

Firndach zwischen Nord-und Südtirol

schwierig Fels-/Gletschertour

Die Alpenvereinssektion Siegen nennt ihre in den Jahren 1928 bis 1930 errichtete Hütte das »höchste und schönste Siegerländer Gasthaus«. In der Tat, wer ab Sölden im Ötztal nach 5- bis 6stündigem Fußmarsch durch das Windachtal bei der Siegerland-Hütte ankommt, den überrascht und erfreut dieses architektonisch gut gelungene, aus Naturstein erbaute Haus. Stolz und prächtig anzuschauen, thront das »Siegerländer Gasthaus« gleich einer wehrhaften Burg über dem inneren Windachtal: als wertvoller Stützpunkt für Touren im Windachkamm, hinauf zur Sonklarspitze im Grenzkamm, hinüber zu den Südtiroler Hütten am Übeltalferner – Becher-Haus und Müller-Hütte unter Freiger und Pfaff – und auch als Startplatz für die große Traverse südseits des Stubaier Hauptkammes zur Hochstubai-Hütte – unser Vorhaben für die nächsten Tage.

Die Siegerland-Hütte, diese fast weltenferne »Zuflucht« in 2710 Meter Meereshöhe im südseitigen Kammwinkel zwischen Sonklarspitze – Wildem Pfaff – Zuckerhütl soll uns ein paar Tage beherbergen; wir genießen nach dem weiten Anstieg die Umgebung und die Annehmlichkeiten des Hauses. Der nächste Tag soll der Sonklarspitze gehören, erst am dritten Tag verlassen wir die Siegerland-Hütte im Übergang zur Hildesheimer Hütte. Am vierten Tag gehen wir über Pfaffenferner – Pfaffenjoch hinauf zum Pfaffensattel, besteigen Zuckerhütl und Wilden Pfaff. Zurück an der Hildesheimer Hütte erwarten uns Schaufelspitze, Stubaier Wildspitze und die Gletschertour zur Hochstubai-Hütte – ab Hildesheimer Hütte vielleicht eine Tagestour.

Die 3471 Meter hohe Sonklarspitze wirkt vor allem mit ihrer Breite nach Osten, zum Südtiroler Übeltalferner und nach Westen zum Nordtiroler Triebenkarlasferner. Die Höhe, die den Berg zum vierthöchsten Gipfel der Stubaier Alpen bestimmt, er-

Die Siegerland-Hütte hoch über dem Windachtal, am Fuße der Sonklarspitze – Visitenkarte der Alpenvereinssektion Siegen.

gibt sich fast zwangsläufig, denn die Sonklarspitze steht im Zentralalpenkamm in Position zum nahen, fast gleich hohen Wilden Pfaff, 3457 m. Hier regiert das Eis, und so ist der Bergscheitel, getragen von stützenden Felsgraten, eine sanfte Firnlinie, die beiläufig den Gipfel und das höchste Eisdach im Grenzkamm ausbildet.

Die Siegerland-Hütte empfiehlt neben den Eisrouten aus dem Triebenkarlasferner vor allem die Felsroute: über einen südwestseitigen, markanten Gratsporn zum Hohen Eis und über das Gletscherplateau zur Sonklarspitze. Dieser »Felsenweg«, an der schwierigsten Stelle im Abstieg zu einem Schärtchen mit Drahtseil gesichert, hat sich in den letzten Jahrzehnten als Normalroute eingebürgert, die Schwierigkeit (AV-Führer I–II) bleibt im Rahmen, bei aperem Fels gewiß der schönste und interessanteste Aufstieg. Am Grat genießen wir die Freiheit des Bergsteigens, erkennen aber auch die Gewalt der Bergwelt, doch nie drohend über uns, sondern freundlich grüßend aus verheißungsvoller Weite. In 3300 Meter Höhe betreten wir sanften Firn, berühren das Hohe Eis, 3388 m (wenig ausgeprägter Vorgipfel), queren einen schwachen Felsgrat zur flachen Senke vor dem nun letzten Hang hinauf zum Gipfel.

Die Erstbesteiger, der Münchner Richard Gutberlet, der Führer Alois Tanzer und der Träger Holzmann aus Neustift, standen am 5. August 1869 auf dem Bergscheitel, der seit 1865 nach dem verdienstvollen Ostalpen-Topographen Carl v. Sonklar, 1816–1885, benannt ist.

Tourensteckbrief

Ausgangsort
Sölden, 1367 m im Ötztal.

Die Tour in Stichworten
Sölden, 1367 m – Gasthaus »Fiegl«, 1956 m – Siegerland-Hütte, 2710 m – Hohes Eis, 3388 m – Sonklarspitze, 3471 m – Siegerland-Hütte.

Schwierigkeit/Anforderung
III = schwierig, Fels-/Gletschertour, mittlere Anforderung, Zwei-Tage-Tour.
Von Sölden auf Güterweg zum Gasthaus »Fiegl«, ab da mark. Steig zur Siegerland-Hütte (vor dem Steilaufschwung zur Hütte, bei Pt. 2392 AV-Karte, Rucksacktransport mit Materialseilbahn möglich.) Ab Sölden 5 Std. Gehzeit.
Ab Siegerland-Hütte nach Mark., Steinmänner, über blockiges Moränengelände in das kleine Gletscherbecken unter der Scheiblehnwand. Dort nach rechts zum Einstieg in den von der Hütte aus deutlich erkennbaren Blockgrat, der vom Hohen Eis nach SW in Richtung Siegerland-Hütte zieht. Bei etwa 3100 m erreicht man ·

in einer Scharte den Grat und verfolgt ihn auf teils schmaler, aber nur mäßig steiler Schneide (ein Drahtseil sichert die schwierigste Stelle = kurzer Abstieg zu einem Schartl), nach Mark., Steinmänner, über mäßig schwierigen Fels bis zum Auslauf bei Pt. 3306 AV-Karte ins Hohe Eis, 3388 m. Im Firn dieses wenig ausgeprägten Vorgipfels schwach aufwärts, über ausgeaperte Felsen zu einer flachen, steinigen Senke (Gipfelbuch in einem Eisengestell) und über das Gletscherplateau zum höchsten Punkt. SW-seitiger, im Fels deutlich mark. Routenverlauf, häufig begangen, auch im Übergang zu Müller-Hütte und Becher-Haus in Südtirol.

Höchste Wegestelle/Gipfel
Hohes Eis, 3388 m, Sonklarspitze, 3471 m.

Anstiegsleistung
Ab Siegerland-Hütte 700 Höhenmeter.

Abstieg
Wie Anstieg.

Gehzeiten
Siegerland-Hütte, 2710 m – Hohes Eis, 3388 m – Sonklarspitze, 3471 m: 3 Std.; Abstieg 2 Std.
Gesamtgehzeit: 5 Stunden.

Für Bergsteiger, die den Fels mehr lieben als das Eis, ist ein Südwestgrat von der Siegerland-Hütte hinauf zum Hohen Eis die günstigste Route zur Sonklarspitze.
Das Bild zeigt den Grat, kurz bevor er im Firn ausläuft, im Hintergrund der Hintere Kitzkogel im Windachkamm.

Hütten/Stützpunkte
Gasthaus »Fiegl«, 1956 m, private Sommerwirtschaft, 30 Betten, bew. Anfang Juni–Ende September.
Siegerland-Hütte, 2710 m, DAV-Sektion Siegen, 75 Betten und Matratzen, bew. Anfang Juli–Ende September.

Karten
Kompass Wanderkarte 1:50000, Blatt 83, »Stubaier Alpen/Serleskamm«.

Tip
Stichtour zum Scheiblehnkogel, 3060 m, naher Hüttenberg, lohnend, 2 Std.
Von der Sonklarspitze Abstieg zum Übeltalferner mit Übergang zur Müller-Hütte, 3143 m und zum Becher-Haus, 3195 m, möglich.

46 Hildesheimer Hütte 2899 Schußgrubenkogel 3211 m

10.9.91
1988
1986

Südseits des Stubaier Hauptkammes

mäßig schwierig Wander-/Felstour

Zwei Gipfelkreuze in der näheren Umgebung grüßen zur Siegerland-Hütte und ermuntern zum Besuch. Der Scheiblehnkogel, 3060 m steht südlich im Windachkamm und gilt als leicht ersteigbarer Hüttenberg. Das zweite Kreuz ist etwas weiter entfernt und gehört einer hohen, freien Pyramide aus glattem, schrofigem Fels auf der orographisch rechten Seite des Windachtales: Ab Fiegl-Wirtshaus talein beherrscht der 3128 Meter hohe Gaißkogel die innere Szenerie des Windacher Bergraumes. Die exponierte, vorgesetzte Position vom Stubaier Hauptkamm nach Süden zum Windachtal bestellt den Gaißkogel zu einem begehrten Aussichtspunkt, aber »seine Besteigung bleibt auf dem Normalanstieg durch die Südflanke und den Südwest-Grat nur den trittsicheren Gehern vorbehalten, die auch steilstes Schrofengelände nicht scheuen«, schreibt Dieter Freigang im Spezialführer »Das Tourengebiet der Siegerland-Hütte«. Den Nordgrat stützt der Gaißkogel an einer Felsscharte ab, an dem von der Siegerland-Hütte deutlich erkennbaren Gamsplatzl, 3019 m.

Die großen Steinmänner auf der Scharte markieren weithin sichtbar den Übergang zur Hildesheimer Hütte. Der Alpenvereinsweg läuft durch die Moränengründe des Triebenkarlasferners, berührt den Triebenkarsee, 2691 m, steigt steil höher und läßt uns am Gamsplatzl die anspruchsvolle Nordgrat-Route (III+, 1½ Std.) beurteilen. Diese Information verdichtet die Gewißheit: Der Gaißkogel hat wohl mehr platonische Verehrer als aktive Liebhaber – auf seinen grasigen Schrofenkanzeln springt mit Vergnügen die Gemse auf und ab, deshalb auch der Bergname und die Örtlichkeiten: Gams-

falle, Gamsplatzl, Gamsstatt. Wir sehen neue, kaum bekannte Stubaier Bergbilder, denn der große Tourismus bewegt sich ja nordseits des Hauptkammes, während wir in die südwestseitigen Gletscher- und Felsgeheimnisse von Sonklarspitze, Wildem Pfaff und Zuckerhütl schauen. Aus der Entfernung von wenig mehr als 1 Kilometer winkt das Tagesziel, die Hildesheimer Hütte, aber das Gamsplatzl markiert erst die Wegehälfte. Die gut gelegene Trasse schneidet über gewachsenen Fels und Moränenschotter das Gletschervorfeld des Pfaffenferners hinab zum Gaißbachgraben, 2715 m, und diesen Höhenverlust müssen die engen, steilen Kehren hinauf zur Hildesheimer Hütte, 2899 m, wieder ausgleichen.

Hoch und eng sind wir zum Stubaier Hauptkamm aufgerückt; ganz nah steht der Schußgrubenkogel. Ähnlich dem Gaißkogel nimmt auch er eine vorgeschobene Position zum Windachtal ein, aber der Schußgrubenkogel verteilt seine hervorragende Aussicht leichter und einfacher. Die Hildesheimer schmückten ihren Hüttenberg mit einem Gipfelkreuz: Die beste Vorbereitung für die noch folgenden Tourentage ist die Umschau von dort oben aus der Höhe von 3211 Meter. Sie informiert über die Tour zum Zuckerhütl, zur Schaufelspitze und Stubaier Wildspitze und zeigt die Tücken der Gletscherroute hinüber zur Hochstubai-Hütte.

Der Schußgrubenkogel, im Aufstieg über den Nordostgrat (Bild), ist von der Hildesheimer Hütte sowie vom Stubaier Eisjoch eine lohnende und kurze Bergtour mit sehr guter Aussicht in südliche Stubaier Bergräume.

Tourensteckbrief

Ausgangsort
Siegerland-Hütte, 2710 m.

Die Tour in Stichworten
Siegerland-Hütte, 2710 m – Gamsplatzl, 3019 m – Hildesheimer Hütte, 2899 m – Schußgrubenkogel, 3211 m – Hildesheimer Hütte.

Schwierigkeit/Anforderung
II = mäßig schwierig, Wander-/Felstour, mittlere Anforderung, Tagestour.
Talzugang Siegerland-Hütte siehe Tour 45.
Ab Hütte mit etwas Höhenverlust in das weite Moränenbecken unter dem Triebenkarlasferner, vorbei am Triebenkarsee, 2691 m, in engen Kehren steil höher zu den von der Hütte aus deutlich erkennbaren Steinmännern am Felssattel des Gamsplatzl (Blick zur Hildesheimer Hütte). Vom Gamsplatzl über Blockwerk und Schotter auf gut gelegtem Steig hinab zum Gaißbachgraben, auf Steg über den Gletscherabfluß, Pt. 2715 AV-Karte und steil höher zur Hildesheimer Hütte.
Durchgehend mark. AV-Weg, SW-seitiger Routenverlauf, viel begangen.
Schußgrubenkogel: Ab Hildesheimer Hütte mark. Steig hinauf zur Randmoräne des Gaißkarferners, über ihren Kamm zum Fernersaum. Dort zum blockigen NO-Grat des Schußgrubenkogels, über mäßig schwierigen Fels, Steinmänner, zum Vorgipfel, wenige Meter hinab in eine Scharte, kurzer Schlußanstieg zum Gipfel.

Höchste Wegestelle/Gipfel
Gamsplatzl, 3019 m, Schußgrubenkogel, 3211 m.

Anstiegsleistung
Siegerland-Hütte – Hildesheimer-Hütte 500, – Schußgrubenkogel 300 Höhenmeter.

Abstieg
Siehe Tourenverlauf.

Gehzeiten
Siegerland-Hütte, 2710 m – Gamsplatzl, 3019 m: 1½ Std. – Hildesheimer Hütte, 2899 m: 1½ Std.; Hildesheimer Hütte – Schußgrubenkogel, 3211 m: 1½ Std., zurück zur Hütte: 1 Std. Gesamtgehzeit: 5½ Stunden.

Hütten/Stützpunkte
Siegerland-Hütte, 2710 m, siehe Tour 45.
Hildesheimer Hütte, 2899 m, DAV-Sektion Hildesheim, 75 Betten und Matratzen, bew. Ende Juni–Ende September.

Karten
Kompass Wanderkarte 1:50000, Blatt 83, »Stubaier Alpen/Serleskamm«.

Der Abfluß herab vom Triebenkarlasferner füllt eine Moränenmulde und bildet so den Triebenkarsee – im Übergang zwischen Siegerland-Hütte und Hildesheimer Hütte ein hübsches ruhendes Wasser.

Stubaier Hauptkamm

47 Zuckerhütl 3505 m Wilder Pfaff 3457 m

Traumgipfel des Stubai

*schwierig
Gletschertour*

Kein anderer Hüttenplatz entlang des Stubaier Hauptkammes, ob in Nord oder Süd, kann mit dem der Hildesheimer Hütte konkurrieren. Die Hütte steht in 2899 Meter Höhe auf einem schmalen Sattel im Ostsporn des Schußgrubenkogels, 50 Meter über einem malerischen Seebekken mit weiter, freier Aussicht nach Süden zum Windachkamm und nach Osten zum Fluß des Pfaffenferners, herab vom Pfaffenjoch in den Gaißbachgraben. Der Platz wurde den Hildesheimern nicht geschenkt, denn was mag es wohl im Jahr 1896 an Mühe, Zeit und Geld gekostet haben, 5 bis 6 Gehstunden und 1500 Höhenmeter vom Talort Sölden, 1367 m, entfernt dieses Haus zu bauen. Am Talzugang hat sich seitdem nichts geändert, aber der heutige Gletscher-Skizirkus drüben auf den nordseitigen Fernern rückt die Hildesheimer Hütte näher zum Stubaital. 1937 und zuletzt 1974 wurde das aus Naturstein errichtete Haus den modernen Erfordernissen angepaßt, aber die Anbauten harmonieren mit der ursprünglichen Bausubstanz und machen für Hüttenwirt und Gäste das Leben so hoch heroben im Gebirge leichter.

Das Zuckerhütl und der Wilde Pfaff – der Name verrät es schon – gehören zur sogenannten Pfaffengruppe. Diese heute fast vergessene Bezeichnung ist wesentlich älter als die Nennung Stubaier Alpen und umschließt den Hauptkammbereich von der Pfaffennieder zum Aperen Pfaff. Dort scheint der Name Pfaff mehrmals auf, der Volksmund erzählte über Jahrhunderte von einem auf diese unwirtlichen Höhen verbannten Pfaffen. Das Zuckerhütl und der Wilde Pfaff grüßen das Stubaital in der ganzen Länge bis hinaus zur Brenner-Autobahn bei Schönberg. Auch dieses Bild – die feine, weiße Spitze des Zuckerhütl und die hohe Fels- und Eisschulter des Wilden Pfaff über den Klüften des

Sulzenauferners – trägt zur Popularität des Stubai bei. Der aufmerksame Bergsteiger bemerkt, wenn er zum Zuckerhütl kommt, daß die Fels- und Firnspitze kein einzelner Berg, sondern eigentlich nur der östlichste und höchste Punkt einer vergletscherten Kammschneide ist, die den Stubaier Hauptkamm vom Pfaffensattel zum Pfaffenjoch trägt; deswegen auch die treffende Anrede »Pfaffenschneide« für Pt. 3498, nur wenig westlich vom Zuckerhütl entfernt.

Der unternehmungslustige Wiener Kaufmann Joseph Anton Specht (1828–1895, erfolgreicher Ostalpen-Erschließer) und der Führer Alois Tanzer kamen im Sommer 1862 über die Pfaffenschneide als erste Menschen zum höchsten Gipfel des Stubai. Dieser »Weg« ist zwar nicht ganz aus der Mode gekommen, aber die heute üblichen Aufstiege, ob von der Dresdner, Sulzenau- oder Hildesheimer Hütte, vernachlässigen die Pfaffenschneid und vereinigen sich am Pfaffensattel, 3344 m, der Einsattelung zwischen Zuckerhütl und Wildem Pfaff, zum gemeinsamen Schlußanstieg über den Ostgrat.

Die Hildesheimer Hütte liegt dem Zuckerhütl wesentlich näher und günstiger als die nordseitigen Stützpunkte. Wir sehen den Westabfall der Pfaffenschneide, das Zuckerhütl verbirgt sich dahinter, aber der Zugang am Rande des Pfaffenferners unter den Felsen des Aperen Pfaffen zum Pfaffenjoch, 3212 m, der ersten Station, liegt offen. Auch wenn wir mit dem gesicherten Felsensteig hinab zum Abflußwinkel des Gaißkarferners 100 Höhenmeter verschenken müssen, sind wir doch in 2 Stunden an der Randkluft unter dem Gipfel. Wenn die Verhältnisse in der sehr steilen, schmalen Eistreppe des Ostgrates gut sind, berühren wir ½ Stunde später das Gipfelkreuz in 3505 Meter Meereshöhe und bewundern die großartige Fernsicht – vielleicht sogar bis hinein zur Brenta!

Das Zuckerhütl überstrahlt die gesamte Stubaier Alpen, und wohl jeder Ostalpenbergsteiger wird irgendwann dieser Faszination erliegen. Der Wilde Pfaff mit seiner Nordwest-Firnflanke hinauf zur Höhe von 3457 Meter steht dem Zuckerhütl östlich ganz nah gegenüber und ist das zweite, kaum weniger wertvolle Gipfelziel des Tages. Ist das Wetter gut, sollten wir dieser Lockung folgen und uns vom Pfaffensattel den nur mäßig steilen Gegenanstieg zumuten. Der Lohn: diesmal ein Blick in das südtirolerische Stubai, zu Müller-Hütte, Becher-Haus und Freiger, und die Rückschau zum Zuckerhütl, das sich zum Wilden Pfaff nun als einzelne kühne Fels- und Eisspitze zeigt.

Tourensteckbrief

Ausgangsort
Hildesheimer Hütte, 2899 m.

Die Tour in Stichworten
Hildesheimer Hütte, 2899 m – Pfaffenjoch, 3212 m – Pfaffensattel, 3344 m – Zuckerhütl, 3505 m – Pfaffensattel – Wilder Pfaff, 3457 m – Hildesheimer Hütte.

Schwierigkeit/Anforderung
III = schwierig, Gletschertour, mittlere Anforderung, Tagestour.

Talzugang zur Hildesheimer Hütte: Von Sölden, 1367 m im Ötztal über das Gasthaus »Fiegl«, 1956 m: 5–6 Std.; aus dem Stubaital mit der Gletscherbahn zur Bergstation, 2850 m, und über das Eisjoch, 3133 m, zur Hütte: 1½ Std.

Zuckerhütl – Wilder Pfaff: Von der Hildesheimer Hütte nach Schild »Zuckerhütl« zum Hüttensee und auf dem drahtseilgesicherten Felsensteig steil hinab in das Geröllkar, ca. 2800 m unter dem Gaißkarferner. Dort auf Schottersteig nach O zum Fuß des Aperen Pfaff, über Blockwerk in den Pfaffenferner und hinauf zum Pfaffenjoch. Im Hochbecken des Sulzenauferners schwach aufwärts zum vergletscherten Pfaffensattel, 3344 m. Vom Sattel – Achtung, Randkluft! – über die schmale, steile Firnschneide des O-Grates zum Gipfel des Zuckerhütl; zurück zum Pfaffensattel. Aus dem Sattel über mäßig steilen Firnhang zum Wilden Pfaff. Bis auf den Zuckerhütl-Anstieg W-seitiger Routenverlauf, viel begangen, meist Trasse. Zuckerhütl bei Blankeis sehr schwierig, im Abstieg besonders gefährlich!

Höchste Wegestelle/Gipfel
Zuckerhütl, 3505 m, Wilder Pfaff, 3457 m.

Anstiegsleistung
Ab Hildesheimer Hütte 800 Höhenmeter.

Abstieg
Wie Anstieg.

Gehzeiten
Hildesheimer Hütte, 2899 m – Pfaffenjoch, 3212 m – Pfaffensattel, 3344 m: 2 Std. – Zuckerhütl, 3505 m: ½ Std.; Abstieg Pfaffensattel: ½ Std. – Wilder Pfaff, 3457 m und zurück: ½ Std. – Hildesheimer Hütte: 1½ Std. Gesamtgehzeit: 5 Stunden.

Hütten/Stützpunkte
Hildesheimer Hütte, 2899 m, siehe Tour 46.

Das Zuckerhütl, glanzvoller Mittelpunkt im höchsten und prächtigsten Eisrevier der Stubaier Alpen. Links Wilder Pfaff und Pfaffensattel, rechts Pfaffenschneid, darunter der Sulzenauferner.
Am Pfaffensattel vereinigen sich alle Zugänge zum gemeinsamen Schlußanstieg über die Firnkante des Ostgrates zum Gipfelkreuz am Zuckerhütl.

Karten
Siehe Tour 46.

Tip
Vom Wilden Pfaff Felsabstieg zur Müller-Hütte, 3145 m. Ab Pfaffensattel über Lange Pfaffennieder, 2935 m, Gletscherabstieg zur Dresdner Hütte, 2302 m, 2 Std.

48 Schaufelspitze 3333 m

1988

16.9.91

Über der Stubaier Ski-Arena

mäßig schwierig
Gletscher-/Felstour

Tourensteckbrief

Ausgangsort
Hildesheimer Hütte 2899 m.

Die Tour in Stichworten
Hildesheimer Hütte 2899 m – Schaufelspitze 3333 m – Stubaier Eisjoch 3133 m.

Schwierigkeit/Anforderung
II = mäßig schwierig, Gletscher-/Felstour, geringe Anforderung, Halbtagetour.
Talzugang Hildesheimer Hütte siehe Tour 47.
Ab Hütte auf mark. Steig zur Randmoräne des Gaißkarferners, auf ihrem Kamm höher, bis das Schild »Bildstöckljoch« in den Ferner weist. Auf ausgesteckter Trasse bis knapp zur Liftstation Gaißkarferner, dort nach rechts zur Isidornieder, 3158 m, im SW-Grat der Schaufelspitze. Ab Isidornieder (Stangenmark.) auf Steigspuren, Steinmänner, in der S-Flanke mäßig steil zum Gipfel.
Viel begangene Route, meist Trasse.

Höchste Wegestelle/Gipfel
Schaufelspitze, 3333 m, Stubaier Eisjoch, 3133 m.

Anstiegsleistung
Ab Hildesheimer Hütte 400 Höhenmeter.

Abstieg
Wie Anstieg und von der Liftstation Gaißkarferner zum nahen Stubaier Eisjoch mit Anschluß an Tour 49. **Oder** vom Eisjoch auf der ausgesteckten Fußgängertrasse über den Schaufelferner zur Bergstation »Eisgrat«, 2850 m, mit der Gondelbahn Abfahrt zur Mittelstation (Dresdner Hütte, 2302 m) und zur Talstation Mutterberg-Alm, 1721 m.

Gehzeiten
Hildesheimer Hütte, 2899 m – Schaufelspitze, 3333 m: 1½ Std.
Abstieg und Übergang zum Stubaier Eisjoch, 3133 m: ½ Std., Eisjoch – Bergstation »Eisgrat«, 2850 m: ½ Std.
Gesamtgehzeit: 2½ Stunden.

Hütten/Stützpunkte
Hildesheimer Hütte, 2899 m, siehe Tour 46.
Dresdner Hütte, 2302 m, siehe Tour 44.

Karten
Siehe Tour 46.

Ähnlich dem Schußgrubenkogel ist auch die Schaufelspitze ein leicht erreichbarer Dreitausender im Nahbereich der Hildesheimer Hütte. Von der Moräne des Gaißkarferners sehen wir ihre gleichförmig gegliederte südseitige Gipfelflanke; von der Isidornieder, 3158 m, einer Einschartung nahe der Liftstation Gaißkarferner, leiten Steinmänner und Steigspuren über Schotter und leichten Fels quer durch diese zahme Seite des Berges zum Gipfelkreuz in 3333 Meter Höhe.

Die Schaufelspitze ist auch heute noch ein beliebtes Ziel; früher, noch bevor die Stubaier Gletscherbahnen den nordseitigen Schaufelferner in Besitz nahmen, war sie auch ein begehrter Ski-Dreitausender von der Dresdner Hütte aus. Dorthin und auch zur Talstation Mutterberg-Alm, 1721 m, zeigt die Spitze hochalpinen Charakter: einen Gipfelfirst über wuchtigem Felsaufbau, zwei Nordgrate als Rahmen für einen Steilgletscher, dem die Seilbahnen nichts anhaben können. Der ganzjährige Gletscherskilauf zu Füßen der Schaufelspitze – auch der südostseitige Gaißkarferner trägt einen Lift – hat alle früheren Tourengewohnheiten in diesem zentralen Stubaier Bereich total verändert und natürlich auch das Publikum. So bunt wie Overall und Ski, so farbig ist die Gesellschaft, die an der Bergstation »Eisgrat«, 2850 m, aussteigt, um entweder zu wedeln, in der Sonne zu baden oder auf dem Schaufelferner entlang der ausgesteckten Fußgängertrasse zum Stubaier Eisjoch, 3133 m, hinaufzustapfen. Dort oben rotiert eine Liftstation, nur wenig höher öffnet das Joch ein Tor nach Süden, zu einem breiten Eiswulst, 3149 m, der die südseitigen Gletscher, den Gaißkarferner und den Windacher Ferner, miteinander verbindet. Diese Stelle gleicht oft einem größeren Versammlungsort, denn Skifahrer, Fußgänger, Wanderer von und zur Hildesheimer Hütte, Bergsteiger zur Schaufelspitze und zum Schußgrubenkogel bewundern die überraschend prachtvolle Aussicht in südliche Stubaier Bergräume. Hinab zur nicht sichtbaren Hildesheimer Hütte leitet eine ausgesteckte Trasse, die Isidornieder, der Einstieg zur Schaufelspitze, ist nur etwa 250 Meter entfernt – die Stubaier Gletscherbahn hat die Hildesheimer Hütte näher zum Stubai gerückt, aber der Schaufelspitze den früheren Nimbus genommen.

◁ *Die Hildesheimer Hütte, geschmückt mit einem kleinen, malerischen Seebecken; im Süden der Windachkamm.*

Die Nordostflanke der Schaufelspitze zum Schaufelferner, rechts Isidornieder, der Einstieg zum Gipfel.

49 Stubaier Wildspitze 3340 m Hochstubai-Hütte 3175 m

198618718.

9.1.109.
91

*Die Hochstubaier
Ost-West-Tangente*

**schwierig
Fels-/Gletschertour**

Der Ostgrat der Stubaier Wildspitze ist für den geübten Felsgeher kein Problem, aber der Fels ist brüchig, also Vorsicht!

»Stubaier Eisjoch«, 3133 m, dieser treffende Name ist neueren Ursprungs und benennt zwischen Schaufelspitze und Stubaier Wildspitze die derzeit bequemste und tiefste, aber vergletscherte Übergangsstelle von Nord nach Süd. Die alte Bezeichnung »Bildstöckljoch« gilt nur noch für eine westliche, ausgeaperte Jochhöhe, die aber früher bei noch gänzlicher Vereisung über eine sehr lange Zeit den eigentlichen Übergang darstellte. Das Bildstöckljoch, AV-Karte 3144 m, ist wichtig, wenn man von der Stubaier Seite, also über das Gletscherskigebiet, oder von der Hildesheimer Hütte die Stubaier Wildspitze besteigen möchte.

Die Stubaier Gletscherbahnen haben auch am Fuße der Wildspitze neue Verhältnisse geschaffen. Seit 1984 schneidet ein Sessellift die hübsche Seemulde unter dem Bildstöckljoch hinauf zur Station »Daunferner«, 3193 m, der nun höchsten Station im Stubaier Skirevier. Dort öffnet der »Olga-Stollen« die Skipiste über den Daunkogelferner hinab zum großen Umsteigebahnhof »Eisgrat«, 2850 m, – also »Ski total« zwischen Schaufelspitze und Stubaier Wildspitze.

Diese moderne Stubaier Weltanschauung vergessen wir, wenn wir bei der Station Daunferner in den Ostgrat der Wildspitze einsteigen und uns auf die Anforderung dieser Gratführe konzentrieren. Das Gipfelkreuz steht nur 150 Meter höher; Steigspuren verführen immer wieder dazu, den Grat hinein in die gefährliche, lockere Südflanke zu verlassen. Der sicherste »Weg« läuft knapp am Grat oder besser direkt, aber luftig nach jeder Seite, über die schmale, festgefügte Felsschneide.

»Hochstubai«, diese Bezeichnung gilt für die 3340 Meter hohe Stubaier Wildspitze, im Hauptkammverlauf nach Westen für die Daunkögel (Östlicher 3332 m, Westlicher 3300 m), den Windacher Daunkogel, 3348 m, und für die Gletscher, den Daunkogel- und Sulztalferner nordseitig, südseitig die kleinen Eisdecken von Windacher Ferner, Warenkar- und Wütenkarferner. Im Westen, über dem Hochbecken des Wütenkarferners auf dem aperen Fels der Wildkarspitze, erkennen wir den Steinwürfel der Hochstubai-Hütte, scheinbar weit entfernt, in Wirklichkeit aber doch nur zwei Gehstunden ab Stubaier Eisjoch. Der Einblick in den Routenverlauf dorthin, vom Stubaier Eisjoch zum Warenkarferner, aus ihm zur Warenkarscharte, 3187 m, und in fast horizontaler Trasse zur Hütte, gibt Auskünfte über die Verhältnisse in dem beliebten Übergang zwischen Hildesheimer Hütte und Hochstubai-Hütte. Aber Achtung: Steinschlag herab von den locker geschichteten Südflanken der Wildspitze und der Daunkögel ist, wie die vielen Felsbrocken auf dem Eis beweisen, an der Tagesordnung!

Einem Schutzhaus so hoch im Gebirge, in der Position von über 3000 Meter, nähern wir uns mit besonderer Erwartung. Wir Bergsteiger wissen alle um die Sorgen und Nöte, in dieser Höhe eine Schutzhütte zu bewirtschaften – Hochstubai-Hütte, 3175 Meter ü. d. Meer! Jeder Niederschlag fällt als Schnee, Frühling, Sommer und Herbst reduzieren sich auf die Hüttenöffnungszeit von Anfang Juli bis Mitte September; kein Grün, keine Blume, nur Firn, Eis und nackter Fels: für Tageswanderer, die den weiten Weg von Sölden im Ötztal herauf nicht scheuen, ein Ausflug in eine andere Welt.

Fotoseite 115:

Ostgrat der Stubaier Wildspitze. Blick zum ▷ Stubaier Eisjoch, darüber der Gaißkogel.

Die Hochstubai-Hütte, höchstgelegene Hütte ▷ der Stubaier Alpen mit Talzugang von Sölden im Ötztal.

Tourensteckbrief

Ausgangsort
Hildesheimer Hütte 2899 m.

Die Tour in Stichworten
Hildesheimer Hütte, 2899 m – Stubaier Eisjoch, 3133 m – Stubaier Wildspitze, 3340 m – Eisjoch – Warenkarscharte, 3187 m – Hochstubai-Hütte, 3175 m – Sölden, 1367 m, im Ötztal.

Schwierigkeit/Anforderung
III = schwierig, Fels-/Gletschertour, große Anforderung, Tagestour.
Talzugang zur Hildesheimer Hütte siehe Tour 47.
Ab Hütte zur Randmoräne des Gaißkarferners, auf ihrem Kamm höher, bis das Schild »Bildstöckljoch« in den Gaißkarferner weist. Eine ausgesteckte Trasse führt über den Ferner zum Stubaier Eisjoch. (Hierher auch von der Bergstation »Eisgrat«, 2850 m, auf ausgesteckter Fußgängertrasse über den Schaufelferner.)
Stubaier Wildspitze: Vom Eisjoch zum nahen Bildstöckljoch, nach Steinmänner über einen Felsrücken zur Liftstation »Daunferner«, 3193 m, der höchsten Station im Stubaier Skigebiet. Ab Station zu den Gratfelsen, über die Höhe 3255 m und die Scharte 3235 m (AV-Karte) Einstieg in den SO-Grat und möglichst am Grat über blockigen, teils sehr ausgesetzten steilen Fels zum Gipfel. Abstieg wie Anstieg zurück zum Eisjoch.
Übergang Hochstubai-Hütte: Vom Stubaier Eisjoch nach Schild »Hochstubai-Hütte« auf dem Warenkarferner schwach abwärts, meist Trasse – Achtung, Steinschlag! –, aus ca. 2900 m steil höher zu einer Felsinsel. Der Einstieg zum Fels ist mark. und muß gefunden werden! Nach Mark. und Steigspuren zum Firnausstieg in die Warenkarscharte, 3187 m, Hochstubai-Hütte in Sicht. Fast horizontale Gletscherterrasse zur Wildkarspitze, auf der die Hütte steht.
NW-seitiger Routenverlauf, meist Trasse, in beiden Richtungen viel begangen.

Höchste Wegestelle/Gipfel
Stubaier Eisjoch, 3133 m, Stubaier Wildspitze, 3340 m, Warenkarscharte, 3187 m, Hochstubai-Hütte, 3175 m.

Anstiegsleistung
Ab Hildesheimer Hütte 700 Höhenmeter.

Abstieg
Ab Hochstubai-Hütte mark. AV-Weg nach Sölden, 1367 m, im Ötztal.

Gehzeiten
Hildesheimer Hütte, 2899 m – Stubaier Eisjoch, 3133 m – Stubaier Wildspitze, 3340 m: 2½ Std., Abstieg Eisjoch: 1 Std.; Übergang Warenkarscharte, 3187 m – Hochstubai-Hütte, 3175 m: 2 Std.; Abstieg nach Sölden, 1367 m: 3 Std. Gesamtgehzeit: 8½ Stunden.

Hütten/Stützpunkte
Hildesheimer Hütte, 2899 m, siehe Tour 46.
Hochstubai-Hütte, 3175 m, DAV-Sektion Dresden, Sitz Wuppertal, 47 Betten und Matratzen, bew. Anfang Juli–Mitte September.

Karten
Siehe Tour 46.

Die Kalkkögel

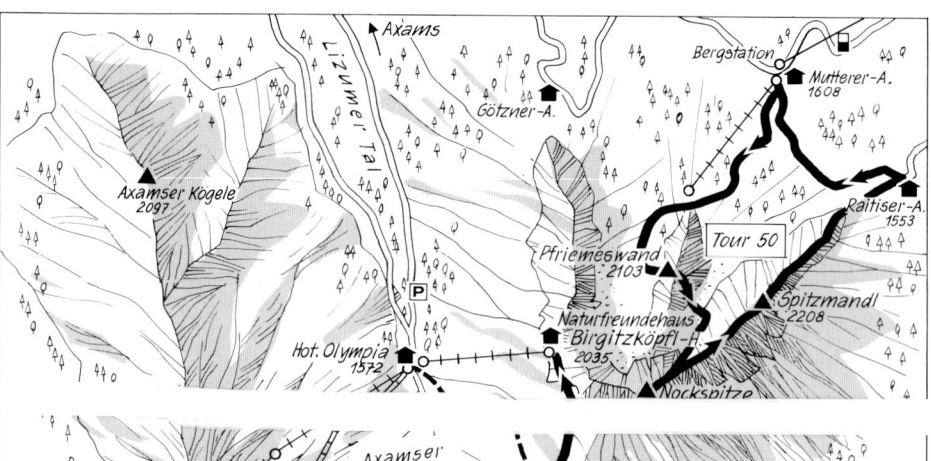

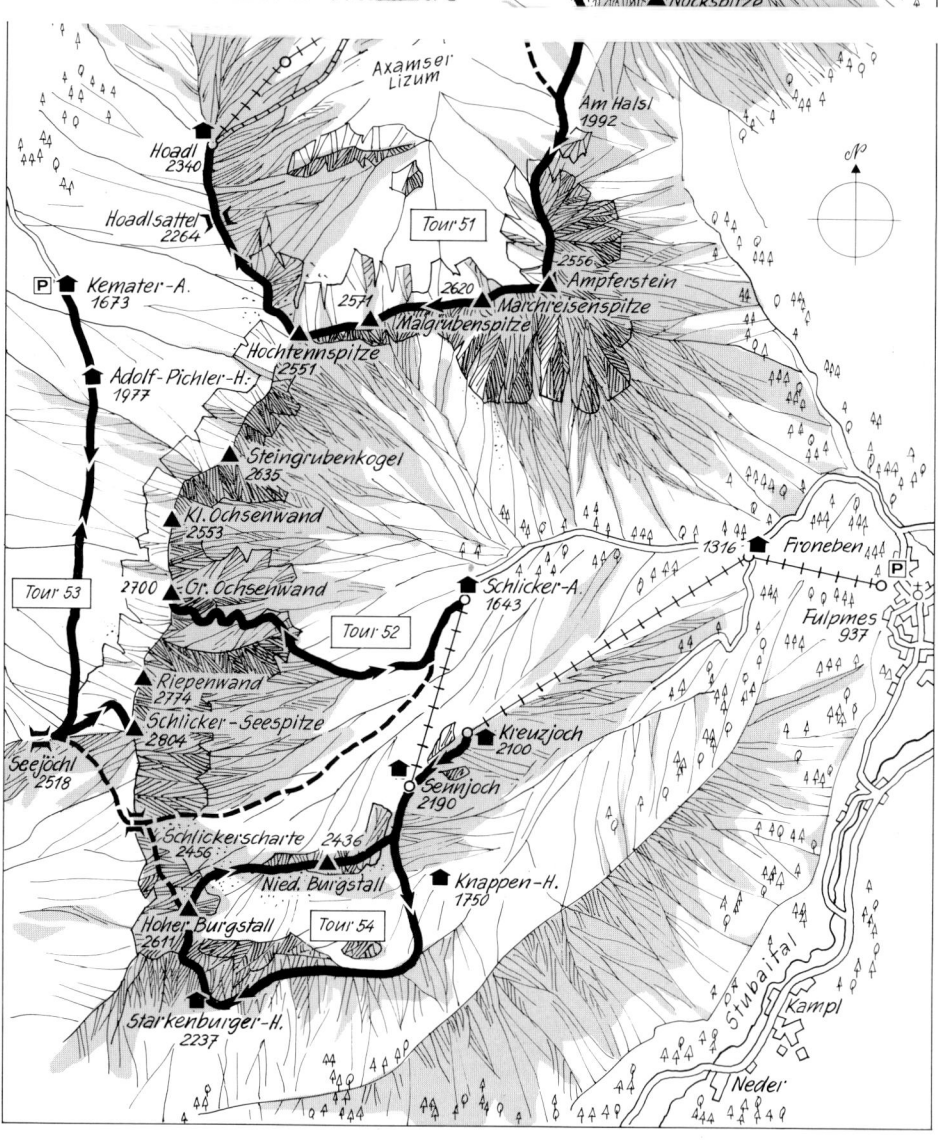

»Betritt man bei Schönberg die Schwelle des Stubaithals, so fallen rechts sofort drei mächtige, trapezähnliche Felsgerüste, durch schmale Scharten getrennt, in die Augen.« Mit diesen Worten beginnt Carl Gsaller seine groß angelegte touristische Studie »Die Kalkkögel bei Innsbruck«. Mit den trapezähnlichen Felsgerüsten meint er die Schlicker Seespitze, die Riepenwand und die Große Ochsenwand (siehe Bild nebenan), die gleich nach der Einfahrt in das Stubaital bei Telfes den Begriff Kalkkögel eindrucksvoll unterstreichen.

Wie nun kommt dieses Kalkgestein dorthin, südlich der Innfurche, die doch die Nördlichen Kalkalpen vom Urgestein der Zentralalpen scheidet? Die Kalkkögel sind Ausläufer der vor 200 Millionen Jahren im frühen Abschnitt des Erdmittelalters (Mesozoikum), in der Trias entstandenen Kalkdecke, der sogenannten »Brennerdecke«. Aufgerissen von den Tälern und unterlegt von silikaten Urgesteinen, breitet sich diese Decke mit den Tribulaunen, dem Serleskamm, dem Elferkamm und den Kalkkögeln quer über die östlichen Stubaier Alpen.

Die Nockspitze, auch Saile genannt, ist der nördlichste Vorposten hinab zum lieblichen Wald- und Wiesengehügel von Mutters und Natters. Der tiefe, markante Einschnitt »Am Halsl«, 1992 m, sichert der Nockspitze eine gewisse Eigenständigkeit, nach ihr erheben die Kalkkögel einen mächtigen, zerklüfteten Kammzug: Carl Gsaller bestimmt vom Ampferstein am Halsl bis zur Schlicker Seespitze am Seejöchl 14 selbständige Gipfel zwischen 2551 und 2818 Meter Höhe. Diese Bergkette umschließt das Schlicker Tal, das einzige innere Tal, denn die Kalkkögel vollziehen ab Schlicker Seespitze über die Schlicker Scharte, den Hohen und Niederen Burgstall und das Sennjoch einen stark absinkenden Bogen zum Auslauf bei Froneben über Fulpmes.

Nach der wegweisenden Erschließung besorgten der Deutsche und Österreichische Alpenverein mit dem Bau der Starkenburger Hütte im Jahre 1900 und der Akademische Alpenklub Innsbruck mit der Adolf-Pichler-Hütte (benannt nach dem Tiroler Naturforscher und Dichter Adolf Pichler, 1819–1900) im Jahre 1904 die Fortschreibung. Die moderne Zeit bescherte den Kalkkögeln die Liftanlagen von Fulpmes

über Froneben zum Kreuzjoch und im Norden die Aufschließung der Axamser Lizum für die IX. und XII. Olympischen Winterspiele (1964 und 1976) sowie die Muttereralm-Bahn mit Schwerpunkt Nockspitze, stadtnah zu Innsbruck.

Ein prächtiges Kalkkögel-Motiv hinab nach Telfs im Stubaital. Von links: Schlicker Seespitze, Riepenwand, Große Ochsenwand. Diese wuchtigsten und höchsten Kalkkögelgipfel stehen im Südabschnitt zwischen Alpenklub-Scharte und Schlicker Scharte.

Kalkkögel

50 Pfriemeswand
2103 m
Nockspitze 2433 m
Spitzmandl 2208 m

Innsbrucker Familienausflug

*wenig schwierig
Wandertour*

Fahren wir dem Inn entgegen auf Innsbruck zu, sehen wir längst vorher das Nockspitzmassiv, den Nordostausläufer der Kalkkögel hinab zum Innsbrucker Becken. Die Nockspitze, 2433 m, und ihre deutlich ausgeprägten Nebengipfel, vor ihr die Pfriemeswand, 2103 m, links außen das Spitzmandl, 2208 m, gehören zum Innsbrucker Landschaftsbild wie Patscherkofel, Serles und Nordkette.

Der landesfürstliche Hof von Tirol übersiedelte im Jahre 1420 von Meran nach Innsbruck und stellte damit die Weichen für die Entwicklung zur Hauptstadt Tirols. Vordem war Innsbruck, 574 m, ein Brückenmarkt am rechten Innufer, im Jahre 1187 erstmals »Innsprucke« genannt. 1239 verlieh Otto VIII. von Andechs dem Ort die Stadtrechte, Otto starb 1248, und Innsbruck gelangte in den Besitz der Grafen von Tirol, damals ansässig auf der Burg Tirol bei Meran.

An schönen Sonntagen zeigen die Innsbrucker der Nockspitze – auch »Saile« genannt – die Wertschätzung, die sie bei ihnen genießt. Die Muttereralm-Bahn, der Sessellift aus der Axamser Lizum zum Naturfreundehaus am Birgitzköpfl und die Wanderwege von den Bergstationen zu den Gipfelkreuzen auf der Pfriemeswand, der Nockspitze und dem Spitzmandl erschließen den Bergstock für alt und jung, besonders auch beliebt bei Familien mit Kindern. Das Gipfelplateau gewährt die Rundschau, die wir bewundern wollen, wenn wir zur Nockspitze kommen: ein Bogen über tausend Gipfel, nordseits des Inn von der Zugspitze über das Karwendel zum Sonnwendgebirge, südseits von den Tuxer Eisbergen über die Tuxer Voralpen zum Stubai, ganz nah die Kalkkögelkette – das Ziel der nächsten Tour.

Tourensteckbrief

Ausgangsort
Mutter 830 m bei Innsbruck.

Die Tour in Stichworten
Mutters, 830 m – Muttereralm-Bahn – Bergstation, 1608 m – Pfriemeswand, 2103 m – Nockspitze, 2433 m – Spitzmandl, 2208 m – Raitiser Alm, 1553 m – Bergstation.

Schwierigkeit/Anforderung
I = wenig schwierig, Wandertour, mäßige Anforderung, Tagestour.
Parkplatz Talstation, 950 m, und Auffahrt zur Bergstation, 1608 m (Gondelbahn).
Nach Schild »Nockspitze« gegen die oberste Liftstation, auf Steig zum Latschensockel der Pfriemeswand und in N-seitigen Geröll- und Latschenhängen zur Pfriemeswand. Nun O-seitig steil höher zu einem Sattel, ca. 2220 m, = beschilderte Abzweigung »Spitzmandl, Raitiser Alm«; nach rechts steil aufwärts zu den beiden Gipfelkreuzen der Nockspitze.
Ab Nockspitze zurück zur Abzweigung, Anstieg zum Spitzmandl, durch Latschen- und Schrofenhänge hinab zum »Wetterkreuz« und im Bergwald zum schon von oben sichtbaren Wirtshaus »Raitiser Alm«. Auf bequemem Waldweg zurück zur Bergstation Mutterer Alm. Durchgehend mark. ausgeprägter Steig, viel begangen.

Das Alpengasthaus »Mutterer Alm« nahe der Bergstation, links Spitzmandl, rechts Nockspitze und Pfriemeswand.

Aussicht vom Sennjoch zum Kalkkögel- ▷ Hauptzug, von links: Mahlgrubenspitze, Marchreisenspitze, Ampferstein.

Höchste Wegestelle/Gipfel
Pfriemeswand, 2103 m, Nockspitze, 2433 m, Spitzmandl, 2208 m.

Anstiegsleistung
Ab Bergstation Mutterer Alm 900 Höhenmeter.

Abstieg
Siehe Tourenverlauf.

Gehzeiten
Bergstation Mutterer Alm, 1608 m – Pfriemeswand, 2103 m – Nockspitze, 2433 m: 2½ Std.; Nockspitze – Spitzmandl, 2208 m – Raitiser Alm, 1553 m: 2 Std. – Bergstation: ½ Std. Gesamtgehzeit: 5 Stunden.

Hütten/Stützpunkte
Gasthof Mutterer Alm, 1608 m, (Bergstation)
Gasthof Raitiser Alm, 1553 m.

Karten
Kompass Wanderkarte 1:50000, Blatt 36, »Innsbruck/Brenner«.

Kalkkögel

51 Ampferstein
2556 m
Marchreisenspitze
2620 m
Hochtennspitze
2551 m

Quer durch den Kalkkögel-Fels

*mäßig schwierig
Wander-/Felstour*

Das »Halsl«, ein tiefer Einschnitt im Kettengebirge der Kalkkögel, trennt das Nockspitzmassiv vom Hauptzug, der mit dem Ampferstein beginnt und aufregend gegliedert nach Südwesten bis zur Schlikker Seespitze reicht. Dieser Hauptzug ist aus dem vorderen Stubaital zwischen Schönberg und Fulpmes sehr gut zu sehen. Der hohe Steilfels dorthin wirkte bis zum Ende des vorigen Jahrhunderts so abschreckend, daß kein auch noch so neugieriger Einheimischer die Besteigung wagte. Aufbau und Gliederung der Kalkkögel waren fast ein Geheimnis, bis der Innsbrucker Protagonist Carl Gsaller die Gipfel bestieg und die Nomenklatur zurechtrückte, denn wie er selbst im Alpenvereins-Jahrbuch 1884 schrieb: ». . . waren die Kalkkögel bis jetzt selbst wenigen Ausnahmen bekannt, bei der großen Menge als unzugänglich verrufen«.

Der Kalkkögelfels ist nicht leichter geworden, die Fulpmeser Bergbahnen erschließen nur den Südostausläufer und das Schau-Erlebnis; den Wunsch, im Hauptzug eine große Bergtour zu unternehmen, befriedigt jedoch der »Lustige-Bergler-Steig«. Diese an schwierigeren Stellen mit Drahtseilen gesicherte Steiganlage beginnt am Halsl, 1992 m, und bringt uns in reizvoller Routenführung über den Ampferstein, 2556 m, zur Marchreisenspitze, 2620 m. Im Nordabschnitt des Hauptzuges ist sie der wichtigste Gipfel, wir könnten hochbefriedigt umkehren oder zur Schlicker Alm absteigen. Stimmen Wetter und Kondition, sollten wir über die Hochtennspitze, 2551 m, zur Bergstation am Hoadl, 2340 m, und zurück zum Lizumer Parkplatz die Rundtour ausgehen.

Tourensteckbrief

Ausgangsort
Axamser Lizum 1572 m.

Die Tour in Stichworten
Axamser Lizum 1572 m – Naturfreundehaus Birgitzköpfl 2035 m – Am Halsl 1992 m – Ampferstein 2556 m – Marchreisenspitze 2620 m – Mahlgrubenscharte 2401 m – Hochtennspitze 2551 m – Bergstation Hoadl 2340 m – Axamser Lizum.

Schwierigkeit/Anforderung
II = mäßig schwierig, Wander-/Felstour, große Anforderung, Tagestour.
Vom Parkplatz Axamser Lizum mit Sessellift zur Bergstation Birgitzköpfl.
Ab Bergstation zum nahen »Halsl«. Nach Schild »Lustige Bergler Steig« steiler, mark. Anstieg auf N-seitiger Rasenflanke zum Fels, ca. 2400 m, des Ampferstein, teilweise gesicherter Felssteig zum Gipfel. Ab Ampferstein meist SO-seitig im Auf und Ab durch Rasenflanken und Steilrinnen zum N-seitigen steilen Felsanstieg zur Marchreisenspitze. Vom Gipfel nun auf dem Gsallerweg = Anstieg von der Schlikker Alm, in steilem, S-seitigem Rasenhang etwa 200 Meter abwärts (bei Höhe ca. 2450 m beschilderter Rückweg Ampferstein – Halsl) und in längerer, fast horizontaler Querung, ca. 2400 m, vorbei an der markanten Mahlgruben-

scharte, zum Schild »Hochtennspitze«. Steiler Anstieg zum wenig ausgeprägten Gipfel. Links von ihm in einer N-seitigen Geröllschlucht hinab zu Felszacken, weiter zur Wiese des Hochtennbodens und zur Bergstation am Hoadl. Verwickelte, aber immer mark. Route auf meist deutlichem Steig, nur für erfahrene, trittsichere Bergwanderer.

Höchste Wegestelle/Gipfel
Ampferstein, 2556 m, Marchreisenspitze, 2620 m, Hochtennspitze, 2551 m.

Anstiegsleistung
Ab Bergstation Birgitzköpfl ca. 900 Höhenmeter.

Abstieg
Siehe Tourenverlauf.

Gehzeiten
Bergstation Birgitzköpfl, 2035 m – Ampferstein, 2556 m: 2½ Std. – Marchreisenspitze, 2620 m: 1 Std. – Hochtennspitze, 2551 m: 1 Std. – Bergstation Hoadl, 2340 m: 1 Std.
Gesamtgehzeit: 5½ Stunden.

Hütten/Stützpunkte
Naturfreundehaus Birgitzköpfl 2035 m, 70 Betten und Matratzen, bew. Mitte Juni–Anfang Oktober.

Karten
Siehe Tour 50.

Kalkkögel

52 Schlicker Klettersteig Große Ochsenwand 2700 m

Die Kalkkögel-Ferrata

schwierig
Felstour

Die Kalkkögel sind vor allem ein Gebirge für die Kletterer, vom Ampferstein bis zur Schlicker Seespitze gibt es eine Vielzahl von Routen bis in höchste Schwierigkeitsgrade. Eine Gipfelkette mit so vielen Nadeln, Türmen und Spitzen braucht aber zwischendurch einen tieferen Einschnitt zum raschen Stellungswechsel von einer Seite zur anderen: Die Alpenklub-Scharte, 2451 m, – Übergang von der Schlicker Alm zur Adolf-Pichler-Hütte – teilt den Hauptzug in Nord und Süd. Der Südabschnitt erhebt die wuchtigsten und höchsten Gipfel: Die Große Ochsenwand, 2700 m, die Riepenwand, 2774 m, und die Schlicker Seespitze, 2804 m; die Phalanx der Ostabstürze zur Schlicker Alm drängt einen Vergleich mit den Dolomiten auf. Besonders eindrucksvoll wirkt dieses Bild hinüber zur Bergstation am Kreuzjoch,

2100 m, deshalb – abgesehen vom günstigsten Zugang – auch der Rat, die Tour zur Großen Ochsenwand dort zu beginnen. Den »Schlicker Klettersteig« gibt es seit Anfang der achtziger Jahre, er lockt nun auch Ferrata-Liebhaber in das Stubaital. Die ÖAV-Sektion Stubai stuft zu Recht den Klettersteig über die Südkante zur Großen Ochsenwand im Vergleich zu den Dolomiten-Eisenwegen mit »schwierig, nur für Geübte« ein. Jeder Anwärter, der vom Kreuzjoch aus die in der unteren Hälfte sehr steile Südkante abschätzt, erkennt auf Anhieb die große Höhendifferenz – ab Einstieg 700 Meter – und tut gut daran, die notwendige Gehzeit auszurechnen. Auch das Bergab ist bis zur Alpenklub-Scharte ein Klettersteig, und vielleicht schon müde, spürt man, wie anstrengend auch ein Talabstieg sein kann.

Tourensteckbrief

Ausgangsort
Fulpmes 937 m im Stubaital.

Die Tour in Stichworten
Fulpmes, 937 m – Froneben, 1316 m – Kreuzjoch, 2100 m – Schlicker Klettersteig – Gr. Ochsenwand, 2700 m – Nordgrat-Klettersteig – Alpenklub-Scharte, 2451 m – Schlicker Alm, 1643 m – Froneben.

Schwierigkeit/Anforderung
III = schwierig, Felstour, große Anforderung, Tagestour.
Schnellster und vorteilhaftester Zugang: Ab Fulpmes Sessellifte Froneben – Kreuzjoch, auf Güterweg nach Schilder und Mark. hinab in das Schlicker Tal bis etwa 1850 m; dort Hinweis Klettersteig.
Klettersteig: Einstieg ca. 2000 m, deutlich gekennzeichnet. Ein starkes, durchlaufendes Drahtseil, aber wenige Klammern und Stifte sichern die sehr steile, teils senkrechte S-Kante hinauf zum Ansatz (ca. 2400 m) der grasigen O-Schulter. Die ersten 400 Höhenmeter sind der schwierigste Abschnitt, dann nur noch steiles Gehgelände, Rasen, Fels, noch vereinzelte Sicherungen zum Gipfelkreuz.

Höchste Wegestelle/Gipfel
Große Ochsenwand 2700 m.

Anstiegsleistung
850 Höhenmeter, davon Klettersteig 700 Höhenmeter.

Abstieg
Vom Gipfel mark. N-Grat-Klettersteig über steile Wandstufen zur Scharte, ca. 2500 m, zwischen Gr. und Kl. Ochsenwand, S-seitige horizontale Querung zur Alpenklub-Scharte; von dort Wanderroute zur Schlicker Alm, oder zur Adolf-Pichler-Hütte.

Gehzeiten
Kreuzjoch, 2100 m – Einstieg Klettersteig, 2000 m: 1 Std. – Gr. Ochsenwand, 2700 m: 3½ Std.
Abstieg N-Grat-Klettersteig – Alpenklub-Scharte, 2451 m: 1½ Std. – Schlicker Alm – Froneben, 1316 m: 2 Std.
Gesamtgehzeit: Ab Kreuzjoch 8 Stunden.

Hütten/Stützpunkte
Alpengasthaus »Schlicker Alm«, 1643 m.

Karten
Kompass Wanderkarte 1:50000, Blatt 36, »Innsbruck/Brenner«.

Diese drei Bilder, aufgenommen im ersten und schwierigsten Abschnitt – das untere rechte Bild am Einstieg – geben einen Eindruck von Schwierigkeit und Anforderung des Schlicker Klettersteiges.
Bewertung: schwierig, nur für Geübte!
Ausrüstung: Klettersteiggeschirr mit Brust- und Sitzgurt, Reepschnur mit zwei Karabinern, Steinschlaghelm und Handschuhe; für schwächere Begleiter ein Sicherungsseil, 11 mm stark.

Kalkkögel

53 Adolf-Pichler-Hütte 1977 m Schlicker Seespitze 2804 m

Höchster Gipfel der Kalkkögel

*mäßig schwierig
Wander-/Felstour*

Westlich der Axamser Höhenflur schließt das Senderstal, das erste der Sellrainer Seitentäler, zur Kemater Alm, 1673 m, im nördlichen Vorfeld der Kalkkögel auf. 300 Meter höher, am Sonntagsköpfl, steht die Adolf-Pichler-Hütte als vorteilhafter Stützpunkt für nordseitige Touren im zentralen Bereich der Kalkkögel von der Hochtennspitze zur Schlicker Seespitze. Die Alpenklub-Scharte, 2451 m, dazwischen, dieser wichtige Übergang zur Schlicker Alm, 1643 m, drüben auf der Fulpmeser Seite, bekam damit auch eine nordseitige Anlaufstelle. Der Kletterer, der zur Pichler-Hütte kommt, begeistert sich am Steilfels der Nordwände, der gemäßigte Bergsteiger sucht vor allem die Normalroute zur Schlicker Seespitze. Dieser höchste Kalkkögelgipfel erscheint rund herum fast unnahbar, hat aber in der Westseite, gegen das Seejöchl, 2518 m, eine offene Geröll- und Schrofenflanke und damit auch eine Eintrittskarte zu halbwegs normalen Bedingungen.
Nach dem steilen, unangenehmen Geröll betreten wir an einem deutlichen Schartl schon in 2700 Meter Höhe den Nordgrat, und auf seinem gut gestuften, festen Fels ist der Weg zum eisernen Gipfelkreuz die Entschädigung für die Plage in der Geröllreise. Die höchste Position der Kalkkögel, 2804 m, bietet nur wenige »Sitzplätze« – aber welch eine Aussicht nach Westen zu den Alpeiner und Sellrainer Bergen! (Die Schlicker Seespitze ist auch ab Kreuzjoch oder Schlicker Alm erreichbar.)

Neuschnee ist in dieser Höhe auch mitten im Sommer keine Seltenheit!
Vom Großen Burgstall schauen wir hinüber zur Schlicker Seespitze; Nebel hängen in der Schlicker Scharte, wir sehen den Steig von der Scharte zum Seejöchl, dem Einstieg zur Schlicker Seespitze.

Tourensteckbrief

Ausgangsort
Kemater Alm, 1673 m, im Senderstal.

Die Tour in Stichworten
Kemater Alm, 1673 m – Adolf-Pichler-Hütte, 1977 m – Seejöchl, 2518 m – Schlicker Seespitze, 2804 m.

Schwierigkeit/Anforderung
II = mäßig schwierig, Wander-/Felstour, mittlere Anforderung, Tagestour.
Von Grinzens, 928 m, auf Almstraße zum Parkplatz Kemater Alm und auf Güterweg (gesperrt) zur Adolf-Pichler-Hütte.
Ab Hütte auf mark. AV-Weg zum Seejöchl. Hierher auch mit den Zugängen Starkenburger Hütte, 2237 m – Schlicker Scharte, 2456 m, oder Schlicker Alm, 1643 m – Schlicker Scharte. Ab Seejöchl nach Schild »Schlicker Seespitze« in die W-seitige Geröllflanke, nach Steinmänner, Mark., steil höher zu einer deutlichen kleinen Scharte im N-Grat, ca. 2700 m, und über gut gestuften, blockigen Fels zum Gipfel.
Durchgehend mark. Route, nur für trittsichere Bergwanderer.

Höchste Wegstelle/Gipfel
Seejöchl, 2518 m, Schlicker Seespitze, 2804 m.

Anstiegsleistung
Ab Kemater Alm 1100, ab Adolf-Pichler-Hütte 800 Höhenmeter.

Abstieg
Wie Anstieg.

Gehzeiten
Kemater Alm, 1673 m – Adolf-Pichler-Hütte, 1977 m: ½ Std. – Seejöchl, 2518 m: 1½ Std. – Schlicker Seespitze, 2804 m: 1 Std.
Abstieg Kemater Alm: 2 Std.
Gesamtgehzeit: 5 Stunden.

Hütten/Stützpunkte
Gasthof Kemater Alm, 1673 m, privat, Betten und Matratzen, ganzjährig bew.
Adolf-Pichler-Hütte, 1977 m, Akad. Alpenklub Innsbruck, 56 Betten und Matratzen, bew. Mitte Juni–Anfang Oktober.

Karten
Kompass Wanderkarte 1:50 000, Blatt 36, »Innsbruck/Brenner«.

Tip
Übergänge ab Adolf-Pichler-Hütte: Hochtennboden – Naturfreundehaus Birgitzköpfl; Gsaller Weg – Schlicker Alm; Franz-Senn-Weg zur Franz-Senn-Hütte; zur Potsdamer Hütte im Fotscher Tal.

Kalkkögel

54 Starkenburger Hütte 2237 m Hoher Burgstall 2611 m Niederer Burgstall 2436 m

Die kleine Kalkkögel-Runde

*wenig schwierig
Wandertour*

Die Starkenburger Hütte auf einer freien, über 2000 Meter hohen grünen Geländeschulter am Südfuß des Hohen Burgstall ist ein begehrtes Stubaier Ausflugsziel. Doch der Weg aus dem Tal, ob von Fulpmes oder Neustift, ist weit (3½ Std.), und so haben die Fulpmeser Sesselbahnen auch im Sommer keine Fahrgastsorgen – der Hüttenzugang auf einer höchst aussichtsreichen Trasse reduziert sich auf knappe 1½ Stunden. Dieses Angebot wollen wir nützen, denn die Rundtour Fulpmes, 937 m – Froneben, 1316 m – Kreuzjoch, 2125 m – Sennjoch, 2190 m – Starkenburger Hütte, 2237 m – Hoher Burgstall, 2611 m – Niederer Burgstall, 2436 m – Schlicker Alm, 1643 m – Froneben ist für einen geübten Bergwanderer der beste Tip, den das Fulpmeser Verkehrsbüro vergeben kann.

Die Kalkkögel-Südabstürze von der Marchreisenspitze zur Schlicker Seespitze umschließen den Wiesengrund der Schlicker Alm. Dieses Panorama dolomitisch aufgebauter Felsberge steht uns am Weg zum Sennjoch gegenüber. Die Starkenburger Hütte überrascht mit der phantastischen Sicht zu den Alpeiner Bergen, der Hohe Burgstall aber übertrumpft die Schau mit einem noch weiteren Horizont, dem Tiefblick in die »grüne Schlick« und mit den nahen Südabstürzen der Schlicker Seespitze. Über den Niederen Burgstall wandern wir hinab zum Gasthaus »Schlicker Alm«, am Weg nach Froneben klingt das Erlebnis »Kalkkögel« aus.

Aussicht von der Bergstation Kreuzjoch: Links der Niedere, darüber der Große Burgstall; die Straßen führen hinab zur Schlicker Alm.

Tourensteckbrief

Ausgangsort
Fulpmes, 937 m, im Stubaital.

Die Tour in Stichworten
Fulpmes, 937 m – Lift Froneben – Bergstation Kreuzjoch, 2100 m – Sennjoch, 2190 m – Starkenburger Hütte, 2237 m – Hoher Burgstall, 2611 m – Niederer Burgstall, 2436 m – Sennjoch – Schlicker Alm, 1643 m – Froneben, 1316 m.

Schwierigkeit/Anforderung
I = wenig schwierig, Wandertour, mäßige Anforderung, Tagestour.
Von Fulpmes mit Sessellift (erste Auffahrt 8 Uhr) über Froneben zur Bergstation Kreuzjoch. Vom Kreuzjoch mark. Wanderweg Sennjoch – Starkenburger Hütte.
Ab Hütte steiler Anstieg auf mark. Steig zum Hohen Burgstall; vom Gipfel in einer N-seitigen, drahtseilgesicherten Steilrinne abwärts zu einem Geröllrücken, dort Einmündung in die mark. Trasse links zur Schlicker Scharte, nach rechts über einen breiten Sattel zum Niederen Burgstall und hinab zum sichtbaren Alpengasthaus Schlicker Alm. Von dort auf Güterweg zur Mittelstation Froneben.

Durchgehend mark. Route, nur für trittsichere Bergwanderer.

Höchste Wegestelle/Gipfel
Starkenburger Hütte, 2237 m, Hoher Burgstall, 2611 m, Niederer Burgstall, 2436 m.

Anstiegsleistung
Ab Bergstation Kreuzjoch 600 Höhenmeter.

Abstieg
Siehe Tourenverlauf

Gehzeiten
Bergstation Kreuzjoch, 2100 m – Starkenburger Hütte, 2237 m: 1½ Std. – Hoher Burgstall, 2611 m: 1 Std.
Abstieg Hoher Burgstall – Niederer Burgstall, 2436 m – Schlicker Alm, 1643 m: 1½ Std. – Froneben 1 Std.
Gesamtgehzeit: 5 Stunden.

Hütten/Stützpunkte
Restaurant Bergstation Kreuzjoch, 2100 m.
Starkenburger Hütte, 2237 m, DAV-Sektion Starkenburg, Sitz Darmstadt, 55 Betten und Matratzen, bew. Anfang Juni–Anfang Oktober.
Alpengasthaus Schlicker Alm, 1643 m.

Karten
Siehe Tour 53

Alpeiner und Sellrainer Berge

Alpein und Sellrain, diese zwei Begriffe nennen einmal einen Gletscher, zum anderen ein Tal. Ein Alpeiner Tal gibt es nicht, wohl aber den Alpeiner Ferner, die Alpeiner Alm und den Alpeiner Bach. Der Alpeiner Bach trägt die Wasser seines Gletschers vorbei an der Franz-Senn-Hütte zur Alpeiner Alm, schüttet sie dort über die Steilstufe hinab in das Oberbergtal, als Oberbergbach reguliert, aber sonst ungehindert schäumt die Schmelze des Alpeiner Ferners hinaus in das Stubaital und bereichert dort nahe Neustift den Ruezbach. Das Oberbergtal ist das größte und wichtigste Seitental des Stubaitales, das gradlinig zum Hauptkamm aufschließt und deshalb im allgemeinen in der gesamten Ausdehnung als Stubaital angesprochen wird, auch wenn die Landkarten ab Neustift den Namen Unterbergtal verzeichnen.

Offensichtlich erscheint die Nennung »Alpein« schon sehr früh, trotzdem blieb sie über lange Zeit nur auf den buchtenreichen, mächtigen Gletscher, den Bach und die Alm beschränkt. Der aufblühende Alpinismus im vergangenen Jahrhundert brauchte jedoch für die differenzierte topographische Gebirgseinteilung sogleich sichtbare deutliche Namen, und so belegte er den vergletscherten Gipfelkranz rund um den Ferner und folgerichtig auch die Gipfel beidseits des Oberbergtales mit dem Sammelbegriff »Alpeiner Berge«.

Den höchsten Ursprung haben der Alpeiner Ferner und auch das Oberbergtal in seinem südlichsten Winkel, in der Firnbucht unter der Schwarzenbergspitze. Dort müssen sich die Bergkämme zur Umrahmung des Oberbergtales teilen: in den südlichen Kammzug über die Ruderhofspitze hinaus zur Brennerspitze, nach Norden mit dem Schrankogelkamm zum Wilden Hinterbergl und mit dem Alpeiner Kamm über die Hohe Villerspitze hinaus

Der Finstertaler Stausee im Kühtai, links draußen der Staudamm, rechts das Südende des Wasserspeichers.
Der Staudamm – aufgeschüttet von 4,5 Mio cbm Füllmaterial, Kronenhöhe 2325 Meter ü. d. Meer und 1980 vollendet – steht direkt über Kühtai und staut 60 Mio cbm Wasser.

zum Schwarzhorn, zum Auslauf am Seejöchl vor der Schlicker Seespitze. Das Wilde Hinterbergl fungiert als Knotenpunkt,
einmal für den Alpeiner Kamm, zum
zweiten für den Schrankogelkamm, der
zum Hohen Seeblaskogel zieht, und zum
dritten für den Fernerkogelkamm zum Lüsenser Fernerkogel. Der Begriff Alpeiner
Berge ist damit für die erste Übersicht genügend erläutert, mit Leben wird er aber
erst erfüllt, wenn wir zur Franz-Senn-Hütte, zur Potsdamer und zur Neuen Regensburger Hütte, zur Amberger Hütte und
zum Westfalen-Haus kommen und von
diesen Alpenvereins-Stützpunkten hinaufsteigen zu den Gipfeln.
Eine Laune der Natur hat irgendwann vor
Millionen Jahren die Grundlage dafür ge-
legt, daß die Stubaier Alpen neben den
Längstälern auch ein stark ausgeprägtes
Quertal erhielten. Diese Ost-West-Tal-
furche, angehoben vom Kühtaier Sattel,
mündet nach Osten als Sellraintal bei Ke-
maten in das Inntal (ab Kühtai 26 km) und
von Kühtai nach Westen als Needertal in

das Ötztal (ab Kühtai 13 km). Damit erhält
das Gebirge nördlich, hinüber zum Inntal,
als sogenannte Vordere Kühtaier Berge eine gewisse Eigenständigkeit. Das zentrale
Sellrainer und Kühtaier Gebirge staffelt
sich, getragen von hohen Bergkämmen
und im Inneren noch gletscherge-
schmückt, nach Süden zu den Knoten-
punkten am Breiten Grieskogel, Larstig-
spitze, Gleirscher Fernerkogel und der
Hohen Villerspitze. Dorthin ziehen auch
die großen Sellrainer Quelltäler, das Fotscher, Lüsenser, Gleirsch- und das kleinere Kraspestal. Jedes dieser Täler besitzt einen Bach, der die Wasser hinaus ins Sellrain trägt, aber nur der Melachbach, der
das Lüsenser Tal durchfließt, dominiert im
Haupttal und entwässert das Tälernetz
zum Inntal. Dieses Wasser muß von besonderer Güte gewesen sein, denn noch
1939 schreibt Hermann Delago: »In Sellrain wird ein großer Teil der Wäsche Inns-
brucks gewaschen und gebleicht; das
Gletscherwasser der Melach soll hierzu
besonders geeignet sein.«

*Die Starkenburger Hütte, 2237 m, steht auf
einem Geländerücken im Südauslauf der Kalkkögel in sehr aussichtsreicher Position zu den
Alpeiner Bergen: Links die Ruderhofspitze,
knapp unter ihr die Westliche Seespitze, in Bildmitte Schrankogel und Schrandele, über der
Hütte das Wilde Hinterbergl.*

Hauptort nach der engen Stufenmündung
zum Inntal ist das Kirchdorf Sellrain,
908 m, nach der dortigen Eisenquelle früher auch »Rotenbrunn« genannt. Talauf-
wärts durchfahren wir die Orte Gries,
1238 m, St. Sigmund, 1513 m, und Haggen, 1646 m, bis zum Kühtaier Sattel,
2020 m. Die Wasser enteilen talaus, der
Bergsteiger und Wanderer aber geht ihnen
entgegen, hinauf zu den Hütten, die auch
hier vom Alpenverein errichtet wurden:
im Fotscher Tal die Potsdamer Hütte,
hoch über dem Lüsenser Tal das Westfalen-Haus, im Gleirschtal die Pforzheimer
Hütte und im Kühtai die Dortmunder,
Bielefelder und Guben-Schweinfurter
Hütte.

Alpeiner Berge

55 Brennerspitze
2877 m

Über Neustift im Stubaital

mäßig schwierig
Wander-/Felstour

Die Brennerspitze ist kein Berg für unerfahre- ▷
ne Wanderer, auch wenn die Route über den
Südostgrat markiert und teilweise gesichert ist.
Ein felsgeübter Bergwanderer turnt jedoch ver-
gnügt zum Gipfel und bedauert vielleicht, daß
dieser reizvolle »Felsenweg« nicht länger ist.

Im Nahbereich von Neustift mündet das
Oberbergtal in das Stubaital. Diese be-
deutsame Talgabel ist nicht zu übersehen,
auch der freie, hohe Gipfel darüber, die
Brennerspitze, fällt sofort auf. Wenn wir
die Höhendifferenz – vom Tal zum Gipfel
fast 1900 m – betrachten und dazu noch
die Position über dem Stubaital, sind wir
überzeugt: Die Brennerspitze muß eine
fantastische Aussicht bieten!
Aber der Weg ist weit, die Landkarte zeigt
vom Weiler Krößbach, 1102 m, ein Sträß-
chen zu den Höfen von Oberegg, ca.
1250 m, die gesperrte Forststraße zum Alpengasthof Milderaun-Alm, 1671 m, und
eine gepunktete Linie bis zur Spitze in
2877 Meter Höhe. Demnach dürfen wir ab
Milderaun einen markierten Aufstieg erwarten. Ab dem schmucken Alpengasthof
führen uns ein Schild und ein Steig hinein
in den Bergwald und über den reizvollen
Südostgrat zum Gipfelkreuz.

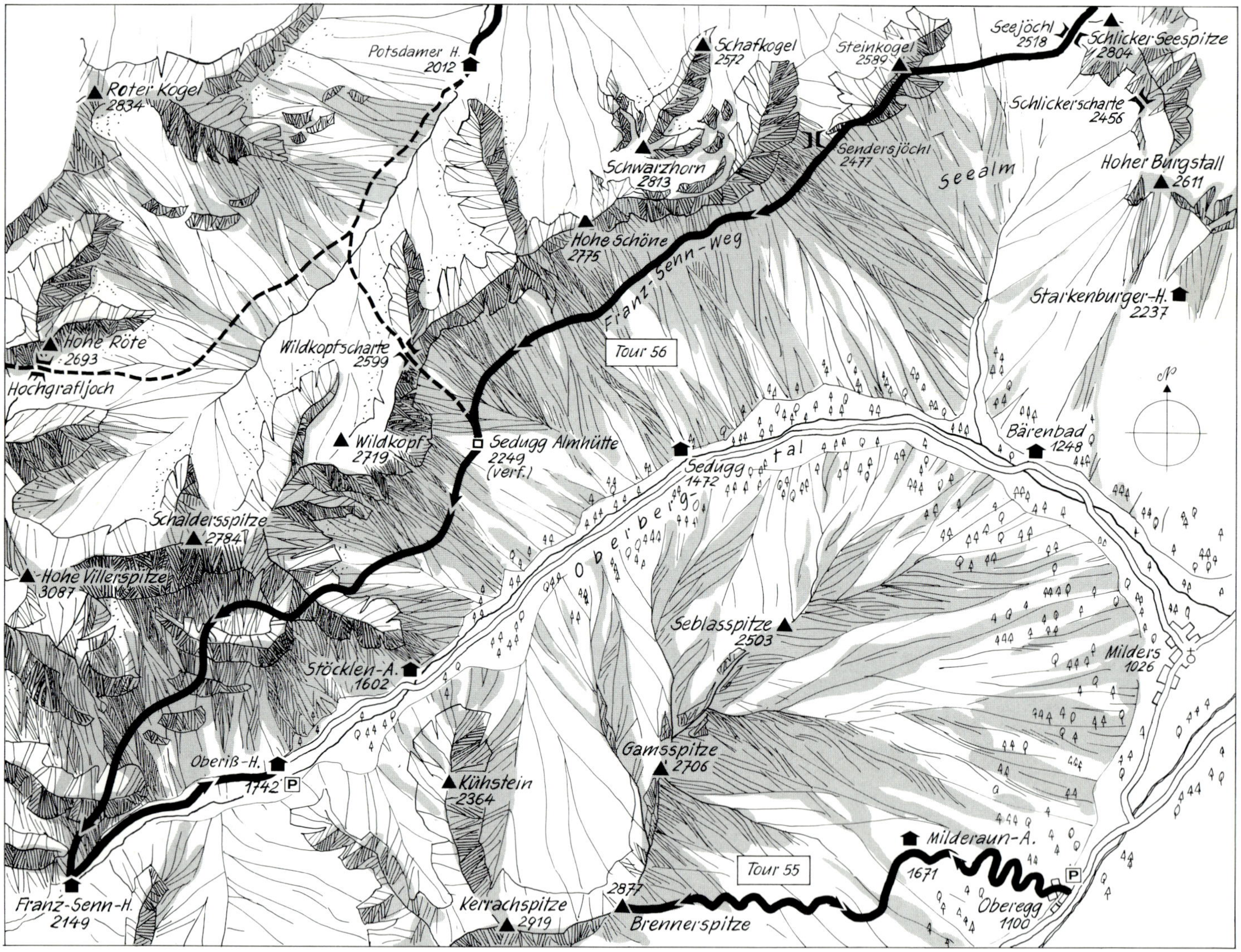

Tourensteckbrief

Ausgangsort
Krößbach, 1102 m, im Stubaital.

Die Tour in Stichworten
Krößbach, 1102 m - Parkplatz Oberegg, ca. 1250 m - Milderaun-Alm, 1671 m - Brennerspitze, 2877 m.

Schwierigkeit/Anforderung
II = mäßig schwierig, Wander-/Felstour, große Anforderung, Tagestour.
Von Neustift, 993 m, im Stubaital talein bis zum Weiler Krößbach, dort Auffahrt zu den Höfen von Oberegg, Parkplatz. Auf gesperrter Forststraße ca. 4 km zum Alpengasthof Milderaun-Alm.
Ab Milderaun-Alm nach Schild »Zur Brennerspitze« auf mark. Steig durch Bergwald und Alpweiden höher zur Geländeschulter »Hühnerspiel« (Unterstandshütte). Weiter zum An-

satz des schrofigen SO-Grates (bei einer Bank, ca. 2300 m) und im Gratverlauf steil, teils ausgesetzt, Drahtseilsicherungen an plattigem Fels, zu einer Mulde unter dem Gipfel; in kurzem, einfachem Schlußanstieg zum Gipfelkreuz. Durchgehend mark., aber nicht sehr häufig begangene Route, nur für ausdauernde, trittsichere Bergwanderer.

Höchste Wegestelle/Gipfel
Brennerspitze, 2877 m.

Anstiegsleistung
Ab Parkplatz Oberegg 1600 Höhenmeter.

Abstieg
Wie Anstieg.

Gehzeiten
Parkplatz Oberegg, 1250 m - Alpengasthof Milderaun-Alm, 1671 m: 1½ Std. - Brennerspitze, 2877 m: 3 Std.
Abstieg Parkplatz Oberegg: 3½ Std.
Gesamtgehzeit: 8 Stunden.

Neustift im Stubaital (Näheres zu Ort und Tal siehe Seite 129). Darüber die Brennerspitze, nach links der Südostgrat, die Aufstiegsroute ab Milderaun-Alm, zu erkennen in der kleinen Waldlichtung links unterhalb des Gipfels.

Hütten/Stützpunkte
Alpengasthof Milderaun-Alm, 1671 m, privat, 10 Betten, bew. Ende Mai–Ende September.

Karten
Kompass Wanderkarte 1: 50000, Blatt 83, »Stubaier Alpen/Serleskamm«.

Tip
Vom Alpengasthof Milderaun-Alm mark. Übergang zur Neuen Regensburger Hütte, 2286 m, damit Anschluß an Tour 60.

56 Franz-Senn-Weg
Franz-Senn-Hütte
2149 m

4.9.89
Vdg

*Von den Kalkkögeln
zur Senn-Hütte*

**wenig schwierig
Wandertour**

Franz Senn, ein Name, den der Deutsche und auch der Österreichische Alpenverein nicht vergessen werden. Neben seinem österreichischen Landsmann Johann Stüdl und den Deutschen Carl Hoffmann und Theodor Trautwein gehörte Franz Senn zu der Vierer-Runde, die am 9. Mai 1869 im Gasthof »Blaue Traube« zu München die Gründungsurkunde des Deutschen Alpenvereins unterzeichnete. Allgemein sichtbar erinnern an Franz Senn die nach ihm benannte Hütte am Alpeiner Ferner, der Höhenweg vom Seejöchl an der Schlickerspitze entlang des Alpeiner Kammes zur Senn-Hütte, das Denkmal in Neustift und die Grabstätte im Neustifter Friedhof:

*»Ruhestätte des Hochw. Herrn Orts-Seelsorgers Franz Senn, * in Längenfeld am 19. März 1831, † in Neustift am 31. Jänner 1884.
Sein opferreiches Priesterleben war umsäumt von einer idealen Liebe zu seinen Heimatbergen. Des großen Schöpfers wegen liebte er sie und erschloß sie vielen Menschen durch seine bahnbrechenden Verdienste zu der Gründung des Österreichischen und Deutschen Alpenvereins.«*

Im Sommer 1860 kam Franz Senn, 29 Jahre alt und voller Tatkraft, als Kurat nach Vent im Ötztal. Die Verlorenheit dieses armseligen Bergdorfes in 1893 Meter Meereshöhe war damals und noch für Jahrzehnte durch einen 5- bis 6stündigen Fußmarsch abgeschnitten vom nächsten Dorf, von Zwieselstein draußen im Ötztal. Im Frühjahr 1872, nach fast 12jährigem Wirken in Vent, kam der Ruf an die Pfarre in Nauders. Franz Senn folgte ihm als tief enttäuschter Mensch, der seine besten Jahre, eigene und geliehene Geldmittel dafür geopfert hatte, die Venter Bergwelt

für den Tourismus zu öffnen und dem Alpenverein zukünftige Wege zu weisen. Verschuldet und krank verbrachte er neun trübe Jahre in Nauders, erst 1881 kam die ersehnte Berufung nach Neustift im Stubaital. Hier erlebte Senn einen Abglanz seiner ersten glücklichen Venter Jahre, er stieg wieder hinauf zu den Bergen und propagierte den Bau einer Schutzhütte oben am Saum des Alpeiner Ferners. Die Verwirklichung, 1885, durfte er nicht mehr erleben, aber mit dem Hüttennamen erinnerte sich der Alpenverein wieder an einen seiner verdienstvollen Väter und benannte das Haus nach Franz Senn.

Die Reden und Feiern zum 100jährigen Hüttenjubiläum sind verklungen, der Stolz der Innsbrucker Alpenvereinssektion auf dieses großzügig modernisierte und gut geführte Haus ist berechtigt: Ganz im Sinne von Franz Senn ist seine Hütte ein idealer Stützpunkt für alle Touren im Bereich der Alpeiner Berge.

Das Oberbergtal, in der Einfahrt schmal, aber nach Bärenbad breit und weit bis zum Talschluß bei der Oberiß-Alm, mit reichen Talwiesen und Hangmähdern auf der Sonnseite, ist seit Jahrhunderten auch ein Tal der Bergbauern. Die Bevölkerung verteilt sich auf Einzelhöfe und den Weiler Sedugg, 1472 m, lebt von der Viehhaltung und profitiert gewiß auch vom Fremdenverkehr. Am Parkplatz Oberiß-Hütte, 1742 m, ist die laute Welt zu Ende, in

Der Alpeiner Bach nahe der Franz-Senn-Hütte trägt die Gletscherwasser des Alpeiner Ferners zu Tal.

1½ Stunden geht auch ein langsamer Wanderer hinauf zur Senn-Hütte in 2149 Meter Höhe am Rande des weiten Hochtales zum Alpeiner Ferner.

Der Franz-Senn-Weg, auf dem wir zur Hütte wollen, beginnt bei den Kalkkögeln, am Seejöchl, 2518 m, westlich der Schlicker Seespitze. Dorthin kommen wir entweder von der Adolf-Pichler-Hütte, 1977 m, oder von der Starkenburger Hütte, 2237 m, in 1½ Stunden oder ab Fulpmes mit Hilfe der Lifte in 2 Stunden Gehzeit (siehe Tourensteckbrief). Der Start am Seejöchl ist vorteilhaft, denn die Wegetrasse erfährt am nahen Steinkogel, 2589 m, sogleich ihren höchsten Punkt – der Sennweg, ein schmaler Wiesen- und Schrofensteig, läuft direkt auf die vergletscherten Alpeiner Berge zu: ab Seejöchl

etwa 4 Stunden zur Senn-Hütte, in den offenen südostseitigen Hängen nur teilweise ein bequemes Gehen, sonst über Stock und Stein.

Das Stubaital,

bevölkert von etwa 8000 Einwohnern, besitzt das Vielfache an Gästebetten und zählt über 1 Million Übernachtungen pro Jahr. Der sommerliche Tourismus, die sanfte Inbesitznahme der Landschaft durch Wandern und Bergsteigen, hat daran den weitaus geringeren Anteil: Die laute Hauptattraktion des Tales ist der ganzjährige Gletscherskilauf!

Neustift ist der größte, aber nicht der älteste Ort; vor ihm wurden im 13. Jahrhundert Tulfes, Fulpmes, Milders und Ranalt genannt, erst im Jahre 1516 legte sich auf die Höfegruppe »Im Tal« der Name

»Neustift«, so genannt, weil Kaiser Maximilian I. im Jahre 1505 eine Kapelle gestiftet hatte.

Fulpmes blickt auf eine jahrhundertealte Schmiede-Tradition zurück, hervorgerufen durch die Eisengruben in der Schlick und am Burgstall. 1675 gab es im Stubaital 45 Huf-, Sensen- und Messerschmiede. Dieses Handwerk lebte auch noch weiter, als das heimische Eisenvorkommen längst erloschen war und Roheisen eingeführt werden mußte. 1897 gründeten 30 Schmiedemeister eine Werksgenossenschaft, die heute bestehende »Stubaier Werkzeugindustrie« führt die Tradition weiter.

Die Franz-Senn-Hütte mit der Hausfront hinein zum Alpeiner Tal, im Hintergrund die Schlicker Seespitze und der Große Burgstall.

Tourensteckbrief

Ausgangsort
Fulpmes, 937 m, im Stubaital.

Die Tour in Stichworten
Fulpmes, 937 m - Lift Froneben, 1316 m - Bergstation Kreuzjoch, 2100 m - Sennjoch, 2190 m - Niederer Burgstall, 2436 m - Schlikker Scharte, 2456 m - Seejöchl, 2518 m - Franz-Senn-Weg - Franz-Senn-Hütte, 2149 m - Oberiß-Hütte, 1742 m.

Schwierigkeit/Anforderung
I = wenig schwierig, Wandertour, große Anforderung, Tagestour.
Von Fulpmes mit Sessellift (erste Auffahrt 8 Uhr) über Froneben zur Bergstation Kreuzjoch. Vom Kreuzjoch auf Wanderweg zum Sennjoch, weiter auf mark. Steig über den Niederen Burgstall zur sichtbaren Schlicker Scharte, dort Einmündung des Zugangs von der Starkenburger Hütte. Weiter zum nahen Seejöchl, hier Einmündung des Zugangs von der Adolf-Pichler-Hütte, 1977 m.
Franz-Senn-Weg: Vom Seejöchl, 2518 m, in 30 Min. zur höchsten Wegestelle am Steinkogel, 2589 m. Ab Steinkogel bleibt der Weg bis zum Sendersjöchl, 2477 m, auf dem Kammverlauf, schwenkt dort in S-seitige, schwach gegliederte

Rasenhänge und hält bis zur Sicht auf die Se-dugg-Alm mit geringem Auf und Ab eine durchschnittliche Höhe von 2350 m ein. Ab Se-dugg-Almhütte, 2249 m (nur Notunterkunft, aufgelassene Alm) stärkere Felsgliederung der Hänge, Wideranstieg bis etwa 2350 m zum Südsporn der Schaldersspitze. Steiler, ausgesetzter Abstieg etwa 80 m, in eine weite Geländebucht, Überschreitung eines Baches (im Gelände rechts des Bachlaufes wegloser Abstieg zum sichtbaren Parkplatz Oberiß-Hütte möglich), und Wiederanstieg bis etwa 2350 m. Franz-Senn-Hütte in Sicht, dorthin problemloser Abstieg. (Ab Hütte auf dem Sommerweg zum Parkplatz Oberiß-Hütte. Taxiverkehr nach Neustift).
Durchgehend mark., SO-seitige, an einigen Stellen mit Drahtseil gesicherte Wanderroute. Vorteilhaft in beschriebener Richtung, nur für ausdauernde Geher bei sicherem Wetter!

Höchste Wegestelle/Gipfel
Schlicker Scharte, 2456 m, Seejöchl, 2518 m, Steinkogel, 2589 m.

Anstiegsleistung
Ab Bergstation Kreuzjoch 600 Höhenmeter, ab Steinkogel hauptsächlich fallende Trasse.

Abstieg
Siehe Tourenverlauf.

Blick von der Brennerspitze nach Norden: Am Horizont das Karwendelgebirge, rechts die Schlicker Seespitze, von links schließt der Alpeiner Kamm mit dem Schwarzhorn über den Steinkogel zum Seejöchl an der Schlicker Seespitze auf. Der Sennweg beginnt am Seejöchl und quert nach Überschreitung des Steinkogel hinein in die grünen südseitigen Hänge des Alpeiner Kammes.

Gehzeiten
Bergstation Kreuzjoch, 2100 m - Schlicker Scharte, 2456 m - Seejöchl, 2518 m: 2 Std.; Seejöchl - Franz-Senn-Weg - Franz-Senn-Hütte, 2149 m: 4 Std. - Parkplatz Oberiß-Hütte, 1742 m: 1 Std.
Gesamtgehzeit: 7 Stunden.

Hütten/Stützpunkte
Franz-Senn-Hütte, 2149 m, ÖAV-Sektion Innsbruck, 250 Betten und Matratzen, bew. Mitte Februar-Mitte Oktober.
Oberiß-Hütte, 1742 m, ÖAV-Sektion Innsbruck, keine Übernachtung, bew. Mitte Februar-Mitte Oktober.

Karten
Kompass Wanderkarte 1:50000, Blatt 83, »Stubaier Alpen/Serleskamm«.

Alpeiner Berge

57 Lüsenser Fernerkogel 3298 m Lüsenser Spitze 3230 m

Abseits der Modetouren

schwierig
Gletscher-/Felstour

Mit dem Namen Lüsens wird das bedeutendste der vier Sellrainer Quelltäler angesprochen, die vom vergletscherten Zentrum der Sellrainer Berge nach Norden zum Haupttal ziehen. Das Lüsenstal hat seinen Ursprung im Fernerboden unter dem Lüsenser Fernerkogel, noch zur Mitte des vorigen Jahrhunderts reichte der Lüsenser Gletscher tief in den Fernerboden hinab. Heute ist die gewachsene Urgesteinsstufe zwischen Fernerkogel und Kreuzkamp längst eisfrei, blankgefegt vom Wasser, aber noch immer mit dem Weiß der Gletscherdecke darüber und der 3298 Meter hohen Felsspitze des Fernerkogels ein urweltlicher, grandioser Talschluß. »Besonders schön, als ein doppelgezacktes, schneeglänzendes Felsprisma zeigt er sich von Gries (i. Sellrain) aus, und diese Gestalt des Berges ist es wohl, die ihn schon aus weiter Ferne, in Kufstein und in der baierischen Ebene kenntlich macht«, schreibt Ludwig Purtscheller, der 1877 den aus Sellrainer Sicht so eindrucksvollen Nordgrat beging.
Am Lüsenser Fernerkogel begegnet uns wieder Peter Carl Thurwieser. »Der Fernerkogel«, so hinterließ er uns, »erregte meine Aufmerksamkeit schon in früher Jugend; ich sah vom väterlichen Hause zu Kramsach (i. Inntal) gegen Südwest an heiteren Sommerabenden seinen Gipfel glühen.« Thurwieser fuhr am 23. August 1836 nach Lisens (= Lüsens) und war am 24. August mit dem Jäger Philipp Schöpf und dem Bauern Jakob Kofler aus Praxmar der erste Tourist, der den Fernerkogel erreichte. Wie sehr solche Unternehmungen, nur um des Bergsteigens willen, zur Mitte des vorigen Jahrhunderts noch die

große Ausnahme waren, zeigt die Tatsache, daß der nächste Tourist, der Alpenvereins-Mitbegründer Theodor Trautwein aus München, auf den Tag genau erst 36 Jahre später den Fernerkogel betrat.
So prächtig sich der Lüsenser Fernerkogel nach Norden zu seinem Tal zeigt, so wenig wird er in neuerer Zeit aus dieser Seite bestiegen. Der erste Hinweis auf eine günstigere Anstiegsroute stammt aus dem Jahr 1876 von Dr. Hans Buchner aus München. Er kam mit Begleitung von der Stöcklen-Alm, 1602 m, im Oberbergtal über die Innere Rinnennieder, 2902 m, zum Lüsenser Ferner, überschritt das flache Gletscherbecken zum Fernerkogel, kletterte über die roten Felsen der Plattigen Wand hinauf zum kleinen Rotgratferner und war dort, im obersten Firnwinkel, schon in knapp 3200 Meter Höhe; wenig später erreichte er über den blockigen, festen Fels des Südgrates den Gipfel. Dieser Weg

fand seine Festschreibung, die Franz-Senn-Hütte, 2149 m, gibt dieser Tour den notwendigen Rückhalt. Trotzdem sind und bleiben die Gipfel um den Lüsenser Ferner natürlich auch aus dem Lüsenstal eine lohnende Bergfahrt, aber mit höherer Anforderung.
Der Rinnensee, 2645 m, (siehe Tour 58) ist ein beliebtes Wanderziel, die Steilkehren vom See hinauf zur Felsenscharte der Rinnennieder begeht nur noch der Bergsteiger, der zum Fernerkogel will. An der Rinnennieder liegt die Gletscherregion offen – bei Sicht verbirgt der Routenverlauf kein Geheimnis. Deutlich ist auch zu erkennen, daß die dem Fernerkogel benachbarte Lüsenser Spitze, 3230 Meter, eine fast geschenkte Dreingabe sein kann – erfolgsgewohnte Bergsteiger feiern vielleicht sogar drei Dreitausender, denn auch die Rinnenspitze, 3003 Meter, könnte man auf dieser Tour noch »mitnehmen«.

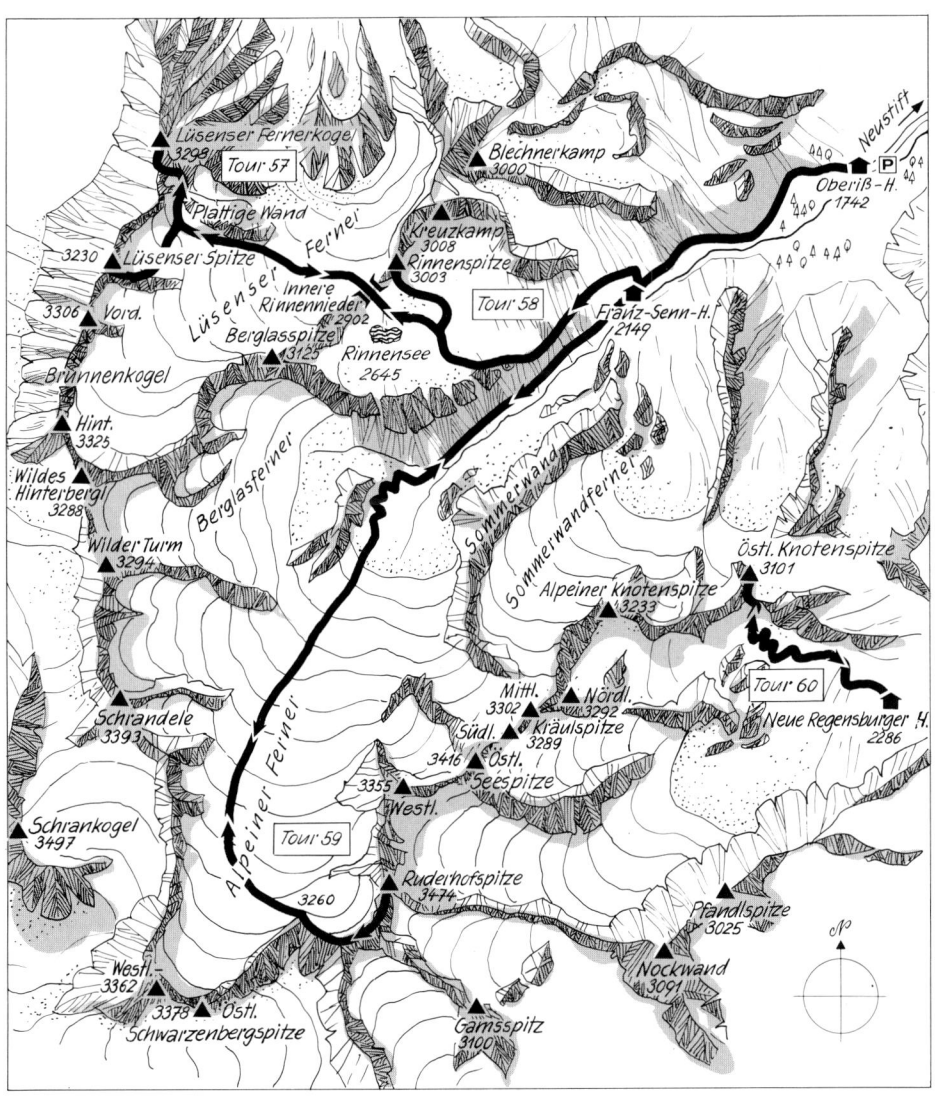

131

Tourensteckbrief

Ausgangsort
Neustift, 993 m, im Stubaital.

Die Tour in Stichworten
Neustift, 993 m – Oberiß-Hütte, 1742 m – Franz-Senn-Hütte, 2149 m – Innere Rinnennieder, 2902 m – Lüsenser Fernerkogel, 3298 m – Lüsenser Spitze, 3230 m.

Schwierigkeit/Anforderung
III = schwierig, Gletscher-/Felstour, mittlere Anforderung, 1½-Tage-Tour.
Von Neustift durch das Oberbergtal zum Parkplatz Oberiß-Hütte (Talstation der Materialseilbahn zur Senn-Hütte) mark. AV-Weg zur Hütte. Ab Franz-Senn-Hütte nach Schild »Rinnenspitze« auf AV-Weg zum Rinnensee, 2645 m, rechts vorbei und in einer Rasenflanke nach rechts steil höher zur felsigen Einschartung der Inneren Rinnennieder, 2902 m, im Westen der Rinnenspitze. Aus der Scharte Einblick in den Tourenverlauf. Kurzer Abstieg zum Lüsenser Ferner, fast horizontale Querung nach NW über das geschlossene Hochbecken zum Felsfuß ca. 3000 m der Plattigen Wand, nach Steigspuren, Steinmänner, über Blockwerk zum Ausstieg, 3045 m, mit Eintritt in den kleinen Rotgratferner. Mäßig steil (Achtung, Spalten!) zum obersten Gletscherwinkel am Ansatz, 3198 m, des S-Grates. Über den blockigen Grat nach Steigspuren steil, teils ausgesetzt, zum Gipfel.
Lüsenser Spitze: Auf Anstiegsweg zurück zum Fuß der Plattigen Wand und über SO-seitige, mäßig steile Firnhänge und Fels zum Gipfel. S-seitiger Routenverlauf, ab Innere Rinnennieder meist Gletscherroute.

Höchste Wegestelle/Gipfel
Innere Rinnennieder, 2902 m, Lüsenser Fernerkogel, 3298 m, Lüsenser Spitze, 3230 m.

Anstiegsleistung
Ab Senn-Hütte 1200, mit Lüsenser Spitze, 1400 Höhenmeter.

Abstieg
Wie Anstieg.

Gehzeiten
Parkplatz Oberiß-Hütte, 1742 m – Franz-Senn-Hütte, 2149 m: 1½ Std.; Senn-Hütte – Rinnensee, 2645 m – Innere Rinnennieder, 2902 m: 2 Std. – Lüsenser Fernerkogel, 3298 m: 2½ Std. Übergang zur Lüsenser Spitze, 3230 m: 1 Std.; Abstieg wie Anstieg zur Senn-Hütte: 3½ Std. Gesamtgehzeit: Ab Franz-Senn-Hütte: 9 Stunden.

Hütten/Stützpunkte
Oberiß-Hütte, 1742 m, und **Franz-Senn-Hütte,** 2149 m, siehe Tour 56.

Karten
Siehe Tour 59.

Am Lüsenser Ferner: rechts Lüsenser Fernerkogel, links Lüsenser Spitze mit den Zugängen aus dem obersten Gletscherbecken.

58 Rinnensee 2645 m Rinnenspitze 3003 m

*Die schöne Aussicht
über der Senn-Hütte*

*mäßig schwierig
Wander-/Felstour*

Der Rinnensee ist ein Geheimtip für Tagesausflügler, die vom Parkplatz Oberiß, 1742 m, herauf zur Franz-Senn-Hütte, 2149 m, kommen und noch gerne höher hinauf möchten. Aber auch der »ebene« Spaziergang - von der Hütte im flachen Talgrund etwa 2 Kilometer hinein zur Zunge des Alpeiner Ferners, die über blankem Urgestein hängt und den Gletscherabfluß speist - hat seinen Reiz. Dieser Boden, nur unterbrochen von einem Felsriegel, den der Gletscher einst nicht wegschaben konnte, gibt dem Alpeiner Bach viel Platz und mit dem schwachen Gefälle auch Muße genug, in Rinnsale auszuufern und in Verbindung mit urwüchsigem Rasenteppich und Gletscherbergen ein Bild heiler Hochgebirgs-Harmonie zu malen. Dieses wiesen- und wasserreiche Hochtal ist für die Senn-Hütte eine Trumpfkarte, die in der sommerlichen Urlaubszeit bei Bergwetter immer sticht: denn das Raunen, das unentwegte Wirken der Bergnatur, den frischen Wind vom Gletscher, die Höhensonne zu verspüren, dafür kommt der Stadtmensch in die Alpen. Ein Stockwerk darüber, in 2645 Meter Höhe und deshalb mit stärkerer Wirkung auf Körper, Geist und Sinne, verspricht der Rinnensee einen noch tieferen Einblick in die Welt von Eis und Urgestein. Das Schild »Rinnensee - Rinnenspitze« und der gut angelegte Alpenvereinsweg ab Senn-Hütte weisen darauf hin, daß die Wasserschüssel dort oben und die Felsspitze darüber schon seit vielen Jahrzehnten ein gesuchtes Wander- und Bergziel sind.

Wir queren den Alpeiner Bach, steigen an den Sonnenhängen durch Schafweiden steil höher, bis die Hänge sich zurücklehnen, der Bodenwuchs karger wird und der

Steig im nun flacheren Gelände die Wassertümpel des Rinnensumpfes streift. Hinter einer Stirnmoräne, vor vielen tausend Jahren aufgeschoben in einer seichten Steinmulde, zur selben Zeit vom Eise ausgeschürft, ruht der Rinnensee als glänzender, unverletzlicher Spiegel für die Berge ringsum. Ein Spiegel vor allem für die Fels- und Firngipfel drüben auf der anderen Seite des Alpeiner Baches, von der Ruderhofspitze über die See- und Kräulspitzen zu den Knotenspitzen. Aber auch wenn der Wind den See kräuselt und das Bild verwischt, die dunklen Berge, das glänzende Weiß der Gletscher-Hochmulden sind Wirklichkeit - das Geheimnis und der Zauber des Hochgebirges weben am Rinnensee vielleicht für so manchen Bergwanderer eine glückliche und vielleicht unvergessene Stunde der Rast.

Die Rinnenspitze überhöht den See um 350 Meter und lockt mit einer Gesamtdarstellung der Alpeiner Berge. Wenig vor dem See zweigt der Anstieg nach rechts, klettert über ungefüge Blöcke und zieht teils auf erdigem Steig und Geröll steil und direkt höher zum Fels, der 80 Meter unter dem Gipfel mit einer fast senkrechten Verschneidung überrascht. Doch diese glatte, südostseitige Wand ist gut gesichert, Stifte und Klammern führen hinaus zum Nordostgrat, ein Drahtseil wieder kurz in die Südflanke und über nun leichten und zudem gesicherten Fels zum Gipfel - zur Freude und Genugtuung der Bergsteiger ein Dreitausender-Ziel!

Am Gipfel der Rinnenspitze, gut 300 Meter tiefer der Rinnensee.

Tourensteckbrief

Ausgangsort
Neustift, 993 m, im Stubaital.

Die Tour in Stichworten
Neustift, 993 m – Parkplatz Oberiß-Hütte, 1742 m – Franz-Senn-Hütte, 2149 m – Rinnenspitze, 3003 m – Rinnensee, 2645 m.

Schwierigkeit/Anforderung
II = mäßig schwierig, Wander-/Felstour, mittlere Anforderung, Tagestour.
Zur Senn-Hütte siehe Tour 57.
Ab Hütte nach Schild »Rinnenspitze« auf AV-Weg mäßig steil in Richtung Rinnensee, wenig vorher bei ca. 2600 m mark. Abzweigung nach rechts zur Rinnenspitze. Über Blöcke, auf erdigem Steig und Geröll in der SO-Flanke steil hö-

Am Rinnensee, 500 Meter über der Franz-Senn-Hütte.
Das Bergpanorama gegenüber, jenseits des Alpeiner Tales, gehört dem Ruderhofkamm. Von links: Alpeiner Knotenspitze, Kräulspitzen, Östliche und Westliche Seespitze, davor die Sommerwand.

her bis zu plattigem Fels im Gipfelbereich. Sehr steiler, mit Klammern und Stiften gesicherter Ausstieg zum NO-Grat, über ihn, Drahtseilsicherung, zum Gipfel.
SO-seitiger Routenverlauf, viel begangen, durchgehend mark.

Höchste Wegstelle/Gipfel
Rinnensee, 2645 m, Rinnenspitze, 3003 m.

Anstiegsleistung
Ab Oberiß-Hütte 1300, ab Franz-Senn-Hütte 900 Höhenmeter.

Abstieg
Wie Anstieg.

Gehzeiten
Parkplatz Oberiß-Hütte, 1742 m – Franz-Senn-Hütte, 2149 m: 1½ Std.; Senn-Hütte – Rinnenspitze, 3003 m: 2½ Std.;
Abstieg wie Anstieg zur Oberiß-Hütte: 3 Std.
Gesamtgehzeit: 7 Stunden.

Hütten/Stützpunkte
Oberiß-Hütte, 1742 m, und **Franz-Senn-Hütte,** 2149 m, siehe Tour 56.

Karten
Siehe Tour 59.

59 Ruderhofspitze 3474 m

Hauptgipfel der Alpeiner Berge

schwierig
Gletscher-/Felstour

Von der Franz-Senn-Hütte wird erzählt, daß von ihr aus nicht weniger als 30 Dreitausender zu ersteigen sind. Addieren wir die benannten Dreitausender-Höhenkoten im Umkreis, im Ruderhof- und Schrankogelkamm, Fernerkogel- und Alpeiner Kamm, bestätigt sich diese Meinung, aber wie könnte es in den Alpeiner Bergen anders sein als sonstwo: Der unbekannte Gipfel steht als »Mauerblümchen« im Abseits, während der »Star« seine Popularität ständig steigern kann. Gerechterweise müssen wir jedoch anerkennen, daß diese berühmten Gipfel im Hinblick auf Gestalt, Höhe und Position eine Schlüsselfunktion einnehmen, die das Bergsteigervolk besonders anzieht. So besitzen auch die Alpeiner Berge eine »erste Garnitur«, und dazu zählt die Ruderhofspitze. Ein Aufsatz im Alpenvereins-Jahrbuch 1892 nimmt Bezug auf Senn-Hütte und Berge und schreibt: »Die Hütte eignet sich vorzüglich als Standquartier für eine Reihe herrlicher Hochtouren, unter denen wohl die auf die Ruderhofspitze eine der beliebtesten und lohnendsten ist.«

Früh am Morgen verlassen wir die Senn-Hütte, um den langen Weg zur Ruderhofspitze zu gehen. Die ersten Menschen, die über den Alpeiner Ferner der Ruderhofspitze zustrebten, waren am 30. August 1864 Carl Baedeker aus Leipzig und Dr. Anton von Ruthner aus Wien mit den Führern Gleinser und Tanzer. Sie hielten sich in der obersten Gletscherbucht direkt nach Osten zum Berg, stiegen über steilen, westseitigen Firn und Fels hinauf zum Grat, waren dort »nur mehr wenig Klafter unter der Spitze« und, kurze Zeit später, nach einem südseitigen Firnhang »auf einer Höhe von 10986 Fuss« als Erstbesteiger am Gipfel der Ruderhofspitze. Dieser Schlußanstieg ist auch heute je nach den Verhältnissen noch gebräuchlich.

Aus der Karte können wir jedoch gut herauslesen, daß die Ruderhofspitze einen langen, fast horizontalen Grat nach Süden sendet, der in einem Bogen nach Nordwesten zur Hölltalscharte, 3173 m, absinkt, aber vor ihr einen Fuß in das Firnbecken setzt. Die Alpenvereinskarte verzeichnet dort die Kote 3260, und diese Stelle – aus dem Eis leicht zugänglicher, blockiger Fels – sehen die meisten Bergsteiger als den günstigeren Startplatz. Dieser Grat schwenkt zum südseitigen firnigen, steilen Schlußhang und baut so auf schmaler, luftiger Schneide über blockigen, gut gangbaren Fels eine klassisch schöne Route zur 3474 Meter hohen Ruderhofspitze.

Mit »Grüß Gott« und »Berg heil« grüßt das im Jahre 1968 aufgestellte, schwere eiserne Gipfelkreuz der Alpinen Gesellschaft »Die Alpeiner« die froh und zufrieden am Sockel rastenden Bergsteiger.

◁ *Ausblick von der Rinnenspitze, von links: Westliche Seespitze, Ruderhofspitze, Alpeiner Ferner, das Hochbecken, darüber die Schwarzenbergspitze.*

Die Route zur Ruderhofspitze läuft über den Ferner zum Hochbecken, schwenkt dort nach links hinauf zu der kleinen Firnschulter in Bildmitte, rechts unter der Ruderhofspitze.

Im Aufstieg über den Alpeiner Ferner zur Ruderhofspitze. Hinter den Eisbrüchen liegt das Hochbecken, die von Firnrinnen durchzogene Felsmauer über den Brüchen gehört zur Ruderhofspitze.

Tourensteckbrief

Ausgangsort
Neustift, 993 m, im Stubaital.

Die Tour in Stichworten
Neustift, 993 m – Parkplatz Oberiß-Hütte, 1742 m – Franz-Senn-Hütte, 2149 m – Ruderhofspitze, 3474 m.

Schwierigkeit/Anforderung
III = schwierig, Gletscher-/Felstour, mittlere Anforderung, 1½-Tage-Tour. Zur Senn-Hütte siehe Tour 57. Ab Hütte entlang des Alpeiner Baches nach Mark. 131/135 in dem ebenen Hochboden zum Fuße, ca. 2300 m der im Anstiegssinne rechten Randmoräne des Alpeiner Ferners. Zuerst mäßig steil, dann steil über den Moränenkamm höher bis zum fast ebenen Auslauf in den Gletscher. Nach Steinmännern und Mark. bei ca. 2700 m (Mark.-Stange) Eintritt zum Gletscher. Die Abbruchzone des Alpeiner Ferners wird im Aufstiegssinne rechts in einer Steilstufe hinauf zum Nährbecken umgangen, bei etwa 3000 m Einsicht in den weiteren Tourenverlauf. Im flachen Hochbecken nach S und in einem Bogen in die oberste Firnbucht unter dem W-seitigen Felsaufbau der Ruderhofspitze, zu dem deutlichen Felssporn des NW-Grates oberhalb der Hölltalscharte, 3173 m, zu Pt. 3260 AV-Karte. Flacher Einstieg zum gut gangbaren, blockigen Grat, auf ihm über die Obere Hölltalscharte, 3247 m zum S-seitigen, kurzen, steilen Firnhang vor dem Gipfel.
Ab 2700 m N-seitige, übersichtliche Gletscherroute, ab 3260 m Felsroute.

Höchste Wegestelle/Gipfel
Ruderhofspitze, 3474 m.

Anstiegsleistung
Ab Franz-Senn-Hütte 1300 Höhenmeter.

Abstieg
Wie Anstieg, von der Hölltalscharte auch Abstieg zur Dresdner Hütte möglich.

Gehzeiten
Franz-Senn-Hütte, 2149 m – Alpeiner Ferner, ca. 2700 m: 2 Std.; Gletscherroute – Einstieg zur Felsroute = NW-Grat, Pt. 3260: 2 Std. – Ruderhofspitze, 3474 m: 1 Std. Abstieg wie Anstieg: 3 Std.
Gesamtgehzeit: 8 Stunden.

Hütten/Stützpunkte
Franz-Senn-Hütte, 2149 m, ÖAV-Sektion Innsbruck, 250 Betten und Matratzen, bew. Mitte Februar–Mitte Oktober.

Karten
Kompass Wanderkarte 1:50000, Blatt 83, »Stubaier Alpen/Serleskamm«.

60 Neue Regensburger Hütte 2286 m Östliche Knotenspitze 3101 m

498

Die neue Regensburger Bergheimat

mäßig schwierig
Wander-/Felstour

Mit dem Namen »Regensburg« verbindet der Bergsteiger zwei Hütten: einmal die Hütte auf der Cisles-Alpe südseits der Geislerspitzen in den Dolomiten, zum anderen das Haus im Stubai, hoch oben im Falbesontal, an der Schwelle hinein zu einem wasserreichen Boden. In Unterscheidung zur verlorenen Dolomitenhütte nannte die AV-Sektion Regensburg das 1930/31 errichtete Bergsteigerheim »Neue Regensburger Hütte«, 2286 m. Die herrliche Lage am »Hohen Moos«, das die Wasser herab von den kleinen Gletschernischen im Ruderhofkamm auffängt, ist für Stubaier Talurlauber ein starker Anreiz für eine Tageswanderung zur Hütte. Frühaufsteher und ausdauernde Geher unter ihnen sollten sich mehr zutrauen, denn die Neue Regensburger Hütte empfiehlt mit dem Schild »Östl. Knotenspitze« einen Dreitausender und hält für trittsichere Bergwanderer bis zum Vorgipfel, 3082 m, einen markierten Steig als problemlosen Aufstieg bereit. Die Anforderung ist freilich hoch: vom Parkplatz am Waldcafé Falbeson 1800 Höhenmeter zum Gipfel! Der Tagesausflug zur Regensburger Hütte steigert sich zu einer richtigen Bergtour; für manchen Talurlauber vielleicht ein willkommener Test, inwieweit das vielgepriesene Hochgebirgs-Reizklima neue Körperkräfte mobilisiert.

Die Neue Regensburger Hütte am Rande vom »Hohen Moos« mit Blick zum Habicht. Bild oben zeigt eine Passage am Weg von der Regensburger Hütte zur Östlichen Knotenspitze, im Hintergrund der Habicht.

Am Vorgipfel (Pt. 3082 AV-Karte) der Östlichen Knotenspitze. Links oben der Gipfel, am Horizont das Karwendelgebirge, im Mittelgrund der Alpeiner Kamm, rechts Schlicker Seespitze.

Tourensteckbrief

Ausgangsort
Waldcafè bei Falbeson, ca. 1250 m, im inneren Stubaital.

Die Tour in Stichworten
Parkplatz am Waldcafè, ca. 1250 m – Neue Regensburger Hütte, 2286 m – Östl. Knotenspitze, 3101 m.

Schwierigkeit/Anforderung
II = mäßig schwierig, Wander-/Felstour, große Anforderung, Tagestour.
Talzugang Neue Regensburger Hütte: Von Neustift im Stubaital talein bis zum Waldcafè bei Falbeson, Parkplatz. Nach Schild und mark. Steig, teils Forststraße, zur Falbesoner Ochsenalm, 1822 m, ab hier mäßig steiler AV-Weg in vielen Kehren hinauf zur schon sichtbaren Regensburger Hütte.

Ab Hütte nach Schild »Östl. Knotenspitze« steil höher zum Becken des Jedlasgrübelferners, an seinem Saum hinüber zu steilem, kompaktem S-seitigem Fels und auf teils gesicherter Steiganlage zum Steinmann auf dem Vorgipfel, 3082 m. Bis hierher durchgehend mark. Steig. Übergang zum nahen Gipfel der Östl. Knotenspitze Felsroute I bis II; hin und zurück 20 Min.
Viel begangene S-seitige Route, nur für geübte, trittsichere Bergwanderer.

Höchste Wegestelle/Gipfel
Vorgipfel 3082 m
Östliche Knotenspitze 3101 m.

Anstiegsleistung
Ab Parkplatz 1800, ab Neue Regensburger Hütte 800 Höhenmeter.

Abstieg
Wie Anstieg.

Gehzeiten
Parkplatz Waldcafè, ca. 1250 m – Neue Regensburger Hütte, 2286 m: 3 Std. – Östl. Knotenspitze, 3101 m: 2½ Std.
Abstieg Regensburger Hütte: 1½ Std. – Parkplatz Waldcafè: 2 Std.
Gesamtgehzeit: 9 Stunden.

Hütten/Stützpunkte
Neue Regensburger Hütte, 2286 m, DAV-Sektion Regensburg, 96 Betten und Matratzen, bew. Mitte Juni–Ende September.

Karten
Siehe Tour 59.

Alpeiner Berge

61 Amberger Hütte 2135 m *1985* Schrankogel 3497 m *1988*

Fels- und Firnpyramide zwischen Senn-Hütte und Amberger Hütte

schwierig Felstour

Der Schrankogel steht schon außerhalb des engeren Alpeiner Tourenbereiches, wird aber auch von der Franz-Senn-Hütte über das Schwarzenbergjoch, 3104 m, oder die Wildgratscharte, 3168 m, angegangen. Die Amberger Hütte ist ihm wesentlich näher und propagiert – im Gletscher weniger erfahrene Bergsteiger schätzen diesen Vorteil – den eisfreien südwestseitigen Felsanstieg. Auch wir kommen von Längenfeld, 1171 m, im Ötztal über Gries, 1569 m, im Sulztal hinauf zur Amberger Hütte, 2135 m, um diesen Vorzug zu nützen. Zum Sulztal zeigt der Schran-

kogel den steil aufgetürmten Fels der Südwestroute; hinüber nach Nordosten, ins Alpein, dominiert die sehr steile Firnflanke. Diese anspruchsvolle Eisroute ist es wohl, die den passionierten Steigeisengeher reizt, von der Senn-Hütte aus diesen bedeutenden Stubaier Berg zu besteigen. Wenn wir auf dem Güterweg entlang des wildschäumenden Fischbaches höherwandern und bei der Engstelle der Hinteren Sulztal-Alm den Sulzbichl umrunden, steht die Amberger Hütte plötzlich vor uns. Rückseitig lehnt dieses massive Steinhaus am grünen Hügel des Sulzbichls; nach Süden, hinein in die »Sulze«, zum vielarmigen Abfluß des Sulztalferners, ist über die Entfernung von 6 Kilometer bis hinauf zu den Gletscherhäuptern der Daunkögel die Bergwelt weit und breit geöffnet. Jeder Alpenvereinsstützpunkt war zur Gründerzeit - Amberger Hütte im Jahre 1888 - meist klein und bescheiden; durch die Erweiterung und Modernisierung in den dreißiger und siebziger Jahren bietet die Amberger Hütte jetzt für etwa 70 Personen genügend Platz und Nächtigung. Wenn die Tagesgäste wieder zum Parkplatz nach Gries hinabwandern, ist das Haus immer noch gut belegt, denn der hochalpine Tourenreichtum im Umkreis verführt dazu, den Aufenthalt hier heroben am Eingang zum wasserreichen Landschaftskleinod der »Sulze« auf mehrere Tage auszudehnen.

Der Schrankogel steht der Amberger Hütte östlich ganz nah gegenüber, und diese geringe Entfernung, bei einer Höhendifferenz von fast 1400 Meter zum Gipfel, deutet darauf hin, daß der Aufstieg steil sein muß. Auf der im Anstiegssinne linken Ufermoräne des Schwarzenbergferners weist in 2624 Meter Höhe das Schild »Zum Schrankogel« nach links zum »Hohen Egg«, 2820 m, und über das steile Geröll des Südwestrückens hinauf zur »Franzensschneid«. Der blockige, steile Fels des schmalen, ausgesetzten Südwestgrates zum 3497 Meter hohen Gipfel fährt so manchem Gelegenheits-Bergsteiger noch derart in die Beine, daß er vielleicht versucht ist, noch kurz vor dem Ziel aufzugeben: »... mit großer Beharrlichkeit bis etwa 3 Klafter unter der Spitze, wo die Vegetation gänzlich endigt«, erreichte am 20. September 1821 der Botaniker Hargasser nur beinahe den Gipfel. Der Pfarrer Schöpf aus Sölden versuchte sich etwa um 1840, aber erst 1873 begann mit Joseph Anton Specht die eigentliche Erschließung des Schrankogel.

Im Schrankogel-Südwestgrat wird der obere Abschnitt auch »Franzensschneid« genannt. Der Aufstieg führt über die letzten 200 Höhenmeter sehr steil, auch ausgesetzt und nicht ganz einfach zu gehen (siehe Bild) über diese Schneid zum Gipfel.

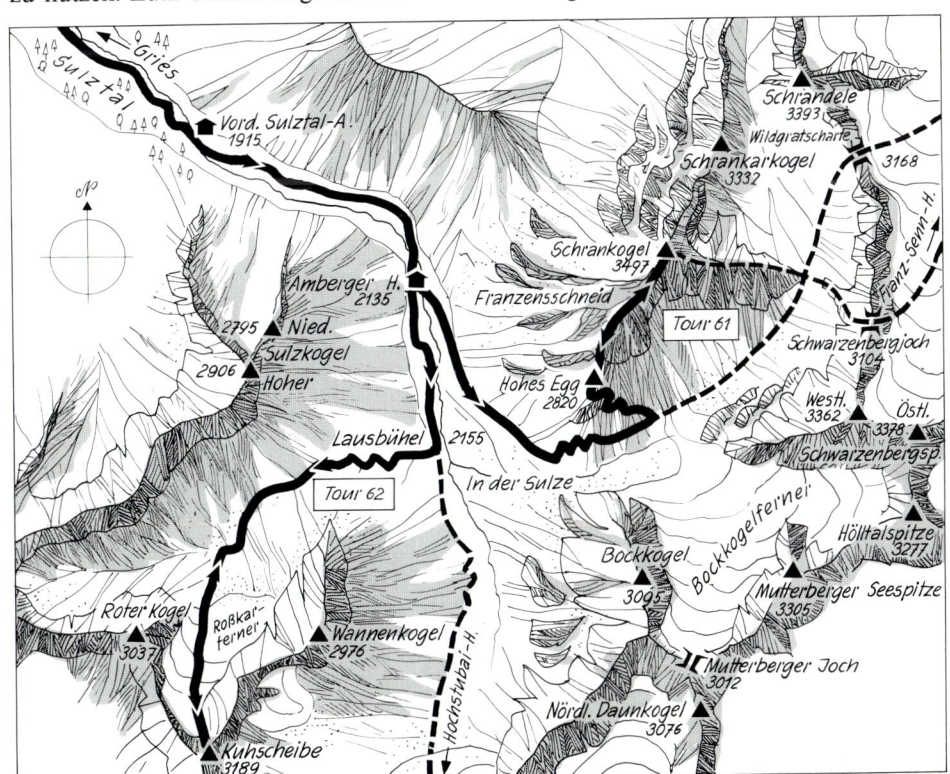

Tourensteckbrief

Ausgangsort
Gries, 1569 m, im Sulztal (Ötztal).

Die Tour in Stichworten
Gries, 1569 m - Amberger Hütte, 2135 m -
Schrankogel, 3497 m.

Schwierigkeit/Anforderung
III = schwierig, Felstour,
große Anforderung, 1½-Tage-Tour.
Von Längenfeld, 1171 m, im Ötztal Auffahrt
nach Gries im Sulztal, Parkplatz. Ab Parkplatz
für den öffentlichen Verkehr gesperrter Güterweg zur Amberger Hütte.
Ab Amberger Hütte nach Schild »Schrankogel« zum Gletscherbach, im Anstiegssinne am
linken Ufer talein, auf mark. Steig zur Randmoräne des Schwarzenbergferners und auf ihrem
Kamm zur Abzweigung, 2624 m »Zum Schrankogel«. Ein mark. Steig leitet nach links hinauf
zu den sichtbaren Steinmännern am »Hohen
Egg«, 2820 m. Ab hier auf deutlichem Steig,

Steinmänner, Mark., sehr steiler Aufstieg über
den SW-Rücken zu einer Mark.-Stange,
ca. 3300 m, zum Anschluß an den SW-
Grat = »Franzensschneid«. Teils direkt am
Grat, doch meist SO-seitig über blockigen, steilen Fels - bis in den Frühsommer verwächtet -
zum Gipfel.
SW-seitige Felsroute, durchgehend mark., viel
begangen.

Höchste Wegstelle/Gipfel
Schrankogel, 3497 m.

Anstiegsleistung
Ab Gries 1900, ab Amberger Hütte 1400 Höhenmeter.

Abstieg
Wie Anstieg; oder nach Steigspuren, Steinmänner über den O-Grat = Winterroute hinab zur
Randmoräne des Schwarzenbergferners, auf
dem Moränenkamm zur Abzweigung des SW-
Anstieges und auf Anstiegsweg zurück zur Amberger Hütte, 3½ Std. Oder Schwarzenbergferner - Wildgratscharte - Alpeiner Ferner -
Senn-Hütte.

*Die Schrankogel-West- und Südwestflanke her-
ab zum Sulztal, dazwischen gut zu erkennen
der Südwestgrat, die Aufstiegsroute ab Amberger Hütte.*
*Rechts Schwarzenbergferner, Schwarzenberg-
spitze und Mutterberger Seespitze über dem
Bockkogelferner.*

Gehzeiten
Gries, 1569 m - Amberger Hütte, 2135 m:
2 Std.; Amberger Hütte - SW-Anstieg Schran-
kogel, 3497 m: 4 Std.; Abstieg wie Anstieg zur
Amberger Hütte: 3 Std.
Gesamtgehzeit: Ab Amberger Hütte 7 Stunden.

Hütten/Stützpunkte
Amberger Hütte, 2135 m, DAV-Sektion Amberg, 62 Betten und Matratzen, bew. Pfingsten-Ende September.

Karten
Kompass Wanderkarte 1:50000, Blatt 83,
»Stubaier Alpen/Serleskamm«.

62 Kuhscheibe 3189 m

*Beliebtes Gipfelziel
der Amberger Hütte*

*mäßig schwierig
Gletscher-/Felstour*

Der Sulztalkamm ist die Verlängerung des Stubaier Hauptkammes im Zuge vom Wütenkarsattel, 3105 m, nach Längenfeld im Ötztal. Im Umkreis des Hauptgipfels, der 3361 Meter hohen Wilden Leck, gelingt es dem Sulztalkamm, ein noch vergletschertes Zentrum zu konzentrieren, dem von der Amberger Hütte aus allgemeines bergsteigerisches Interesse entgegenkommt. Die Kuhscheibe steht der Hütte am nächsten, sie wirbt mit Gipfelkreuz, großer Aussicht und dem leichten Weg auf dem übersichtlichen, nicht zu steilen Roßkarferner fast bis zum Gipfel und bekommt deshalb den meisten Besuch.
Eine knappe ½ Stunde nur wandern wir von der Amberger Hütte talein zum überwachsenen Felsklotz des Lausbühels, 2155 m, dort zeigt das Schild »Kuhscheibe« den Weg über steile, grasbewachsene Hänge zu den Alpböden des Roßkares; schwache Geländewellen schließen auf zum steinigen Becken unter dem Roßkarferner. An einem hübschen, ebenen grünen Fleck (ca. 2650 m) wendet sich der Anstieg zur Kuhscheibe nach links – die Markierung geradeaus höher führt zum Atterkarjöchl, 2970 m, und hinüber ins Ötztal. Plattiges Geröll verkündet den nahen Gletscher, bei etwa 2800 Meter Höhe betreten wir den flachen, meist aperen Saum, steigen am linken Fernerrand möglichst nah am Fels hinauf zur Mittelstufe und steil höher zum sanften, fast spaltenfreien Hochbecken mit Anschluß an den gezackten Gipfelkamm.
Wie das Eis, so ist auch der Fels problemlos: Der Tourenverlauf und der Aufenthalt am Gipfel mit Einblick in die Mysterien der Hochgebirge könnten für so manchen Anfänger – natürlich mit erfahrener Begleitung – der erste Schritt sein zum »Bergsteigen in Eis und Urgestein«.

Tourensteckbrief

Ausgangsort
Gries, 1569 m, im Sultal (Ötztal).

Die Tour in Stichworten
Gries, 1569 m – Amberger Hütte, 2135 m – Kuhscheibe, 3189 m.

Schwierigkeit/Anforderung
II = mäßig schwierig, Gletscher-/Felstour, mäßige Anforderung, 1½-Tage-Tour.
Zur Amberger Hütte siehe Tour 61.
Ab Amberger Hütte taleinwärts zur Wegeabzweigung am Lausbühel, 2155 m. Hier weist das Schild »Kuhscheibe« den mark. Steig (137) über steile Wiesenhänge höher zu Alpweiden und mäßig steil weiter in das Roßkar. Dort in Höhe von ca. 2650 m nach links zur Kuhscheibe (die Mark. geradeaus führt zum Atterkarjöchl, 2970 m, Übergang ins Ötztal). Über Geröll zum flachen Gletschersaum des Roßkarferners, ca. 2800 m, am linken Fernerrand hinauf zu einem Geröllsattel und über die folgende steilere Gletscherstufe zum flachen Hochbecken. Aus dem Gletscher kurzer Schlußanstieg über blockigen Fels zum Gipfel.
N-seitiger Routenverlauf, bis zum Gletscher mark., häufig begangen.

Höchste Wegestelle/Gipfel
Kuhscheibe, 3189 m.

Anstiegsleistung
Ab Gries 1600, ab Amberger Hütte 1000 Höhenmeter.

Abstieg
Wie Anstieg.

Gehzeiten
Gries, 1569 m – Amberger Hütte, 2135 m: 2 Std.; Amberger Hütte – Kuhscheibe, 3189 m: 3 Std.; Abstieg Amberger Hütte: 3 Std. Gesamtgehzeit: Ab Amberger Hütte 5 Stunden.

Hütten/Stützpunkte
Amberger Hütte, 2135 m, siehe Tour 61.

Karten
Siehe Tour 61.

Tip
Amberger Hütte auch günstiger Stützpunkt für die Wilde Leck, 3361 m und Windacher Daunkogel, 3348 m.

Das Gipfelkreuz auf der Kuhscheibe, 1984 gestiftet von der Alpenvereinssektion Amberg. Rechts Schrankogel, Schwarzenbergferner und Schwarzenbergspitze.

Sellrainer Berge

63 Winnebachsee-Hütte 2362 m Breiter Grieskogel 3287 m

Stubaier Gletschertour aus dem Ötztal

schwierig Gletschertour

Die Aussicht vom Gipfel der Kuhscheibe (siehe Tour 62) zeigt sehr gut den zentralen Alpeiner Bereich zwischen Ruderhofspitze, Schwarzenbergspitze und Schrankogel, aber auch das vergletscherte Gipfelrevier der inneren Sellrainer Berge vom Lüsenser Fernerkogel bis zum eindrucksvollen, gegen das Ötztal hin aufgebauten Breiten Grieskogel. Sein prächtiges Gletscherdach glänzt verheißungsvoll aus der Entfernung von etwa 10 Kilometer, und so bleiben wir im Sulztal, um vom Kirchdorf Gries, 1569 m, hinauf zur Winnebachsee-Hütte, 2362 m, zu gehen, mit dem Vorhaben, von diesem günstigen Stützpunkt aus den Breiten Grieskogel zu besteigen.

Die Winnebachsee-Hütte wurde im Jahre 1901 klein und bescheiden von der ehemaligen Alpenvereinssektion Frankfurt

a. d. Oder, also von alpenfernen Schlesiern, erbaut und ist jetzt, erweitert und modernisiert, im Besitz der bayerischen Sektion Hof. Bergsteiger und Wanderer von Hütte zu Hütte und die vielen Tagesgäste herauf vom Sulztal und Ötztal schätzen das schmucke Haus und seine Umgebung, die ungestörte Harmonie von Berg und Wasser am Winnebachsee. Die Hütte steht am Südufer, die stürzenden Wasser des Seeabflusses und des Bachfallenferners wirken übermächtig, erst mit dem zweiten Blick würdigen wir den Gipfelkranz 3000 Meter hoher, dunkler Berge und suchen den Breiten Grieskogel.

»Der Breite Grieskogel erscheint von Norden, Westen und Osten als mächtiger, hoch aufgewölbter, schön beeister Firndom, der überall durch seine Massenentfaltung imponiert. Nur gegen Süden, der dem Dörfchen Gries zugewendeten Seite, bricht er in völlig aperen, wenig gegliederten Felswänden ab, so daß es einigermaßen schwerfällt, den Gipfel unter dieser veränderten Form wieder zu erkennen«, schreibt Ludwig Purtscheller. Diese Beurteilung gilt auch für die Sicht vom Winnebachsee aus, wir erkennen nur die felsige Spitze, das Eis, der Grieskogelferner, liegt versteckt hinter der breiten, südseitigen Felsenmauer. Erst im Aufstieg durch das Winnebachkar zum Zwiselbachjoch (2868 m = Übergang zur Guben-Schweinfurter Hütte), wenn wir Höhe gewinnen und dem Berg näherkommen, zeigt der Breite Grieskogel das allseits bekannte Gletscherprofil, das ihn für Bergsteiger und im Frühjahr für Skitouristen zum begehrten Gipfelziel erhebt.

Tourensteckbrief

Ausgangsort
Gries, 1569 m, im Sulztal (Ötztal).

Die Tour in Stichworten
Gries, 1569 m – Winnebachsee-Hütte, 2362 m – Zwiselbachjoch, 2868 m – Breiter Grieskogel, 3287 m.

Schwierigkeit/Anforderung
III = schwierig, Gletschertour, mittlere Anforderung, 1½ Tage-Tour.
Talzugang Winnebachsee-Hütte: Von Längenfeld (1171 m im Ötztal) Auffahrt nach Gries im Sulztal, parken; mark. AV-Weg zur Hütte.
Ab Hütte mark. AV-Steig 142 zum Zwiselbachjoch, 2868 m = höchste Stelle im Übergang zur Guben-Schweinfurter Hütte (2034 m). Knapp vor dem Joch weist die Tafel »Breiter Grieskogel« einen Steig zum nahen Auslauf des Grieskogelferners. Vom Gletschersaum mäßig steil zur Mittelterrasse, dort nach links, am Gletscherrand steil höher zum Hochbecken, mäßig steil weiter zu den Gipfelfelsen und kurzer Durchstieg zum höchsten Punkt.
Beliebte, NO-seitige Gletscherroute, meist Trasse, viel begangen.

Höchste Wegestelle/Gipfel
Zwiselbachjoch, 2868 m, Breiter Grieskogel, 3287 m.

Anstiegsleistung
Ab Gries 1700 m, ab Winnebachsee-Hütte 900 Höhenmeter.

Abstieg
Wie Anstieg; oder vom Zwiselbachjoch Übergang Guben-Schweinfurter Hütte, 2 Stunden.

Gehzeiten
Gries, 1569 m – Winnebachsee-Hütte, 2362 m: 2 Std. – Zwiselbachjoch, 2868 m: 2 Std.; Zwiselbachjoch – Breiter Grieskogel, 3287 m: 1½ Std.
Abstieg Winnebachsee-Hütte: 3 Std.
Gesamtgehzeit: Ab Winnebachsee-Hütte 6½ Stunden.

Hütten/Stützpunkte
Winnebachsee-Hütte, 2362 m, DAV-Sektion Hof, 40 Betten und Matratzen, bew. Anfang Juli – Ende September.

Karten
Kompass Wanderkarte 1:50000, Blatt 83, »Stubaier Alpen/Serleskamm«.

Tip
Auf mark. AV-Steig zum »Gänsekragen«, 2915 m, im Nahbereich der Winnebachsee-Hütte, 1½ Stunden, sehr lohnend.

Das obere Bild, aufgenommen knapp unter dem Zwiselbachjoch, zeigt die Gletscherwellen zum Gipfelfirst des Breiten Grieskogel. Der Aufstieg erfolgt am linken Gletscherrand.

Bild unten: Die Winnebachsee-Hütte am Winnebachsee, auf der drüberen Talseite über der Hütte die Winnebachspitze, links der Abfluß des Bachfallenferners.

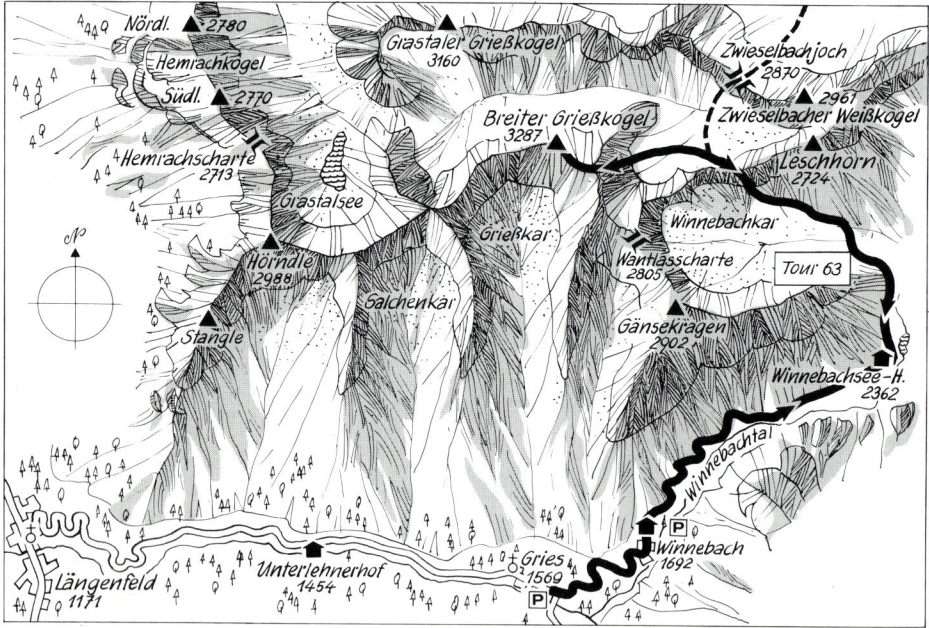

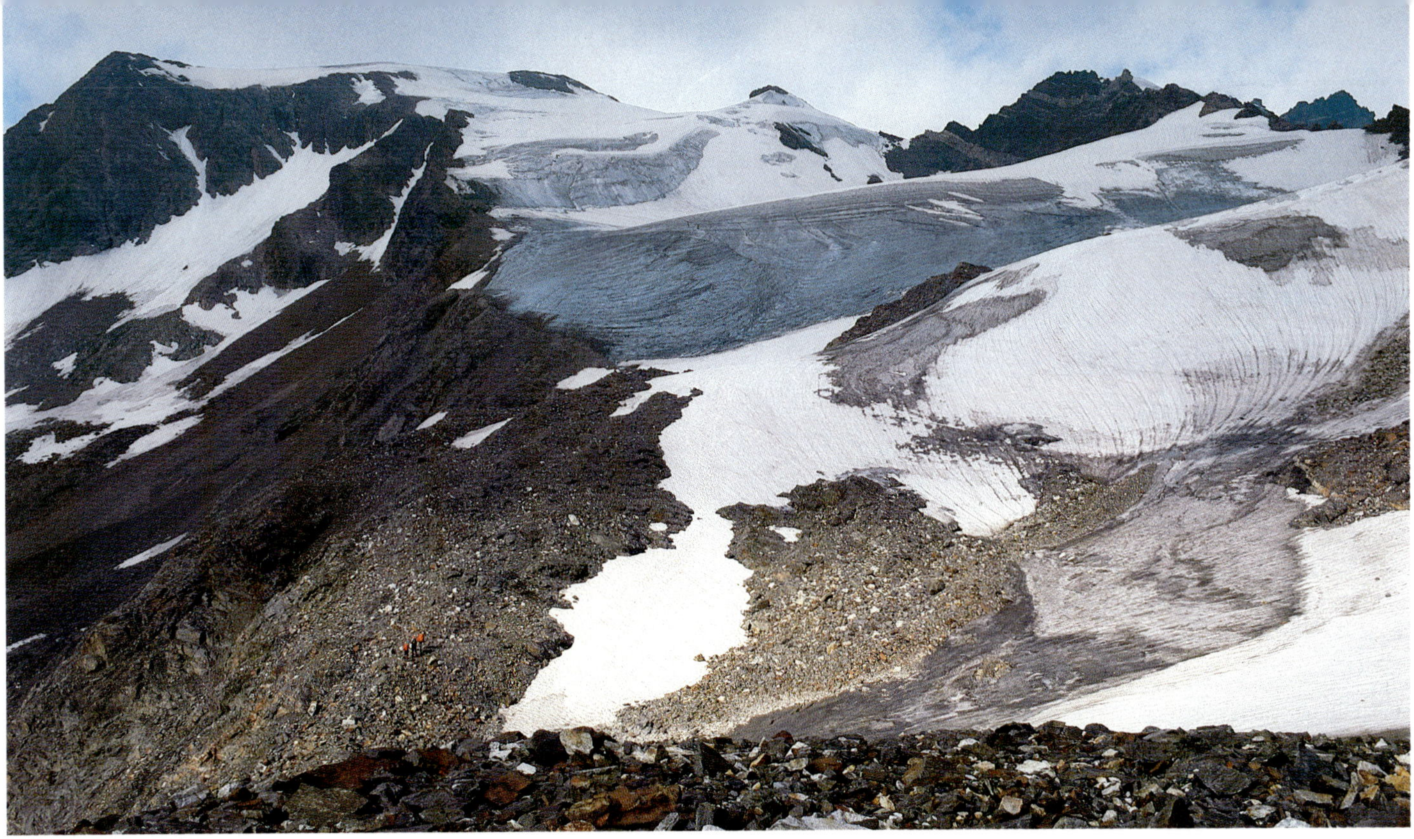

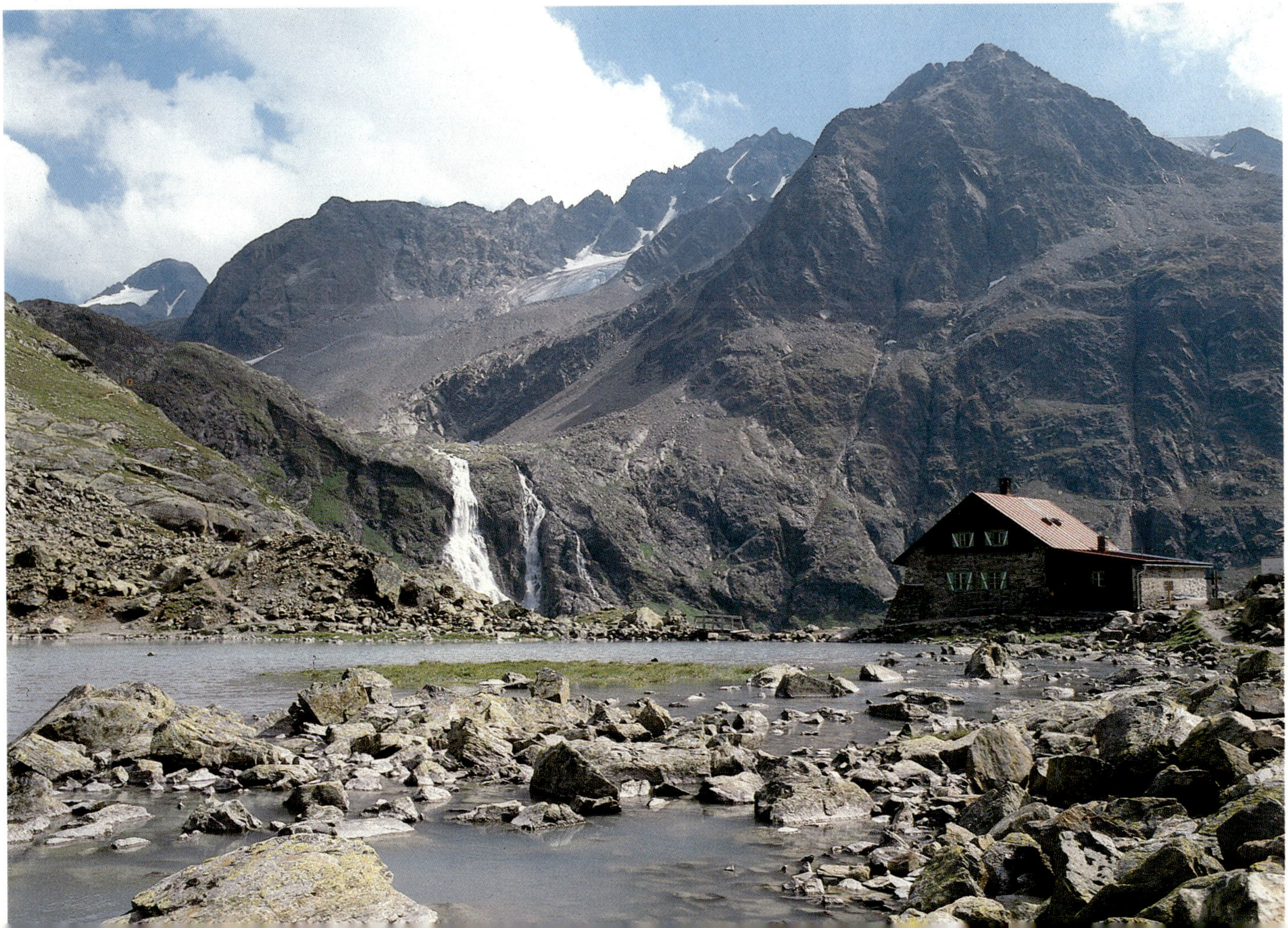

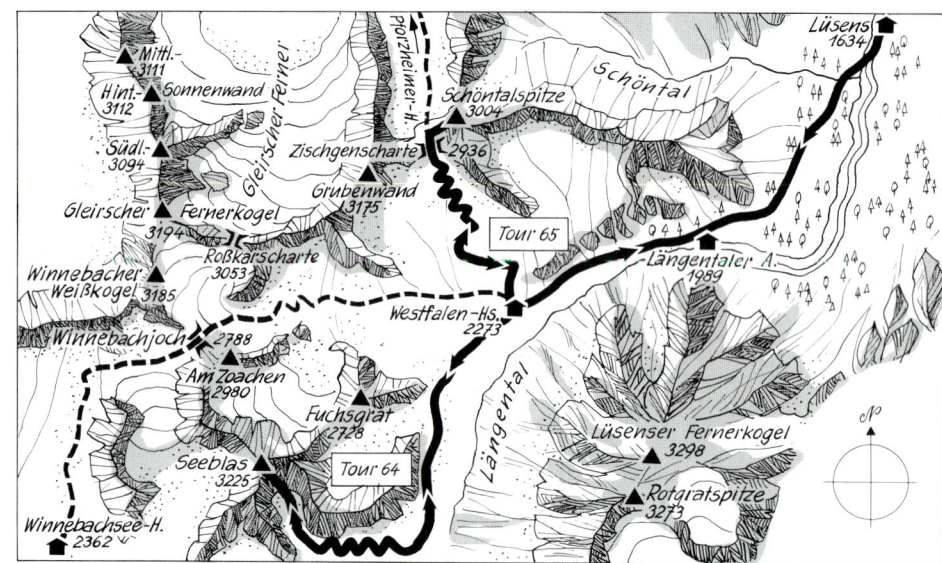

64 Westfalen-Haus
2273 m _14 17.5.9. 88_
Hoher
Seeblaskogel
3225 m _16.8.91_
_19.5.82_

Mittelpunkt zwischen
Sellrain und Sellpein

mäßig schwierig
Gletscher-/Felstour

Das Lüsenstal von Gries, 1238 m, im Sellrain zum Talschluß im Fernerboden, 1716 m, scheint dort unter dem Lüsenser Fernerkogel abrupt abgeschlossen zu sein. Tatsächlich reicht es aber mit einem Seitenast, dem Längental, über den Längentaler Ferner hinauf zum gleichnamigen Joch; so ist die Jochhöhe, 2991 Meter, der Ursprung des gesamten Tales bis hinaus nach Gries.

Hoch im Längental residiert in landschaftlich großartiger Position, ausgerichtet nach den Übergängen zur Pforzheimer, Winnebachsee- und Amberger Hütte, das im Jahre 1907 von der Sektion Münster erbaute Westfalen-Haus, 2273 Meter. Solide wie die Westfalen nun einmal sind, so ist auch ihr Haus: 1969/70 erweitert und mit einer im Jahre 1984 abgeschlossenen nochmaligen Vergrößerung und Renovierung ist die Hütte nun eine gediegene Visitenkarte aus Münster in Westfalen. Das Gipfelangebot spiegelt die hochalpine Umgebung, nur Dreitausender kommen in Frage: besonders beliebt und viel begangen ist die Tour zum Hohen Seeblaskogel.

Dieser 3225 Meter hohe Berg präsentiert sich zum Längental als »eine elegant geformte, doppelschultrige, firnbedeckte Giebelspitze«, sagt Ludwig Purtscheller, der Erstersteiger (20. August 1881). Aber nicht der sehr steile nordseitige Fels- und Firnaufbau herab zum Westfalen-Haus ist die Anstiegsseite, die Normalroute läuft durch eine nicht sichtbare »Hinterstube«: über einen mühsamen Geröllhang hinauf zum schmalen, versteckten Arm des Grüne-Tatzen-Ferner, zuletzt über Fels zum Kreuz mit der phantastischen Aussicht über die Sellrainer und Alpeiner Berge.

Tourensteckbrief

Ausgangsort
Gries, 1238 m, im Sellraintal.

Die Tour in Stichworten
Gries, 1238 m – Lüsens, 1634 m – Westfalen-Haus, 2273 m – Hoher Seeblaskogel, 3225 m.

Schwierigkeit/Anforderung
II = mäßig schwierig, Gletscher-/Felstour, mittlere Anforderung, 1½-Tage-Tour.
Von Gries im Sellraintal zum Alpengasthof Lüsens im Lüsenstal, Parkplatz; auf AV-Weg zum Westfalen-Haus.
Ab Westfalen-Haus nach Schild »Seeblaskogel« auf dem Dr.-Simon-Weg zur im Anstiegssinne rechten Seitenmoräne des Längentaler Ferners. In einem grünen Boden, ca. 2400 m an einem großen Block weisen die Anschrift »Seeblaskogel« und Mark. die Route nach rechts über eine steile Geröllflanke hinauf zum Grüne-Tatzen-Ferner. (Dr. Simon-Weg über Längentaler Joch zur Amberger Hütte.)

Bei etwa 2900 m Eintritt in den flachen, schmalen Fernerboden, mäßig steil über Felsinseln höher zum Hochbecken und etwas steiler zum Anschluß an die Gipfelfelsen. Kurzer Durchstieg in blockigem, gut gangbarem Fels zum höchsten Punkt mit dem Gipfelkreuz.
SO-seitiger Routenverlauf, bis zum Gletscher mark.

Höchste Wegestelle/Gipfel
Hoher Seeblaskogel, 3225 m.

Anstiegsleistung
Ab Lüsens 1600, ab Westfalen-Haus 1000 Höhenmeter.

Abstieg
Wie Anstieg.

Gehzeiten
Lüsens, 1634 m – Westfalen-Haus, 2273 m: 2 Std.; Westfalen-Haus – Hoher Seeblaskogel, 3225 m: 3½ Std.;
Abstieg Westfalen-Haus: 2 Std.
Gesamtgehzeit: Ab Lüsens 7½, ab Westfalen-Haus 5½ Stunden.

Das Westfalen-Haus mit Ausblick zum Längentaler Ferner, zum Längentaler Joch und zum Längentaler Weißenkogel. Bei der sonnenbeschienenen Moräne über der Hütte zweigt nach rechts die Route zum Hohen Seeblaskogel ab.

Bild links: Der Grüne-Tatzen-Ferner, im Aufstieg zum Hohen Seeblaskogel. Im Mittelgrund der Längentaler Ferner, darüber der Schrandele, rechts die Winnebachspitze.

Hütten/Stützpunkte
Westfalen-Haus, 2273 m, DAV-Sektion Münster, 80 Betten und Matratzen, bew. Mitte Juni–Ende September.

Karten
Kompass Wanderkarte 1:50000, Blatt 83, »Stubaier Alpen/Serleskamm.«

Blick vom Zischgeles zu Zischgenferner und Grubenwand rechts, links Schöntalspitze mit dem Anstiegsgrat aus der Zischgenscharte.

Sellrainer Berge

65 Schöntalspitze 3004 m

Zwischen Westfalen-Haus und Pforzheimer-Hütte

14.8.89

11.8.91

19.8.92

mäßig schwierig Wander-/Felstour

Tourensteckbrief

Ausgangsort
Gries, 1238 m, im Sellraintal.

Die Tour in Stichworten
Gries, 1238 m - Lüsens, 1634 m - Westfalen-Haus, 2273 m - Zischgenscharte, 2936 m - Schöntalspitze, 3004 m.

Schwierigkeit/Anforderung
II = mäßig schwierig, Wander-/Felstour, mittlere Anforderung, Tagestour.
Zum Westfalen-Haus siehe Tour 64.
Ab Westfalen-Haus nach Schild »Schöntalspitze« auf mark. Steig zur »Hohen Grube«, ca. 2700 m und aus diesem steinigen Becken über einen steilen Geröllhang hinauf zur deutlich sichtbaren Zischgenscharte links der Schöntalspitze. (Die Zischgenscharte, 2936 m, ist die höchste Wegestelle im Übergang Westfalen-Haus - Pforzheimer Hütte.) Aus der Scharte nach Mark. in N-seitigem, blockigem Fels zum Gipfel.
Durchgehend mark., S-seitiger Routenverlauf bis zur Zischgenscharte.

Höchste Wegestelle/Gipfel
Zischgenscharte, 2936 m, Schöntalspitze, 3004 m.

Anstiegsleistung
Ab Lüsens 1400, ab Westfalen-Haus 700 Höhenmeter.

Abstieg
Wie Anstieg; oder ab Zischgenscharte über den kleinen Zischgenferner und auf mark. Steig zur sichtbaren Pforzheimer Hütte, 2308 m, 2½ Std.

Gehzeiten
Lüsens, 1634 m - Westfalen-Haus, 2273 m: 2 Std.; Westfalen-Haus - Zischgenscharte, 2936 m: 2 Std. - Schöntalspitze, 3004 m und zurück: ½ Std.; Abstieg wie Anstieg: 2½ Std. Gesamtgehzeit: 7 Stunden.

Hütten/Stützpunkte
Westfalen-Haus, 2273 m, siehe Tour 64.

Karten
Siehe Tour 64.

Schon im Jahre 1305 wird Praxmar (1689 m), die innerste Lüsenser Dauersiedlung, im Urbar des Stiftes Wilten erwähnt; diesem Stift, ansässig im Innsbrukker Stadtbereich, gehörte damals das gesamte Lüsenstal. Heute beschränkt sich der Besitz auf die Lüsenser Alm mit dem Alpengasthof »Lüsens«, 1634 m, die Almen im Schöntal und Längental. Der grüne, großzügig mit Gletscherwasser benetzte Boden der Längentaler Alm liegt unter uns, wenn wir im Aufstieg von Lüsens bei etwa 2000 Meter Höhe den Bergwald verlassen und dem Sommerweg folgen, der hinauf zum schon sichtbaren Westfalen-Haus die weiten südostseitigen Talhänge schneidet. Der satte Boden und die unteren Hangwiesen gehören dem Vieh, das trittsichere Bergschaf steigt höher, fast bis hinauf zu den letzten Gräsern unter der Schöntalspitze. St. Wendelin ist der Schutzpatron der Hirten und Schäfer; bei der letzten Zirbe am Weg erbittet eine geschnitzte Holztafel den Schutz des Heiligen auch für Rind, Schaf und Geiß.
Die 3004 Meter hohe Schöntalspitze ist ein Dreitausender am Weg, im Übergang vom Westfalen-Haus zur Pforzheimer Hütte, 2308 m, im Gleirschtal. Von diesem nordseitigen Tal muß man jedoch den Zischgelesferner überschreiten, um die Schöntalspitze zu erreichen. Bei noch geschlossener Firndecke im nur mäßig steilen Aufstieg zur Zischgenscharte knapp unter dem Gipfel ist dieser kleine Gletscher gewiß harmlos, im Spätsommer bei Blankeis ohne Pickel und Steigeisen aber gefährlich. Von Süden, im Aufstieg vom Westfalen-Haus, sorgt die Sonne sehr bald für eine schnee- und eisfreie Route. Die Schöntalspitze reizt deshalb ausdauernde, trittsichere Bergwanderer zur Tagestour aus dem Lüsenstal. Die Höhendifferenz ab Parkplatz beträgt 1400 Meter und das steile Geröll aus der »hohen Grube«, 2700 m, hinauf zur Zischgenscharte, 2936 m, ist nur mit sturem Schritt zu besiegen. Ab Scharte noch 70 Meter zum Gipfel - kein Problem für den geübten Berggeher. Erwartungsvoll steigen wir in den Westgrat ein, folgen den Markierungen im leichten Fels der Zischgenseite und betreten schon 15 Minuten später den kleinen Gipfel - direkt über dem Westfalen-Haus.

146

66 Zischgelesspitze 3005 m

Beliebter Praxmarer Berg

mäßig schwierig
Wander-/Felstour

Tourensteckbrief

Ausgangsort
Gries, 1238 m, im Sellrain.

Die Tour in Stichworten
Gries, 1238 m - Praxmar, 1689 m - Zischgelesspitze, 3005 m.

Schwierigkeit/Anforderung
II = mäßig schwierig, Wander-/Felstour, mittlere Anforderung, Tagestour.
Von Gries im Lüsenstal nach Praxmar, Gasthöfe, Parkplätze.
Ab Praxmar nach den Schildern »Zischgeles« und »Oberstkogel« und nach Mark. 32 entlang einer Skipiste höher, im Schwenk nach links hinaus zu dem Höhenrücken, der vom Oberstkogel talwärts zieht und damit zu den schon von Praxmar aus deutlich sichtbaren Steinmännern (2388 m, »Drei Zaiger«). Der Steig schneidet den Höhenrücken (dort mark. Abzweigung zum Oberstkogel), zieht in S-seitige Berghänge, unter dem Oberstkogel hindurch hinauf zu einem Hochplateau, das zur Zischgelesspitze hin ausläuft. Ein großer Steinmann, 2850 m, mark. den Schlußanstieg über steilen, plattigen Fels zum Gipfel.
SO-seitiger Routenverlauf, durchgehend mark., viel begangen.

Höchste Wegestelle/Gipfel
Zischgelesspitze, 3005 m.

Anstiegsleistung
Ab Praxmar 1300 Höhenmeter.

Abstieg
Wie Anstieg; oder nach Mark. 31 über den felsigen N-Grat zu einem Sattel, dort nach rechts hinab zum grünen Boden des Sattelloches (Winterroute), weiter hinab nach Praxmar.

Gehzeiten
Praxmar, 1689 m - Zischgelesspitze, 3005 m: 3½ Std.
Abstieg nach Praxmar: 2½ Std.
Gesamtgehzeit: 6 Stunden.

Hütten/Stützpunkte
Gasthöfe in Praxmar.

Karten
Kompass Wanderkarte 1 : 50 000, Blatt 83, »Stubaier Alpen/Serleskamm«.

Die Zischgelesspitze steht ganz hinten im Trennungskamm zwischen dem Lüsenstal und dem Gleirschtal, kurz bevor der Kamm über Schöntalspitze und Grubenwand den Gleirscher Talschluß einleitet. Bei Skitouristen ist »der Zischgeles« - so wird er kurz und bündig genannt - längst ein Begriff, denn der Weg durch das Sattelloch, den wir vom Gipfel im Abstieg zurück nach Praxmar nehmen, ist eine beliebte Sellrainer Skiabfahrt, bekannt bis hinaus in bayerische Lande. Mit der Nennung von Praxmar, 1689 m, erfahren wir Ort und Tal, von dem aus im allgemeinen, ob mit Bergschuh oder Ski, der Zischgeles angegangen wird.

»Prahsmaer«, auf einer sonnigen, ostseitigen Hanglehne gut 100 Meter über dem Lüsenser Talgrund, war im Mittelalter nur ein einzelner Schwaighof, aber aus dieser Keimzelle wurde nie ein Dorf. Praxmar blieb eine Bauerneinschicht, besitzt heute einige stattliche Wirtshäuser, denn die erholsame Höhenlage, die ski- und wanderfreundlichen Osthänge vom Freihut draußen bis herein zu Zischgeles und Schöntalspitze und das hochalpine Landschaftsbild mit dem Lüsenser Fernerkogel als Talschluß bilden seit langem ein gern besuchtes Sellrainer Urlauber-Domizil.

Der Zischgeles schaut aus der Höhe von 3005 Meter hinab zum Lüsenstal; vom Gasthof Praxmar sehen wir den Gipfel als unscheinbare Spitze, 3½ Gehstunden entfernt. Wesentlich näher, im Kammzug vom Zischgeles herab zum Lüsenstal, lockt das Gipfelkreuz am Oberstkogel, 2728 m, darunter steht auf einem freien Rücken, »Drei Zaiger«, 2388 m, genannt, eine Reihe von Steinmännern. Diese aus Praxmarer Sicht auffällige Versammlung dient unserer Tour als Wegweiser. Von den zwei möglichen Routen wählen wir mit Weg Nr. 32 über die »Drei Zaiger« und südseitig am Oberstkogel vorbei den landschaftlich weitaus schöneren Aufstieg. Nach den Steinmännern schwenkt der Steig in die freien, südostseitigen Hänge des Oberstkogel und gewinnt Anschluß zum Gipfelaufbau der Zischgelesspitze. Das Besondere unserer Aufstiegsroute ist der Blick nach Süden zu den Alpeiner Gletscherbergen. Am Gipfelkreuz freuen wir uns über ein Panorama, das neben den Alpeiner Bergen nun auch die westlichen und nördlichen Sellrainer Berge erfaßt.

Auf dem Weg zum Zischgeles bewundern wir nur einen Berg, den Lüsenser Fernerkogel im Süden; links der Lüsenser Ferner.

67 Neue Pforzheimer Hütte 2308 m Gleirscher Roßkogel 3008 m

21.8.92

Ein Dreitausender für Bergwanderer

13589
Lage

wenig schwierig
Wandertour

Von Gries i. Sellrain talauf hebt eine Geländestufe das nächste Dorf, St. Sigmund, 1513 m, 300 Meter an. Dieser Höhenunterschied bewirkt in St. Sigmund und natürlich auch im Gleirschtal, das vom Dorf als Seitental hinein in die Sellrainer Berge zieht, ein rauheres Klima. Über Jahrhunderte hinweg nisteten im Gleirschtal als Dauersiedlung nur die sogenannten Gleirschhöfe, doch der grüne Boden, mit dem diese Höfe einst auskommen mußten, wird längst nur noch als Alm genützt. Der Gasthof Gleirschalm, 1666 m, Alm und Gastwirtschaft in einem, und die

Neue Pforzheimer Hütte 2 Gehstunden weiter im Talinneren mildern als die einzigen, zeitweilig bewohnten Häuser die Verlassenheit des Tales.
Der Alpenvereinssektion Pforzheim erging es wie so manch anderer Sektion auch, die neue Grenze Österreich – Italien nahm ihr die Hütte, gelegen im Vinschgau. Aber schon 1926 eröffnete die Sektion die »Neue Pforzheimer Hütte«, 2308 m, der Zweitname »Adolf-Witzenmann-Haus« erinnert an den Hüttengründer. Das Gleirschtal erhielt neue touristische Impulse: Die Übergänge zum Westfalen-Haus, zur Guben-Schweinfurter Hütte, und die bis dahin nur wenig begangenen Gipfel hatten einen Stützpunkt.
Am besten wissen natürlich die Pforzheimer selbst die lohnenden Anstiege, und sie sind es wohl hauptsächlich, die immer wieder die schwierigeren Gipfel im Gleirscher Bergkranz, die Grubenwände, 3175 m, den Gleirscher Fernerkogel, 3194 m, die Sonnenwände, 3112 m, und den Zwiselbacher Roßkogel, 3082 m, besteigen, während weniger gebietskundige Bergwanderer entweder die Übergänge suchen oder wegen dem Gleirscher Roßkogel, 3008 m, zur Pforzheimer Hütte kommen. Im Kammzug vom Gleirschjoch, 2750 m, hinaus zum Zwiselbacher Roßkogel ist er ein leichter Dreitausender, gerade richtig für eine Gesamtbeurteilung der Gleirscher Bergwelt.

Tourensteckbrief

Ausgangsort
St. Sigmund, 1513 m, im Sellrain.

Die Tour in Stichworten
St. Sigmund, 1513 m, - Gasthof Gleirschalm, 1666 m - Neue Pforzheimer Hütte, 2308 m - Gleirschjoch, 2750 m - Gleirscher Roßkogel, 3008 m.

Schwierigkeit/Anforderung
I = wenig schwierig, Wandertour, mittlere Anforderung, Tagestour.
Parken in St. Sigmund und auf Güterweg über den Gasthof Gleirschalm im Gleirschtal zur Talstation der Materialseilbahn, 2132 m; von dort auf Steig zur nahen Pforzheimer Hütte.
Ab Hütte mark. Steig 145, im Schlußanstieg steil höher zum Gleirschjoch = Übergang zur Guben-Schweinfurter Hütte. Ab Joch nach Schild »Roßkogel« im Kammverlauf nach N, Mark., Steinmänner, mäßig steil zum Gipfel.
S-seitiger, durchgehend mark. Routenverlauf, häufig begangen.

Höchste Wegestelle/Gipfel
Gleirschjoch, 2750 m, Gleirscher Roßkogel, 3008 m.

Anstiegsleistung
Ab St. Sigmund 1500, ab Neue Pforzheimer Hütte 700 Höhenmeter.

Abstieg
Wie Anstieg.

Gehzeiten
St. Sigmund, 1513 m - Neue Pforzheimer Hütte, 2308 m: 2½ Std. - Gleirscher Roßkogel, 3008 m: 2 Std.
Abstieg nach St. Sigmund: 3½ Std.
Gesamtgehzeit: 8 Stunden.

Hütten/Stützpunkte
Gasthof Gleirschalm, 1666 m, Sommerbewirtschaftung.
Neue Pforzheimer Hütte, 2308 m, DAV-Sektion Pforzheim, 70 Betten und Matratzen, bew. Ende Juni – Ende September.

Karten
Kompass Wanderkarte 1:50000, Blatt 83, »Stubaier Alpen/Serleskamm«.

Tip
Weitere lohnende Bergtouren ab Pforzheimer Hütte: Zwiselbacher Roßkogel, 3082 m, Gubenwand, 3175 m, außerdem mark. Übergänge zum Westfalen-Haus, 2273 m, zur Guben-Schweinfurter Hütte, 2034 m, und nach Praxmar, 1689 m im Lüsenstal.

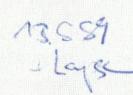

Neuschnee Anfang September – auch die Gleirschtaler Berge müssen diese Wetterunbill ertragen.
Das obere Bild zeigt den von den Sonnenwänden beherrschten Talschluß, auf der Hochrampe darunter steht rechts die Neue Pforzheimer Hütte.

Bild unten: Die Neue Pforzheimer Hütte mit der Haidenspitze.

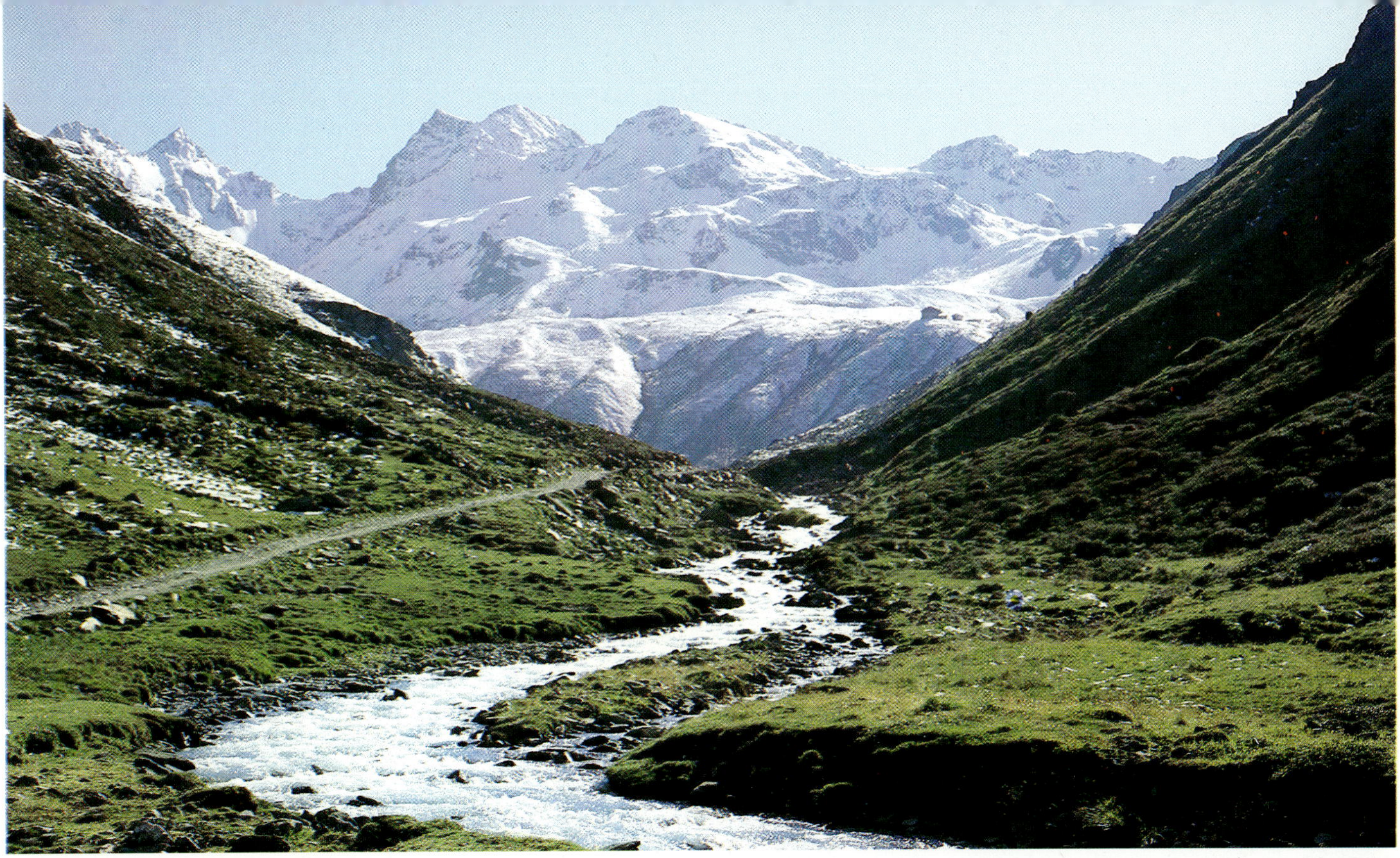

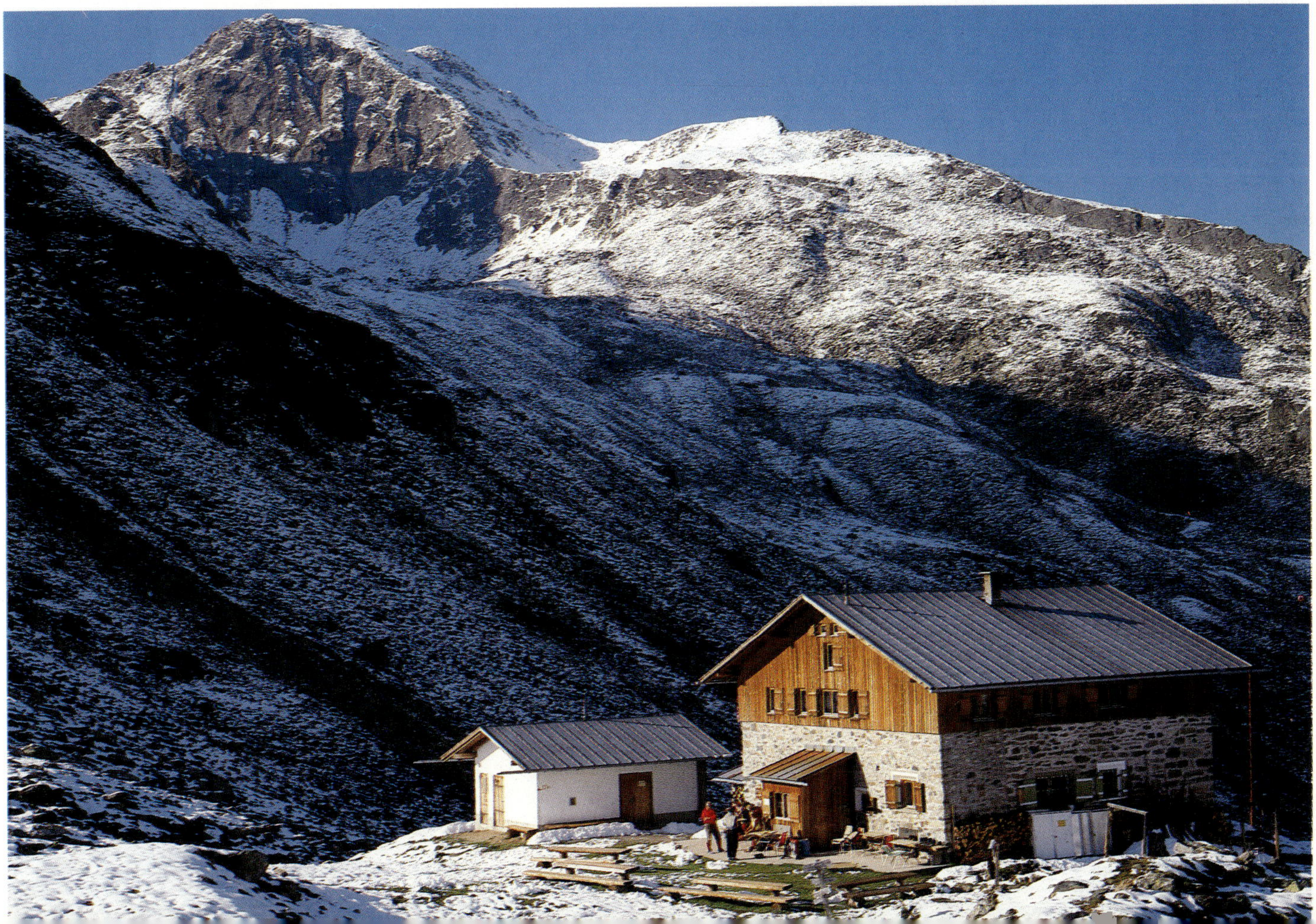

68 Bielefelder Hütte 2112 m
Hochreichkopf 3008 m
17.8.97
Guben-Schweinfurter Hütte 2034 m →
13.14.88?

Der Wilhelm-Oltrogge-Weg

mäßig schwierig
Wander-/Felstour

Dieser Tourenvorschlag - erster Tag auf dem Wilhelm-Oltrogge-Weg von der Bielefelder Hütte zur Guben-Schweinfurter Hütte, zweiter Tag über die Finstertaler Scharte nach Kühtai - führt uns in die Nordwestecke der Stubaier Alpen, ausgefüllt von den Südlichen Kühtaier Bergen. Ein fast gleichschenkeliges Dreieck umschließt diese Berge: Vom Kühtaier Sattel im Nedertal hinab nach Ötz zur Nordwestspitze im Ötztal, im Ötztal zur Südspitze bei Umhausen, das Horlachtal aufwärts zum weiten Sattel der Horlach-Alm, durch das Kraspestal zur Nordostspitze bei Haggen im Sellraintal, den Nordschenkel wenige Kilometer aufwärts wieder nach Kühtai. Die Täler, die von Kühtai und vom Nedertal in das Innere ziehen, sind schmal und kurz, aber wasserreich, und deshalb gibt es im Kühtai den Finstertaler Stausee. Die Felsberge ragen schroff und steil auf, staffeln in Seitenkämmen hohe Zweitausender zum Hauptkamm, an dem in nordöstlichen Winkeln

noch geringe Gletscherreste hängen. Dieser dominierende, stark gegliederte Kammzug bildet vom Wetterkreuz, 2558 m, im Nordwesten über Acherkogel, 3008 m, - Hochreichkopf, 3008 m, zur Hohen Wasserfalle, 3002 m, im Südosten das Rückgrat der Südlichen Kühtaier Berge. Die Sektion Bielefeld des Deutschen Alpenvereins besitzt am Wetterkreuz die Bielefelder Hütte, und diese Sektion unternahm 1927, als noch die Alte Bielefelder Hütte am Acherkogel bestand, das Wagnis, die teils sehr abschüssigen südwestseitigen Schrofenhänge des Hauptkammes hinein zur Hochreichscharte mit dem Wilhelm-Oltrogge-Weg zu erschließen. Die damalige Sektion Guben besorgte den Anschluß herab zur Horlach-Alm, zum Standort ihrer Hütte. Im Jahre 1951 zerstörte eine Lawine die Hütte am Acherkogel, aber schon 1954 eröffneten die Bielefelder ihr neues Haus in freier, aussichtsreicher Lage mit Blick hinab ins Ötztal. Von Ötz schwebt heute eine Sesselbahn

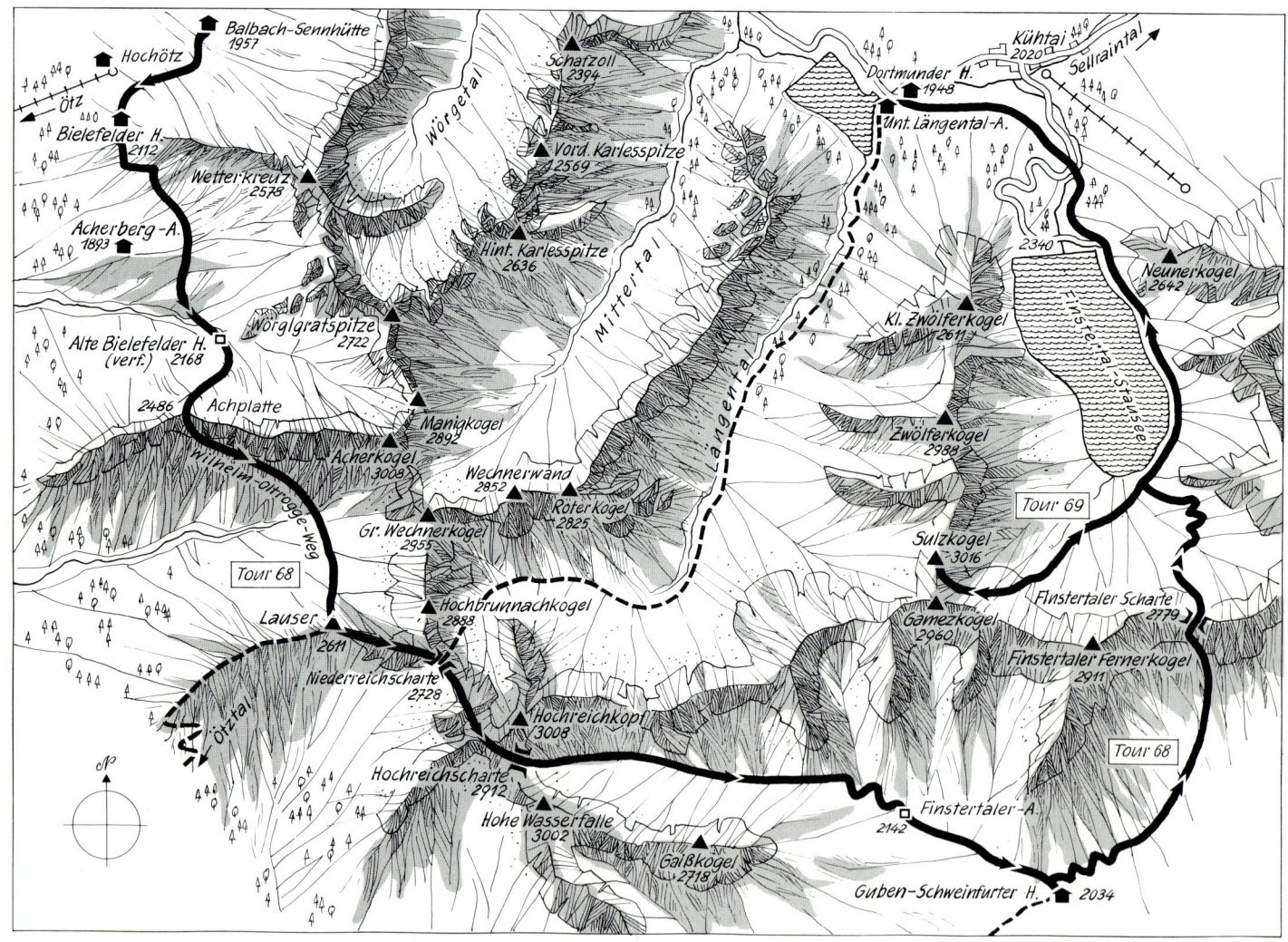

der Hütte fast bis vor die Haustür. Für unsere Tour schlagen wir dieses Angebot aus; wir parken in der Siedlung »Ochsengarten«, 1542 m, im Nedertal und gehen über die beliebte Jausenstation »Balbach-Sennhütte«, 1957 m, in 2 Stunden zum Hüttenplatz in 2112 Meter Höhe. Diese kurzweilige Wanderung bereitet den nächsten und sehr anstrengenden Tourentag vor.

Eine große Informationstafel bei der Bielefelder Hütte erläutert Wegenetz und Gipfeltouren und gibt für den Übergang zur Guben-Schweinfurter Hütte 8 Stunden Gehzeit an! Die erste Station, das Grundfest der früheren Bielefelder Hütte, 2168 m, erreichen wir in einer knappen Stunde, verlassen den etwas düsteren Winkel im steilen Anstieg zur Achplatte, 2486 m, queren tief eingerissene, vom Wasser ausgespülte Gräben hinab zum Acherkar und peilen im nächsten Bergauf das sichtbare Kreuz auf dem grünen Rücken des Lauser, 2611 m, (auch Hohe Warte

genannt) an. Diese Höhe markiert etwa die Halbzeit (3½ Std.). Die folgende Traverse über die Niederreichscharte, 2728 m, zur Hochreichscharte, 2912 m, ist in ausgesetzten, steilen Schrofenabstürzen mit viel Auf und Ab der anstrengendste Abschnitt (etwa 2 Std.) im Oltrogge-Weg! Das nahe Gipfelkreuz am Hochreichkopf lockt: Die weite Schau ins Kühtai und hinab zur Guben-Schweinfurter Hütte, 2034 m, ist der Lohn für die Plage – oder war es doch nur Freude? – am Wilhelm-Oltrogge-Weg.

Die Bielefelder Hütte, neu und sehr stattlich, von Ötz im Ötztal mit der Acherkogel-Bahn schnell und leicht zu erreichen.

Bild unten: Auch die Guben-Schweinfurter Hütte hat ihren Talzugang – von Umhausen durch das Horlachtal – aus dem Ötztal. In Bildmitte der Zwiselbacher Roßkogel, nach rechts Gleirscher Roßkogel und Gleirschjoch.

Tourensteckbrief

Ausgangsort
Ochsengarten, 1542 m, im Nedertal.

Die Tour in Stichworten
Ochsengarten, 1542 m – Jausenstation »Balbach-Sennhütte«, 1957 m – Bielefelder Hütte, 2112 m – Wilhelm-Oltrogge-Weg – Guben-Schweinfurter Hütte, 2034 m – Finstertaler Scharte, 2779 m – Kühtai, 2020 m – Dortmunder Hütte, 1948 m.

Schwierigkeit/Anforderung
II = mäßig schwierig, Wander-/Felstour, große Anforderung, 2½-Tage-Tour.
Durch das Sellraintal über Kühtai, vorbei an der Dortmunder Hütte; oder von Ötz im Ötztal durch das Nedertal zur Ortschaft Ochsengarten. Ab Ochsengarten zur »Balbach-Sennhütte« und auf dem Martin-Busch-Weg zur Bielefelder Hütte.

Wilhelm-Oltrogge-Weg: Ab Bielefelder Hütte mit Weg 147 im Auf und Ab zum Grundfest der Alten Bielefelder Hütte, 2168 m (Notunterkunft). Steiler Aufstieg zur Achplatte, 2486 m, durch abschüssige Schrofenhänge in Querung tief eingerissener Gräben hinab zu einem weiten Schotterkessel, ca. 2450 m, und Wiederanstieg zum Holzkreuz am Lauser, 2611 m, (auch Hohe Warte genannt, mark. Abstieg in das Ötztal möglich). Bis hierher etwa 3½ Std. Gehzeit. Im Auf und Ab quer durch die sehr abschüssigen Schrofenhänge vom Hochbrunnachkogel zur Niederreichscharte, 2728 m (mark. Abstieg zur Dortmunder Hütte möglich) und weiter durch die Steilhänge des Hochreichkopfes zur Hochreichscharte, 2912 m. Ab Lauser bis hierher 1½–2 Std. Gehzeit, schwierigster und anstrengendster Wegeabschnitt, Achtung, Steinschlag!
Aus der Hochreichscharte einfacher, kurzer Aufstieg zum Hochreichkopf, 3008 m. Bei der Hochreichscharte ist die Guben-Schweinfurter Hütte in Sicht. Ab Scharte sehr steil über Sand und Schotter etwa 80 m hinab zu einem mäßig geneigten Firnfleck mit Anschluß an den Steig, in einfacher Wegetrasse zur Guben-Schweinfurter Hütte. Ab Hochreichscharte 1½ Std.
Durchgehend mark. Route, fast ausschließlich SW-Hangverlauf. Im Abschnitt Lauser – Hochreichscharte sehr ausgesetzt, teilweise Drahtseilsicherung. Nicht vor dem Hochsommer und nur bei sicherem Wetter begehen!
Finstertaler Scharte – Dortmunder Hütte: Ab Guben-Schweinfurter Hütte nach Wegeschild und Mark. 146 über Steilhänge hinauf in das »Weite Kar« und über Alpweiden zum sichtbaren Steinmann auf der Finstertaler Scharte. (Knapp vor der Scharte Abzweigung zur Kraspesspitze, 2953 m, lohnender Gipfel im Übergang nach Kühtai). Ab Scharte teils steiler Abstieg zum S-Ende des Finstertaler Stausees und am Ostufer zur Staukrone, ca. 2340 m. Von dort auf Steig oder Straße hinab nach Kühtai und zur Dortmunder Hütte. Am frühen Nachmittag Busverbindung nach Ochsengarten.

Höchste Wegestelle/Gipfel
Hochreichscharte, 2912 m, Hochreichkopf, 3008 m, Finstertaler Scharte, 2779 m.

Anstiegsleistung
Ochsengarten – Bielefelder Hütte 600, Wilhelm-Oltrogge-Weg 1200, Guben-Schweinfurter Hütte – Finstertaler Scharte 700 Höhenmeter. Insgesamt 2500 Höhenmeter.

Abstieg
Siehe Tourenverlauf.

Gehzeiten
Ochsengarten, 1542 m – Bielefelder Hütte, 2112 m: 2 Std.; Wilhelm-Oltrogge-Weg – Guben-Schweinfurter Hütte, 2034 m: 8 Std.; Guben-Schweinfurter Hütte – Finstertaler Scharte, 2779 m – Dortmunder Hütte, 1948 m: 5 Std. Gesamtgehzeit: 15 Stunden.

Hütten/Stützpunkte
Bielefelder Hütte, 2112 m, DAV-Sektion Bielefeld, 70 Betten und Matratzen, bew. Anfang Juni–Ende September.

Unterwegs im Oltrogge-Weg, Rast am Lauser. Im Weiterweg queren wir die sonnige Westflanke des Hochbrunnachkogel zur Niederreichscharte, rechts der Hochreichkopf.

Guben-Schweinfurter-Hütte, 2034 m, DAV-Sektionengemeinschaft Schweinfurt-Guben, 60 Betten und Matratzen, bew. Mitte Juni–Ende September.
Dortmunder Hütte, 1948 m, DAV-Sektion Dortmund, 80 Betten und Matratzen, ganzjährig bewirtschaftet.

Karten
Kompass Wanderkarte 1:50000, Blatt 35, »Telfs-Kühtai-Sellraintal«.

Tip
Ab Kühtai lohnende Tour zum Gaißkogel, 2820 m, Liftbenützung bis 2280 m möglich.

69 Dortmunder Hütte 1948 m
Sulzkogel 3016 m

108

22.8.82

*Im Kühtai –
über dem Finstertaler Stausee*

*mäßig schwierig
Wander-/Felstour*

Die Dortmunder Hütte, 1948 m, genießt, der Bedeutung von Kühtai entsprechend, eine Sonderstellung. Der Kühtaier Sattel wird das ganze Jahr über vom Sellrain hinab ins Ötztal und umgekehrt befahren, das große, von der Alpenvereinssektion Dortmund noch aus Naturstein auf einem Riegel westlich der Paßhöhe errichtete Haus – Eröffnung im Jahr 1932 – steht direkt an der Straße.

Kühtai, erstmals im Jahre 1288 als »Chutay« erwähnt, bedeutet nichts anderes als »Kuhalpe«. Diese ursprüngliche Nutzung der ausgedehnten Hochsenke zwischen den Südlichen Kühtaier Bergen links und den Vorderen Kühtaier Bergen rechts wird sofort klar, wenn wir im Sellraintal von Haggen aufwärts zur Paßhöhe fahren – die beidseitigen Hänge prangen im Grün saftiger Hochweiden. Die erste Glanzzeit erlebte Kühtai im 17. Jahrhundert als »landesfürstlicher Jagdsitz im Gebirge«, heute ist Kühtai vor allem der weiten, baumlosen Hänge wegen eine bekannte Skistation mit viel Betrieb im Winter, im Sommer nur mäßig besucht. Nicht nur die Liftmanager, auch die in Tirol allgegenwärtige Wassernutzung erkannte im Kühtai ein lohnendes Objekt: Das urzeitliche Becken der Finstertaler Seen wird von einem Staudamm abgeriegelt, der 60 Mio. cbm Wasser zurückhält, Wasser, das auch vom Sulzkogel kommt.

Die Dortmunder Hütte ist eingerichtet auf Hausgäste, die gerne länger bleiben, denn Auslauf zum Wandern und Bergsteigen gibt es genug. Der Bergsteiger interessiert sich in erster Linie für den 3016 Meter hohen Sulzkogel, er beherrscht den Bergraum um den Finstertaler See. Die Route zu ihm beginnt an der Südspitze des Stausees mit einem Steig hinauf zu den Firnflecken des Gamezkogelferners, aus dem wir weglos über Blockwerk und Schotter hinaufsteigen zum Gipfel, der wohl schönsten Kühtaier Aussicht.

Tourensteckbrief

Ausgangsort
Kühtai, 2020 m.

Die Tour in Stichworten
Kühtai, 2020 m (Dortmunder Hütte, 1948 m) – Dammkrone Finstertal-Stausee, 2325 m – Sulzkogel, 3016 m.

Schwierigkeit/Anforderung
II = mäßig schwierig, Wander-/Felstour, mittlere Anforderung, Tagestour.
Von Kühtai oder von der Dortmunder Hütte auf mark. Steig zur Dammkrone des Finstertaler Stausees, von dort auf befestigter Trasse am O-Ufer des Stausees entlang zum S-Ende. (Die Abzweigung nach links, Mark. »F.Sch.« bezeichnet hier den Übergang: Finstertaler Scharte - Guben-Schweinfurter Hütte.) Zum »Sulzkogel«, blaurote Mark., mäßig steil zum Hochbecken des Gamezkogelferners. Am rechten Rand der nur noch kleinen Firnflecken nach Mark. über Schotter und Blockwerk auf Steigspuren steil höher zu einer deutlichen Einschartung, ca. 2930 m, links des Sulzkogel. Aus der Scharte nach Steigspuren kurzer, mäßig steiler Anstieg zum Gipfel.
Durchgehend mark., viel begangene Route.

Höchste Wegestelle/Gipfel
Dammkrone Finstertaler Stausee, 2325 m, Sulzkogel, 3016 m.

Anstiegsleistung
Ab Kühtai (Dortmunder Hütte) 1000 Höhenmeter.

Abstieg
Wie Anstieg.

Gehzeiten
Kühtai, 2020 m (Dortmunder Hütte, 1948 m) – Finstertaler Stausee, 2325 m: 1 Std. - Sulzkogel, 3016 m: 2½ Std.
Abstieg Kühtai: 2½ Std.
Gesamtgehzeit: 6 Stunden.

Hütten/Stützpunkte
Dortmunder Hütte, 1948 m, DAV-Sektion Dortmund, 74 Betten und Matratzen, Restaurant ganzjährig geöffnet, keine Übernachtung im November und Mai.

Karten
Kompass Wanderkarte 1:50 000, Blatt 35, »Telfs - Kühtai - Sellraintal«.

Tip
Im Übergang: Guben-Schweinfurter Hütte - Dortmunder Hütte (siehe Tour 68) vom S-Ende des Finstertaler Stausees evtl. die Tour zum Sulzkogel anschließen.

Der Sulzkogel im Abstieg von der Finstertaler Scharte. Links der Gamezkogelferner, aus seinem Becken erfolgt der Gipfelanstieg zum Sulzkogel.

70 Roßkogel-Hütte 1778 m Roßkogel 2649 m

Innsbrucker Almparadies

wenig schwierig
Wandertour

Jede Schilderung der Kühtaier Bergwelt unterscheidet in Südliche Kühtaier Berge und Vordere Kühtaier Berge. Ersteren Begriff erläutern die Touren 68 und 69; die Vorderen Kühtaier Berge sind uns aber bisher nur in der Aussicht von den südlichen Bergen, im Aufblick vom Kühtaier Sattel und aus dem Sellraintal bekannt.

Die tiefe, von Ost nach West gerichtete Talfurche Sellrain – Kühtai – Ötz trennt den nördlichen Rand der Stubaier Alpen als eigenständigen Gebirgskamm von den Sellrainer und Südlichen Kühtaier Bergen. Nach Norden fällt diese »vordere« Bergkette sehr felsig und interessant gegliedert mit reich bewaldeten Hochterrassen großräumig zum Inntal ab. Zum Sellrain und Kühtai dagegen bleibt ihr wenig Platz, die Hänge sind steil, kaum bewaldet, auch weniger gegliedert und nur im Kühtai von Wanderwegen durchzogen.

Der Pirchkogel mit 2828 Meter ist über Kühtai der westliche Eckpfeiler, gleichzeitig aber auch der zweithöchste Gipfel; zum 2649 Meter hohen Roßkogel im Osten pendelt die Kette zwischen 2600 und knapp 2900 Meter. In diesen Höhen gibt es keinen Gletscher, aber da und dort die hübsche Zierde einer blanken Lake mit Anspruch auf die Bezeichnung »See« und markierte Wanderwege vor allem von Norden, von den Siedlungen im Inntal. Im Bereich von Telfs unter dem massiven Gipfelstock Kreuzjoch-Kogel, 2750 m – Rotwandkopf, 2758 m – Rietzer Grieskogel, 2884 m steht in 1910 Meter Höhe die Peter-Anich-Hütte. Mit dieser Hütte, erbaut 1884, erinnert die Sektion Touristenklub Innsbruck an Peter Anich (1723–1766), den genialen Alpen-Kartographen, geboren in Oberperfuss am Ostabhang des Roßkogels.

Die Roßkogel-Hütte am Rangger Köpfl, im Hintergrund der Roßkogel. Aufstiegszeit zum Roßkogel ab Hütte über die Krimpenbach-Alm 2½ Stunden.

In Oberperfuss, 812 m, rücken wir dem Inntal und auch der Stadt Innsbruck sehr nahe. Der Roßkogel als markanter, östlicher Eckpfeiler der Vorderen Kühtaier Berge zeigt steilen, mehrere hundert Meter hohen grauen, ostseitigen Gipfelfels, darunter das lichte Grün der Krimpenbach-Alm, die baumlose Glatze des Rangger Köpfls und breite Waldschneisen herab nach Oberperfuss. Dieses nordöstliche Vorfeld des Roßkogels dient der Stadt Innsbruck und den Inntalgemeinden als nahes, familienfreundliches Skigebiet. Im Frühsommer mit dem Viehauftrieb zu den Almen kommen die ersten Wanderer, schauen bei der Roßkogel-Hütte, 1778 m, nach dem Rechten und setzen sich vielleicht auch schon den aussichtsreichen Roßkogel zum Ziel.

Die Tour beginnt am Parkplatz Stiglreith, 1363 m, benützt die Forststraße zur Roßkogel-Hütte und quert vom Waldsaum in das heitere, nach Süden geneigte, bucklige Sommerparadies für Rind und Pferd (daher Roßkogel) bei der Krimpenbach-Alm, 1918 m. Ein mächtiger, im genauen Vierkant aufgerichteter Steinmann oberhalb der Almhütte weist die Route ein: durch die »weite Grube« zum Rappenegg, über Sand und Schotter steil und mühsam höher zum deutlich sichtbaren »Schartl« (ca. 2360 m) am Ansatz des Ostgrates, nun entweder am schrofigen Grat oder durch die Südostflanke zum hohen Gipfelkreuz.

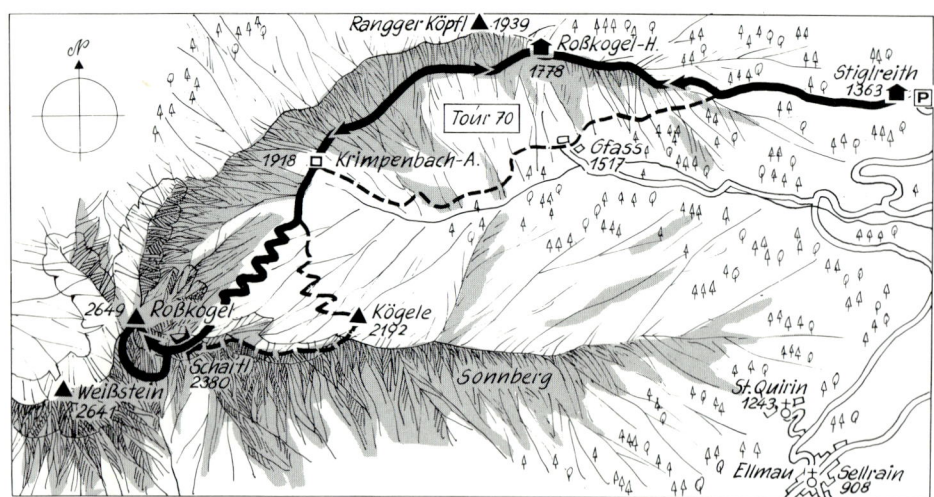

Tourensteckbrief

Ausgangsort
Oberperfuss, 812 m, Eingang zum Sellraintal.

Die Tour in Stichworten
Oberperfuss, 812 m – Parkplatz Stiglreith, 1363 m – Roßkogel-Hütte, 1778 m – Krimpenbach-Alm, 1918 m – Roßkogel, 2649 m – Kögele, 2192 m – Krimpenbach-Alm – Parkplatz.

Schwierigkeit/Anforderung
I = wenig schwierig, Wandertour, mittlere Anforderung, Tagestour.
Von Oberperfuss zum Parkplatz Stiglreith. Ab Parkplatz teils auf gesperrter Forststraße, teils nach mark. Abkürzungen durch Bergwald zur Roßkogel-Hütte.
Ab Hütte auf Almweg Mark. 155 zur sichtbaren Krimpenbach-Alm. Ab Almhütte über Weideböden vorbei an einem großen Steinmann über Sand und Schotter steil höher zu einer deutlichen Einschartung, dem »Schartl«, ca. 2380 m, östlich des Gipfels. Vom Schartl entweder nach Steigspuren steil über den schrofigen O-Grat oder auf mark. Steig durch die SO-Flanke weniger steil zum Gipfel.
NO-seitiger Routenverlauf, durchgehend mark. viel begangen.

Höchste Wegestelle/Gipfel
Roßkogel, 2649 m.

Anstiegsleistung
Ab Parkplatz Stiglreith 1300, ab Roßkogel-Hütte 900 Höhenmeter.

Abstieg
Wie Anstieg; oder vom Schartl in leichter Gratwanderung zum Kreuz am Kögele, 2192 m, von dort nach Steigspuren hinab zur sichtbaren Krimpenbach-Alm. (Vom Gipfel direkter Abstieg über den N-Grat sehr steil, Steigspuren, zur Krimpenbach-Alm.)

Gehzeiten
Parkplatz Stiglreith, 1363 m – Roßkogel-Hütte, 1778 m: 1½ Std.; Roßkogel-Hütte – Krimpenbach-Alm, 1918 m – Roßkogel, 2649 m: 2½ Std. Abstieg wie Anstieg: 3 Std.; über das Kögele, 2192 m: 3½ Std.
Gesamtgehzeit: 7–7½ Stunden.

Hütten/Stützpunkte
Roßkogel-Hütte, 1778 m, ÖAV-Akad. Sektion Innsbruck, 33 Betten und Matratzen, bew. Anfang Juni–Mitte Oktober.

Karten
Kompass Wanderkarte 1:50000, Blatt 36, »Innsbruck – Brenner«, Blatt 35 »Telfs – Kühtai – Sellraintal«.

Tip
Auch von Gries im Sellraintal mark. Anstieg zum Roßkogel.

Die Roßkogel-Hütte öffnet den Eintritt zu dem weitläufigen, buckligen und baumlosen Gelände der Krimpenbach-Alm (Bildmitte), einem Weideparadies für Rind und Roß seit nun schon sehr langer Zeit.
Der Roßkogel steht darüber, die Route zu ihm läuft von der Alm nach links steil höher zum markanten Einschnitt des »Schartl«, von dort über den Ostgrat zum Gipfel.

Ein Schlußwort

Bergsteiger und Bergwanderer entwickeln von Jahr zu Jahr eine immer stärkere Sensibilität für die sogenannte »heile Natur«. Die Kritik an dieser oder jener Umweltsünde wird härter, an Ort und Stelle auch laut ausgesprochen, und das ist gut so. Nun kann es ein »Zurück zur Natur« nicht mehr geben; der gewünschte und auch notwendige Fortschritt erreicht das entlegenste Gebirgstal, den letzten Bergbauern, die oberste Alm und schließlich auch die höchste Hütte. Damit scheint die »gute alte Zeit« ad absurdum geführt, aber war sie denn wirklich so gut, diese alte Zeit? Erst der heutige moderne Tourismus bannte die frühere oft sehr große Armut aus den Gebirgstälern, veränderte jedoch auch den Menschen, der wie seine Besucher nicht mehr das sein kann und will, was er einst war. Das Zillertal und das Stubai gelten als Paradebeispiele im Konsumverhalten der Gäste, aber auch in der Erwartungshaltung der Einheimischen. Dazu kommt die massive technische Erschließung, sei es für den Skilauf oder für die Wassernutzung, beides wird in Tirol mit Nachdruck betrieben. Wo nun bleibt noch fast alles beim Alten, so, wie es der passionierte Bergsteiger und Bergwanderer gerne möchte? Meine Antwort: Auf dem Weg von der Hütte zum Gipfel – auch in den Zillertaler und Stubaier Alpen! Das Gerede von den überlaufenen Bergen stimmt auch hier nur bedingt. Die meisten der im Inhaltsverzeichnis aufgeführten Touren gehören zu den lohnendsten und bekanntesten, dennoch waren wir bei bestem Bergwetter oft allein oder in kleiner Gesellschaft; nur bei der »allerersten« Gipfelgarnitur auf einer Wochenendtour war der Andrang groß, die Unterhaltung vielleicht einmal laut und lebhaft. Aber gleich dem Bergsteiger, der sich der Aussicht wegen um das Gipfelkreuz dreht, so kreisten Rede und Antwort um das Thema »Bergsteigen«, wie schön diese oder jene Tour ist – und daran ist in den Zillertaler wie in den Stubaier Alpen gewiß kein Mangel.

Sepp Schnürer

Ein Bild aus den Zillertaler Alpen, im Aufstieg vom Friesenberg-Haus zum Hohen Riffler. Die Morgensonne weckt den Schlegeis-Stausee, Stunden vorher war sie jedoch schon beim Hochfeiler, links im Bild.

Praktische Hinweise

Bergsteigen und Bergwandern gehören immer mehr zur aktiven Freizeitgestaltung. Diese sportliche Betätigung kann von Kindesbeinen an bis ins Alter ausgeübt werden. Zudem ist Bergsteigen und Bergwandern mit dem Genuß von Naturerlebnissen verbunden, und dieser nicht unbeträchtliche Einfluß auf Geist und Gemüt wertet diese »Leibesübung« besonders auf. Aber Bergsteigen muß man, wie jede andere Sportart auch, erlernen. Nur in langer Übung und möglichst häufigem »Umgang mit dem Berg« erwerben wir das Rüstzeug: die notwendigen technischen Fertigkeiten und den Schatz einer reichen Erfahrung!
Unkenntnis und mangelnde Bergerfahrung sind die häufigsten Ursachen der ständig zunehmenden Bergunfälle. Ein Tourenbuch sollte deshalb nicht nur die Bergwelt allein mit ihrer Schönheit und ihrem Erlebniswert schildern, sondern auch die Gefahren, die zu erwartenden Schwierigkeiten und Anforderungen jeder Bergfahrt aufzeigen.

Natur- und Umweltschutz

In den ersten Jahrzehnten nach ihrer Gründung sahen die Alpenvereine ihre Hauptaufgabe darin, die »Bereisung der Alpen« zu erleichtern. Diese Arbeit ist längst getan, heute kann es nur noch darum gehen, bei Bewahrung des Bestehenden den Alpenraum nicht noch mehr aufzuschließen, d. h. für den Bergsteiger und -wanderer bisher unberührte Freiräume zu erhalten. Die Alpen sind für Millionen Menschen ein Erholungsgebiet erster Ordnung, aber auch ständiger Lebens- und Wirtschaftsraum für die einheimische Bevölkerung. Daraus resultieren die enormen Nutzungsansprüche des neuzeitlichen Tourismus, die Verkehrserschließung durch Straßen, Güterwege, Seilbahnen und Lifte und auch die Belastung der Energiewirtschaft. Besonders die Urlandschaft oberhalb der Hütten ist auf unseren aktiven Schutz angewiesen. Es muß einfach selbstverständlich sein, sämtliche Abfälle wieder mit ins Tal zu nehmen und dort in die Müllbehälter zu geben. Diese Einsicht ist leider auch bei Bergsteigern und Wanderern noch immer nicht fest verankert. Darum die Bitte:
»Haltet die Berge sauber«!

Schwierigkeit/Anforderung

Diesem Buch ist »Bergsteigen« als allgemein anerkannter, gültiger Oberbegriff vorangestellt. Der »Alpin-Lehrplan« (BLV Verlag, Herausgeber Deutscher Alpenverein in Zusammenarbeit mit dem Österreichischen Alpenverein) versteht darunter: *Bergwandern, Felsklettern, Eisgehen und Skibergsteigen.* Der »Alpin-Lehrplan« trifft dazu folgende Aussage:
»*Bergwandern* ist Bergsteigen in der grundlegenden Form, wobei gebahntes und wegloses Gelände fast ausschließlich durch die Bewegungsformen des Gehens und Steigens bewältigt wird. Auch das Bergsteigen im Hochgebirge zählt vom Bewegungsablauf her dazu.«
»*Felsklettern* ist Bergsteigen im Felsgelände, wobei zur Fortbewegung die Hände entscheidend mitbenützt werden. Die Beinarbeit allein reicht zum Gleichgewichtserhalt nicht mehr aus.«
»*Eisgehen* ist Bergsteigen im Eis- und Schneegelände, wobei mittels spezieller Ausrüstung (Steigeisen, Eispickel) das Gelände in den Bewegungsformen des Gehens, Steigens und Kletterns bewältigt wird.«
Ergänzend soll dazu gesagt sein, daß das *Begehen von Klettersteigen* selbstverständlich auch Bergsteigen ist und seinem Charakter nach einen Platz zwischen Bergwandern und Felsklettern einnimmt. Von den angeführten bergsteigerischen Erlebnisformen stuft die allgemein bekannte Schwierigkeitsskala der Alpenvereine (DAV und ÖAV), die Alpenskala, nur das Felsklettern in die Schwierigkeitsgrade I bis VI ein.
Nach der Aussage im »Alpin-Lehrplan« unterliegt das Bergwandern keiner Schwierigkeitsbewertung, auch das Eisgehen nur insoweit, als in einer bestimmten kombinierten Tour auch Felsgelände zu bewältigen ist. Wollte ich die Schwierigkeitsskala der Alpenvereinsführer zur Bewertung der aufgeführten Touren heranziehen, wäre eine genügend deutliche Unterscheidung nicht gegeben, denn nach diesen Kriterien könnte ich die Wandertouren überhaupt nicht und die Fels- und Gletschertouren nur bedingt bis zum Schwierigkeitsgrad II (= mäßig schwierig) einstufen. Damit kann dem weniger erfahrenen Bergfreund nicht gedient sein, denn naturgemäß unterscheiden sich die einzelnen Touren, bedingt durch das Gelände und den zu bewältigenden Höhenunterschied, doch ganz erheblich. Im Hinblick auf den praktischen Nutzen dieses Tourenbuches ist es demnach notwendig, die sehr unterschiedlichen Schwierigkeiten und Anforderungen der Bergfahrten deut-

lich und übersichtlich aufzuzeigen (siehe »Übersicht der Touren nach Schwierigkeiten«, Seite 160), damit jeder Bergsteiger und Bergwanderer nach eigener Einschätzung seiner Leistungsfähigkeit und Erfahrung »seine Touren« auswählen - und sich steigern kann! Diese Entscheidungshilfe erscheint mir sehr wichtig, und so habe ich allen Tourenvorschlägen eine *eigene, von den Alpenvereinsführern unabhängige Bewertung* der technischen Schwierigkeit und zusätzlich eine Aussage über die körperliche und geistige Anforderung, also der Ausdauer und Bergerfahrung, gegeben. Diese doppelte Bewertung kam nach unseren eigenen Erfahrungen in jeder der beschriebenen Touren zustande. Wegen ihrer klaren, allgemein verständlichen und im bergsteigerischen Wissensgut verankerten Aussage bleibe ich im Sprachgebrauch der Alpenskala, verwende aber die Schwierigkeitsstufen davon unabhängig, auf meine Tourenvorschläge abgestimmt, wie folgt:

I = wenig schwierig
II = mäßig schwierig
III = schwierig
IV = sehr schwierig

Damit, so glaube ich, ist eine genügend differenzierte Unterscheidung der Touren hinsichtlich ihrer Schwierigkeit gegeben. Nachdem aber die »Schwierigkeit« allein, die sich aus dem Gelände ergibt, nach meiner Ansicht noch keine erschöpfende Aussage über eine Bergtour sein kann (sie sagt z. B. nichts über den zu bewältigenden Höhenunterschied aus), erachte ich es für notwendig, mit dem zusätzlichen Begriff *»Anforderung«* eine zweite wichtige Entscheidungshilfe für die Bergtouren in meinen Tourenbüchern einzuführen. Die jeweilige Anforderung:
gering - mäßig - mittel - groß
berücksichtigt die Dauer einer jeden Bergfahrt, z. B. Ein- bis Zwei-Tage-Touren, die zu bewältigende Höhendifferenz und die Gehzeiten. Letztere sind so bemessen, daß der geübte Wanderer und Bergsteiger diese Zeiten gut einhalten kann. Zu beachten ist, daß die Einstufung der Schwierigkeit sowie der Anforderung nach normalen sommerlichen Verhältnissen erfolgte. Bei Schlechtwetter können durch Regen, Schneefall, Wind und Kälte sehr schnell wesentlich schwierigere Verhältnisse als angegeben eintreten, dadurch ergeben sich längere Gehzeiten und auch höhere Anforderungen an Ausdauer und Bergerfahrung! (Unterwegs spreche ich alle Tourenmerkmale, Geländebeschaffenheit, Wege, Markierungen, Gehzeiten etc. auf Band - die Gewähr für richtige Daten.)

Ausrüstung

Jeder erfahrene Bergwanderer und Normalbergsteiger – auf diesen Kreis ist die Tourenauswahl abgestimmt – wird wissen, was er alles an notwendiger Ausrüstung braucht. Allgemein ist dazu zu sagen: Bequeme, zweckmäßige und dabei leichte Kleidung und gute Bergschuhe erhöhen die Sicherheit. Bei Felstouren und Klettersteigen müssen Klettergürtel, Sitzgurt, Reepschnüre, Karabiner und ggf. ein Seil mitgenommen werden. Bei Gletschertouren sind Seil, Pickel und Steigeisen unerläßlich. Diese Ausrüstung auch richtig einzusetzen, kann man nur durch Übung und Erfahrung erlernen: Die eigene Bergerfahrung, die gewissenhafte Einschätzung des eigenen Könnens und Leistungsvermögens ist der wichtigste Bestandteil jeder Bergausrüstung!

Hütten und Wege

Ohne Alpenvereinshütten ist der neuzeitliche Bergtourismus nicht denkbar. Die Sektionen haben zur Gründerzeit viel Opferbereitschaft, Idealismus und große Geldmittel eingesetzt, einmal, um ihren Mitgliedern eine Bergheimat zu bieten, gleichzeitig aber das Gebirge für alle Bergsteiger und Wanderer zu erschließen. Die Gewohnheiten unserer heutigen Freizeitgesellschaft überspielen jedoch früher gültige Anschauungen; die letzten Jahrzehnte veränderten Besucherstruktur und -zahl, neben den steigenden Nächtigungen kommt auch ein stetig wachsender Strom von Tagesgästen auf die Hütten zu. Dieser Druck erzwingt größere Galuäume, moderne sanitäre Einrichtungen und erhöht die Auflagen für den Umweltschutz. Die vergangenen 30 Jahre lösten deshalb eine Modernisierungswelle aus, die wohl so lange anhalten wird, bis alle Alpenvereinshütten den neuen Ansprüchen genügen. Wie zur Gründerzeit sind also wieder die Sektionen aufgerufen, Zeit, Geld und Idealismus weniger für sich selbst als vielmehr zum Wohle der Allgemeinheit einzusetzen. Daher ist es nur recht und billig, daß Alpenvereinsmitglieder bei Vorlage eines gültigen Ausweises Vorrechte im Hinblick auf ein Nachtquartier sowie Ermäßigung der Kosten beanspruchen können. Die meisten AV-Hütten haben nur Sommerbewirtschaftung: Die allgemeine Öffnungszeit läuft vom letzten Wochenende im Juni bis einschließlich drittem Wochenende im September. Alpenvereinswege umspannen als dichtes Netz auch die Zillertaler und Stubaier Alpen. Die übliche Markierung ist rot/weiß mit schwarzen Wegenummern, die auch auf AV- und Wanderkarten angegeben sind.

Bergrettung – Alpines Notsignal

Trotz aller Vorsichtsmaßnahmen, trotz langjähriger Routine und Erfahrung kann es auf einer Bergtour oft sehr schnell zu einem Unfall oder sogar zum Absturz kommen, auch ohne Selbstverschulden (Steinschlag!). Besonders gefährdet sind Anfänger und Leute mit Konditionsschwächen. Zuerst ist man auf Selbst- und Kameradenhilfe angewiesen. Dieser »behelfsmäßigen Bergrettung« kommt große Bedeutung zu, sie kann je nach dem Kenntnisstand der Helfer Leben retten. Jeder Bergsteiger sollte deshalb um behelfsmäßige Rettungstechniken wissen, ebenso wie er Erste Hilfe leisten und wie er die organisierte Bergrettung verständigen kann. Können Selbst- und Kameradenhilfe den Unfall nicht beheben, muß das Alpine Notsignal erfolgen. Das Signal wird akustisch und optisch, also hör- und sichtbar, gegeben.

Zur Hilfeanforderung: 6 Signale in 1 Minute in Abständen von je 10 Sekunden; eine Minute Pause; dann Wiederholung.

Zur Antwort: 3 Signale in 1 Minute in Abständen von je 20 Sekunden; 1 Minute Pause; dann Wiederholung.

Jeder Bergsteiger und Wanderer, der das Notsignal vernimmt, ist verpflichtet, darauf zu antworten, Hilfe zu leisten, wenn verlangt auch die Bergrettung zu verständigen, selbst wenn er dazu seine eigene Tour abbrechen muß. Meldestellen sind: jede Schutzhütte, die nächste Gendarmerie-Station, Gemeinde- und Verkehrsämter, die ihrerseits die Bergrettung verständigen. Zur Meldung an die Bergrettung ist eine ausreichende Information wichtig. Dafür sollte man das Schema der »fünf W« verwenden:

Was ist passiert?
Unfallgeschehen, Anzahl der Verletzten, Art der Verletzungen.

Wo ist es passiert?
Genaue Ortsangabe.

Wann ist es passiert?
Zeitpunkt des Unfalls.

Wie schaut es am Unfallort aus?
Wetter, Gelände, Landemöglichkeiten, Sichtweiten.

Wer schickt die Meldung?
Angabe der eigenen Personalien.

Selbstverständlich ist die persönliche Hilfeleistung fortzusetzen, bis die Bergrettung eintrifft.

Karten / Führer

Zu jeder Bergtour gehört als wichtige Ausrüstung auch eine Landkarte, mindestens eine Wanderkarte 1 : 50 000. Das gemeinsame Kartenwerk des Deutschen und des Österreichischen Alpenvereins, die Alpenvereinskarten, (AV-Karte) im Maßstab 1 : 25 000 deckt die Zillertaler Alpen mit drei Blättern, einem Östlichen, Mittleren und Westlichen Blatt ab, die Stubaier Alpen mit den Blättern »Hochstubai« und »Sellrain«. Die AV-Karte – genaueste Geländedarstellung (Höhenlinien Abstand 20 m), eingezeichnete AV-Wege, seit ihrem Ursprung laufend überarbeitet und deshalb mit den Neuausgaben auch eine zuverlässige Dokumentation der derzeitigen Gletscherstände – ist die beste kartographische Information über die Zillertaler und Stubaier Alpen!
Wanderkarten im Maßstab 1 : 50 000 können die Genauigkeit einer AV-Karte nicht erreichen, aber dafür ist dieses Kartenwerk großräumiger und deshalb auch handlicher. Die im Handel überall erhältliche »Kompass Wanderkarte« und die »Freytag & Berndt Wanderkarte« 1 : 50 000, mit eingezeichneten Wanderwegen, verkehrstechnisch und touristisch wichtigen Informationen reichen im allgemeinen für Planung und Tour aus.
Jeder Tourensteckbrief enthält einen Hinweis auf die jeweils erforderliche Karte, aus Platzgründen nur die »Kompass Wanderkarte«. Um die Einheitlichkeit zu wahren, sind alle Örtlichkeiten und Höhenangaben dieser Karte entnommen, auch für die Tourenskizzen diente die Kompass-Karte als Grundlage.
Wie die AV-Karte, so ist auch der Alpenvereinsführer ein Spezialwerk mit umfassender Beschreibung der jeweiligen Gebirgsgruppe, in diesem Fall die AV-Führer »Zillertaler Alpen« und »Stubaier Alpen« (Klier). Alpenvereinsführer müssen – nach Richtlinien des Deutschen und des Österreichischen Alpenvereins – die jeweilige Gebirgsgruppe lückenlos darstellen: von den Talorten zu den Hütten, Übergänge von Hütte zu Hütte, sämtliche Gipfel mit den möglichen Anstiegen.
Dieses Tourenbuch beschränkt sich als Auswahlführer auf die wesentlichen, auf Normalrouten erreichbaren Gipfelziele. Jede Tour hat ihren eigenen »Steckbrief«, der mit seinen Daten und Angaben den Wegverlauf, die Schwierigkeit und Anforderung klar und deutlich aufzeigt. Der beigelegte Kurzführer sammelt die einzelnen Tourensteckbriefe: In Verbindung mit der Kartenskizze ist er deshalb ein schnell und leicht lesbarer Führer und damit der praktische, zuverlässige Tourenbegleiter.

Übersicht der Touren nach Schwierigkeiten

Die Einstufung in vier Schwierigkeitsgrade erfolgte nach meinen eigenen Erfahrungen und bewertet die technische Schwierigkeit im Vergleich der Touren untereinander, unabhängig von den Schwierigkeitsangaben in den AV-Führern.

I = wenig schwierig

2	Zittauer Hütte Richter-Hütte	Wandertour	14
6	Wechselspitze	Wander-/Felst.	22
7	Brandberger Kolm	Wander-/Felst.	23
15	Mörchenscharte Schwarzsee	Wandertour	40
19	Dristner	Wandertour	49
20	Vordere Grinbergspitze	Wander-/ Felstour	52
24	Kellerjoch Kuhmesser	Wandertour	62
25	Großer Gamsstein Gilfert	Wandertour	64
26	Rastkogel	Wandertour	65
27	Kraxentrager Seewand Marchkopf	Wandertour	67
31	Patscherkofel Viggarspitze	Wandertour	74
33	Maria Waldrast Serles	Wandertour	83
34	Blaser Peilspitze	Wandertour	84
43	Mairspitze Sulzenau-Hütte	Wandertour	102
44	Großer Trögler Dresdner Hütte	Wander-/ Felstour	104
50	Pfriemeswand Nockspitze Spitzmandl	Wandertour	118
54	Hoher Burgstall Niederer Burgstall	Wandertour	123
56	Franz-Senn-Weg Franz-Senn-Hütte	Wandertour	128
67	Gleirscher Roßkogel	Wandertour	148
70	Roßkogel	Wandertour	154

II = mäßig schwirig

3	Richterspitze Plauener Hütte	Wander-/ Felstour	16
5	Zillerplattenspitze	Wander-/Felst.	21
8	Ahornspitze	Wander-/Felst.	27
9	Aschaffenburger Höhensteig	Wander-/ Felstour	28
11	Grüne Wand	Gletscher-/Felst.	33
12	Schuhscharte Lapenscharte	Wander-/ Felstour	34
17	Schönbichlerhorn	Wander-/Felst.	44
21	Friesenberg-Haus Hoher Riffler	Fels-/ Gletschertour	54
28	Hippold Grafennsspitze Hirzer, Wildofen	Wander-/ Felstour	68
30	Geierspitze Lizumer Reckner	Wander-/ Felstour	72
32	Glungezer Kreuzspitze	Wander-/ Felstour	76
35	Kirchdachspitze Kesselspitze	Wander-/ Felstour	86
37	Innsbrucker Hütte Habicht	Fels-/ Gletschertour	89
39	Obernberger Tribulaun Schwarze Wandspitze	Wander-/ Felstour	94
40	Tribulaun-Haus Gschnitzer Tribulaun	Wander-/ Felstour	96
46	Hildesheimer Hütte Schußgrubenkogel	Wander-/ Felstour	108
48	Schaufelspitze	Gletscher-/Felst.	113
51	Ampferstein Marchreisenspitze Hochtennspitze	Wander-/ Felstour	119
53	Adolf-Pichler-Hütte Schlicker Seespitze	Wander-/ Felstour	122
55	Brennerspitze	Wander-/Felst.	126
58	Rinnenspitze	Wander-/Felst.	133
60	Östliche Knotenspitze	Wander-/ Felstour	137
62	Kuhscheibe	Gletscher-/Felst.	141
64	Westfalen-Haus Hoher Seeblaskogel	Gletscher-/ Felstour	144
65	Schöntalspitze	Wander-/Felst.	146
66	Zischgelesspitze	Wander-/Felst.	147
68	Wilhelm-Oltrogge-Weg	Wander-/ Felstour	150
69	Dortmunder Hütte Sulzkogel	Wander-/ Felstour	153

III = schwierig

1	Wildkarspitze	Gletscher-/Felst.	12
10	Kasseler Hütte Wollbachspitze	Gletscher-/ Felstour	30
16	Berliner Hütte Berliner Spitze	Gletscher-/ Felstour	42
18	Furtschagl-Haus Großer Möseler	Gletscher-/ Felstour	46
22	Olperer	Gletscher-/Felst.	56
23	Schrammacher	Gletscher-/Felst.	58
29	Tuxer-Joch-Haus Hornspitze	Felstour	70
36	Elferspitze Elferkogel	Felstour	88
38	Bremer Hütte Innere Wetterspitze	Felstour	91
41	Pflerscher Hochjoch Östlicher Feuerstein	Gletscher-/ Felstour	98
42	Nürnberger Hütte Wilder Freiger	Fels-/ Gletschertour	100
45	Siegerland-Hütte Sonklarspitze	Fels-/ Gletschertour	106
47	Zuckerhütl Wilder Pfaff	Gletschertour	110
49	Stubaier Wildspitze Hochstubai-Hütte	Fels-/ Gletschertour	114
52	Schlicker Klettersteig Große Ochsenwand	Felstour	120
57	Lüsenser Fernerkogel Lüsenser Spitze	Gletscher-/ Felstour	131
59	Ruderhofspitze	Gletscher-/ Felstour	135
61	Amberger Hütte Schrankogel	Felstour	139
63	Breiter Grieskogel	Gletschertour	142

IV = sehr schwierig

4	Reichenspitze Wildgerlosspitze Kuchelmooskopf	Gletscher-/ Felstour	18
13	Greizer Hütte Großer Löffler	Gletscher-/ Felstour	35
14	Felsköpfl Schwarzenstein	Gletscher-/ Felstour	38

Bergsteigen und Bergwandern mit Sepp Schnürer

Jeder Bergfreund kennt das Problem: Zu Hause möchte er zur Anregung und Planung neuer Bergfahrten einen ausführlichen, farbigen Text-/Bildband, für die Tour braucht er einen handlichen »Führer« mit genauer, zuverlässiger Routenbeschreibung.

Die Konzeption der »BLV Kombi-Bergsteigerbücher« löst dieses Problem auf überzeugende Weise:

1. Ein repräsentativer Text-/Bildband für zu Hause
2. Beigelegt ein zuverlässiger, aus eigener Erfahrung erarbeiteter Führer mit Kartenskizzen und genauen Routenbeschreibungen zum Mitnehmen auf die Tour.

Die »BLV Kombi-Bergsteigerbücher« von Sepp Schnürer wenden sich an Bergsteiger und Bergwanderer. Mit seiner großen Erfahrung und in eigener Kenntnis jeder Tour beschreibt der Autor die lohnendsten und schönsten Bergfahrten.

Bergsteigen in Südtirol

Band 1: Zwischen Bozen und Sexten

56 Tourenvorschläge für Bergsteiger und Bergwanderer zu 25 Dreitausendern und 56 Zweitausendern im östlichen Südtirol: Tuxer Kamm, Zillertaler Hauptkamm, westliche Venediger-Gruppe, Rieserferner-Gruppe, Pfunderer Berge, Sextener und Pragser Dolomiten, Kreuzkofel-Fanes-Gruppe, Geisler-Puez-Gruppe, Sella, Langkofel, Schlern, Rosengarten, Latemar und Eggentaler Berge.

2. Auflage, 158 Seiten und 71 Seiten Kurzführer,
111 Farbfotos, 26 Tourenskizzen, 1 Übersichtskarte

Bergsteigen in Südtirol

Band 2: Zwischen Bozen und Reschen

»Bergsteigen in Südtirol, Band 2« beschreibt die westliche Südtiroler Bergwelt: Ötztaler Hauptkamm, südliche Stubaier Alpen, Sarntaler Alpen, Mendelkamm, Ultner Berge, Marteller Berge, Suldner Berge und Sesvenna-Gruppe. 61 Tourenvorschläge zu 48 Dreitausendern und 34 Zweitausendern.

158 Seiten und 80 Seiten Kurzführer,
108 Farbfotos, 39 Tourenskizzen, 1 Übersichtskarte

Hohe Tauern

Bergsteigen und Bergwandern

Mit Sepp Schnürer unterwegs im großartigen Bergraum der Hohen Tauern: Ankogel-, Hafner-, Reißeck-, Kreuzeck-, Goldberg-, Sadnig-, Schober-, Glockner-, Granatspitz- und Venediger-Gruppe, Lasörling-Kamm, Defereger Alpen und Rieserferner-Gruppe. 66 Touren zu 57 Dreitausendern, 46 Zweitausendern und 50 Hütten.

160 Seiten und 80 Seiten Kurzführer,
93 Farbfotos, 41 Tourenskizzen, 1 Übersichtskarte.

Klettersteige

Dolomiten – Mendelkamm – Gardaseeberge – Brenta

Sepp Schnürer hat alle Klettersteige in den Dolomiten, im Mendelkamm, in den Gardaseebergen und der Brenta selbst begangen – die meisten mehrmals. Genau und objektiv beschreibt und fotografiert er die Schwierigkeit und Anforderung dieser berühmten »Vie ferrate«.

2. Auflage (Neuausgabe), 160 Seiten und 72 Seiten Kurzführer,
125 Farbfotos, 32 Tourenskizzen, 2 Übersichtskarten

Die »Hohe Routen«-Buchreihe ist ein Gesamtwerk, in dem ein Band den anderen ergänzt – eine Fülle wertvoller Anregung und genauer Information für den Normalbergsteiger und für den Bergwanderer.

Hohe Route Ostalpen

Über 50 Dreitausender des Zentralalpenkammes

Mit Sepp Schnürer auf der höchsten Route von Ost nach West: Über die Firngipfel der Ankogel-, Goldberg-, Glockner-, Granatspitz- und Venediger-Gruppe, der Zillertaler, Stubaier und Ötztaler Alpen sowie der Silvretta.

2. Auflage, 214 Seiten, 54 Farbfotos, 27 s/w-Fotos,
1 farbige Übersichtskarte

Hohe Routen Dolomiten

Auf Normalwegen und Klettersteigen zu den höchsten Gipfeln

Bergsteiger, geübte Bergwanderer und Klettersteig-Freunde erleben die Geisler- und Puez-Gruppe, Langkofel, Sella, Schlern, Rosengarten und Latemar, die Marmolata- und Pala-Gruppe, Pragser, Ampezzaner und Zoldiner Dolomiten, die Kreuzkofel-Fanis-Gruppe und die Schiara.

223 Seiten, 54 Farbfotos, 2 s/w-Fotos,
1 farbige Übersichtskarte

Hohe Routen Ortler – Adamello – Brenta

Zu 68 Dreitausendern westlich der Etsch

Für den geübten, in Fels und Eis erfahrenen Bergsteiger schildert Sepp Schnürer die Normalrouten zu den höchsten Gipfeln der Ortler- und der Adamello-Presanella-Gruppe sowie der Brenta – zu 68 Dreitausendern, 11 Zweitausendern und 34 Hütten.

217 Seiten, 53 Farbfotos, 41 s/w-Fotos, 2 farbige Übersichtskarten

BLV Verlagsgesellschaft München

Stubaier Alpen

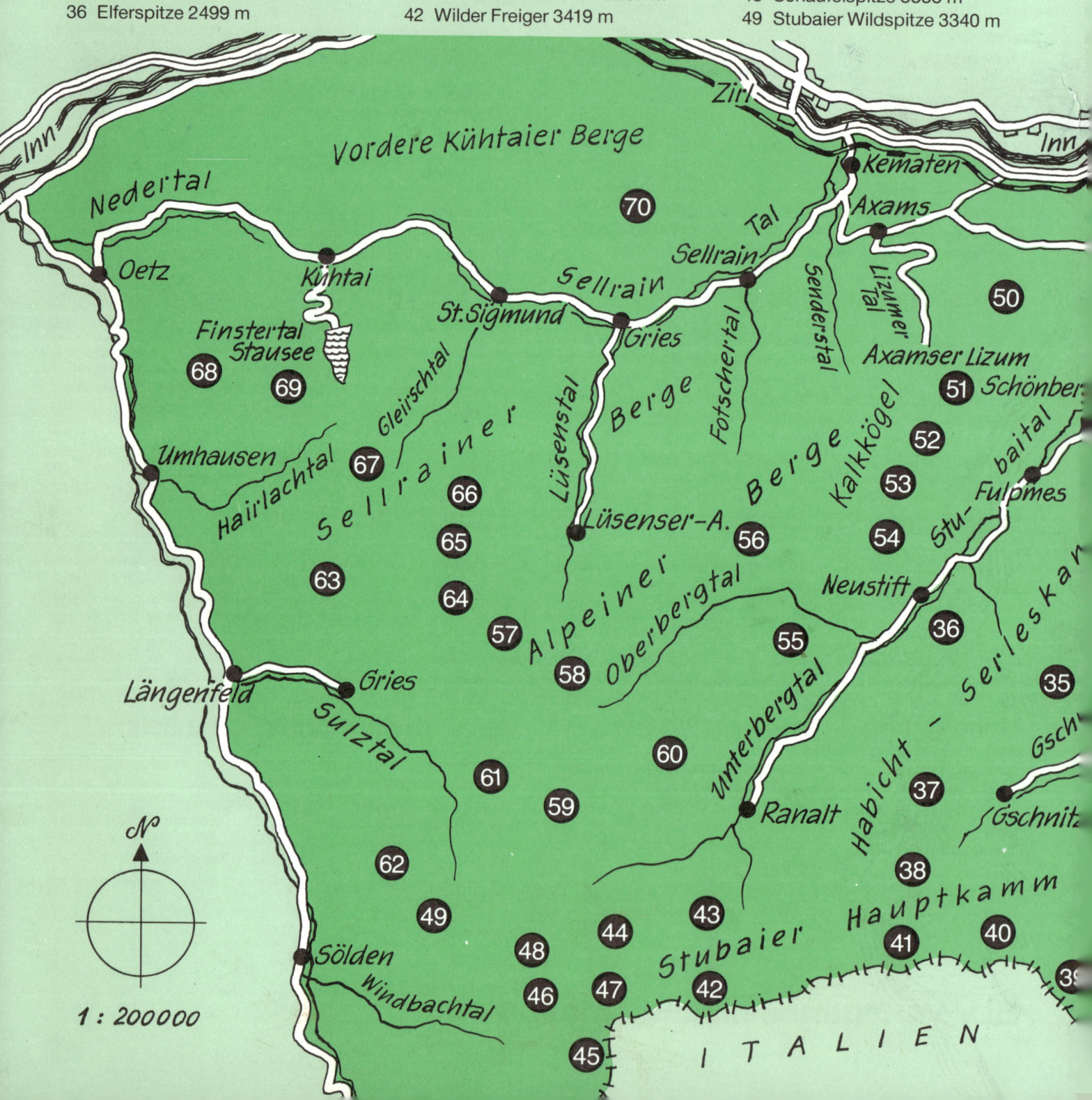

Inhalt

Erläuterung der Kartensymbole

▬▬▬	Tourenverlauf
– – – –	sonstige Routen
⌂	Hütte
⬓	Biwakschachtel
▲	Gipfel
▫	Alm, unbew. Hütte
)(	Paß, Joch

Reichenspitz-Gruppe

1 Wildkarspitze 3076 m

schwierig
Gletscher-/Felstour

Ausgangsort Finkau, 1420 m, im Wildgerlostal.

Die Tour in Stichworten Gerlospaß, 1507 m – Parkplatz Finkau, 1420 m – Trissel-Alm, 1584 m – Wildkar-Hochalm, 1973 m – Wildkarsee, 2519 m – Wildkarspitze, 3076 m.

Schwierigkeit/Anforderung III = schwierig, Gletscher-/Felstour, große Anforderung, Tagestour.

Vom Gerlospaß mautfreie Zufahrt zum Alpengasthof Finkau am Stausee Finkau, Parkplatz. Ab Finkau auf Almstraße (gesperrt) zur Trissel-Alm. Von der Alm über den Leitenkammersteig sehr steil durch Bergwald zum Waldsaum und über Almgelände zur Wegeteilung unter der Wildkar-Hochalm. Dort nach SO (der Leitenkammersteig läuft nach N zur Gerlosplatte), vorbei an den Almhütten über Alpweiden höher zu einem Hochplateau mit dem Wildkarsee, 2519 m, unter der Seekarscharte (dort Übergang nach Krimml). Von diesem Hochplateau ist der Gipfelanstieg einzusehen: ab Wildkarsee weglos, nur Steigspuren, vereinzelt Steinmänner. Im Blockwerk des Wildkares entlang des linksseitigen Kammverlaufes hinauf zum Saum des Wildkarkeeses. Bei etwa 2750 m Übertritt zum Gletscher. In dem fast geschlossenen Gletscher, meist Trasse, mäßig steil höher zu einer schwachen Einschartung (Stangenbezeichnung) im blockigen NNO-Grat der Wildkarspitze. Am Grat, auf der Gletscherseite, teils steil und ausgesetzt nach schwachen Steigspuren zum Gipfel. (Aus dem Wildkarkees auch Anstieg über den NNW-Grat möglich, etwas schwieriger.)

N-seitiger Routenverlauf, ab Wildkarsee keine Mark., nur bei guten Sichtverhältnissen unternehmen!

Höchste Wegstelle/Gipfel Wildkarsee, 2519 m, Wildkarspitze, 3076 m.

Anstiegsleistung Ab Finkau 1700 Höhenmeter.

Abstieg Wie Anstieg.

Gehzeiten Finkau, 1420 m – Wildkarsee, 2519 m: 2½ Std.; Wildkar-

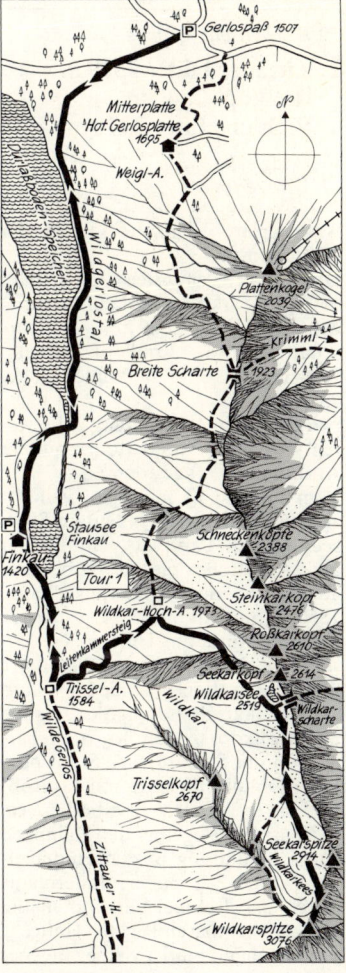

see – Wildkarspitze, 3076 m: 1½ Std.
Abstieg: 3 Std.
Gesamtgehzeit: 7 Stunden.
Hütten/Stützpunkte
Alpengasthof Finkau, 1420 m, privat,
Betten und Touristenlager, bew.
Mai – Mitte Oktober.
Karten Kompass WK 1 : 50 000,
Blatt 37, »Zillertaler Alpen«.

Reichenspitz-Gruppe

2 Zittauer Hütte 2329 m Roßkopf 2845 m Richter-Hütte 2374 m

wenig schwierig
Wandertour

Ausgangsort Finkau, 1420 m, im
Wildgerlostal.
Die Tour in Stichworten Gerlospaß,
1507 m – Parkplatz Finkau, 1420 m –
Zittauer Hütte, 2329 m – Roßkarscharte, 2690 m – Roßkopf, 2845 m –
Roßkarscharte – Richter-Hütte,
2374 m.
Schwierigkeit/Anforderung I = wenig schwierig, Wandertour, mittlere
Anforderung, Tagestour.
Vom Gerlospaß mautfreie Zufahrt
zum Alpengasthof Finkau am Stausee Finkau, Parkplatz. Ab Finkau
auf Almstraße (gesperrt) bis zur
Talstation der Materialseilbahn,
1850 m, und auf mark. Steig steil zur
Zittauer Hütte am Unteren Gerlossee. Ab Hütte mark., mäßig steiler
Steig durch Blockgelände bis knapp
zur Roßkarscharte, mark. Anstieg
zum Roßkopf und zurück zur Scharte. Von der Scharte nach S auf dem
Peter-Obholzer-Weg durch das Roßkar hinab zu den Keesböden, ca.
2150 m. Auf Steg über den Rainbach
zur Einmündung in den Hüttenzugang vom Krimmler Tauernhaus
durch das Rainbachtal und mäßig
steil zur sichtbaren Richter-Hütte.
Durchgehend mark., vielbegangener

AV-Weg, N- und S-seitiger Routenverlauf.
Höchste Wegestelle/Gipfel
Roßkarscharte, 2690 m, Roßkopf,
2845 m.
Anstiegsleistung Ab Finkau 1500,
ab Zittauer Hütte 600 Höhenmeter.
Abstieg Siehe Tourenverlauf.
Gehzeiten Parkplatz Finkau,
1420 m – Zittauer Hütte, 2329 m:
2½ Std.; Zittauer Hütte – Roßkarscharte, 2690 m: 1½ Std. – Roßkopf,
2845 m: hin und zurück ½ Std.; Roß-
karscharte – Richter-Hütte, 2374 m:
2 Std.
Gesamtgehzeit: 6½ Stunden.
Hütten/Stützpunkte
Alpengasthof Finkau, siehe Tour 1.
Zittauer Hütte, 2329 m, ÖAV-Sektion Oberpinzgau, Gruppe Warnsdorf, 66 Betten und Matratzen, bew.
Mitte Juni – Ende September.
Richter-Hütte, 2374 m, DAV-Sektion Bergfreunde Rheydt, 54 Betten
und Matratzen, bew. Anfang Juni – Ende September.
Karten Kompass WK 1 : 50 000,
Blatt 37, »Zillertaler Alpen«.
Tip Talzugang zur Richter-Hütte:
Krimml, 1072 m – Krimmler Tau-
ernhaus, 1622 m – Richter-Hütte,
2374 m.

Reichenspitz-Gruppe

3 Richterspitze 3054 m Plauener Hütte 2370 m

mäßig schwierig
Wander-/Felstour

Ausgangsort
Richter-Hütte, 2374 m.
Die Tour in Stichworten Richter-
Hütte, 2374 m – Gamsscharte,
2971 m – Richterspitze, 3054 m –
Gamsscharte – Plauener Hütte,
2370 m.
Schwierigkeit/Anforderung II =
mäßig schwierig, Wander-/Felstour,

mäßige Anforderung, Halbtagestour.

Talzugang Richter-Hütte: Von
Krimml im Krimmler Achental zum
Krimmler Tauernhaus, 1622 m, bis
hierher auch Taxiverkehr; durch das
Rainbachtal auf AV-Weg zur Hütte.
Ab Krimml 6½ Std., ab Tauernhaus
2½ Std.

Ab Richter-Hütte mark. Moränensteig hinauf zu Pt. 2832 AV-Karte,
dort nach Schild »Plauener Hütte«
über SO-seitige, abschüssige Firnhänge zur sichtbaren Felskerbe der
Gamsscharte (Unterstandshütte).
Aus der Scharte kurzer, mark. Anstieg über blockigen Fels zur Rich-

terspitze, auf Anstiegsweg zurück.
Ab Scharte W-seitiger, sehr steiler,
gesicherter Felsensteig hinab zu einem steilen Firnhang, ca. 2700 m;
Querung nach links zum Moränensteig hinab zur sichtbaren Plauener
Hütte.
Mark. vielbegangene Route, Anstieg
SO, Abstieg SW. Achtung: Ausstieg
im W-seitigen Firnfeld bei Vereisung
gefährlich, Steigeisen und Pickel
notwendig!

Höchste Wegestelle/Gipfel
Gamsscharte, 2971 m, Richterspitze,
3054 m.

Anstiegsleistung Ab Richter-Hütte
600 Höhenmeter.

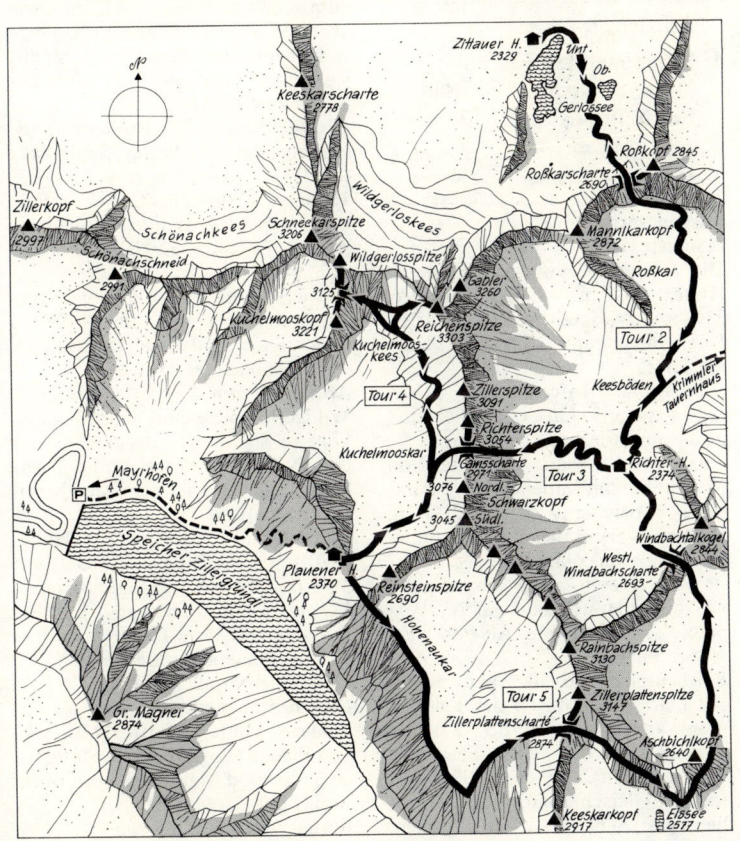

Abstieg Siehe Tourenverlauf.

Gehzeiten Richter-Hütte, 2374 m – Gamsscharte, 2971 m: 2 Std.; Gamsscharte – Richterspitze, 3054 m, und zurück: ½ Std.; Gamsscharte – Plauener Hütte, 2370 m: 1½ Std. Gesamtgehzeit: 4 Stunden.

Hütten/Stützpunkte

Krimmler Tauernhaus, 1622 m, privat, Betten und Touristenlager, bew. Mitte März–Mitte Oktober.

Richter-Hütte, 2374 m, siehe Tour 2.

Plauener Hütte, 2370 m, siehe Tour 4.

Karten Siehe Tour 2.

Reichenspitz-Gruppe

4 Reichenspitze 3303 m
Wildgerlosspitze 3278 m
Kuchelmooskopf 3221 m

sehr schwierig
Gletscher-/Felstour

Ausgangsort

Plauener Hütte, 2370 m.

Die Tour in Stichworten Plauener Hütte, 2370 m – Reichenspitze, 3303 m – Wildgerlosspitze, 3278 m – Kuchelmooskopf, 3221 m – Plauener Hütte.

Schwierigkeit/Anforderung IV = sehr schwierig, Gletscher-/Felstour, große Anforderung, Tagestour.

Talzugang zur Plauener Hütte: Von Mayrhofen mit Linienbus zum Parkplatz »Speicher Zillergründl«, ca. 1850 m, Werkstraße, nur für Anlieger. Vom Parkplatz auf der Werkstraße talein zur Abzweigung »Plauener Hütte« und auf AV-Weg mäßig steil zur Hütte. Ab Parkplatz 1½ Stunden.

Reichenspitze: Ab Hütte nach Schild auf mark. Steig durch das Kuchelmooskar zum Rand des Kuchelmooskeeses, das man bei etwa 2700 m betritt. Ab ca. 2800 m am rechten Gletscherrand über 100 Höhenmeter, Steilstufe, offene Spalten,

häufig Blankeis, hinauf in das obere Firnbecken, ca. 3000 m, meist Trasse. In einem Bogen nach rechts zu dem Fels- und Firnsattel, ca. 3200 m, und über mäßig schwierigen W-seitigen Fels zum Gipfel.

Wildgerlosspitze: Von der Reichenspitze zurück in das obere Gletscherbecken und mäßig steil (meist Trasse) nach NW zu höher gegen eine Senke, Pt. 3139 AV-Karte, im felsigen S-Sporn der Wildgerlosspitze. Über den sehr steilen, plattigen, teils sehr ausgesetzten S-Grat zum Hauptgipfel (III).

Kuchelmooskopf: Ab Pt. 3139 AV-Karte entweder über Firn oder Fels zum Gletschersattel, 3125 m, zwischen Wildgerlosspitze und Kuchelmooskopf; aus dem Sattel mäßig steil über Firn und Fels einfache Route zum Gipfel.

Übersichtlicher SW-Routenverlauf, viel begangen, Achtung: Spaltengefahr!

Höchste Wegestelle/Gipfel Reichenspitze, 3303 m, Wildgerlosspitze, 3278 m, Kuchelmooskopf, 3221 m.

Anstiegsleistung Ab Plauener Hütte zur Reichenspitze 1100, + Wildgerlosspitze und Kuchelmooskopf 1300 Höhenmeter.

Abstieg Vom Firnsattel zwischen Wildgerlosspitze und Kuchelmooskopf in das obere Gletscherbecken des Kuchelmooskeeses und auf Anstiegsweg zurück zur sichtbaren Plauener Hütte.

Gehzeiten Plauener Hütte, 2370 m – Reichenspitze, 3303 m: 3½ Std.; Übergang Wildgerlosspitze, 3278 m: 2 Std.; Übergang Kuchelmooskopf, 3221 m: 1 Std. Abstieg Plauener Hütte: 2½ Std. Gesamtgehzeit: 9 Stunden.

Hütten/Stützpunkte

Plauener Hütte, 2370 m, DAV-Sektion Plauen/Vogtland, Sitz Stuttgart, 60 Betten und Matratzen, bew. Mitte Juni–Ende September.

Karten Siehe Tour 5.

Reichenspitz-Gruppe

5 Zillerplattenspitze 3147 m

mäßig schwierig
Wander-/Felstour

Ausgangsort
Plauener Hütte, 2370 m.

Die Tour in Stichworten Plauener Hütte, 2370 m – Zillerplattenscharte, 2874 m – Zillerplattenspitze, 3147 m – Zillerplattenscharte – Eissee, 2577 m – Westliche Windbachscharte, 2693 m – Richter-Hütte, 2374 m.

Schwierigkeit/Anforderung II = mäßig schwierig, Wander-/Felstour, mittlere Anforderung, Tagestour.

Talzugang zur Plauener Hütte siehe Tour 4.

Ab Hütte nach Schild »Heiliggeistjöchl« auf dem Hannemann-Weg (502) in horizontaler Hangquerung bis zur beschilderten Abzweigung, ca. 2450 m, »Zillerplattenscharte«. Von dort mark. Steig, Steinmänner, durch das Seekar, mäßig steil, zum Schluß über Firn gegen die Einschartung links des Schartenhöckers (die südl. Einschartung ist die eigentliche Zillerplattenscharte). Aus der Scharte nach Steigspuren und Steinmännern über den blockigen, gut gestuften Fels des S-Grates mäßig steil zum Gipfel.

Durchgehend mark., SW- und S-seitiger Routenverlauf.

Höchste Wegestelle/Gipfel Zillerplattenscharte, 2874 m, Zillerplattenspitze, 3147 m.

Anstiegsleistung Ab Plauener Hütte 800 Höhenmeter.

Abstieg Zurück zur Einstiegsscharte, von dort zur Zillerplattenscharte, über Firnfelder nach SO hinab zum sichtbaren Eissee, zur Einmündung (Pt. 2473 AV-Karte) in den Fritz-Pungs-Weg und auf ihm über die Westliche Windbachscharte, 2693 m zur Richter-Hütte.

Entweder über die Zittauer Hütte zurück zur Finkau (siehe Tour 2) oder Abstieg zum Krimmler Tauernhaus, 1622 m, Taxiverkehr nach Krimml.

Gehzeiten Plauener Hütte, 2370 m – Zillerplattenscharte, 2874 m: 2½ Std.; Zillerplattenscharte – Zillerplattenspitze, 3147 m, und zurück: 1 Std.

Abstieg: Zillerplattenscharte – Eissee, 2577 m – Westliche Windbachscharte, 2693 m – Richter-Hütte, 2374 m: 3 Std.

Gesamtgehzeit: Ab Plauener Hütte – Richter-Hütte 6½ Stunden

Hütten/Stützpunkte
Plauener Hütte, 2370 m, Richter-Hütte, 2374 m, Krimmler Tauernhaus, 1622 m, siehe Touren 2/4.

Karten Kompass WK 1:50000, Blatt 37, »Zillertaler Alpen«.

Reichenspitz-Gruppe

6 Wechselspitze 2660 m

wenig schwierig
Wander-/Felstour

Ausgangsort Gerlos, 1245 m, im Gerlostal.

Die Tour in Stichworten Gerlos, 1245 m – Jausenstation »Lakenalm«, 1405 m – Stackerl-Alm, 1850 m – Wechselspitze, 2660 m.

Schwierigkeit/Anforderung I = wenig schwierig, Wandertour, mittlere Anforderung, Tagestour.

Von Gerlos zum Parkplatz, ca. 1300 m, an der Einfahrt in das Schönachtal. Auf Güterweg zur Jausenstation »Lakenalm« und noch etwa ¼ Std., vorbei an der Lakenalm II, talein zum Wegschild »Kirchspitze«.

Auf mark. Almsteig steil durch den Isswald zur Stackerl-Alm. Vor der Alm nach Mark. und Steigspuren in einem Tälchen geradeaus höher zum Schild »Kirchspitze«, ca. 2200 m. (Abzweigung nach rechts zum nahen, sichtbaren Kreuz auf dem

Gaißkopf, 2320 m). Zur Wechselspitze weglos, ohne Mark., nach links zu einem grasigen Sattel. Dort hinab in einen steinigen Karkessel, nach Steinmännern, Steigspuren durch den Kessel (Altschnee) und in einer steilen Schrofenwand ca. 50 m (schwierigste Stelle) hinauf zu dem schmalen, grasigen Verbindungsgrat, der zur O-Flanke der Wechselspitze anschließt. In dieser mit Moos begrünten Schrofenflanke entlang des O-Grates nach Steigspuren steil zum Gipfel.

NO-seitiger Routenverlauf, nicht mark., nur bei guter Sicht unternehmen!

Höchste Wegestelle/Gipfel
Wechselspitze, 2660 m.

Anstiegsleistung Ab Jausenstation »Lakenalm« 1200 Höhenmeter.

Abstieg Wie Anstieg.

Gehzeiten Parkplatz Schönachtal,

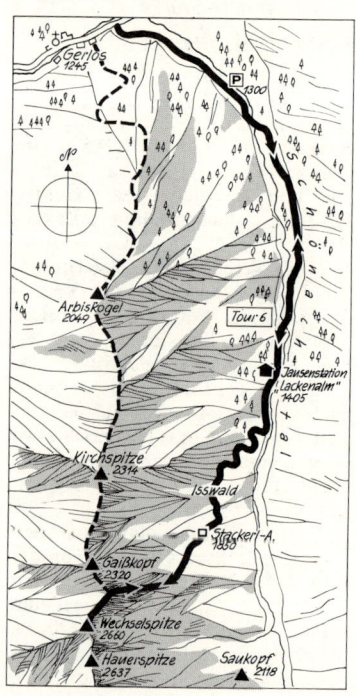

ca. 1300 m – Jausenstation »Lakenalm«, 1405 m: 1 Std.; »Lakenalm« – Stackerl-Alm, 1850 m: 1 Std.; Stakkerl-Alm – Wechselspitze, 2660 m: 2½ Std.
Abstieg: 3 Std.
Gesamtgehzeit: 7½ Stunden.

Hütten/Stützpunkte

Jausenstation »Lakenalm«, 1405 m, nur Tagesbewirtschaftung, keine Übernachtung.

Stackerl-Alm, 1850 m, nur Almbetrieb.

Karten Kompass WK 1:50000, Blatt 37, »Zillertaler Alpen«.

Reichenspitz-Gruppe

7 Brandberger Kolm 2700 m

wenig schwierig
Wander-/Felstour

Ausgangsort Brandberg, 1092 m, im Zillertal.

Die Tour in Stichworten Brandberg, 1092 m – Brandenberger Kolmhaus, 1845 m – Brandberger Kolm, 2700 m.

Schwierigkeit/Anforderung I = wenig schwierig, Wandertour, mittlere Anforderung, Tagestour.

Von Mayrhofen Auffahrt nach Brandberg. Vom Parkplatz mark. Steig über Wiesenhänge und Güterweg nach Ahornach zum höchsten Hof. Ab hier mark. Steig zum Brandenberger Kolmhaus. Mark. Steig durch das Brandberger Kar, mäßig steil bis etwa 2150 m, dort nach Hinweis »Kolm« über eine Steilstufe nach rechts durch ein steiniges Hochkar zu einem deutlichen großen Steinmann. Querung in die S-Flanke, auf erdigem Steig steil höher zu Fels, kurzer Durchstieg zum Gipfelplateau.

SW-seitiger Routenverlauf, durchgehend mark., viel begangen.

Höchste Wegestelle/Gipfel Brandberger Kolm, 2700 m.

Anstiegsleistung   Ab Brandberg

1600, ab Kolmhaus 900 Höhenmeter.

Abstieg Wie Anstieg.

Gehzeiten Brandberg, 1092 m – Kolmhaus, 1845 m: 2 Std.; Kolmhaus – Brandberger Kolm, 2700 m: 2½ Std.

Abstieg: 3 Std.

Gesamtgehzeit: 7½ Stunden

Hütten/Stützpunkte

Brandenberger Kolmhaus, 1845 m, privat, 8 Schlafplätze, bew. Anfang Juni-Mitte Oktober.

Karten Siehe Tour 6.

Zillertaler Hauptkamm

8 Edel-Hütte 2238 m
Ahornspitze 2976 m

mäßig schwierig
Wander-/Felstour

Ausgangsort Mayrhofen, 628 m, im Zillertal.

Die Tour in Stichworten Mayrhofen, 628 m – Ahornbahn-Bergstation, 1965 m – Edel-Hütte, 2238 m – Ahornspitze, 2976 m.

Schwierigkeit/Anforderung II = mäßig schwierig, Wander-/Felstour, mittlere Anforderung, Tagestour.

Von Mayrhofen mit der Ahornbahn zur Bergstation, von dort Weg zur Edel-Hütte.

Ab Hütte auf Steig über Grasböden zu Blockhalden, ca. 2700 m, unter dem Gipfelaufbau. Steiler Felsensteig durch die W-Flanke zur Scharte zwischen den beiden Gipfeln, mit wenigen Schritten zum Kreuz am N-Gipfel.

SW-seitiger, durchgehend mark. Routenverlauf, viel begangen.

Höchste Wegestelle/Gipfel Ahornspitze, 2976 m.

Anstiegsleistung Ab Bergstation Ahornbahn 1000, ab Edel-Hütte 700 Höhenmeter.

Abstieg Wie Anstieg; oder nach Mark. zum S-Gipfel und über die

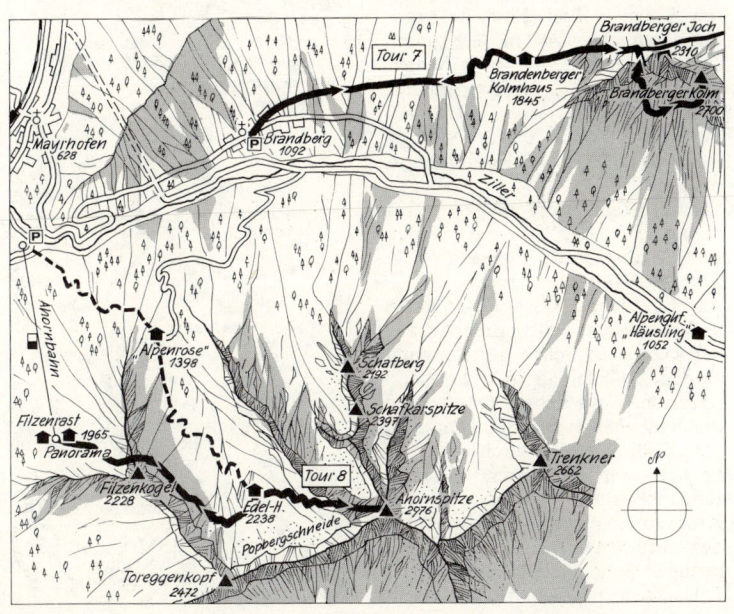

Popbergschneide zurück zur Hütte.
Gehzeiten Bergstation Ahornbahn, 1965 m – Edel-Hütte, 2238 m: 1 Std.; Edel-Hütte – Ahornspitze, 2976 m: 2 Std.
Abstieg wie Anstieg bis Bergstation: 2½ Std.
Gesamtgehzeit: 5½ Stunden.
Hütten/Stützpunkte **Karl-von-Edel-Hütte,** 2238 m, DAV-Sektion Würzburg, 63 Betten und Matratzen, bew. Mitte Juni–Ende September.
Gaststätte an der Bergstation.
Karten Siehe Tour 9.

Zillertaler Hauptkamm

9 Aschaffenburger Höhensteig

mäßig schwierig
Wander-/Felstour

Ausgangsort Mayrhofen, 628 m, im Zillertal.
Die Tour in Stichworten Mayrhofen, 628 m – Edel-Hütte, 2238 m – Popbergnieder, 2448 m – Krummschnabelscharte, 2445 m – Samerschartl, 2392 m – Nofertensmauer, 2277 m – Weißkarjöchl, 2119 m – Samerkarjöchl, ca. 2150 – Sonntagskarkanzel, 2202 m – Kasseler Hütte, 2177 m.
Schwierigkeit/Anforderung II = mäßig schwierig, Wander-/Felstour, große Anforderung, Tagestour.
Zur Edel-Hütte siehe Tour 8.
Ab Edel-Hütte über Rasenböden und in steilem, gesichertem Anstieg zur sichtbaren Senke der Popbergnieder, 2448 m, in der Popbergschneide. Ausgedehnte Querung in die Rasenhänge der Sonnwand, in etwa 2400 m Höhe durch das Popbergkar zur sichtbaren Krummschnabelscharte, 2445 m, in der Krummschnabelscheide westlich des auffallenden Krummschnabelturmes. Sehr steiler, ausgesetzter Felsanstieg zur Scharte, Drahtseil-

sicherung. Steiler, drahtseilgesicherter Abstieg ins Hasenkar, aus etwa 2300 m wiederum sehr steiler, drahtseilgesicherter Felsanstieg zum Samerschartl, 2392 m, in der Nofertensschneide. Über steile Grasstufen hinab zum Nofertenskar, in etwa 2300 m durch das Kar gegen die auffallende, geschwungene Linie der Nofertensmauer (=steinerne Viehmauer) im Hennsteigenkamp. Durchlaß bei 2277 m und leicht abwärts zum wenig auffallenden Weißkarjöchl, 2119 m. Kurz vorher verlassene Almhütte, als Unterstand verwendbar. Ab Weißkarjoch höhengleich zum Samerkarjöchl, in etwa 2200 m Höhe über zwei Jöcher durch das Samerkarl und das Steinkarl zum auffallenden Steinmann auf der Sonntagskarkanzel, 2202 m,

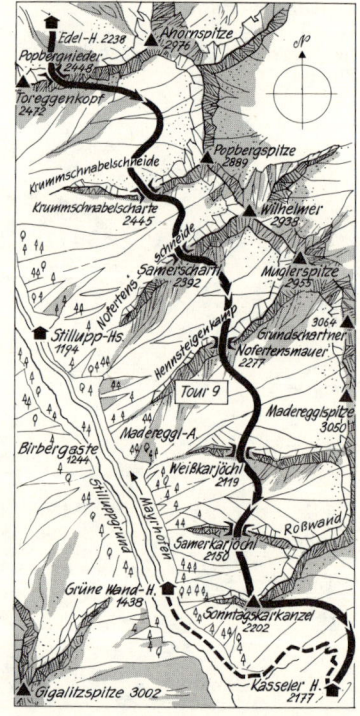

am Auslauf der Roßwand - Kasseler Hütte in Sicht! In weitem O-S-Bogen durch das Sonntagskar bis etwa 2300 m, über den Graben des Karbaches hinab zur Kasseler Hütte.
Gesamte Wegestrecke ist mit 519 durchlaufend mark., SW-seitiger, von Schneide zu Schneide übersichtlicher Routenverlauf, viel Blockgelände; nur bei aperen Verhältnissen begehen!
Höchste Wegestelle/Gipfel Popbergnieder, 2448 m.
Anstiegsleistung Etwa 700 Höhenmeter.
Abstieg Siehe Tourenverlauf.
Gehzeiten Ungefähre Wegestrecken und Gehzeiten bei günstigen Verhältnissen nach Michel Pflier, Würzburg.
Edel-Hütte - Popbergnieder 1,0 km: 20 Min.
- Krummschnabelscharte 3 km: 60 Min.
- Samerschartl 1,5 km: 40 Min.
- Nofertensmauer 1,7 km: 40 Min.
- Weißkarjöchl 1,5 km: 30 Min.
- Samerkarjöchl 1,0 km: 20 Min.
- Sonntagskarkanzel 1,3 km: 40 Min.
- Kasseler Hütte 3 km: 50 Min.
Gesamtstrecke 14 km, Gehzeit 300 Minuten = Mindestzeit; durchschnittliche Geher müssen mit 7-8 Stunden rechnen.
Hütten/Stützpunkte
Karl-von-Edel-Hütte, 2238 m, siehe Tour 8.
Kasseler Hütte, 2177 m, DAV-Sektion Kassel, 107 Betten und Matratzen, bew. Ende Juni-Ende September.
Karten Kompass WK 1:50000, Blatt 37, »Zillertaler Alpen«.

Zillertaler Hauptkamm

10 Kasseler Hütte 2177 m Wollbachspitze 3210 m

schwierig
Gletscher-/Felstour

Ausgangsort
Kasseler Hütte, 2177 m.
Die Tour in Stichworten Kasseler Hütte, 2177 m - Stangenjoch, 3058 m - Wollbachspitze, 3210 m.
Schwierigkeit/Anforderung III = schwierig, Gletscher-/Felstour, mittlere Anforderung, Tagestour.
Talzugang Kasseler Hütte: Ab Mayrhofen Busverkehr zum Gasthof Wasserfall, 1130 m, im Stilluppgrund, von dort mit Taxi zur Grüne-Wand-Hütte, 1438 m, oder mit eigenem Pkw zum Parkplatz Wasserfall (Mautstraße). Ab Grüne-Wand-Hütte auf Almweg zur Talstation der Materialseilbahn (ca. 1650 m, Rucksacktransport möglich); von dort mark. Steig zur Kasseler Hütte.
Ab Hütte nach Schilder »Wollbachspitze, Keilbachjoch, Grüne Wand« mark. Steig zur sichtbaren Stirnmoräne des Östl. Stilluppkeeses, vorbei an einem Moränenseelein zu einem nahen, großen Steinmann, ca. 2500 m, am Gletscherrand. Dort bei einem flachen Stein mit Aufschrift »Wollbachspitze« nach links (rechts Keilbachjoch - Grüne Wand), aus dem unteren Gletscherbecken am nördl. linken Fernerrand, meist Trasse, mäßig steil hinauf zum Hochbecken, weiter zum nahen Stangenjoch, von ihm über das steile Blockwerk des N-Grates zum Gipfel.
Nordseitiger Routenverlauf, nur für gletschererfahrene Bergsteiger.
Höchste Wegestelle/Gipfel Stangenjoch, 3058 m, Wollbachspitze, 3210 m.
Anstiegsleistung Ab Kasseler Hütte 1000 Höhenmeter.
Abstieg Wie Anstieg.

Gehzeiten Grüne-Wand-Hütte, 1438 m – Kasseler Hütte, 2177 m: 2 Std.; Kasseler Hütte – Wollbachspitze, 3210 m: 3½ Std.
Abstieg Kasseler Hütte: 2½ Std.
Gesamtgehzeit: Ab Kasseler Hütte 6 Stunden.
Hütten/Stützpunkte
Grüne-Wand-Hütte, 1438 m, privat, 20 Betten und Matratzen, Sommerbewirtschaftung.
Kasseler Hütte, 2177 m, DAV-Sektion Kassel, 107 Betten und Matratzen, bew. Ende Juni–Ende September.
Karten Siehe Tour 11.

Zillertaler Hauptkamm

11 Grüne Wand 2946 m

mäßig schwierig
Gletscher-/Felstour

Ausgangsort
Kasseler Hütte, 2177 m.
Die Tour in Stichworten Kasseler Hütte, 2177 m – Keilbachjoch, 2847 m – Grüne Wand, 2946 m.
Schwierigkeit/Anforderung II = mäßig schwierig, Gletscher-/Felstour, mäßige Anforderung, Halbtagestour.
Zur Kasseler Hütte siehe Tour 10.
Ab Hütte mark. Steig zum Östl. Stilluppkees, siehe Tour 10. Bei dem Markierungsstein nach rechts und im flachen Gletscherbecken, meist Trasse, in mäßiger Steigung hinauf zu blockigem Felsgelände, dort nach Mark. zum sichtbaren Kreuz am Felssattel des Keilbachjochs. (Übergang nach Südtirol in das Ahrntal möglich.) Vom Joch über den gut gangbaren, mäßig steilen, felsigen SO-Grat zum Gipfel, nicht in die Flanken queren.
Im Gletscher Steinschlaggefahr, im Spätsommer meist Pickel und Steigeisen notwendig – Spaltengefahr!
Höchste Wegestelle/Gipfel Keilbachjoch, 2847 m, Grüne Wand, 2946 m.

Anstiegsleistung Ab Kasseler Hütte 800 Höhenmeter.
Abstieg Wie Anstieg.
Gehzeiten Kasseler Hütte, 2177 m – Keilbachjoch, 2847 m: 2 Std. – Grüne Wand, 2946 m: ½ Std.
Abstieg Kasseler Hütte: 2 Std.
Gesamtgehzeit: Ab Kasseler Hütte 4½ Stunden.
Hütten/Stützpunkte
Siehe Tour 10.
Karten Kompass WK 1:50000, Blatt 37, »Zillertaler Alpen«.

Zillertaler Hauptkamm

12 Schuhscharte 2424 m Lapenscharte 2700 m

mäßig schwierig
Wander-/Felstour

Ausgangsort
Kasseler Hütte, 2177 m.

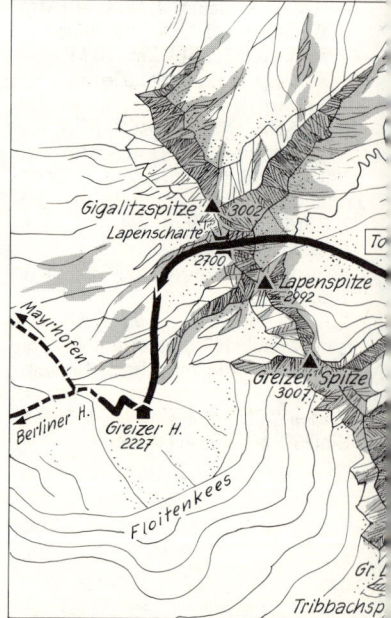

Die Tour in Stichworten Kasseler Hütte, 2177 m – Schuhscharte, 2424 m – Lapenscharte, 2700 m – Greizer Hütte, 2227 m.

Schwierigkeit/Anforderung II = mäßig schwierig, Wander-/Felstour, mittlere Anforderung, Tagestour.

Zur Kasseler Hütte siehe Tour 10.

Ab Hütte nach Schild »Schuhscharte – Greizer Hütte« fast horizontal unter das Löfflerkees, aus dem blokkigen Gletschervorfeld steil höher zu dem Felssporn, der das Löffler- vom Lapenkees trennt, und damit zur Schuhscharte. Ab Scharte drahtseilgesicherter, steiler Abstieg (ca. 70 m) in eine Blockmulde und steiler Wiederanstieg, Drahtseile, zu einer grünen Schulter mit großem Steinmann, ca. 2450 m, mit Blick auf den Routenverlauf zur Lapenscharte. Im Vorfeld des Lapenkeeses zu einer schwach begrünten Moräne (ca. 2500 m, beschilderte Abzweigung in den Stilluppgrund zur Grüne-Wand-

Hütte) und mäßig steil höher zum Steinmann in der Lapenscharte (Stempelstelle). Ab Scharte mark. Steig zur sichtbaren Greizer Hütte. Durchgehend mark., N-seitiger Routenverlauf, in beiden Richtungen viel begangen.

Höchste Wegestelle/Gipfel Schuhscharte, 2424 m, Lapenscharte, 2700 m.

Anstiegsleistung Ab Kasseler Hütte 600 Höhenmeter.

Abstieg Siehe Tourenverlauf.

Gehzeiten Kasseler Hütte, 2177 m – Schuhscharte, 2424 m: 2½ Std. – Lapenscharte, 2700 m: 1 Std. – Greizer Hütte, 2227 m: 1½ Std.

Gesamtgehzeit: Ab Kasseler Hütte 5 Stunden.

Hütten/Stützpunkte

Kasseler Hütte, 2177 m, siehe Tour 10.

Greizer Hütte, 2227 m, siehe Tour 13.

Karten Siehe Tour 13.

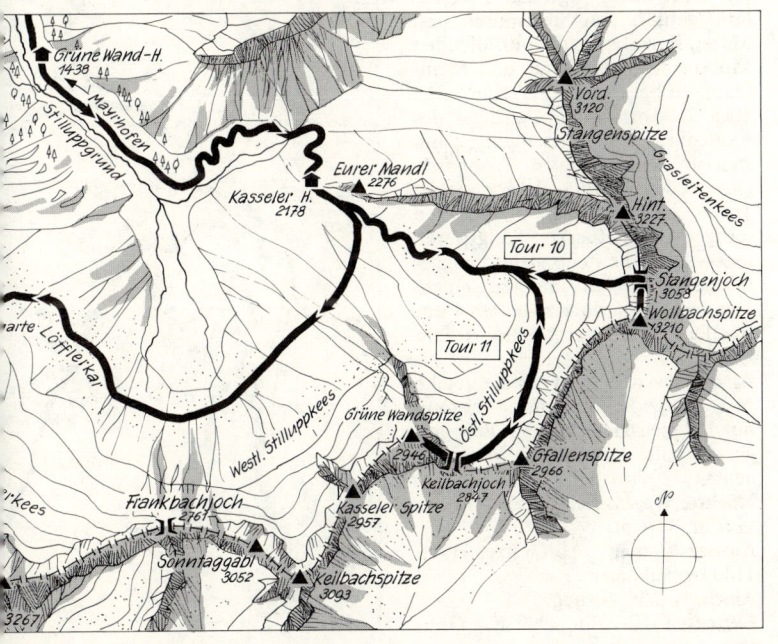

13 Greizer Hütte 2227 m
Großer Löffler 3376 m

sehr schwierig
Gletscher-/Felstour

Ausgangsort Greizer Hütte, 2227 m.
Die Tour in Stichworten Greizer Hütte, 2227 m – Großer Löffler, 3376 m.
Schwierigkeit/Anforderung IV= sehr schwierig, Gletscher-/Felstour, mittlere Anforderung, Tagestour.
Talzugang Greizer Hütte: Von Mayrhofen Auffahrt im Dornauberger Tal nach Ginzling, 999 m; von Ginzling auf Güterweg (gesperrt) in den Floitengrund, in der Talsohle zu den Jausenstationen Tristenbach-Alm, 1177 m, und Steinbock, 1380 m. Auf Almweg zum Talschluß und aus etwa 1800 m auf AV-Weg in steilem Anstieg zur Greizer Hütte.
Ab Hütte nach Wegweisung »Löffler«, geführt von Steigspuren und Mark., hinauf zu einer auffallenden Moräne und damit zu den Steinmännern bei Pt. 2516 AV-Karte. Bei etwa 2600 m in den Ostflügel des Floitenkeeses, anfangs mäßig, dann steil in dem schmalen, spaltenreichen Gletscherfluß höher, meist Trasse, zum Ansatz der SW-seitigen felsigen Gipfelflanke. Steigspuren leiten durch die steile, steinschlaggefährdete Schotterwand zu einem Firnfleck, von dort zu einer Firnschulter und über grobe Blöcke zum Gipfel.
Anspruchsvolle, sehr spaltenreiche NW-seitige Gletscher-/Felstour, nur für gletschererfahrene Bergsteiger mit guter Ausrüstung, Wetter beachten!
Höchste Wegestelle/Gipfel Großer Löffler, 3376 m.
Anstiegsleistung Ab Greizer Hütte 1100 Höhenmeter.
Abstieg Wie Anstieg.
Gehzeiten Ginzling, 999 m – Greizer Hütte, 2227 m: 3½ Std.; Greizer Hütte – Großer Löffler, 3376 m: 4 Std.
Abstieg Greizer Hütte: 3 Std.
Gesamtgehzeit: Ab Greizer Hütte 7 Stunden.
Hütten/Stützpunkte
Greizer Hütte, 2227 m, DAV-Sektion Greiz, Sitz Marktredwitz, 86 Betten und Matratzen, bew. Ende Juni – Ende September.
Karten Kompass WK 1:50000, Blatt 37, »Zillertaler Alpen«.
Tip Bei guten Verhältnissen bietet sich mit dem Gipfelanstieg zum

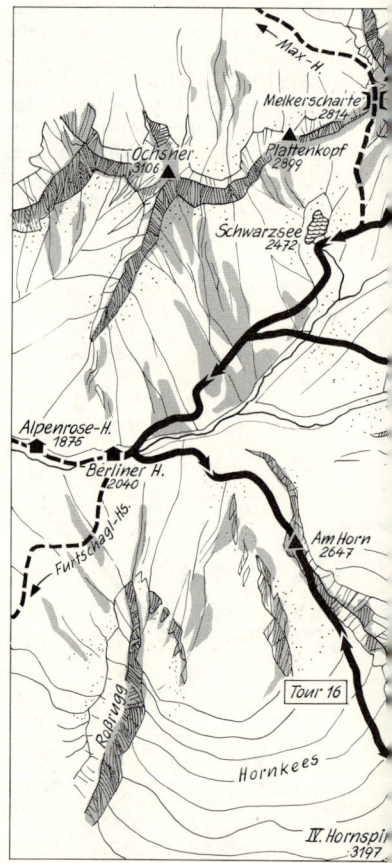

Großen Löffler und dem Abstieg zum Floitenkees der Übergang zum Tribbachsattel und damit zur Schwarzenstein-Hütte an. Die Route läuft in möglichst hoher Trasse vorbei am Floitenjoch zum Felssporn der Westl. Floitenspitze und schwenkt dort in den Anstieg, der von der Greizer Hütte kommt. (Siehe auch Sepp Schnürer: »Hohe Route Ostalpen«.)

Sehr spaltenreicher Gletscher, nur für Bergsteiger mit bester Ausrüstung und Erfahrung!

14 Schwarzenstein-Hütte 2922 m
Felsköpfl 3235 m
Schwarzenstein 3368 m

sehr schwierig
Gletscher-/Felstour

Ausgangsort Greizer Hütte, 2227 m.
Die Tour in Stichworten Greizer Hütte, 2227 m – Tribbachsattel, 3053 m – Schwarzenstein-Hütte, 2922 m – Felsköpfl, 3235 m –

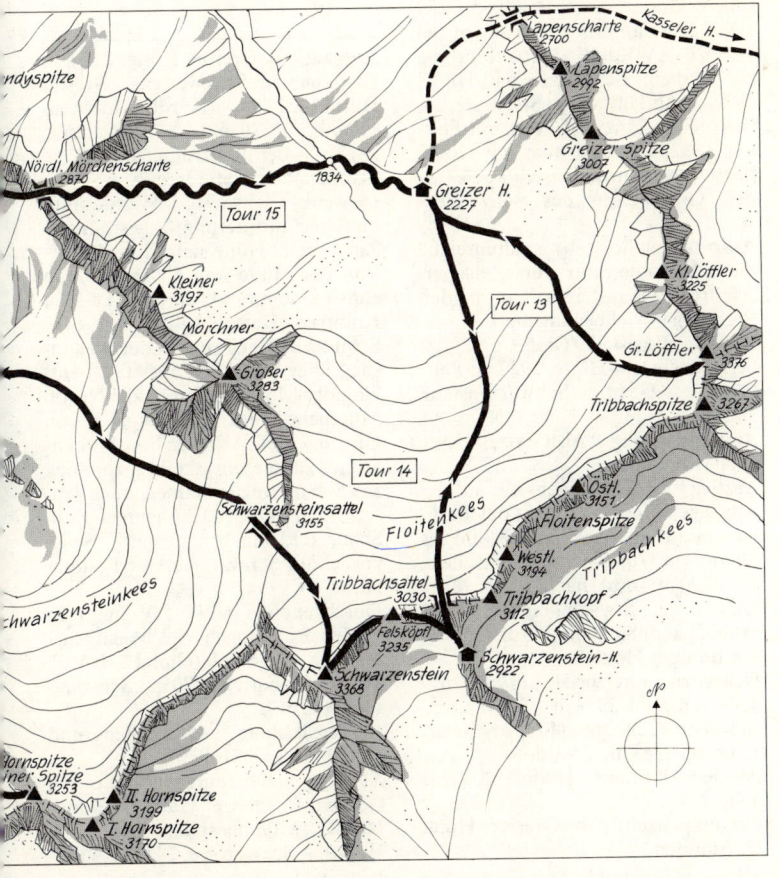

Schwarzenstein, 3368 m – Berliner Hütte, 2040 m.

Schwierigkeit/Anforderung IV = sehr schwierig, Gletscher-/Felstour, große Anforderung, Tagestour.

Zur Greizer Hütte siehe Tour 13.

Ab Hütte nach Mark. und Steinmänner auf teils sehr abschüssigem Moränensteig zum Floitenkees, das bei etwa 2400 m betreten wird. Aus dieser meist aperen unteren Zone steil höher zur von riesigen Querspalten aufgerissenen Mittelterrasse, Querung dieser gefährlichen Spaltenzone bis die Route, meist Trasse, mäßig steil hinauf zum fast ebenen Gletschergelände am Tribbachsattel zieht. Dort an einem Felssporn bei Pt. 3026 AV-Karte Sichtverbindung zur nahen Schwarzenstein-Hütte, 2922 m. Ab Hütte über S-seitigen, etwas steilen Firn und Fels zum Felsköpfl, 3235 m, und über die Hochfläche des Schwarzensteinkeeses zu den Gipfelfelsen des Schwarzenstein.

Anspruchsvolle, sehr spaltenreiche Gletscherroute, nur für gletschererfahrene Bergsteiger; in beiden Richtungen viel begangen.

Höchste Wegestelle/Gipfel Schwarzenstein-Hütte, 2922 m, Felsköpfl, 3235 m, Schwarzenstein, 3368 m.

Anstiegsleistung Ab Greizer Hütte 1100 Höhenmeter.

Abstieg Ab Schwarzenstein auf der Anstiegstrasse herauf von der Berliner Hütte im Schwarzensteinkees hinab zum Auslauf des Gletschers, ca. 2700 m; dort nach Mark. über kompaktes, schwach geneigtes Felsgelände zum Steig hinab zur sichtbaren Berliner Hütte.

Gehzeiten Greizer Hütte, 2227 m – Tribbachsattel, 3053 m – Schwarzenstein-Hütte, 2922 m: 4 Std. – Schwarzenstein, 3368 m: 1½ Std.

Abstieg Berliner Hütte, 2040 m: 3 Std.

Gesamtgehzeit: Ab Greizer Hütte 8½ Stunden.

Hütten/Stützpunkte
Greizer Hütte, 2227 m, siehe Tour 13.
Schwarzenstein-Hütte (Rif. Sasso Nero), 2922 m, Club Alpino Italiano (CAI), 60 Matratzen, bew. Anfang Juli bis Mitte September.
Berliner Hütte, 2040 m, siehe Tour 16.
Karten Siehe Tour 13.

Zillertaler Hauptkamm

15 Mörchenscharte 2870 m Schwarzsee 2472 m

wenig schwierig
Wandertour

Ausgangsort Greizer Hütte, 2227 m.
Die Tour in Stichworten Greizer Hütte, 2227 m – Nördl. Mörchenscharte, 2870 m – Schwarzsee, 2472 m – Berliner Hütte, 2040 m.

Schwierigkeit/Anforderung I = wenig schwierig, Wandertour, mittlere Anforderung, Tagestour.

Zur Greizer Hütte siehe Tour 13.

Von der Hütte auf AV-Weg hinab zum Floitengrund, dort bei Pt. 1834 Kompass Karte beginnt mit dem Schild »Berliner Hütte« der Steilanstieg über 1000 Höhenmeter (!) entlang der Mörchenklamm zur Nördl. Mörchenscharte. (Im Zugang von Ginzling auf AV-Weg im Floitengrund zu diesem Punkt.) Ausstieg zur Scharte meist Schnee, auch jenseits über etwa 100 Höhenmeter ein Schneefeld hinab zum mark. Steig, vorbei am Schwarzsee, zur Berliner Hütte.

Durchgehend mark. AV-Steig, in beiden Richtungen viel begangen.

Höchste Wegestelle/Gipfel Nördl. Mörchenscharte, 2870 m, Schwarzsee, 2472 m.

Anstiegsleistung Ab Floitengrund Pt. 1834 m 1000 Höhenmeter.

Abstieg Siehe Tourenverlauf.

Gehzeiten Greizer Hütte, 2227 m – Nördl. Mörchenscharte, 2870 m: 3½ Std. – Schwarzsee, 2472 m – Ber-

liner Hütte, 2040 m: 2 Std.
Gesamtgehzeit: Ab Greizer Hütte
5½ Stunden.
Hütten/Stützpunkte
Greizer Hütte, 2227 m, siehe Tour 13.
Berliner Hütte, 2040 m, siehe
Tour 16.
Karten Kompass WK 1:50000,
Blatt 37, »Zillertaler Alpen«.

Zillertaler Hauptkamm

16 Berliner Hütte 2040 m Berliner Spitze 3253 m

schwierig
Gletscher-/Felstour

Ausgangsort
Berliner Hütte, 2040 m.
Die Tour in Stichworten Berliner
Hütte, 2040 m – Berliner Spitze,
3253 m.
Schwierigkeit/Anforderung III =
schwierig, Gletscher-/Felstour, mittlere Anforderung, Tagestour.
Talzugang Berliner Hütte: Von
Mayrhofen im Dornauberger Tal
über Ginzling zum Alpengasthof
Breitlahner, 1257 m, Parkplatz. Ab
Breitlahner auf Güterweg (gesperrt)
zu den Gasthäusern Grawand,
1640 m, und Alpenrose, 1825 m; ab
Alpenrose auf AV-Weg zur nahen
Berliner Hütte.
Ab Hütte nach Schild »Berliner
Spitze« zur oberen Bachbrücke, jenseits mark., mäßig steiler Steig zu
den W-seitigen Felsen »Am Horn«
und über Blockwerk höher zu den
ersten Schneeflecken. Bei etwa
2650 m beginnt die nur mäßig steile
Gletscherroute, vorbei am letzten
Felssporn, ca. 2800 m, hinauf gegen
das Mitterbachjoch (3130 m, Übergang nach Weißenbach und Luttach
im Südtiroler Ahrntal). Gletscheranstieg bis knapp vor das Joch, über
Firn zum W-seitigen Gipfelaufbau
und aus etwa 3150 m in festem, grobklotzigem Fels zum höchsten
Punkt.

Vielbegangene, W-seitige Route,
einfache Gletschertour, aber im felsigen Gipfelanstieg Klettererfahrung notwendig.
Höchste Wegestelle/Gipfel Berliner Spitze, 3253 m.
Anstiegsleistung Ab Berliner Hütte
1200 Höhenmeter.
Abstieg Wie Anstieg.
Gehzeiten Breitlahner, 1257 m –
Berliner Hütte, 2040 m: 3 Std.; Berliner Hütte – Berliner Spitze, 3253 m:
3½ Std.
Abstieg Berliner Hütte: 2½ Std.
Gesamtgehzeit: Ab Berliner Hütte
6 Stunden.
Hütten/Stützpunkte
Alpengasthäuser **Breitlahner,**
1257 m, **Grawand-Hütte,** 1640 m,
Alpenrose, 1875 m: Sommerbewirtschaftung, Betten und Touristenlager.
Berliner Hütte, 2040 m, DAV-Sektion Berlin, 200 Betten und Matratzen, bew. Ende Mai–Ende September.
Karten Siehe Tour 15.

Zillertaler Hauptkamm

17 Schönbichlerhorn 3135 m

mäßig schwierig
Wander-/Felstour

Ausgangsort Berliner Hütte,
2040 m, oder Alpenrose, 1875 m.
Die Tour in Stichworten Berliner
Hütte, 2040 m, oder Alpenrose,
1875 m – Schönbichlerhorn, 3135 m
– Furtschagl-Haus, 2295 m – Parkplatz Schlegeis-Speicher, 1800 m.
Schwierigkeit/Anforderung II =
mäßig schwierig, Wander-/Felstour,
mittlere Anforderung, Tagestour.
Zum Gasthaus Alpenrose und Berliner Hütte siehe Tour 16.
Ab Berliner Hütte nach Schild
»Schönbichlerhorn« über die Bachbrücke zum Abfluß des Hornkeeses.

Weiter zur östl. Randmoräne und über das ausgeaperte Gletscherbett zur westl. Randmoräne des Waxeck-keeses; hier Einmündung des mark. Anstiegs vom Gasthaus Alpenrose. Auf mark. Steig hinauf zum Garber-kar, dort mit Drahtseilsicherung kurzer Felsanstieg zum Schönbichler-grat = NO-Ausläufer des Schönbich-lerhorn. Auf dem gut gangbaren Felsrücken mäßig steil gegen den Gipfelaufbau und sehr steil, teilweise Sicherungen, ausgesetzt höher zum Steinmann links des Gipfels, mit wenigen Schritten zum höchsten Punkt.

Abstieg: zurück zum Steinmann, von ihm zur nahen Schönbichler-scharte, 3081 m, dort steil über den NW-Ausläufer hinab in das Furt-schaglkar, im weiteren Abstieg mäßig steil zum Furtschagl-Haus.

Durchgehend mark. in beiden Richtungen vielbegangener AV-Steig, doch nur für trittsichere, ausdauernde Bergwanderer.

Höchste Wegestelle/Gipfel Schönbichlerhorn, 3135 m, Schönbichler-scharte, 3081 m.

Anstiegsleistung Ab Breitlahner 1900, ab Gasthaus Alpenrose 1300, ab Berliner Hütte 1100 Höhenmeter.

Abstieg Siehe Tourenverlauf. Ab Furtschagl-Haus mark. Steig zum Schlegeis-Speicher, Uferstraße zu den Parkplätzen am N-Ufer. Busverbindung: Breitlahner - Ginzling - Mayrhofen.

Gehzeiten Breitlahner, 1257 m - Gasthaus Alpenrose, 1875 m: 2½ Std. - Berliner Hütte, 2040 m: ½ Std. - Schönbichlerhorn, 3135 m: 3½ Std.

Abstieg Furtschagl-Haus, 2295 m: 2 Std. - Parkplatz Schlegeis, 1800 m: 2 Std.

Gesamtgehzeit: Ab Gasthaus Alpenrose oder Berliner Hütte 7½ Std.

Hütten/Stützpunkte
Alpengasthäuser **Breitlahner,** 1257 m, **Grawand-Hütte,** 1640 m, **Alpenrose,** 1875 m, siehe Tour 16.

Berliner Hütte, 2040 m, siehe Tour 16.
Furtschagl-Haus, 2295 m, siehe Tour 18.
Karten Siehe Tour 18.

---

18 Furtschagl-Haus 2295 m Großer Möseler 3478 m

schwierig
Gletscher-/Felstour

Ausgangsort
Furtschagl-Haus, 2295 m.

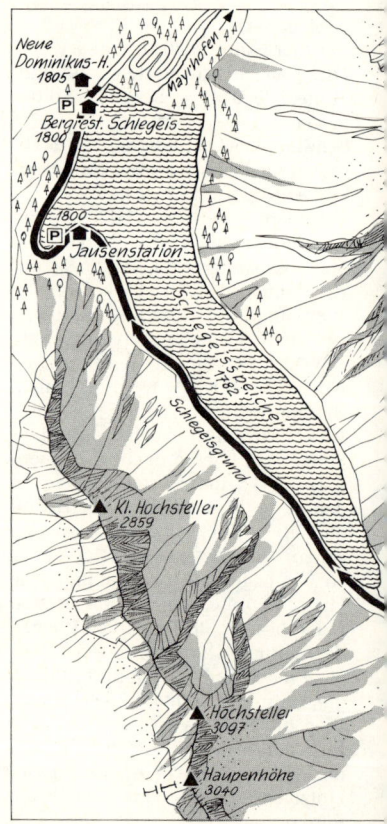

18

Die Tour in Stichworten Furt-schagl-Haus, 2295 m – Großer Mö-seler, 3478 m.

Schwierigkeit/Anforderung III = schwierig, Gletscher-/Felstour, mittlere Anforderung, Tagestour.

Talzugang Furtschagl-Haus: Von Mayrhofen über Ginzling Auffahrt zu den Parkplätzen am Schlegeis-Speicher. Auf der Werkstraße am W-Ufer zum S-Ende des Stausees, von dort mark. Steig zur Hütte.

Ab Hütte nach Schild »Möseler« auf Moränensteig zum Schlegeiskees, das man bei etwa 2750 m betritt. Auf dem Gletscher, meist Trasse, gegen den mächtigen westl. Fels-sporn des Möseler, rechts vorbei am »Felsköpfl« = Pt. 2985 AV-Karte, und im Fels auf Steigspuren steil höher zur Firnkuppe, die dem Fels-sporn aufliegt und direkt zu den Gipfelfelsen führt.

Vielbegangene Route, aber nur für gletschererfahrene Bergsteiger.

Höchste Wegestelle/Gipfel Großer Möseler, 3478 m.

Anstiegsleistung Ab Furtschagl-Haus 1200 Höhenmeter.

Abstieg Wie Anstieg.

Gehzeiten Furtschagl-Haus, 2295 m – Großer Möseler, 3478 m: 4 Std.

Abstieg Furtschagl-Haus: 3 Std.

Gesamtgehzeit: Ab Furtschagl-Haus 7 Stunden.

Hütten/Stützpunkte
Furtschagl-Haus, 2295 m, DAV-Sektion Berlin, 80 Betten und Matratzen, bew. Ende Juni bis Anfang Oktober.

Karten Kompass WK 1 : 50 000, Blatt 37, »Zillertaler Alpen«.

Wandeck – Dristner, 2765 m: 2½ Std. Abstieg: 3½ Std.
Gesamtgehzeit: 8½ Stunden.

Hütten/Stützpunkte
Jagdhütte Wandeck, 1806 m, privat, im Sommer bewohnt, keine Bewirtschaftung.

Karten Kompass WK 1 : 50 000, Blatt 37, »Zillertaler Alpen«.

Zillertaler Hauptkamm

19 Dristner 2765 m

wenig schwierig
Wandertour

Ausgangsort Ginzling, 999 m, im Dornauberger Tal.
Die Tour in Stichworten Ginzling, 999 m - Floitenschlag, ca. 1450 m - Jagdhütte Wandeck, 1806 m - Dristner, 2765 m.
Schwierigkeit/Anforderung I = wenig schwierig, Wandertour, sehr große Anforderung, Tagestour.
Parken in Ginzling. Vom Gasthaus »Post« auf Weg zum Schild »Wandeck«, auf steilem Waldweg und -steig zu den Hütten im Floitenschlag und zur Jagdhütte Wandeck. Weiter zur Waldgrenze und über Wiesen (Mark.-Pfosten) zum Ansatz des SW-Grates, ca. 2100 m. Nach Steigspuren sehr steil höher zur Gratschneide, ca. 2400 m (sichtbarer Steinpfahl), knapp S-seits des Gratverlaufes sehr steil, ausgesetzt, über Grasschrofen zum Gipfel.
Einsame Tour, SW-seitiger Routenverlauf. Ab Jagdhütte kaum mark., deutliche Steigspuren, bei Nässe gefährlich!
Höchste Wegestelle/Gipfel Jagdhütte Wandeck, 1806 m, Dristner, 2765 m
Anstiegsleistung Ab Ginzling 1800, ab Wandeck 900 Höhenmeter.
Abstieg Wie Anstieg.
Gehzeiten Ginzling, 999 m - Jagdhütte Wandeck, 1806 m: 2½ Std.;

Tuxer Kamm

20 Gamshütte 1916 m Vordere Grinbergspitze 2765 m

wenig schwierig
Wander-/Felstour

Ausgangsort Finkenberg, 839 m, im Tuxer Tal.
Die Tour in Stichworten Finkenberg, 839 m - Gamshütte, 1916 m - Vord. Grinbergspitze, 2765 m.
Schwierigkeit/Anforderung I = wenig schwierig, Wander-/Felstour, große Anforderung, Tagestour.
Von Finkenberg über die Teufelsbrücke, nach Wegweisung »Gamshütte« durch den Ortsteil jenseits des Tuxer Baches und auf Forststraße - bis zu einer Parkmöglichkeit, ca. 1100 m, vor einer Schranke zu befahren - in den Bergwald, bis das Schild »Hermann-Hecht-Weg« den Hüttenzugang aufzeigt.
Ab Gamshütte nach Schild »Grinbergspitze« auf mark. Steig in der breiten, schrofigen O-Flanke steil höher zum Ansatz (ca. 2500 m) des SO-Grates, über blockigen, fast horizontalen Fels zum O-seitigen Aufbau der Grinbergspitze und über Blöcke und Platten mäßig steil zum Gipfelkreuz.
Durchgehend mark., häufig begangene Route, nur für ausdauernde, trittsichere Bergwanderer.
Höchste Wegestelle/Gipfel Vordere Grinbergspitze, 2765 m.
Anstiegsleistung Ab Finkenberg

1900, ab Gamshütte 800 Höhenm.

Abstieg Wie Anstieg; oder ab Gamshütte über die Grinberg-Alm, 1380 m, zurück nach Finkenberg.

Gehzeiten Finkenberg, 839 m – Gamshütte, 1916 m: 3 Std.; Gamshütte – Vord. Grinbergspitze, 2765 m: 2½ Std.
Abstieg Finkenberg: 4 Std.
Gesamtgehzeit: Ab Finkenberg 9½ Stunden.

Hütten/Stützpunkte

Gamshütte, 1916 m, DAV-Sektion Berlin, 28 Matratzen, bew. Anfang Juni–Anfang Oktober.

Karten Kompass WK 1:50000, Blatt 37, »Zillertaler Alpen«.

Tuxer Kamm

21 Friesenberg-Haus 2498 m Hoher Riffler 3231 m

mäßig schwierig
Fels-/Gletschertour

Ausgangsort Mayrhofen, 628 m, im Zillertal.

Die Tour in Stichworten Mayrhofen, 628 m – Parkplatz Schlegeis-Speicher, 1800 m – Friesenberg-Haus, 2498 m – Hoher Riffler, 3231 m – Friesenbergscharte, 2910 m – Friesenberg-Haus.

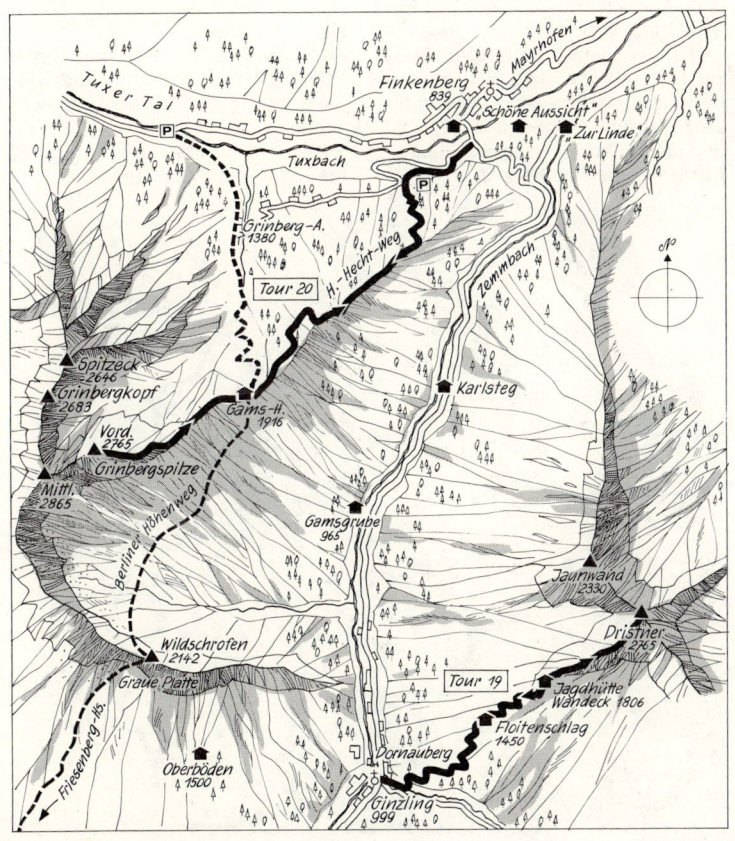

Schwierigkeit / Anforderung
II = mäßig schwierig, Fels-/Gletschertour, mittlere Anforderung, Tagestour.

Von Mayrhofen Auffahrt (Mautstraße) zum Parkplatz am Schlegeis-Speicher. Ab Parkplatz mark. AV-Weg zum Friesenberg-Haus.

Vom Friesenberg-Haus nach Schild »Riffler« auf Steig zum Sattel zwischen Petersköpfl, 2677 m, u. Riffler-S-Grat. Über den breiten, blockigen Felsgrat nach Mark., Steinmänner, Steigspuren teils steil z. Gipfel.

Abstieg: Vom Gipfel nach N zum Federbettkees, dort nach W hinab zum Schwarzbrunnerkees und auf dem Gletscher unter dem Riffler-SW-Grat, meist Trasse, Spalten, (= Anstieg vom Spannagel-Haus) zur Friesenbergscharte, 2910 m. Von der Scharte sehr steiler, mit Drahtseilen gesicherter Steig durch die Seewände hinab zum sichtbaren Friesenbergsee und -Haus.

S-seitige Fels- und N-seitige Gletscherroute, viel begangen.

Höchste Wegstelle/Gipfel Hoher Riffler, 3231 m, Friesenbergscharte, 2910 m.

Anstiegsleistung Ab Parkplatz Schlegeis-Speicher 1400, ab Friesenberg-Haus 800 Höhenmeter.

Abstieg Siehe Tourenverlauf.

Gehzeiten Parkplatz Schlegeis-Speicher, 1800 m – Friesenberg-Haus, 2498 m: 2 Std.; Friesenberg-Haus – Hoher Riffler, 3231 m: 2½ Std.

Abstieg: Friesenbergscharte, 2910 m – Friesenberg-Haus, 2498 m: 2 Std. Gesamtgehzeit: Ab Friesenberg-Haus 4½ Stunden.

Hütten/Stützpunkte
Friesenberg-Haus, 2498 m, DAV-Sektion Berlin, 46 Betten und Matratzen, bew. Ende Juni – Ende September.

Karten Kompass WK 1:50000, Blatt 37, »Zillertaler Alpen«.

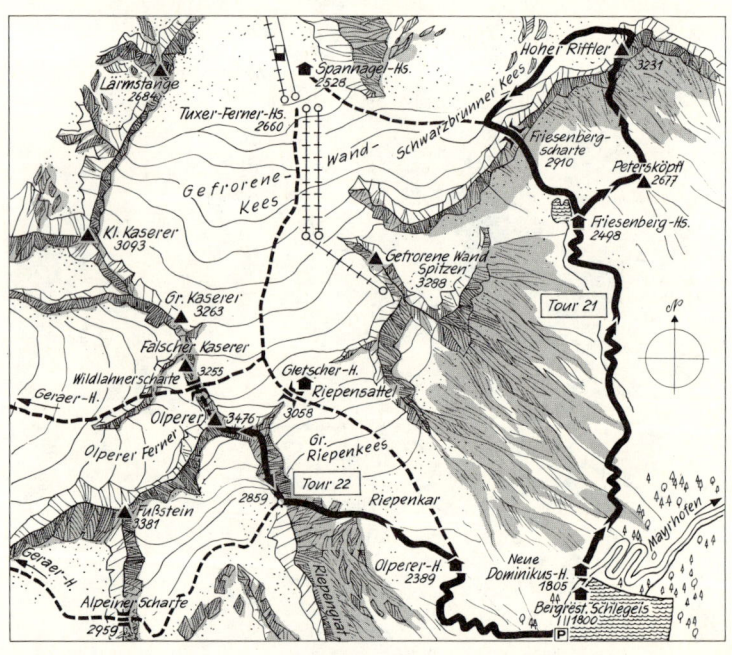

Tip Vom Friesenberg-Haus Übergang zur Olperer-Hütte, siehe Tour 22.

Tuxer Kamm

22 Olperer-Hütte 2389 m Olperer 3476 m

schwierig
Gletscher-/Felstour

Ausgangsort Mayrhofen, 628 m, im Zillertal.
Die Tour in Stichworten Mayrhofen, 628 m - Parkplatz Schlegeis-Speicher, 1800 m - Olperer-Hütte, 2389 m - Olperer, 3476 m.
Schwierigkeit/Anforderung
III = schwierig, Gletscher-/Felstour, große Anforderung, Tagestour.
Von Mayrhofen Auffahrt (Mautstraße) zum Parkplatz Schlegeis-Speicher. Ab Parkplatz mark. AV-Weg zur Olperer-Hütte.
Ab Hütte nach Schild »Olperer« mark. AV-Weg durch das Riepenkar zum Riepengrat. Dort bei Pt. 2859 zweigt der Olperer-Anstieg nach rechts vom Weg zur Alpeiner Scharte ab. Steigspuren, Steinmänner führen hinauf zum markanten »Schneegupf«, 3250 m, und in Überschreitung dieses mäßig steilen Firnsattels (meist Trasse) zum Ansatz des SO-Grates. Im Gratverlauf Eisenstifte, teils auf der Seite des Schrammachkeeses, teils zum Riepenkees in steilem, ausgesetztem, blockigem Fels zum Gipfel.
S-seitige Firn- und Felsroute, häufig begangen.
Höchste Wegestelle/Gipfel Olperer, 3476 m.
Anstiegsleistung Ab Parkplatz Schlegeis-Speicher 1700, ab Olperer-Hütte 1100 Höhenmeter.
Abstieg Wie Anstieg; oder über den mit Eisenstiften gesicherten N-Grat sehr steil und ausgesetzt hinab zur Wildlahnerscharte, 3220 m, auf Gletscherroute zum Riepensattel,

3058 m, und über das Riepenkees (meist Trasse) zurück zur Olperer-Hütte. Ab Olperer 3 Std.
Gehzeiten Parkplatz Schlegeis-Speicher, 1800 m - Olperer-Hütte, 2389 m: 2 Std.; Olperer-Hütte - Olperer, 3476 m: 3½ Std.
Abstieg wie Anstieg zur Olperer-Hütte: 2½ Std.
Gesamtgehzeit: Ab Olperer-Hütte 6 Stunden.
Hütten/Stützpunkte
Olperer-Hütte, 2389 m, DAV-Sektion Berlin, 48 Betten und Matratzen, bew. Mitte Juni–Ende September.
Karten Siehe Tour 21.
Tip Übernachtung in der Olperer-Hütte, Tour 23 Schrammacher anschließen

Tuxer Kamm

23 Schrammacher 3410 m

schwierig
Gletscher-/Felstour

Ausgangsort Mayrhofen im Zillertal, 628 m.
Die Tour in Stichworten Mayrhofen, 628 m - Parkplatz Schlegeis-Speicher, 1800 m - Pfitscher Joch, 2248 m - Schrammacher, 3410 m.
Schwierigkeit/Anforderung
III = schwierig, Gletscher-/Felstour, große Anforderung, Tagestour.
Von Mayrhofen über Ginzling zum Parkplatz »Zamsgatterl« am SW-Ende des Schlegeis-Speichers, von dort mark. Steig zum Pfitscher Joch. Von der Jochhöhe direkt an der italienischen Grenzerhütte führt ein mark. Steig, Steinmänner, Grenzsteine, entlang des Grenzverlaufs höher zum SW-Auslauf des Stampflkeeses. Bei einem Moränensee, ca. 2800 m, quer über das flache Stampflkees, meist Trasse, Achtung: Spalten!, gegen die überfirnte Oberschrammachscharte, 3105 m, die aber nicht betreten wird. Erst nach den Schar-

tentürmen an geeigneter Stelle – Achtung: Randklüfte! – Zustieg zum S-Grat des Schrammacher. Über den grobblockigen, mäßig steilen Grat mäßig schwierig zum Gipfel. Oder: Im Aufstieg von Schlegeis kurz unter dem Pfitscher Joch weglos in den Stampflboden zur AV-Wegetrasse 528, bei den Gletscherabflüssen hinauf zur östl. Seitenmoräne, dort nach Steigspuren zu ihrem Ansatz am Stampflkees. Übertritt zum Gletscher und nun entlang des Schrammachgrates, vorbei an der Oberschrammachscharte, zum allgemeinen Einstieg in den S-Grat.

Ab Pfitscher Joch vielbegangene, S-seitige Route, nur für gletscher- und felserfahrene Bergsteiger.

Höchste Wegestelle/Gipfel Pfitscher Joch, 2248 m, Schrammacher, 3410 m.

Anstiegsleistung Ab Schlegeis-Speicher 1600, ab Pfitscher Joch 1200 Höhenmeter.

Abstieg Wie Anstieg.

Gehzeiten Parkplatz Schlegeis, 1800 m – Pfitscher Joch, 2248 m: 2 Std. – Schrammacher, 3410 m: 4 Std.
Abstieg Schlegeis: 4½ Std.
Gesamtgehzeit: Ab Schlegeis 10½ Stunden.

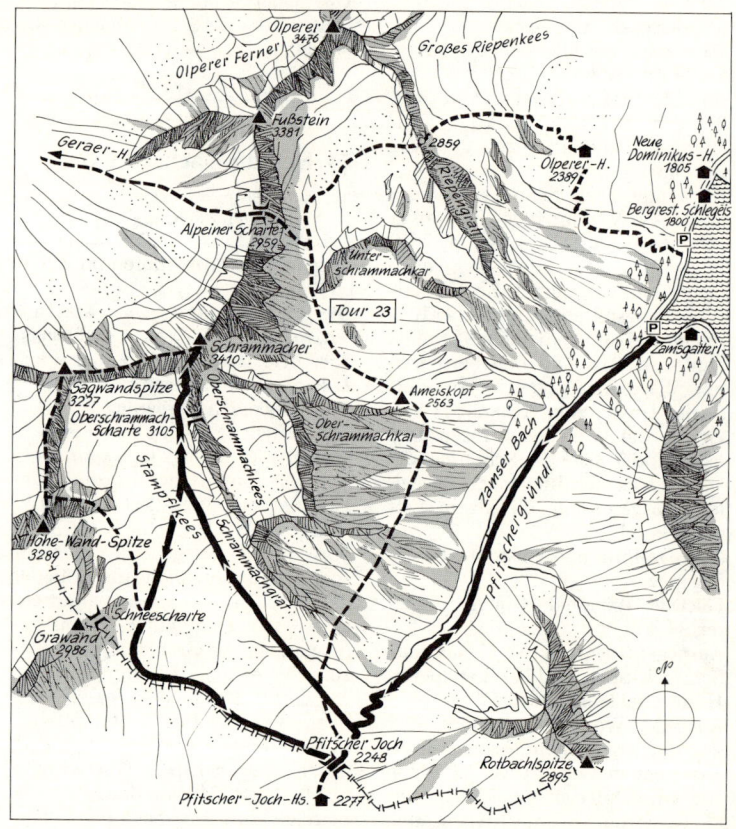

Hütten/Stützpunkte
Pfitscher-Joch-Haus, 2277 m, privat,
33 Betten, bew. Anfang Juli–Ende
September.
Karten Siehe Tour 21.
Tip Übernachtung im Pfitscher-
Joch-Haus, am anderen Tag Bestei-
gung der Rotbachlspitze, 2895 m;
hervorragender Aussichtspunkt zum
Tuxer Kamm und zum Hochferner
und Grießferner. (Siehe auch Sepp
Schnürer »Bergsteigen in Südtirol«,
Band 1.)

Tuxer Voralpen

24 Kellerjoch-Hütte 2237 m Kellerjoch 2344 m Kuhmesser 2285 m

wenig schwierig
Wandertour

Ausgangsort Fügen, 545 m, im Zil-
lertal.
Die Tour in Stichworten Fügen,
545 m – Finsinggrund – Gasthaus
»Schellenberg-Alm«, 1310 m – Jau-
senstation »Gartalm-Hochleger«,
1856 m – Kellerjoch-Hütte, 2237 m –
Kellerjoch, 2344 m – Kellerjoch-
Hütte – Kuhmesser, 2285 m – Loassattel, 1683 m (Gamsstein-Haus) –
»Schellenberg-Alm«.
Schwierigkeit/Anforderung I = we-
nig schwierig, Wandertour, mittlere
Anforderung, Tagestour.
Von Fügen auf der Hochfügener
Bergstraße im Finsinggrund zum
Gasthaus »Schellenberg-Alm«,
Parkplatz.
Auf mark. Steig über Almgelände
und durch Wald zur Gart-Alm und
zur Jausenstation »Gartalm-Hochle-
ger«, 1856 m. Von dort mark. Steig
(329) mäßig steil zur sichtbaren Kel-
lerjoch-Hütte. Ab Hütte teilweise ge-
sicherter Felssteig zur Gipfelkapelle
auf dem Kellerjoch. (Auf halbem
Weg Jausenstation »Gart-Alm« –
Kellerjoch-Hütte wegloser, direkter
Aufstieg über steile grasige Schro-

fenhänge zur sichtbaren Gipfelka-
pelle möglich.) Von der Kellerjoch-
Hütte mark. Steig knapp unter dem
Verbindungsgrat, oder mit Draht-
seilsicherung über den Grat zum
Kuhmesser. Dort steiler Wiesensteig
hinab zum Gamsstein-Haus am
Loassattel. Ab »Loas« mark. Wald-
steig zurück zum Parkplatz.
Durchgehend mark. SO-seitige
Wanderroute, viel begangen.
Höchste Wegestelle/Gipfel Keller-
joch, 2344 m, Kuhmesser, 2285 m.
Anstiegsleistung Ab Parkplatz
»Schellenberg-Alm« 1100 Höhen-
meter.
Abstieg Siehe Tourenverlauf.
Gehzeiten Parkplatz »Schellen-
berg-Alm«, 1310 m – Jausenstation
»Gart-Alm«, 1856 m: 1½ Std.; Jau-
senstation – Kellerjoch-Hütte,
2237 m: 1 Std.; Kellerjoch-Hütte –
Kellerjoch, 2344 m und zurück:
½ Std.; Kellerjoch-Hütte – Kuhmes-
ser, 2285 m: ½ Std.; Kuhmesser –
Loassattel, 1683 m (Gamsstein-
Haus): ½ Std. – Parkplatz »Schellen-
berg-Alm«: 1 Std.
Gesamtgehzeit: 5 Stunden.
Hütten/Stützpunkte
Gasthaus Schellenberg-Alm, 1310 m
Jausenstation »Gartalm-Hochleger«,
1856 m
Kellerjoch-Hütte, 2237 m, ÖAV-Sek-
tion Schwaz, 34 Betten und Matrat-
zen, bew. Mitte Juni–Mitte Oktober.
Gamsstein-Haus, 1680 m, DAV-Sek-
tion Neuland, ganzjährig geöffnet.
Alpengasthof »Loas«, 1670 m, privat,
Sommer- und Winterbetrieb.
Karten Kompass WK 1:50 000,
Blatt 28, »Nördliches Zillertal«.

25 Großer Gamsstein 2142 m Gilfert 2506 m

wenig schwierig
Wandertour

Ausgangsort Fügen, 545 m, im Zillertal.

Die Tour in Stichworten Fügen, 545 m – Finsinggrund – Gasthaus »Schellenberg-Alm«, 1310 m – Loassattel, 1683 m – Großer Gamsstein, 2142 m – Graukopf, 2254 m – Gilfert, 2506 m.

Schwierigkeit/Anforderung I = we-

nig schwierig, Wandertour, mittlere Anforderung, Tagestour.

Wie bei Tour 26 zum Parkplatz »Schellenberg-Alm«. Mark. Steig über Almwiesen und durch Bergwald zum Loassattel. Dort nach Wegweiser »Gilfert« auf Steig über den NO-seitigen Kammverlauf mäßig steil bis steil zum Großen Gamsstein, weiter zu den Schrofenfelsen des Graukopfes, von dort fast eben zum Gipfelaufbau des Gilfert. Steiler, schrofiger Anstieg zum Hochplateau und mäßig steil zum Gipfel.

Ab Loassattel NO-seitiger Routenverlauf, durchgehend mark., viel begangen.

Höchste Wegestelle/Gipfel Großer

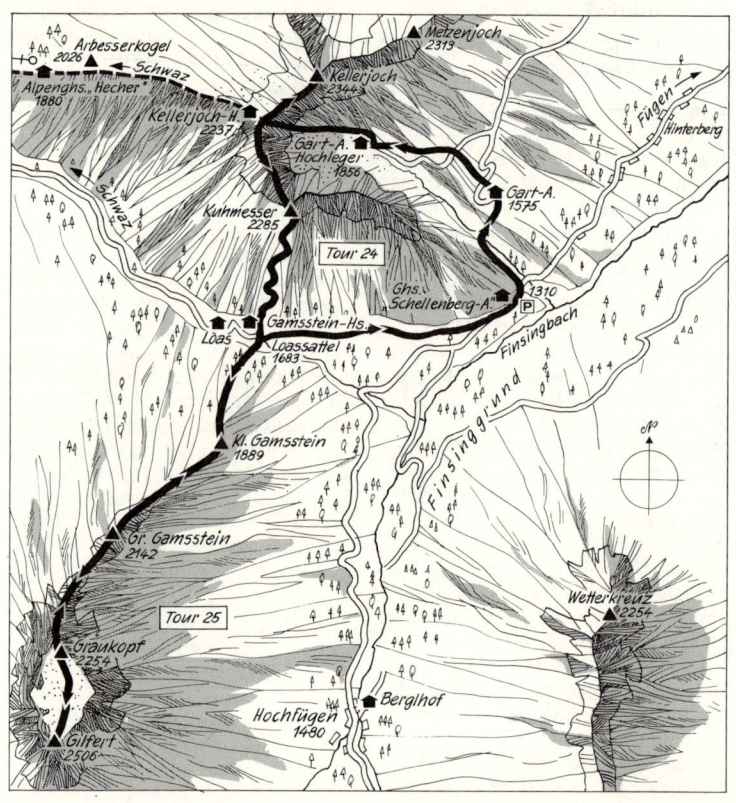

Gamsstein, 2142 m, Gilfert, 2506 m.
Anstiegsleistung Ab »Schellen-berg-Alm« 1200, ab Loassattel 900 Höhenmeter.
Abstieg Wie Anstieg.
Gehzeiten Parkplatz »Schellen-berg-Alm«, 1310 m – Loassattel, 1683 m: 1 Std.; Loassattel – Großer Gamsstein, 2142 m – Graukopf, 2254 m – Gilfert, 2506 m: 2½ Std.
Abstieg wie Anstieg: 2½ Std.
Gesamtgehzeit: 6 Stunden.
Hütten/Stützpunkte
Siehe Tour 24.
Karten Kompass WK 1:50 000, Blatt 28, »Nördliches Zillertal«.

Tuxer Voralpen

26 Rastkogel-Hütte 2124 m Rastkogel 2761 m

wenig schwierig
Wandertour

Ausgangsort Hippach, 582 m, im Zillertal.
Die Tour in Stichworten Hippach, 582 m – Rastkogel-Hütte, 2124 m – Sidanjoch, 2127 m – Rastkogel, 2761 m.
Schwierigkeit/Anforderung I = we-nig schwierig, Wandertour, mäßige Anforderung, Tagestour.
Von Hippach Auffahrt zur Zillerta-ler Höhenstraße über die Mautstelle hinaus zur Zufahrt Rastkogel-Hütte. Parkplatz, ca. 1900 m, Auffahrt zur Hütte gesperrt. Güterweg zur sicht-baren Hütte. Oder: Parken noch vor der Mautstelle bei der Atlas-Sport-alm, 1730 m, und auf dem unteren Almweg zur Rastkogel-Hütte.
Ab Hütte nach Schild »Rastkogel« zum nahen Sidanjoch und auf dem Höhenrücken zur Abzweigung »Roßkopf« (übersichtliche, kurze Wanderroute zum Roßkopf, 2536 m). Der Rastkogel-Anstieg quert die abschüssigen Wiesenhänge

des Roßkopf schwach abwärts zu ei-nem Hochbecken mit zwei Seelein, ca. 2300 m. Aus diesem Becken in ei-nem deutlich ausgeprägten Hochtäl-chen mäßig steil nach Mark. und Steigspuren bis kurz vor den SO-Grat. In der O-Flanke auf Schrofen-steig zum Gipfel.
NO-seitiger Routenverlauf, durch-gehend mark., viel begangen; häufig bis in den Sommer hinein Schnee!
Höchste Wegestelle/Gipfel Rastko-gel, 2761 m.
Anstiegsleistung Ab Parkplatz Rastkogel-Hütte 900, ab Rastkogel-Hütte 700 Höhenmeter.
Abstieg Wie Anstieg.
Gehzeiten Parkplatz, ca. 1900 m – Rastkogel-Hütte, 2124 m: 1 Std.; Rastkogel-Hütte – Rastkogel, 2761 m: 3 Std.
Abstieg wie Anstieg: 3 Std.
Gesamtgehzeit: 7 Stunden.
Hütten/Stützpunkte Rastkogel-Hütte, 2124 m, DAV-Sektion Ober-kochen, 70 Betten und Matratzen, bew. Anfang Juni – Ende September.
Karten Siehe Tour 27.
Tip Zum Rastkogel auch von der Weidener Hütte, 1799 m, im Nafing-tal lohnender Aufstieg, 3 Std., eben-so von Mayrhofen mit Seilbahn zum Penkenjoch über Wanglspitz – Grin-delspitze, 3 Std.

Tuxer Voralpen

27 Kraxentrager 2429 m Seewand 2418 m Marchkopf 2499 m

wenig schwierig
Wandertour

Ausgangsort Hippach, 582 m, im Zillertal.
Die Tour in Stichworten Hippach, 582 m – Rastkogel-Hütte, 2124 m – Kraxentrager, 2429 m – Seewand, 2418 m – Marchkopf, 2499 m.
Schwierigkeit/Anforderung I = we-

nig schwierig, Wandertour, mäßige Anforderung, Tagestour.

Zur Rastkogel-Hütte siehe Tour 28. Ab Hütte zu einer sichtbaren Mark.-Stange und damit zur Höhe des nach NO streichenden Kammzuges. In leichter Wanderung, Steinmänner, Steigspuren, mäßig steil zum Kraxentrager, steil hinauf zur Seewand, hinab in eine weite Senke gegen den sichtbaren, felsigen Gipfelaufbau des Marchkopfes, über Felsschrofen zum Gipfel.

SW-seitiger, übersichtlicher Routenverlauf, nur teilweise mark.

Höchste Wegestelle/Gipfel Kraxentrager, 2429 m, Seewand, 2418 m, Marchkopf, 2499 m.

Anstiegsleistung Ab Parkplatz Rastkogel-Hütte 700, ab Rastkogel-Hütte 500 Höhenmeter.

Abstieg Wie Anstieg.

Gehzeiten Parkplatz, ca. 1900 m – Rastkogel-Hütte, 2124 m: 1 Std.; Rastkogel-Hütte – Kraxentrager, 2429 m – Seewand, 2418 m – Marchkopf, 2499 m: 2 Std.

Abstieg wie Anstieg: 2½ Std.

Gesamtgehzeit: 5½ Stunden.

Hütten/Stützpunkte

Rastkogel-Hütte, 2124 m, siehe Tour 26.

Karten Kompass WK 1:50 000, Blatt 28, »Nördliches Zillertal«.

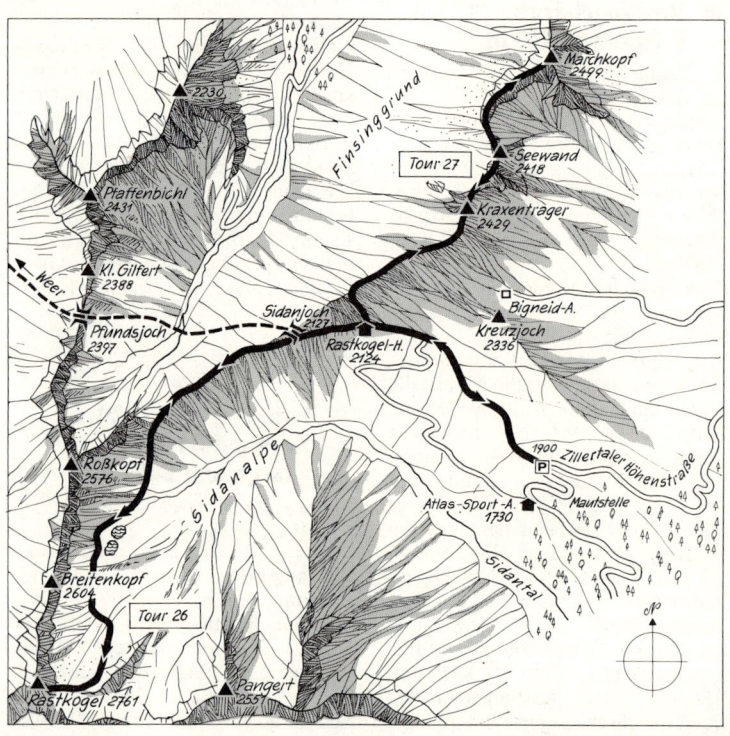

Tuxer Voralpen

28 Weidener Hütte 1856 m
Hippold 2643 m
Grafennsspitze 2619 m
Hirzer 2725 m
Wildofen 2553 m

mäßig schwierig
Wander-/Felstour

Ausgangsort Pill, 556 m, oder Kolsaß, 553 m, im Inntal.
Die Tour in Stichworten Kolsaß, 553 m – Weidener Hütte, 1856 m – Grafenns-Alm, 1743 m – Grafennsjoch, 2450 m – Hippold, 2643 m – Grafennsspitze, 2619 m – Hirzer, 2725 m – Wildofen, 2553 m – Tagetlan-Alm, 1746 m – Weidener Hütte.

Schwierigkeit/Anforderung
II = mäßig schwierig, Wander-/Felstour, große Anforderung, Tagestour. Von Pill im Inntal über Weerberg und Innerst, oder auf der besseren Zufahrt von Kolsaß im Inntal über Kolsaßberg zur Weidener Hütte, Parkplatz.
Ab Weidener Hütte nach Schild »Hippold – Lizumer Hütte« auf Weg 319 zur Grafenns-Alm und weiter zum Grafennsjoch (= Übergangsstelle zur Lizumer Hütte). Vom Joch mark., steiler Anstieg über Schotter zur Hippoldspitze. Zurück zum Grafennsjoch und nach Steigspuren im Kammverlauf nach N, mäßig steil höher zum sichtbaren Kreuz der Grafennsspitze. Ab Grafennsspitze über den teils blockigen Kammverlauf abwärts zu einer

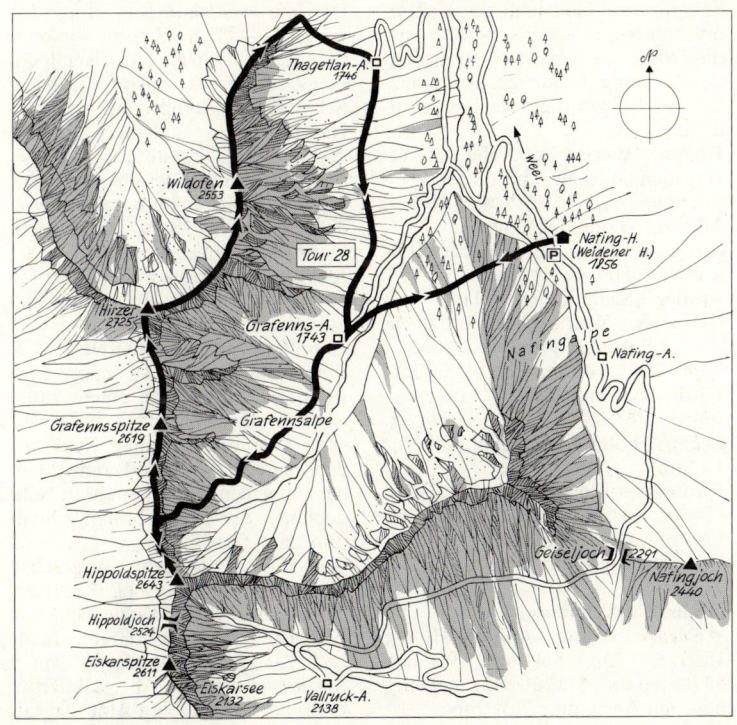

Scharte, ca. 2500 m, vor dem Hirzer. Ab Scharte nach Steigspuren in der grasigen SO-Flanke des Hirzer steil höher, bei etwa 2600 m hinaus zum felsigen S-Grat und weniger steil zum Gipfelkreuz. Ab Hirzer, nun im Kammverlauf nach NO, mäßig steil, aber in teils sehr blockigem Fels, möglichst am Grat hinab zur Scharte (ca. 2450 m = schwierigster Wegeabschnitt der gesamten Tour) vor dem Wildofen und mäßig steil in blockdurchsetztem Grasgelände aufwärts zum Kreuz am Wildofen.

Ab Wildofen nach Steigspuren, schwache Mark., steiles Bergab über Hochweiden zur sichtbaren Tagetlan-Alm. Von dort auf Almsteig durch Wald zur Grafenns-Alm und auf Weg 319 zurück zur Weidener Hütte.

Ab Grafennsjoch weglose, ausgedehnte, aber übersichtliche Kammüberschreitung nach N. Nur für ausdauernde und erfahrene Bergwanderer, wenig begangen. In umgekehrter Reihenfolge weniger empfehlenswert.

Höchste Wegestelle/Gipfel Grafennsjoch, 2450 m, Hippold, 2643 m, Grafennsspitze, 2619 m, Hirzer, 2725 m, Wildofen, 2553 m.

Anstiegsleistung Ab Weidener Hütte etwa 1500 Höhenmeter.

Abstieg Siehe Tourenverlauf.

Gehzeiten Weidener Hütte, 1856 m – Grafennsjoch, 2450 m: 2½ Std. – Hippold, 2643 m, und zurück: 1 Std.; Grafennsjoch – Grafennsspitze, 2619 m: ½ Std. – Hirzer, 2725 m: 1 Std. – Wildofen, 2553 m: 1½ Std.
Abstieg: Wildofen – Tagetlan-Alm, 1746 m: 1 Std. – Grafenns-Alm, 1743 m – Weidener Hütte: 1½ Std.
Gesamtgehzeit: Ab Weidener Hütte 9 Stunden.

Hütten/Stützpunkte

Weidener Hütte (Nafing-Hütte), 1856 m, DAV-Sektion Weiden, 50 Betten und Matratzen, ganzjährig bew. mit Ausnahme November.

Grafennsalm, 1743 m, und **Tagetlan-Alm,** 1746 m, nur Almbetrieb.

Karten Kompass WK 1:50000, Blatt 28, »Nördliches Zillertal«.

Tip Zufahrt von Kolsaß, kurz vor der Grafennsalm eine Parkmöglichkeit. Die Tour kann unter Auslassung der Weidener Hütte auch hier starten.

Tuxer Voralpen

29 Tuxer-Joch-Haus 2313 m Hornspitze 2650 m

schwierig
Festour

Ausgangsort Hintertux, 1486 m, im Tuxer Tal.

Die Tour in Stichworten Hintertux, 1486 m – Seilbahn-Station Sommerberg-Alm, 1986 m – Tuxer-Joch-Haus, 2313 m – Hornspitze, 2650 m.

Schwierigkeit/Anforderung III = schwierig, Felstour, mäßige Anforderung, Tagestour.
Mit der Tuxer Gletscherbahn zur Mittelstation Sommerberg-Alm. Von dort Güterweg zum Tuxer-Joch-Haus. Ab Haus zum nahen Tuxer Joch, 2338 m, und auf Steig über die begrünten Höcker des Hornspitz-SO-Grates, teilweise sehr ausgesetzt zum Gipfelaufbau. Bei etwa 2580 m Einstieg in eine sehr steile, brüchige Felsrinne, die sich zu einem kaum körperbreiten, kurzen Kamin verengt. (Vor dem Einstieg Rucksack deponieren!) Aus dem Kamin zu einem grasigen Zwischenabsatz und nochmals durch eine brüchige Steilrinne zum Gipfel.
SO-seitige, teils sehr ausgesetzte Route, im Gipfelanstieg Kletterererfahrung notwendig. Keine Mark.!

Höchste Wegestelle/Gipfel Tuxer Joch, 2338 m, Hornspitze, 2650 m.

Anstiegsleistung Ab Hintertux 1100, ab Sommerberg-Alm 700, ab

30

Tuxer-Joch-Haus 300 Höhenmeter.
Abstieg Wie Anstieg; oder ab Tuxer-Joch-Haus mark. Steig durch
das Weitental nach Hintertux.
Gehzeiten Sommerberg-Alm,
1986 m – Tuxer-Joch-Haus, 2313 m:
1 Std.; Tuxer-Joch-Haus – Tuxer
Joch, 2338 m – Hornspitze, 2650 m:
1 Std.
Abstieg wie Anstieg: 1½ Std., durch
das Weitental nach Hintertux
2½ Std.

Gesamtgehzeit: 3½–4½ Stunden.
Hütten/Stützpunkte
Sommerberg-Alm, 1986 m, Restau-
rant.
Tuxer-Joch-Haus, 2313 m, Österr.
Touristenklub, 52 Betten und Ma-
tratzen, bew. Anfang Juni–Anfang
Oktober.
Karten Kompass WK 1:50000,
Blatt 37, »Zillertaler Alpen«.

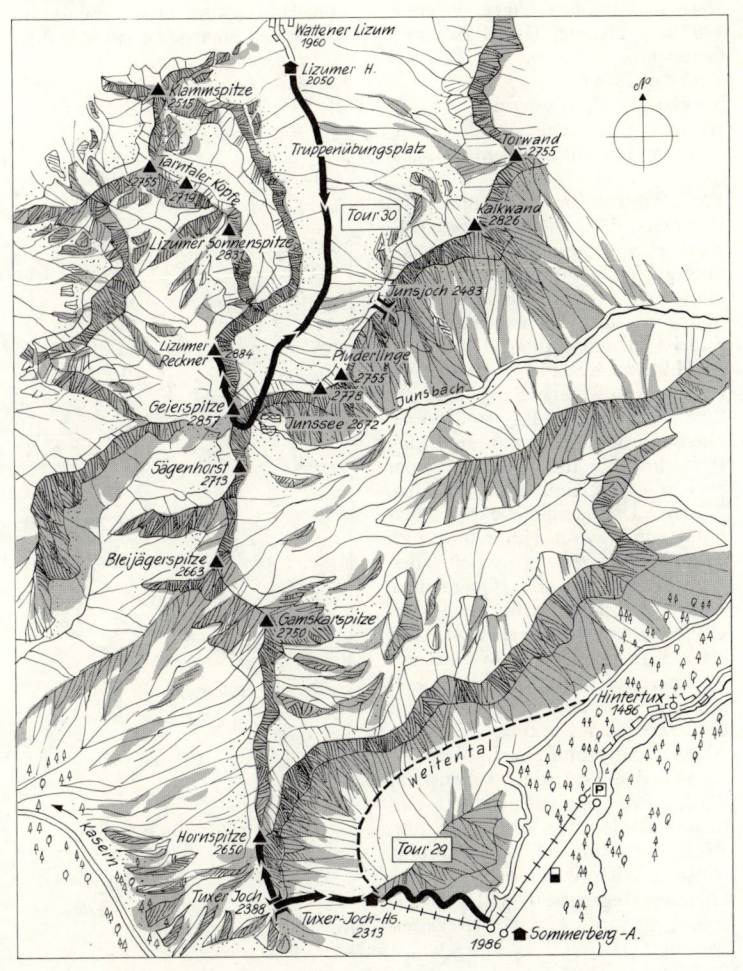

Tuxer Voralpen

30 Lizumer Hütte 2050 m
Geierspitze 2857 m
Lizumer Reckner 2884 m

mäßig schwierig
Wander-/Felstour

Ausgangsort Wattens, 564 m, im Inntal.

Die Tour in Stichworten Wattens, 564 m – Parkplatz Lager Walchen, 1402 m – Lizumer Hütte, 2050 m – Geierspitze, 2857 m – Lizumer Reckner, 2884 m.

Schwierigkeit/Anforderung
II = mäßig schwierig, Wander-/Felstour, mittlere Anforderung, Tagestour.

Von Wattens im Wattental zum Parkplatz, 1402 m, am Lager Walchen. Hier beginnt das militärische Sperrgebiet. Weiterfahrt zur Lizumer Hütte mit Taxi oder Fahrerlaubnis (nur für österr. Kennzeichen!). Zu Fuß 1½ Std. zur Lizumer Hütte.

Ab Hütte nach Schild »Geierspitze – Reckner« auf mark. Steig links des Lizumer Bodens mäßig steil höher, hinein zu den Steilrinnen unter den Pluderlingen; steil höher zu einer ebenen Geländeschulter (ca. 2750 m = Übergangsstelle in das Navistal zur Naviser Hütte und zum Tuxer-Joch-Haus) zwischen den Pluderlingen und der Geierspitze. Auf mark. Steig mäßig steil zum Gipfelplateau der Geierspitze. Dort etwa 50 m bergab zum S-Grat des Reckner, auf teils gesichertem Felsensteig steil und ausgesetzt zum Gipfelkreuz am Reckner.

Ab Lizumer Hütte bis zur Wegeteilung bei den Pluderlingen ebenso im Anstieg zur Geierspitze mark., einfache Wanderroute. Übergang zum Reckner nur für im Fels erfahrene, trittsichere Bergwanderer.

Höchste Wegestelle/Gipfel Geierspitze, 2857 m, Lizumer Reckner, 2884 m.

Anstiegsleistung Ab Lizumer Hütte 900 Höhenmeter.

Abstieg Wie Anstieg.

Gehzeiten Lizumer Hütte, 2050 m – Geierspitze, 2857 m: 2½ Std.; Übergang Lizumer Reckner, 2884 m, und zurück: ½ Std.
Abstieg Lizumer Hütte: 1½ Std.
Gesamtgehzeit: Ab Lizumer Hütte 4½ Stunden.

Hütten/Stützpunkte
Lizumer Hütte, 2050 m, ÖAV-Sektion Hall i. Tirol, 100 Betten und Matratzen, ganzjährig bew. außer November.

Karten Kompass WK 1:50000, Blatt 36, »Innsbruck – Brenner«.

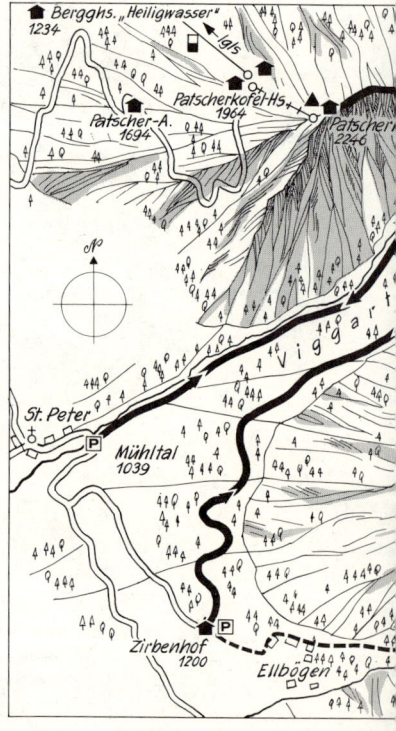

31 Meißner Haus 1720 m
Patscherkofel 2246 m
Viggarspitze 2306 m

wenig schwierig
Wandertour

Ausgangsort Ellbögen/Mühltal, 1039 m, bei Innsbruck.
Die Tour in Stichworten Ellbögen/Mühltal, 1039 m – Meißner Haus, 1720 m – Boscheben, 2028 m – Patscherkofel, 2246 m – Viggarspitze, 2306 m.
Schwierigkeit/Anforderung I = wenig schwierig, Wandertour, mittlere Anforderung, Tagestour.
Von Innsbruck über Igls nach Patsch, weiter bis Ellbögen/Mühl-

tal, dort parken, oder bis zum Gasthof »Zirbenhof«, ca. 1200 m, und dort parken. – Von Mühltal auf mark. Weg im Viggartal zum Meißner Haus, oder ab »Zirbenhof« auf gesperrter Forststraße (bessere Parkmöglichkeit beim »Zirbenhof«, Wegestrecke gleich lang).
Ab Meißner Haus mark. Steig zur Jausenstation »Boscheben«; von dort kurzer Abstecher zum Patscherkofel. Ab Boscheben auf dem Zirbenweg zur Abzweigung »Glungezer-Hütte – Viggarspitze« und mäßig steil zur sichtbaren Viggarspitze. SW-seitiger Routenverlauf, durchgehend mark., viel begangen.
Höchste Wegstelle/Gipfel Patscherkofel, 2246 m, Viggarspitze, 2306 m.
Anstiegsleistung Ab Ellbögen/

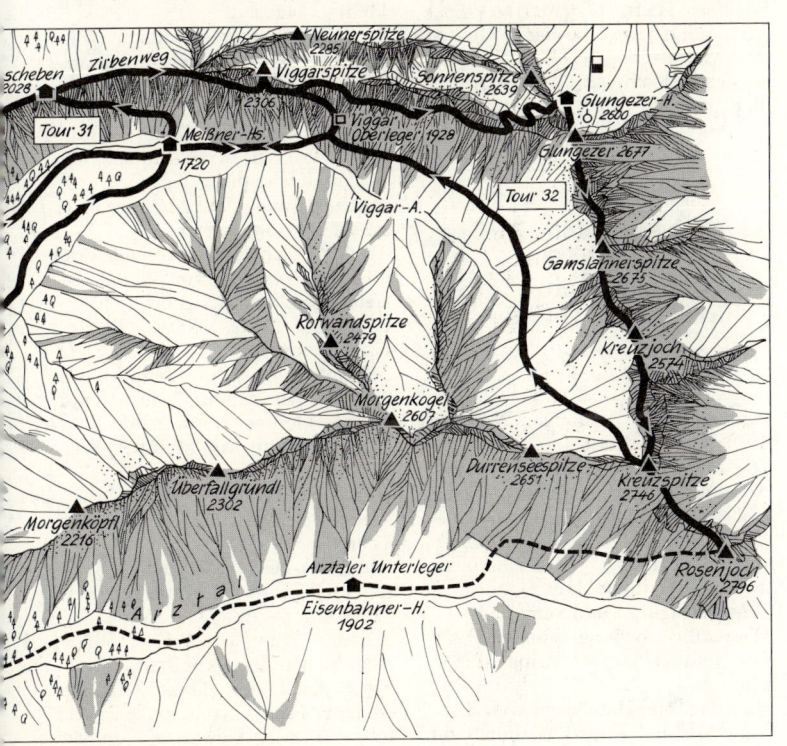

Mühltal 1500, ab Meißner Haus 800 Höhenmeter.

Abstieg Wie Anstieg; oder von der Viggarspitze nach Steigspuren hinab zum Glungezer-Weg, ein mark. Steig zweigt hinab zum sichtbaren Viggar-Oberleger, 1928 m, auf Güterweg zurück zum Meißner Haus.

Gehzeiten Parkplatz Ellbögen/Mühltal, 1039 m, oder »Zirbenhof«, ca. 1200 m – Meißner Haus, 1720 m: 2 Std.; Meißner Haus – Boscheben, 2028 m – Patscherkofel, 2246 m – Boscheben: 2 Std. – Viggarspitze, 2306 m: ½ Std.

Abstieg wie Anstieg: 1 Std.; oder Viggarspitze – Oberleger, 1928 m – Meißner Haus: 1 Std. – Ellbögen/Mühltal: 1½ Std.

Gesamtgehzeit: 7 Stunden

Hütten/Stützpunkte
Meißner Haus, 1720 m, DAV-Sektion Ebersberg/Grafing, 84 Betten und Matratzen, ganzjährig bew.

Karten Kompass WK 1:50 000, Blatt 36, »Innsbruck – Brenner«.

Tuxer Voralpen

32 Glungezer-Hütte 2600 m Glungezer 2677 m Gamslahnerspitze 2675 m Kreuzspitze 2746 m

mäßig schwierig
Wander-/Felstour

Ausgangsort Ellbögen/Mühltal, 1039 m, bei Innsbruck.

Die Tour in Stichworten Ellbögen/Mühltal, 1039 m – Meißner Haus, 1720 m – Glungezer-Hütte, 2600 m – Glungezer, 2677 m – Gamslahnerspitze, 2675 m – Kreuzspitze, 2746 m – Meißner Haus.

Schwierigkeit/Anforderung
II = mäßig schwierig, Wander-/Felstour, mittlere Anforderung, Tagestour.

Zum Meißner Haus siehe Tour 31.
Vom Meißner Haus kurz hinab zur Hörtnagel-Alm, dort nach Schild »Glungezer – Kreuzspitze« auf Güterweg zum Viggar-Oberleger, 1928 m, und auf mark. Steig über Alpweiden zur Glungezer-Hütte. Ab Hütte nach Schild »Kreuzspitze« kurzer Anstieg zum Gipfelkreuz am Glungezer. Ab Glungezer in südl. Kammüberschreitung über blockigen Fels auf mark. Route im Auf und Ab zur markanten Gamslahnerspitze; dort größerer Höhenverlust zu einer Scharte, ca. 2570 m, und über das unbedeutende Kreuzjoch zum Gipfelkreuz der Kreuzspitze. Von dort mark. Steig hinab zu kleinen Karseen im obersten Alpboden des Viggartales. Vorbei am »Geschriebenen Stein« zur Einmündung in den Weg Meißner Haus – Glungezer und auf ihm zurück zum Meißner Haus.

Bis zum Glungezer einfache Wanderroute; ab Glungezer nur für ausdauernde, trittsichere Bergwanderer; durchgehend mark.

Höchste Wegestelle/Gipfel Glungezer, 2677 m, Gamslahnerspitze, 2675 m, Kreuzspitze, 2746 m.

Anstiegsleistung Ab Meißner Haus etwa 1300 Höhenmeter.

Abstieg Siehe Tourenverlauf; oder über das Rosenjoch zum Arztal.

Gehzeiten Meißner Haus, 1720 m – Glungezer Hütte, 2600 m: 2½ Std.; Glungezer-Hütte – Glungezer, 2677 m – Gamslahnerspitze, 2675 m – Kreuzspitze, 2746 m: 3 Std.

Abstieg Meißner Haus: 2 Std.

Gesamtgehzeit: Ab Meißner Haus 7½ Stunden.

Hütten/Stützpunkte
Meißner Haus, 1720 m, siehe Tour 31.

Glungezer-Hütte, 2600 m, ÖAV-Sektion Hall i. Tirol, 33 Matratzen, bew. Mitte Juni bis Ende Oktober.

Karten Kompass WK 1:50 000, Blatt 36, »Innsbruck – Brenner«.

Tip Auch der direkte Anstieg: Meißner Haus – Kreuzspitze ist sehr lohnend. Mit Übergang von der

Kreuzspitze zum Rosenjoch, 2796 m, ist der Abstieg in das Arztal mit Rückkehr zum Parkplatz Ellbögen möglich.

Serleskamm

33 Maria Waldrast 1641 m Serles 2718 m

*wenig schwierig
Wandertour*

Ausgangsort Matrei, 992 m, am Brenner.
Die Tour in Stichworten Matrei, 992 m – Maria Waldrast, 1641 m –

Serlesjöchl, 2384 m – Serles, 2718 m.
Schwierigkeit/Anforderung I = wenig schwierig, Wandertour, mäßige Anforderung, Tagestour.

Von Matrei am Brenner auf Mautstraße zum Wallfahrtsort Maria Waldrast, Gasthaus. Ab Maria Waldrast auf Weg 121 durch Bergwald, in langer Querung durch die Latschenfelder in der Serles-SO-Flanke und auf Schottersteig zum Serlesjöchl. Mittels einer kleinen Leiter und kurzem Drahtseil in die SW-Flanke, über Schotter mäßig steil zum Gipfel.

Übersichtlicher SO- und SW-seitiger Routenverlauf, mark., viel begangen.

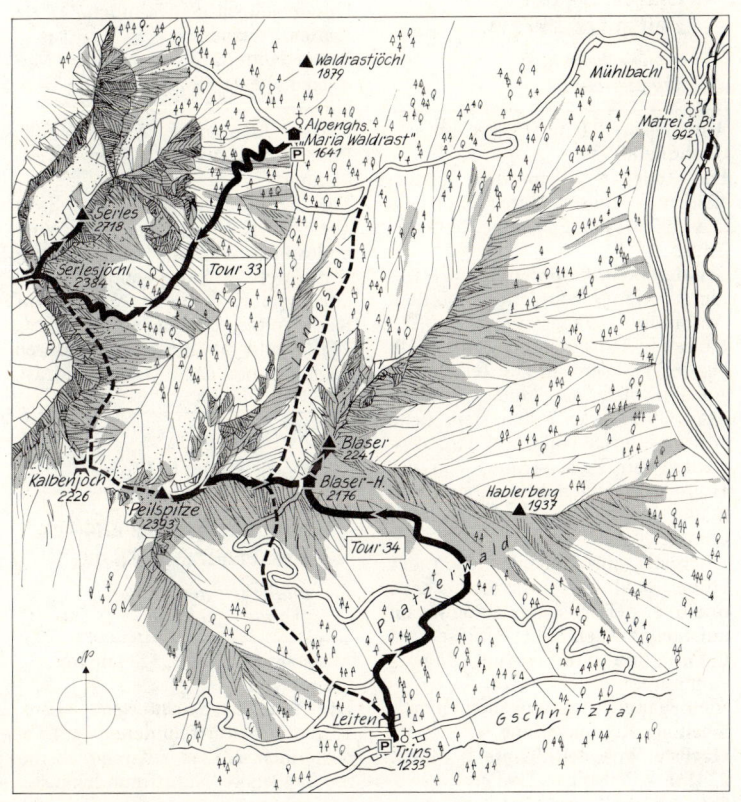

Höchste Wegestelle/Gipfel Serles, 2718 m.
Anstiegsleistung Ab Maria Waldrast 1100 Höhenmeter.
Abstieg Wie Anstieg.
Gehzeiten Maria Waldrast, 1641 m – Serlesjöchl, 2384 m: 2 Std.; Serlesjöchl – Serles, 2718 m: 1 Std. Abstieg wie Anstieg 2 Std. Gesamtgehzeit: 5 Stunden.
Hütten/Stützpunkte
Maria Waldrast, 1641 m, Alpengasthaus.
Karten Siehe Tour 34.

Serleskamm

34 Blaser-Hütte 2176 m
Blaser 2241 m
Peilspitze 2393 m

wenig schwierig
Wandertour

Ausgangsort Trins, 1233 m, im Gschnitztal.
Die Tour in Stichworten Trins, 1233 m – Blaser-Hütte, 2176 m – Blaser, 2241 m – Peilspitze, 2393 m – Trins.
Schwierigkeit/Anforderung I = wenig schwierig, Wandertour, mittlere Anforderung, Tagestour.
Parken in Trins oder etwas oberhalb bei den Häusern im Dorfteil Leiten. Ab Parkplatz auf Güterweg nach Mark. 30 (Mark. 27 sehr steil, siehe Abstieg) durch Wald und über Alpweiden zur Blaser-Hütte. Von der Hütte in wenigen Min. über einen mäßig geneigten SW-Hang zum Gipfel.
Übergang zur Peilspitze: Von der Hütte hinab zu einer Rasensenke und über steile S-seitige Hangwiesen auf Steig zu den Schrofenfelsen am O-Grat, am Grat leichter Zugang zum Gipfel.
Vielbegangener, durchgehend mark., S-seitiger Routenverlauf.
Höchste Wegestelle/Gipfel Blaser, 2241 m – Peilspitze, 2393 m.

Anstiegsleistung Ab Parkplatz Trins 1200 Höhenmeter.
Abstieg Von der Peilspitze zurück zur Rasensenke, kurzer Gegenanstieg zur Blaser-Hütte und auf Anstiegsweg nach Trins; oder von der Senke auf Pfad nach Mark. 27 nach rechts in einem engen Wiesengraben abwärts zu einem breiten Bachgraben und entlang des Bachlaufes sehr steil, direkt hinab zum Parkplatz bei den Häusern von Leiten.
Gehzeiten Parkplatz Trins, ca. 1300 m – Blaser-Hütte, 2176 m – Blaser, 2241 m: 2½ Std.; Blaser – Peilspitze, 2393 m: 1 Std. Abstieg wie Anstieg: 2½ Std., oder nach Mark. 27 – Parkplatz Trins: 1½ Std. Gesamtgehzeit: 5–6 Stunden.
Hütten/Stützpunkte
Blaser-Hütte, 2176 m, privat, 30 Matratzen, bew. Pfingsten–Ende September.
Karten Kompass WK 1:50000, Blatt 83, »Stubaier Alpen/Serleskamm«.
Tip Von der Peilspitze mark. Steig über das Kalbenjoch, 2226 m, zum Serlesjöchl, 2384 m, dort Aufstieg zur Serles, 2½ Std. (siehe Tour 36); oder vom Kalbenjoch Aufstieg zur Kesselspitze, 2728 m, ab Peilspitze, 2 Std.; oder ab Blaser-Hütte durch das Langental nach Maria Waldrast.

Serleskamm

35 Padasterjoch-Haus
2232 m
Kirchdachspitze 2840 m
Kesselspitze 2728 m

mäßig schwierig
Wander-/Felstour

Ausgangsort Trins, 1233 m, im Gschnitztal.
Die Tour in Stichworten Trins, 1233 m – Naturfreundehaus am Padasterjoch, 2232 m – Kirchdachspitze, 2840 m – Naturfreundehaus –

Roter Kopf, 2527 m – Kesselspitze, 2728 m – Trins.

Schwierigkeit/Anforderung

II = mäßig schwierig, Wander-/Felstour, mittlere Anforderung, 1½-Tage-Tour.

Parken in Trins oder etwas oberhalb bei den Häusern im Dorfteil Leiten. Vom Parkplatz auf Güterweg (für den öffentlichen Verkehr gesperrt) und mark. Steig zum Naturfreundehaus am Padasterjoch.

Kirchdachspitze: Ab Naturfreundehaus auf mark. Steig zum Padaster-

joch. Dort um den Geländesporn der Hammerspitze und bei einer Schäferhütte, ca. 2350 m, in die abschüssige S-Flanke dieser Spitze, Querung hinauf zu einem weitgeschwungenen Wiesensattel, Pt. 2428, mit Anschluß zum Felsaufbau der Kirchdachspitze. Über Schotter hinaus zum SO-Grat (alte Eisensicherung), bei etwa 2780 m Einstieg in den Gipfelaufbau und steil, teilweise ausgesetzt, auf mark. Steig entlang von Eisensicherungen zum Gipfel. Durchgehend mark., südöstl. Rou-

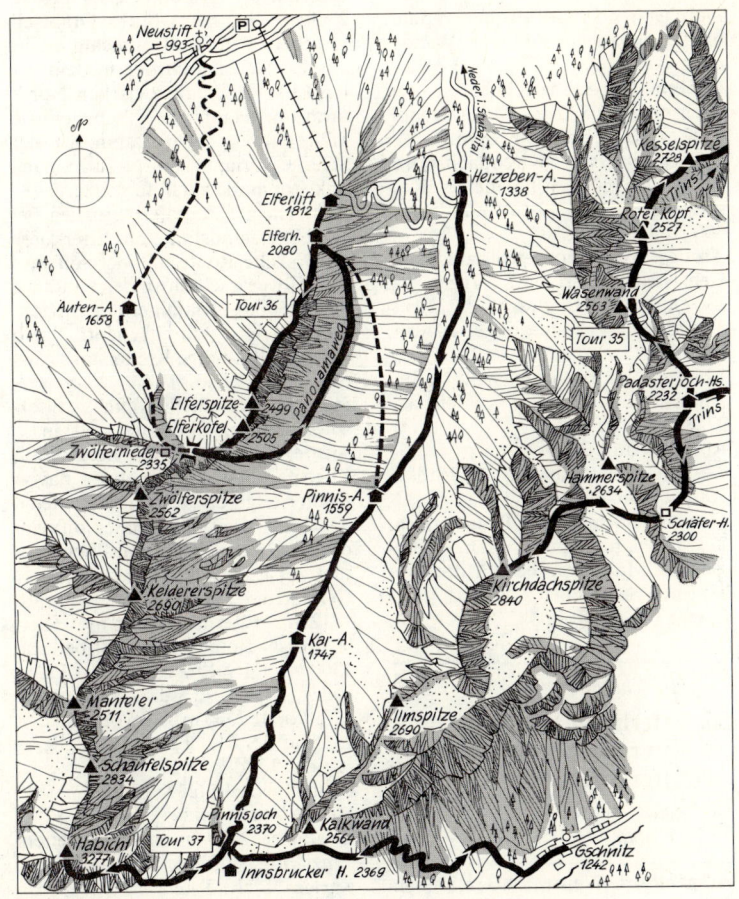

tenverlauf, Gipfelanstieg nur für geübte, trittsichere Bergwanderer.

Abstieg: Auf Anstiegsweg zurück zum Naturfreundehaus.

Kesselspitze: Ab Naturfreundehaus auf mark. Steig hinauf zur Scharte, ca. 2450 m, rechts der Wasenwand. Dort beginnt der mark. Serleskamm-Weg über den Roten Kopf nach N zur Kesselspitze und weiter zum Kalbenjoch. Kurz vor dem markanten Kalbenjoch, 2226 m, weist die Tafel »Trins« über Alpmatten den Abstieg zu Forststraßen und damit die Rückkehr nach Trins.

Durchgehend mark. Routenverlauf, häufig begangen, einfache Wanderung.

Höchste Wegestelle/Gipfel Kirchdachspitze, 2840 m, Roter Kopf, 2527 m, Kesselspitze, 2728 m.

Anstiegsleistung Kirchdachspitze: Ab Trins 1600 Höhenmeter; Kesselspitze: Ab Naturfreundehaus 500 Höhenmeter.

Abstieg Siehe Tourenverlauf.

Gehzeiten Parkplatz Trins ca. 1300 m – Naturfreundehaus 2232 m: 2½ Std. – Kirchdachspitze, 2840 m: 2 Std.
Abstieg Naturfreundehaus: 1½ Std.
Naturfreundehaus – Kesselspitze 2728 m: 2 Std.
Abstieg Trins: 2 Std.
Gesamtgehzeit: Ab Trins 10½ Std.

Hütten/Stützpunkte
Naturfreundehaus am Padasterjoch, 2232 m, Naturfreunde Wien, 70 Betten und Matratzen, bew. Mitte Juni bis Ende September.

Karten Siehe Tour 34.

Habichtkamm

36 Elferhütte 2080 m
Elferspitze 2499 m
Elferkofel 2505 m

schwierig
Felstour

Ausgangsort Neustift, 993 m, Stubai.

Die Tour in Stichworten Neustift, 993 m – Elferlift-Bergstation, 1812 m – Elferhütte, 2080 m – Klettersteig-Nordroute – Elferspitze, 2499 m – Klettersteig Elferkofel, 2505 m – Zwölfernieder, 2335 m – Elferhütte.

Schwierigkeit/Anforderung IV = sehr schwierig Klettersteig-N-Route, III = schwierig Klettersteig Elferkofel, mittlere Anforderung, Tagestour.

Zugang: Ab Bergstation Elferlift zur Elferhütte, mit roter Mark. bis zur Abzweigung der gelben Mark. Klettersteig-N-Route.

Klettersteig Nordroute: Einstieg, ca. 2300 m, Klammern, Stifte, Drahtseile sichern den fast senkrechten, sehr ausgesetzten Durchstieg in dem tiefen Riß zur Scharte zwischen Nordturm und Hauptgipfel, schwierigste Stelle ein sehr enger Kamin. Aus der Scharte Variante zum N-Turm, nach links rot mark. zur Elferspitze.

Klettersteig Elferkofel: Einstieg bei der Unterstandshütte am Elferkofel. Verwickelte Route viel Auf und Ab, teilweise sehr ausgesetzt, nur mit Stiften und Klammern gesichert. Klettersteige durchgehend gelb mark., vollständige Klettersteig-Ausrüstung notwendig!

Höchste Wegestelle/Gipfel Elferspitze, 2499 m, Elferkofel, 2505 m.

Anstiegsleistung Ab Bergstation Elferlift 800 Höhenmeter, davon Klettersteige etwa 350 Höhenmeter.

Abstieg Ab Zwölfernieder auf dem beschilderten Panorama-Weg zurück zur Elferhütte.

Gehzeiten Bergstation Elferlift, 1812 m – Elferhütte, 2080 m – Klettersteig-N-Route Einstieg bei ca. 2300 m: 1½ Std.; N-Route – Elferspitze, 2499 m: 2 Std. – Klettersteig Elferkofel, 2505 m – Zwölfernieder, 2335 m: 2 Std. – Elferhütte – Bergstation: 1 Std.
Gesamtgehzeit: 6½ Stunden.

Hütten/Stützpunkte
Elferhütte, 2080 m, privat, 52 Betten, ganzjährig geöffnet.

Karten Siehe Tour 37.

37 Innsbrucker Hütte 2369 m
Habicht 3277 m

mäßig schwierig
Fels-/Gletschertour

Ausgangsort Gschnitz, 1242 m, im Gschnitztal oder Neder, 964 m, im Stubaital.

Die Tour in Stichworten Gschnitz, 1242 m, oder Neder, 964 m – Innsbrucker Hütte, 2369 m – Habicht, 3277 m.

Schwierigkeit/Anforderung
II = mäßig schwierig, Fels-/Gletschertour, mittlere Anforderung, 1½ Tage-Tour.
Talzugang Innsbrucker Hütte: Von Gschnitz auf AV-Weg mäßig steil oder von Gschnitz/Obertal (Talstation der Materialseilbahn, Rucksacktransport möglich) entlang der Seilbahntrasse auf steilerem Steig zur Hütte. Oder von Neder im Stubaital zur Pinnisalm (1559 m, hierher auch Taxiverkehr ab Gasthof Zegger), weiter zur Karalm, 1747 m, auf Steig zum Pinnisjoch, 2370 m, und damit zur Innsbrucker Hütte, die am Joch zum Gschnitztal hin steht.
Ab Hütte mark. Steig zum Ansatz der südöstl. Gratrippe des Habicht. Über einen steilen, teilweise drahtseilgesicherten Felssteig hinauf zur Ostecke des Gipfelaufbaus, dem sog. »Köpfl«, ca. 3100 m. Von dort über den kleinen Habichtferner mäßig steil zum Gipfelfels und mit Drahtseilsicherungen zum höchsten Punkt.
Nur für im Fels erfahrene, ausdauernde Bergsteiger; im Spätsommer Pickel und Steigeisen ggf. notwendig. Viel begangene Route.

Höchste Wegestelle/Gipfel Habicht, 3277 m

Anstiegsleistung Ab Gschnitz 2000, ab Innsbrucker Hütte 900 Höhenmeter.

Abstieg Wie Anstieg.

Gehzeiten Gschnitz, 1242 m – Innsbrucker Hütte, 2369 m: 3 Std.; Neder, 964 m – Pinnisalm, 1559 m – Innsbrucker Hütte: 4½ Std.; Innsbrucker Hütte – Habicht, 3277 m: 3 Std.
Abstieg Innsbrucker Hütte: 2 Std.
Gesamtgehzeit: Ab Innsbrucker Hütte 5 Stunden.

Hütten/Stützpunkte
Innsbrucker Hütte, 2369 m, ÖAV-Sektion Touristenklub Innsbruck, 150 Betten und Matratzen, bew. Mitte Juni – Ende September.

Karten Kompass WK 1:50000, Blatt 83, »Stubaier Alpen/Serleskamm«.

38 Bremer Hütte 2413 m
Innere Wetterspitze
3064 m

schwierig
Felstour

Ausgangsort Gschnitz, 1242 m, im Gschnitztal.

Die Tour in Stichworten Gschnitz/Obertal, 1242 m – Laponis-Alm, 1487 m – Bremer Hütte, 2413 m – Innere Wetterspitze, 3064 m.

Schwierigkeit/Anforderung
III = schwierig, Felstour, große Anforderung, Tagestour.
Zur Bremer Hütte siehe Tour 41.
Ab Bremer Hütte nach Schild »Aussichtskanzel/Inn. Wetterspitze« nach Steigspuren und Mark. über Gras- und Schrofenhänge zur »Aussichtskanzel« (Pt. 2887 AV-Karte) und damit zum Anschluß an den O-Grat. Dort über eine Scharte am Grat, nach Steinmännern über Gratblöcke und teils S-seitigem, sehr ausgesetztem Schrofengelände zum Gipfel.
Nur für trittsichere, im Fels erfahrene Bergsteiger, wenig begangen.

39

Höchste Wegestelle/Gipfel Innere Wetterspitze, 3064 m.

Anstiegsleistung Ab Bremer Hütte 600 Höhenmeter, ab Gschnitz/Obertal 1800 Höhenmeter.

Abstieg Wie Anstieg; oder über den weniger schwierigen N-Grat zu einer Rinne vor dem ersten roten Gratturm. Steil hinab zu einem Geröll- und Schneefeld, nach rechts über Blöcke steil abwärts zum Firnauslauf des »Schneekachl« hinab zum sichtbaren Lauterer See, 2425 m; auf mark. Steig zurück zur Bremer Hütte.

Gehzeiten Bremer Hütte, 2413 m – Innere Wetterspitze, 3064 m: 2½ Std. Abstieg Bremer Hütte: 2 Std.
Gesamtgehzeit: Ab Bremer Hütte 4½ Stunden.

Hütten/Stützpunkte
Bremer Hütte, 2413 m, siehe Tour 43.

Karten Siehe Tour 37.

Stubaier Hauptkamm

39 Obernberger Tribulaun 2780 m
Schwarze Wandspitze 2917 m

mäßig schwierig
Wander-/Felstour

Ausgangsort Obernberg, 1396 m, am Brenner.

Die Tour in Stichworten Obernberg, 1396 m – Wirtshaus »Waldesruh«, 1445 m – Obernberger See, 1593 m – Obernberger Tribulaun, 2780 m – Schwarze Wandspitze, 2917 m – Roßlauf Nord, 2878 m – Pfeiferspitzen, 2670 m – Roßlauf Süd, 2378 m – Portjoch, 2110 m – Obernberger See.

Schwierigkeit/Anforderung
II = mäßig schwierig, Wandertour, große Anforderung, Tagestour.
Von Gries, 1165 m, am Brenner im Obernbergtal zum Wirtshaus »Waldesruh«, Parkplatz, auf Forststraße zum Alpengasthaus Obernberger

See (Auffahrt nur für Hausgäste gestattet) am nördl. See-Ende. Dort beginnt der Anstieg zum Obernberger Tribulaun.
Auf Weg Nr. 129 durch Wald, Latschenhänge, Wiesenmulden steil höher zum Hochplateau, ca. 2450 m, am Kleinen Tribulaun, 2491 m. Dort nach links und über ausgewaschenen, mäßig steilen Fels und Schotter zum sichtbaren Gipfelkreuz des Obernberger Tribulaun.

Übergang Schwarze Wandspitze: Nach Mark. 129 im Auf und Ab, teilweise Drathseilsicherung, zum Roßlauf-Nord und mit Mark. 32 zur sichtbaren Schwarze Wandspitze. Zurück zur Wegeabzweigung, ca. 2800 m, am Roßlauf-Nord. Nach Mark. 32, Steinmänner, Grenzsteine, über die Schotterhöhen des Grenzkammes, nur spärlich mark., teils steil abwärts zum Portjoch, 2110 m. Vom Joch mark. Steig durch Alpweiden hinab zum sichtbaren Obernberger See. Mark., SO-seitiger Routenverlauf, erst im Hochsommer begehen!

Höchste Wegestelle/Gipfel Obernberger Tribulaun, 2780 m, Schwarze Wandspitze, 2917 m, Wegeabzweigung am Roßlauf Nord, 2878 m, Pfeiferspitzen, 2670 m.

Anstiegsleistung Ab Wirtshaus »Waldesruh« 1700 Höhenmeter.

Abstieg Siehe Tourenverlauf.

Gehzeiten Wirtshaus »Waldesruh«, 1445 m – Obernberger See, 1593 m: ½ Std.; Obernberger See – Obernberger Tribulaun, 2780 m: 3 Std. – Schwarze Wandspitze, 2917 m: 1½ Std.
Abstieg: Schwarze Wandspitze – Wegeteilung Roßlauf-Nord, ca. 2800 m: 1 Std. – Portjoch, 2110 m: 2 Std. – Obernberger See: 1 Std.
Gesamtgehzeit: 9 Stunden.

Hütten/Stützpunkte
Alpengasthaus Obernberger See, 1593 m, privat, Betten und Touristenlager, bew. Mai–Oktober.

Karten Siehe Tour 40.

40 Tribulaun-Haus 2064 m Gschnitzer Tribulaun 2946 m

mäßig schwierig
Wander-/Felstour

Ausgangsort Gschnitz, 1242 m, im Gschnitztal.

Die Tour in Stichworten Gschnitz/Obertal, 1242 m – Tribulaun-Haus, 2064 m – Schneetalscharte, 2643 m – Gschnitzer Tribulaun, 2946 m.

Schwierigkeit/Anforderung II = mäßig schwierig, Wander-/Felstour, große Anforderung, Tagestour. Von Gschnitz 1 km talein nach Gschnitz/Obertal, Parkpl. Gasthaus »Feuerstein«, mark. Steig durch das Sandestal zum Tribulaun-Haus (früher Österr. Tribulaun-Hütte).

Ab Tribulaun-Haus mark. Steig in das oft bis in den Sommer mit Schnee gefüllte Hochkar unter der Schneetalscharte. Über Sand, Schotter, Schnee steil höher zur sichtbaren Scharte rechts des felsigen Schartenhöckers. In sehr steilem, aber gut gestuftem Fels zum SO-Grat, über den Grat und eine Felsstufe auf das Gipfeldach und nach Mark. und Steinmännern zum höchsten Punkt.

N- und SO-seitiger Routenverlauf, durchgehend mark., viel begangen.

Höchste Wegestelle/Gipfel Gschnitzer Tribulaun, 2946 m.

Anstiegsleistung Ab Obertal 1700, ab Tribulaun-Haus 900 Höhenmeter.

Abstieg Wie Anstieg.

Gehzeiten Gschnitz/Obertal, 1242 m – Tribulaun-Haus, 2064 m: 2 Std.; Tribulaun-Haus – Gschnitzer Tribulaun, 2946 m: 2½ Std.

Abstieg wie Anstieg: 3 Std.

Gesamtgehzeit: 7½ Stunden.

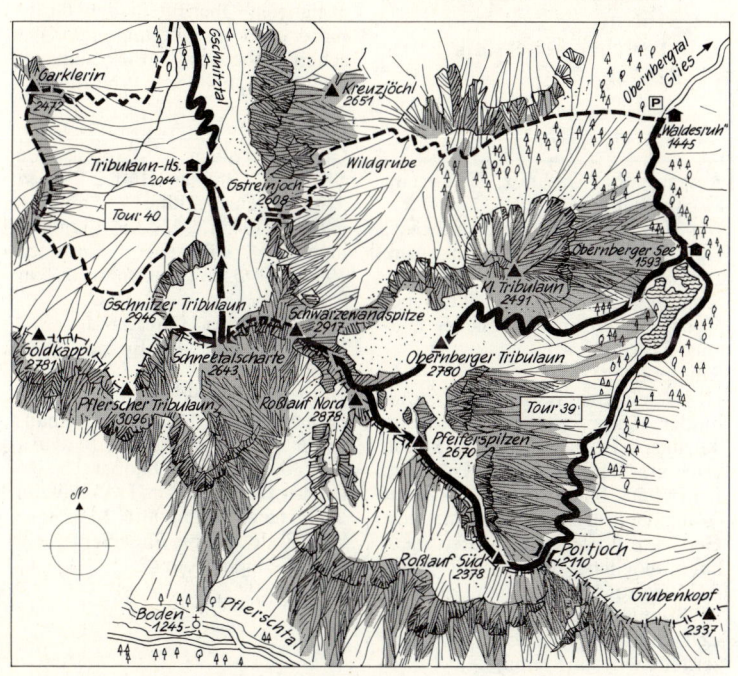

Hütten/Stützpunkte
Tribulaun-Haus (früher Österr. Tribulaun-Hütte), 2064 m, Touristenverein Naturfreunde Innsbruck, 40 Betten und Matratzen, bew. Mitte Juni-Ende September.
Karten Kompass WK 1:50000, Blatt 83, »Stubaier Alpen/Serleskamm«.
Tip Vom Tribulaun-Haus mark. Steig zur Garklerin, 2472 m. Ab Haus in einem Bogen durch das sandige Hochkar unter dem Gschnitzer Tribulaun nach N und mäßig steil über schrofigen Fels zum Gipfel. Großartige Aussicht, sehr lohnend. Vom Gipfel mark. Abstieg nach Obertal.

Stubaier Hauptkamm

41 Bremer Hütte 2413 m
Pflerscher Hochjoch 3166 m
Östlicher Feuerstein 3267 m

schwierig
Gletscher-/Felstour

Ausgangsort Gschnitz, 1242 m, im Gschnitztal.
Die Tour in Stichworten Gschnitz/Obertal, 1242 m - Laponis-Alm, 1487 m - Bremer Hütte, 2413 m - Simmingjöchl, 2764 m - Pflerscher Hochjoch, 3166 m - Östlicher Feuerstein, 3267 m.
Schwierigkeit/Anforderung
III = schwierig, Gletscher-/Felstour, mittlere Anforderung, 1½ Tage-Tour. Talzugang Bremer-Hütte: Parken in Gschnitz/Obertal beim Gasthaus Feuerstein. Taleinwärts ca. 3 km auf Güterweg zur Laponis-Alm, dort Gepäcktransport mit Materialseilbahn möglich; ab Alm auf mark. AV-Weg zur Hütte.
Ab Bremer Hütte mark. Steig, zuletzt steil, drahtseilgesichert, zum Grenzerhüttchen am Simmingjöchl =

Übergangsstelle zur Nürnberger Hütte. Ab Simmingjöchl nach Steinmännern auf horizontalem Felsgrat nach S zum Aperen Feuersteinferner, über das kleine Gletscherbecken mäßig steil gegen die Nürnberger Scharte, 2914 m, links des Aperen Feuerstein. Dort hinauf zum Felskamm und über Pt. 3038 und 3026 AV-Karte zur Firnschulter des Pflerscher Hochjoch. Dort zum NO-Grat des Östl. Feuerstein und über Fels und Firn mäßig steil zum Gipfel.
Häufig begangene kombinierte Fels-/Gletscherroute, nur für erfahrene Bergsteiger.
Höchste Wegestelle/Gipfel Simmingjöchl 2764 m, Pflerscher Hochjoch 3166 m, Östl. Feuerstein 3267 m.
Anstiegsleistung Ab Bremer Hütte 800 Höhenmeter.
Abstieg Wie Anstieg; oder vom Gipfel auf dem NW-Grat bis zum geeigneten Übertritt in den Grüblferner und in Querung des Gletscherhochbeckens zurück zum Anstiegsgrat bei der Nürnberger Scharte.
Gehzeiten Parkplatz Gschnitz/Obertal, 1242 m - Laponis-Alm, 1487 m - Bremer Hütte, 2413 m: 4 Std; Bremer Hütte - Simmingjöchl, 2764 m: 1 Std.; Simmingjöchl, - Pflerscher Hochjoch, 3066 m - Östl. Feuerstein, 3267 m: 2½ Std.
Abstieg Bremer Hütte: 3 Std.
Gesamtgehzeit: Ab Bremer Hütte 6½ Stunden.
Hütten/Stützpunkte
Laponis-Alm, 1487 m, Gasthaus, 18 Betten und Matratzen, bew. Anfang Mai bis Ende Oktober.
Bremer Hütte, 2413 m, DAV-Sektion Bremen, 60 Betten und Matratzen, bew. Ende Juni bis Ende September.
Karten Siehe Tour 42.

Stubaier Hauptkamm

42 Nürnberger Hütte 2280 m Wilder Freiger 3419 m

schwierig
Fels-/Gletschertour

Ausgangsort Ranalt, 1303 m, im Stubaital.

Die Tour in Stichworten Ranalt, 1303 m – Bsuch-Alm, 1520 m – Nürnberger Hütte, 2280 m – Wilder Freiger, 3419 m.

Schwierigkeit/Anforderung
III = schwierig, Fels-/Gletschertour, mittlere Anforderung, 1½ Tage-Tour.

Talzugang Nürnberger Hütte: Nur wenig hinter Ranalt an der Straße in das Mutterbergtal Parkplatz für die Nürnberger Hütte. Ab Parkplatz auf Güterweg zur Bsuch-Alm und auf mark. AV-Weg zur Hütte.

Ab Hütte nach Schild »Wilder Freiger« auf mark. Steig zu dem auffallenden weißen Gestein an der Seescharte (2762 m, Einmündung des Anstiegs von der Sulzenau-Hütte) und höher zu dem Ewigschneefleck unter dem Gamsspitzl. Dort entweder im Firn links des NO-Felsgrates steil zum Gletscherplateau oder je nach den Verhältnissen zu einem deutlichen hölzernen Bildstöckl, ca.

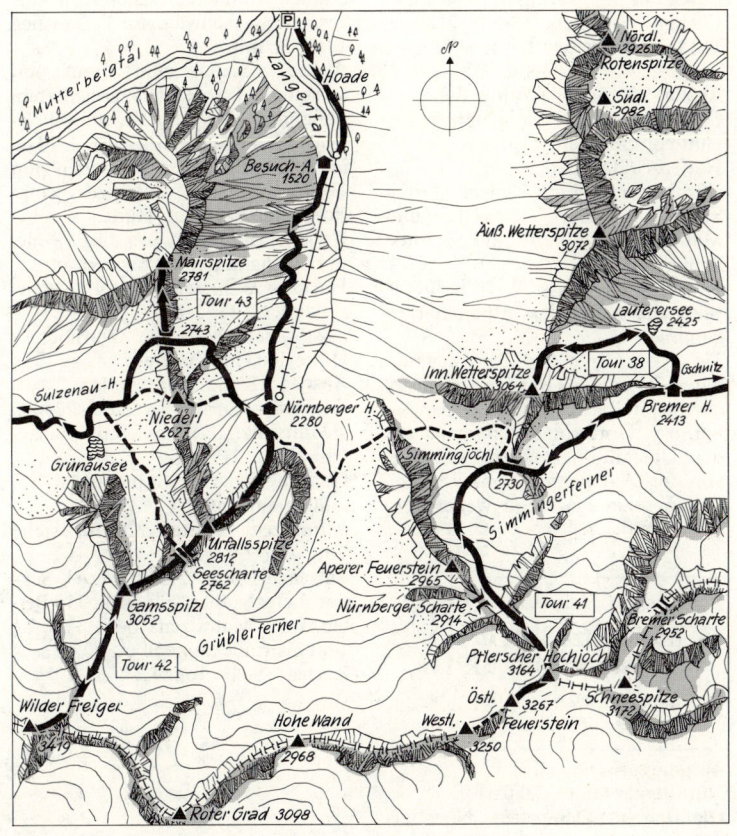

3000 m, am Grat. Über gut gangbaren Fels zum Gratauslauf, Übertritt zum Gletscher und auf meist vorhandener, nur mäßig steiler Trasse, vorbei an der verfallenen österr. Grenzerhütte, zum Gipfelfels.
Viel begangene, im Fels durchgehend mark. Route.

Höchste Wegestelle/Gipfel Seescharte, 2762 m, Wilder Freiger, 3419 m.

Anstiegsleistung Ab Parkplatz 2100, ab Nürnberger Hütte 1100 Höhenmeter.

Abstieg Wie Anstieg; oder ab Seescharte auf mark. Steig zur Sulzenau-Hütte.

Gehzeiten Parkplatz Ranalt, 1303 m – Nürnberger Hütte, 2280 m: 3 Std.; Nürnberger Hütte – Wilder Freiger, 3419 m: 3½ Std.
Abstieg Nürnberger Hütte: 3 Std.
Gesamtgehzeit: Ab Nürnberger Hütte 6½ Stunden.

Hütten/Stützpunkte
Nürnberger Hütte, 2280 m, DAV-Sektion Nürnberg, 180 Betten und Matratzen, bew. Mitte Juni bis Ende September.

Karten Kompass WK 1:50 000, Blatt 83, »Stubaier Alpen/Serleskamm«.

Tip Vom Gipfel über den gut gangbaren felsigen S-Grat kurzer Abstecher zum Becher-Haus, 3195 m, in Südtirol. Dort kurzer Übergang auf dem Übeltalferner zur Müller-Hütte, von dort Aufstieg zur Sonklarspitze, zum Wilden Pfaff und weiter zum Zuckerhütl.

Stubaier Hauptkamm

43 Mairspitze 2781 m Sulzenau-Hütte 2191 m

wenig schwierig
Wander-/Felstour

Ausgangsort
Nürnberger Hütte, 2280 m.
Die Tour in Stichworten Nürnberger Hütte, 2280 m – Mairspitze, 2781 m – Sulzenau-Hütte, 2191 m.

Schwierigkeit/Anforderung I = wenig schwierig, Wander-/Felstour, mäßige Anforderung, Halbtagestour.
Zur Nürnberger Hütte siehe Tour 42 oder im Übergang: Bremer Hütte – Simmingjöchl siehe Tour 41.
Ab Hütte nach Schild »Sulzenau-Hütte – Mairspitze« auf mark. Steig durch einen weiten O-Hang zu dem Geländeriegel, der nach NO zum Langental zieht. Auf ihm steil höher (Mairspitze rechts in Sicht) zu einer Scharte, ca. 2700 m, dort hinab in eine Felsgrube, jenseits, nun W-seitig, zu einem Jochkreuz mit zwei Rastbänken. Vom Kreuz, ca. 2750 m, kurzer, mäßig schwieriger Felsanstieg zur Mairspitze.
Abstieg: Zurück zum Kreuz und W-seitig auf mark., teils gesichertem Steig über eine schmale, steile Felsrippe hinab zu den Seen, ca. 2570 m, im Schafgrübl; über Alpweiden zum Grünau-See und weiter zur schon sichtbaren Sulzenau-Hütte.
In jeder Richtung viel begangene, durchgehend mark. Wanderroute.

Höchste Wegestelle/Gipfel Mairspitze, 2781 m.

Anstiegsleistung Ab Nürnberger Hütte 500 Höhenmeter.

Abstieg Siehe Tourenverlauf.

Gehzeiten Nürnberger Hütte, 2280 m – Mairspitze, 2781 m: 2 Std. – Sulzenau-Hütte, 2191 m: 1½ Std.
Gesamtgehzeit: 3½ Stunden.

Hütten/Stützpunkte
Nürnberger Hütte, 2280 m, siehe Tour 42.

Sulzenau-Hütte, 2191 m, DAV-Sektion Leipzig, Sitz München, 110 Betten und Matratzen, bew. Anfang Juni bis Ende September.

Karten Siehe Tour 42.

44 Großer Trögler 2901 m
Dresdner Hütte 2302 m

wenig schwierig
Wander-/Felstour

Ausgangsort
Sulzenau-Hütte, 2191 m.
Die Tour in Stichworten Sulzenau-Hütte, 2191 m – Kl. Trögler, 2885 m – Gr. Trögler, 2901 m – Dresdner Hütte, 2302 m.
Schwierigkeit/Anforderung I = wenig schwierig, Wander-/Felstour, mäßige Anforderung, Halbtagestour.
Talzugang Sulzenau-Hütte: Ab Parkplatz Graba-Alm, 1530 m, im Mutterbergtal, mark. AV-Weg, 2 Std.
Ab Hütte nach Schild »Dresdner Hütte – Gr. Trögler« auf mark. Steig über Alpweiden zu den SO-Hängen des mächtigen Trögler Bergkammes. Sehr steil und ausgesetzt, teilweise Drahtseilsicherung, hinauf zum Kammrücken, ca. 2700 m, und über den Kl. Trögler zum Gipfelkreuz am Gr. Trögler.
Abstieg: Teils steiler, aber gut gangbarer Steig hinab zur sichtbaren Dresdner Hütte.
Durchgehend mark., in beiden Richtungen häufig begangene Route, aber nur für tritts. Bergwanderer.
Höchste Wegestelle/Gipfel Großer Trögler, 2901 m.
Anstiegsleistung Ab Sulzenau-Hütte 700 Höhenmeter.
Abstieg Siehe Tourenverlauf.
Gehzeiten Sulzenau-Hütte, 2191 m – Gr. Trögler, 2901 m: 2½ Std. – Dresdner Hütte, 2302 m: 1½ Std. Gesamtgehzeit: Ab Sulzenau-Hütte 4 Stunden.
Hütten/Stützpunkte **Sulzenau-Hütte**, 2191 m, siehe Tour 43.
Dresdner Hütte 2302 m, DAV-Sektion Dresden, Sitz Wuppertal, 200 Betten und Matrazen, bew. Ende Juni bis Ende September.
Karten Siehe Tour 42.

45 Siegerland-Hütte 2710 m
Sonklarspitze 3471 m

schwierig
Fels-/Gletschertour

Ausgangsort Sölden, 1367 m, im Ötztal.
Die Tour in Stichworten Sölden, 1367 m – Gasthaus »Fiegl«, 1956 m – Siegerland-Hütte, 2710 m – Hohes Eis, 3388 m – Sonklarspitze, 3471 m – Siegerland-Hütte.
Schwierigkeit/Anforderung
III = schwierig, Fels-/Gletschertour, mittlere Anforderung, Zwei-Tage-Tour.
Von Sölden auf Güterweg zum Gasthaus »Fiegl«, ab da mark. Steig zur Siegerland-Hütte (vor dem Steilaufschwung zur Hütte, bei Pt. 2392 AV-Karte, Rucksacktransport mit Materialseilbahn möglich.) Ab Sölden 5 Std. Gehzeit.
Ab Siegerland-Hütte nach Mark., Steinmänner, über blockiges Moränengelände in das kleine Gletscherbecken unter der Scheiblehnwand. Dort nach rechts zum Einstieg in den von der Hütte aus deutlich erkennbaren Blockgrat, der vom Hohen Eis nach SW in Richtung Siegerland-Hütte zieht. Bei etwa 3100 m erreicht man in einer Scharte den Grat und verfolgt ihn auf teils schmaler, aber nur mäßig steiler Schneide (ein Drahtseil sichert die schwierigste Stelle = kurzer Abstieg zu einem Schartl), nach Mark., Steinmänner, über mäßig schwierigen Fels bis zum Auslauf bei Pt. 3306 AV-Karte ins Hohe Eis, 3388 m. Im Firn dieses wenig ausgeprägten Vorgipfels schwach aufwärts, über ausgeaperte Felsen zu einer flachen, steinigen Senke (Gipfelbuch in einem Eisengestell) und über das Gletscherplateau zum höchsten Punkt.
SW-seitiger, im Fels deutlich mark. Routenverlauf, häufig begangen,

auch im Übergang zu Müller-Hütte und Becher-Haus in Südtirol.

Höchste Wegestelle/Gipfel Hohes Eis, 3388 m, Sonklarspitze, 3471 m.

Anstiegsleistung Ab Siegerland-Hütte 700 Höhenmeter.

Abstieg Wie Anstieg.

Gehzeiten Siegerland-Hütte, 2710 m – Hohes Eis, 3388 m – Sonklarspitze, 3471 m: 3 Std.

Abstieg 2 Std.

Gesamtgehzeit: 5 Stunden.

Hütten/Stützpunkte

Gasthaus »Fiegl«, 1956 m, private Sommerwirtschaft, 30 Betten, bew. Anfang Juni–Ende September.

Siegerland-Hütte, 2710 m, DAV-Sektion Siegen, 75 Betten und Matratzen, bew. Anfang Juli–Ende September.

Karten Kompass WK 1 : 50000, Blatt 83, »Stubaier Alpen/Serleskamm«.

Tip Stichtour zum Scheiblehnkogel, 3060 m, naher Hüttenberg, lohnend, 2 Std.

Von der Sonklarspitze Abstieg zum Übeltalferner mit Übergang zur Müller-Hütte, 3143 m, und zum Becher-Haus, 3195 m, möglich.

Stubaier Hauptkamm

46 Hildesheimer Hütte 2899 m Schußgrubenkogel 3211 m

mäßig schwierig
Wander-/Felstour

Ausgangsort Siegerland-Hütte, 2710 m.

Die Tour in Stichworten Siegerland-Hütte, 2710 m – Gamsplatzl, 3019 m – Hildesheimer Hütte, 2899 m – Schußgrubenkogel, 3211 m – Hildesheimer Hütte.

Schwierigkeit/Anforderung

II = mäßig schwierig, Wander-/Fels-

tour, mittlere Anforderung, Tagestour.

Talzugang Siegerland-Hütte siehe Tour 45.

Ab Hütte mit etwas Höhenverlust in das weite Moränenbecken unter

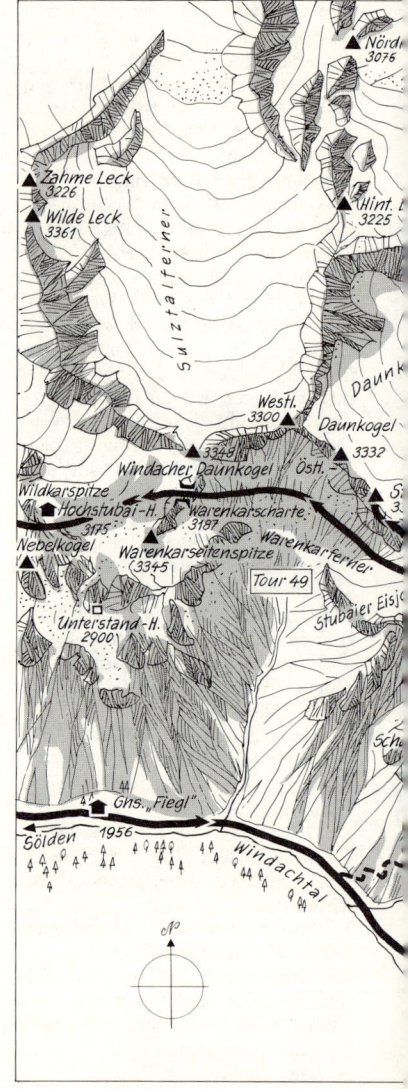

dem Triebenkarlasferner, vorbei am Triebenkarsee, 2691 m, in engen Kehren steil höher zu den von der Hütte aus deutlich erkennbaren Steinmännern am Felssattel des Gamsplatzl (Blick zur Hildesheimer Hütte). Vom Gamsplatzl über Blockwerk und Schotter auf gut gelegtem Steig hinab zum Gaißbachgraben, auf Steg über den Gletscherabfluß, Pt. 2715 AV-Karte und steil höher zur Hildesheimer Hütte.

Durchgehend mark. AV-Weg, SW-seitiger Routenverlauf, viel begangen.

Schußgrubenkogel: Ab Hildesheimer Hütte mark. Steig hinauf zur Randmoräne des Gaißkarferners, über ihren Kamm zum Fernersaum. Dort zum blockigen NO-Grat des Schußgrubenkogels, über mäßig schwierigen Fels, Steinmänner, zum Vorgipfel, wenige Meter hinab in eine Scharte, kurzer Schlußanstieg zum Gipfel.

Höchste Wegestelle/Gipfel Gamsplatzl, 3019 m, Schußgrubenkogel, 3211 m.

Anstiegsleistung Siegerland-Hütte – Hildesheimer-Hütte 500, – Schußgrubenkogel 300 Höhenmeter.

Abstieg Siehe Tourenverlauf.

Gehzeiten Siegerland-Hütte, 2710 m – Gamsplatzl, 3019 m: 1½ Std. – Hildesheimer Hütte, 2899 m: 1½ Std.; Hildesheimer Hütte – Schußgrubenkogel, 3211 m: 1½ Std.; zurück zur Hütte: 1 Std. Gesamtgehzeit: 5½ Stunden.

Hütten/Stützpunkte

Siegerland-Hütte, 2710 m, siehe Tour 45.

Hildesheimer Hütte, 2899 m, DAV-Sektion Hildesheim, 75 Betten und Matratzen, bew. Ende Juni–Ende September.

Karten Kompass WK 1:50000, Blatt 83, »Stubaier Alpen/Serleskamm«.

Stubaier Hauptkamm

47 Zuckerhütl 3505 m
Wilder Pfaff 3457 m

schwierig
Gletschertour

Ausgangsort Hildesheimer Hütte, 2899 m.

Die Tour in Stichworten Hildesheimer Hütte, 2899 m – Pfaffenjoch, 3212 m – Pfaffensattel, 3344 m – Zuckerhütl, 3505 m – Pfaffensattel – Wilder Pfaff, 3457 m – Hildesheimer Hütte.

Schwierigkeit/Anforderung

III = schwierig, Gletschertour, mittlere Anforderung, Tagestour.

Talzugang Hildesheimer Hütte: Von Sölden, 1367 m, im Ötztal über das Gasthaus »Fiegl«, 1956 m: 5–6 Std.; aus dem Stubaital mit der Gletscherbahn zur Bergstation, 2850 m, und über das Eisjoch, 3133 m, zur Hütte: 1½ Std.

Zuckerhütl – Wilder Pfaff: Von der Hildesheimer Hütte nach Schild »Zuckerhütl« zum Hüttensee und auf dem drahtseilgesicherten Felsensteig steil hinab in das Geröllkar, ca. 2800 m, unter dem Gaißkarferner. Dort auf Schottersteig nach O zum Fuß des Aperen Pfaff, über Blockwerk in den Pfaffenferner und hinauf zum Pfaffenjoch. Im Hochbekken des Sulzenauferners schwach aufwärts zum vergletscherten Pfaffensattel, 3344 m. Vom Sattel – Achtung: Randkluft! – über die schmale, steile Firnschneide des O-Grates zum Gipfel des Zuckerhütl; zurück zum Pfaffensattel. Aus dem Sattel über einen mäßig steilen Firnhang zum Wilden Pfaff.

Bis auf den Zuckerhütl-Anstieg W-seitiger Routenverlauf, viel begangen, meist Trasse. Zuckerhütl bei Blankeis sehr schwierig, im Abstieg besonders gefährlich!

Höchste Wegestelle/Gipfel Zuckerhütl, 3505 m, Wilder Pfaff, 3457 m.

Anstiegsleistung Ab Hildesheimer Hütte 800 Höhenmeter.

Abstieg Wie Anstieg.

Gehzeiten Hildesheimer Hütte, 2899 m – Pfaffenjoch, 3212 m – Pfaffensattel, 3344 m: 2 Std. – Zuckerhütl, 3505 m: ½ Std.; Abstieg Pfaffensattel: ½ Std. – Wilder Pfaff, 3457 m, und zurück: ½ Std. – Hildesheimer Hütte: 1½ Std. Gesamtgehzeit: 5 Stunden.

Hütten/Stützpunkte

Hildesheimer Hütte, 2899 m, siehe Tour 46.

Karten Siehe Tour 46.

Tip Vom Wilden Pfaff Felsabstieg zur Müller-Hütte, 3145 m. Ab Pfaffensattel über Lange Pfaffennieder, 2935 m, Gletscherabstieg zur Dresdner Hütte, 2302 m, 2 Std.

Stubaier Hauptkamm

48 Schaufelspitze 3333 m

mäßig schwierig
Gletscher-/Felstour

Ausgangsort Hildesheimer Hütte, 2899 m.

Die Tour in Stichworten Hildesheimer Hütte, 2899 m – Schaufelspitze, 3333 m – Stubaier Eisjoch, 3133 m.

Schwierigkeit/Anforderung
II = mäßig schwierig, Gletscher-/Felstour, geringe Anforderung, Halbtagestour.

Talzugang Hildesheimer Hütte siehe Tour 47.

Ab Hütte auf mark. Steig zur Randmoräne des Gaißkarferners, auf ihrem Kamm höher, bis das Schild »Bildstöckljoch« in den Ferner weist. Auf ausgesteckter Trasse bis knapp zur Liftstation Gaißkarferner, dort nach rechts zur Isidornieder, 3158 m, im SW-Grat der Schaufelspitze. Ab Isidornieder (Stangenmark.) auf Steigspuren, Steinmänner, in der S-Flanke mäßig steil zum Gipfel.

Viel begangene Route, meist Trasse.

Höchste Wegestelle/Gipfel Schaufelspitze, 3333 m, Stubaier Eisjoch, 3133 m.

Anstiegsleistung Ab Hildesheimer Hütte 400 Höhenmeter.

Abstieg Wie Anstieg und von der Liftstation Gaißkarferner zum nahen Stubaier Eisjoch mit Anschluß an Tour 49. Oder vom Eisjoch auf der ausgesteckten Fußgängertrasse über den Schaufelferner zur Bergstation »Eisgrat«, 2850 m, mit der Gondelbahn Abfahrt zur Mittelstation

(Dresdner Hütte, 2302 m) und zur Talstation Mutterberg-Alm, 1721 m.

Gehzeiten Hildesheimer Hütte, 2899 m – Schaufelspitze, 3333 m: 1½ Std.

Abstieg und Übergang zum Stubaier Eisjoch, 3133 m: ½ Std.; Eisjoch – Bergstation »Eisgrat«, 2850 m: ½ Std.

Gesamtgehzeit: 2½ Stunden.

Hütten/Stützpunkte

Hildesheimer Hütte, 2899 m, siehe Tour 46.

Dresdner Hütte, 2302 m, siehe Tour 44.

Karten Siehe Tour 46.

Stubaier Hauptkamm

49 Stubaier Wildspitze 3340 m
Hochstubai-Hütte 3175 m

schwierig
Fels-/Gletschertour

Ausgangsort Hildesheimer Hütte, 2899 m.

Die Tour in Stichworten Hildesheimer Hütte, 2899 m – Stubaier Eisjoch, 3133 m – Stubaier Wildspitze, 3340 m – Eisjoch – Warenkarscharte, 3187 m – Hochstubai-Hütte, 3175 m – Sölden, 1367 m, im Ötztal.

Schwierigkeit/Anforderung
III = schwierig, Fels-/Gletschertour, große Anforderung, Tagestour.

Talzugang zur Hildesheimer Hütte siehe Tour 47.

Ab Hütte zur Randmoräne des Gaißkarferners, auf ihrem Kamm höher, bis das Schild »Bildstöckljoch« in den Gaißkarferner weist. Eine ausgesteckte Trasse führt über den Ferner zum Stubaier Eisjoch. (Hierher auch von der Bergstation »Eisgrat«, 2850 m, auf ausgesteckter Fußgängertrasse über den Schaufelferner.)

Stubaier Wildspitze: Vom Eisjoch zum nahen Bildstöckljoch, nach Steinmännern über einen Felsrükken zur Liftstation »Daunferner«, 3193 m, der höchsten Station im Stubaier Skigebiet. Ab Station zu den Gratfelsen, über die Höhe 3255 m und die Scharte 3235 m (AV-Karte) Einstieg in den SO-Grat und möglichst am Grat über blockigen, teils sehr ausgesetzten steilen Fels zum Gipfel. Abstieg wie Anstieg zurück zum Eisjoch.

Übergang Hochstubai-Hütte: Vom Stubaier Eisjoch nach Schild »Hochstubai-Hütte« auf dem Warenkarferner schwach abwärts, meist Trasse – Achtung: Steinschlag! –, aus ca. 2900 m steil höher zu einer Felsinsel. Der Einstieg zum Fels ist mark. und muß gefunden werden! Nach Mark. und Steigspuren zum Firnausstieg in die Warenkarscharte, 3187 m, Hochstubai-Hütte in Sicht. Fast horizontale Gletscherterrasse zur Wildkarspitze, auf der die Hütte steht.

NW-seitiger Routenverlauf, meist Trasse, in beiden Richtungen viel begangen.

Höchste Wegestelle/Gipfel Stubaier Eisjoch, 3133 m, Stubaier Wildspitze, 3340 m, Warenkarscharte, 3187 m, Hochstubai-Hütte, 3175 m.

Anstiegsleistung Ab Hildesheimer Hütte 700 Höhenmeter.

Abstieg Ab Hochstubai-Hütte mark. AV-Weg nach Sölden, 1367 m, im Ötztal.

Gehzeiten Hildesheimer Hütte, 2899 m – Stubaier Eisjoch, 3133 m – Stubaier Wildspitze, 3340 m: 2½ Std.; Abstieg Eisjoch: 1 Std.; Übergang Warenkarscharte, 3187 m – Hochstubai-Hütte, 3175 m: 2 Std.; Abstieg nach Sölden, 1367 m: 3 Std. Gesamtgehzeit: 8½ Stunden.

Hütten/Stützpunkte

Hildesheimer Hütte, 2899 m, siehe Tour 46.

Hochstubai-Hütte, 3175 m, DAV-Sektion Dresden, Sitz Wuppertal, 47 Betten und Matratzen, bew. Anfang Juli–Mitte September.

Karten Siehe Tour 46.

Kalkkögel

50 Pfriemeswand 2103 m Nockspitze 2433 m Spitzmandl 2208 m

wenig schwierig
Wandertour

Ausgangsort Mutters, 830 m, bei Innsbruck.

Die Tour in Stichworten Mutters, 830 m – Muttereralm-Bahn – Bergstation, 1608 m – Pfriemeswand, 2103 m – Nockspitze, 2433 m – Spitzmandl, 2208 m – Raitiser Alm, 1553 m – Bergstation.

Schwierigkeit/Anforderung I = wenig schwierig, Wandertour, mäßige Anforderung, Tagestour.

Parkplatz Talstation, 950 m, und Auffahrt zur Bergstation, 1608 m (Gondelbahn).

Nach Schild »Nockspitze« gegen die oberste Liftstation, auf Steig zum Latschensockel der Pfriemeswand und in N-seitigen Geröll- und Latschenhängen zur Pfriemeswand. Nun O-seitig steil höher zu einem Sattel, ca. 2220 m, = beschilderte Abzweigung »Spitzmandl, Raitiser Alm«; nach rechts steil aufwärts zu den beiden Gipfelkreuzen der Nockspitze.

Ab Nockspitze zurück zur Abzweigung, Anstieg zum Spitzmandl, durch Latschen- und Schrofenhänge hinab zum »Wetterkreuz« und im Bergwald zum schon von oben sichtbaren Wirtshaus »Raitiser Alm«. Auf bequemem Waldweg zurück zur Bergstation Mutterer Alm. Durchgehend mark., ausgeprägter Steig, viel begangen.

Höchste Wegestelle/Gipfel Pfriemeswand, 2103 m, Nockspitze, 2433 m, Spitzmandl, 2208 m.

Anstiegsleistung Ab Bergstation Mutterer Alm 900 Höhenmeter.

Abstieg Siehe Tourenverlauf.

Gehzeiten Bergstation Mutterer Alm, 1608 m – Pfriemeswand,

2103 m – Nockspitze, 2433 m: 2½ Std.; Nockspitze - Spitzmandl, 2208 m - Raitiser Alm, 1553 m: 2 Std. - Bergstation: ½ Std. Gesamtgehzeit: 5 Stunden.

Hütten/Stützpunkte
Gasthof Mutterer Alm, 1608 m (Bergstation)
Gasthof Raitiser Alm, 1553 m.
Karten Kompass WK 1:50000, Blatt 36, »Innsbruck/Brenner«.

Kalkkögel

51 Ampferstein 2556 m Marchreisenspitze 2620 m Hochtennspitze 2551 m

mäßig schwierig
Wander-/Felstour

Ausgangsort
Axamser Lizum, 1572 m.
Die Tour in Stichworten Axamser Lizum, 1572 m - Naturfreundehaus Birgitzköpfl, 2035 m - Am Halsl, 1992 m - Ampferstein, 2556 m – Marchreisenspitze, 2620 m - Mahlgrubenscharte, 2401 m - Hochtennspitze, 2551 m - Bergstation Hoadl, 2340 m - Axamser Lizum.
Schwierigkeit/Anforderung
II = mäßig schwierig, Wander-/Felstour, große Anforderung, Tagestour.
Vom Parkplatz Axamser Lizum mit Sessellift zur Bergstation Birgitzköpfl.
Ab Bergstation zum nahen »Halsl«. Nach Schild »Lustige Bergler Steig« steiler, mark. Anstieg auf N-seitiger Rasenflanke zum Fels, ca. 2400 m, des Ampferstein, teilweise gesicherter Felssteig zum Gipfel. Ab Ampferstein meist SO-seitig im Auf und Ab durch Rasenflanken und Steilrinnen zum N-seitigen steilen Felsanstieg zur Marchreisenspitze. Vom Gipfel nun auf dem Gsallerweg = Anstieg von der Schlicker

Alm, in steilem, S-seitigem Rasenhang etwa 200 Meter abwärts (bei Höhe ca. 2450 m beschilderter Rückweg Ampferstein - Halsl) und in längerer, fast horizontaler Querung, ca. 2400 m, vorbei an der markanten Mahlgrubenscharte, zum Schild »Hochtennspitze«. Steiler Anstieg zum wenig ausgeprägten Gipfel. Links von ihm in einer N-seitigen Geröllschlucht hinab zu Felszacken, weiter zur Wiese des Hochtennbodens und zur Bergstation am Hoadl. Verwickelte, aber immer mark. Route auf meist deutlichem Steig, nur für erfahrene, trittsichere Bergwanderer.
Höchste Wegestelle/Gipfel Ampferstein, 2556 m, Marchreisenspitze, 2620 m, Hochtennspitze, 2551 m.
Anstiegsleistung Ab Bergstation Birgitzköpfl ca. 900 Höhenmeter.
Abstieg Siehe Tourenverlauf.
Gehzeiten Bergstation Birgitzköpfl, 2035 m – Ampferstein, 2556 m: 2½ Std. - Marchreisenspitze, 2620 m: 1 Std. - Hochtennspitze, 2551 m: 1 Std. - Bergstation Hoadl, 2340 m: 1 Std.
Gesamtgehzeit: 5½ Stunden.
Hütten/Stützpunkte
Naturfreundehaus Birgitzköpfl, 2035 m, 70 Betten und Matratzen, bew. Mitte Juni–Anfang Oktober.
Karten Siehe Tour 50.

Kalkkögel

52 Schlicker Klettersteig Große Ochsenwand 2700 m

schwierig
Felstour

Ausgangsort Fulpmes, 937 m, im Stubaital.
Die Tour in Stichworten Fulpmes, 937 m - Froneben, 1316 m - Kreuzjoch, 2100 m - Schlicker Klettersteig - Gr. Ochsenwand, 2700 m -

Nordgrat-Klettersteig – Alpenklub-Scharte, 2451 m – Schlicker Alm, 1643 m – Froneben.

Schwierigkeit/Anforderung
III = schwierig, Felstour, große Anforderung, Tagestour.

Schnellster und vorteilhaftester Zugang: Ab Fulpmes Sessellifte Froneben – Kreuzjoch, auf Güterweg nach Schilder und Mark. hinab in das Schlicker Tal bis etwa 1850 m; dort Hinweis Klettersteig.

Klettersteig: Einstieg, ca. 2000 m, deutlich gekennzeichnet. Ein starkes, durchlaufendes Drahtseil, aber wenige Klammern und Stifte sichern die sehr steile, teils senkrechte S-Kante hinauf zum Ansatz (ca. 2400 m) der grasigen O-Schulter. Die ersten 400 Höhenmeter sind der schwierigste Abschnitt, dann nur noch steiles Gehgelände, Rasen, Fels, noch vereinzelte Sicherungen zum Gipfelkreuz.

Höchste Wegestelle/Gipfel Große Ochsenwand, 2700 m.

Anstiegsleistung 850 Höhenmeter, davon Klettersteig 700 Höhenmeter.

Abstieg Vom Gipfel mark. N-Grat-Klettersteig über steile Wandstufen zur Scharte, ca. 2500 m, zwischen Gr. und Kl. Ochsenwand, S-seitige horizontale Querung zur Alpenklub-Scharte; von dort Wanderroute zur Schlicker Alm, oder zur Adolf-Pichler-Hütte.

Gehzeiten Kreuzjoch, 2100 m – Einstieg Klettersteig, 2000 m: 1 Std. – Gr. Ochsenwand, 2700 m: 3½ Std. Abstieg N-Grat-Klettersteig – Alpenklub-Scharte, 2451 m: 1½ Std. – Schlicker Alm – Froneben, 1316 m: 2 Std.
Gesamtgehzeit: Ab Kreuzjoch 8 Stunden.

Hütten/Stützpunkte
Alpengasthaus »Schlicker Alm«, 1643 m.

Karten Kompass WK 1:50000, Blatt 36, »Innsbruck/Brenner«.

Kalkkögel

53 Adolf-Pichler-Hütte 1977 m Schlicker Seespitze 2804 m

mäßig schwierig
Wander-/Felstour

Ausgangsort Kemater Alm, 1673 m, im Senderstal.

Die Tour in Stichworten Kemater Alm, 1673 m – Adolf-Pichler-Hütte, 1977 m – Seejöchl, 2518 m – Schlicker Seespitze, 2804 m.

Schwierigkeit/Anforderung
II = mäßig schwierig, Wander-/Felstour, mittlere Anforderung, Tagestour.

Von Grinzens, 928 m, auf Almstraße zum Parkplatz Kemater Alm und auf Güterweg (gesperrt) zur Adolf-Pichler-Hütte.

Ab Hütte auf mark. AV-Weg zum Seejöchl. Hierher auch mit den Zugängen: Starkenburger Hütte, 2237 m – Schlicker Scharte, 2456 m, oder Schlicker Alm, 1643 m – Schlicker Scharte. Ab Seejöchl nach Schild »Schlicker Seespitze« in die W-seitige Geröllflanke, nach Steinmänner, Mark., steil höher zu einer deutlichen kleinen Scharte im N-Grat, ca. 2700 m, und über gut gestuften, blockigen Fels zum Gipfel.

Durchgehend mark. Route, nur für trittsichere Bergwanderer.

Höchste Wegestelle/Gipfel Seejöchl, 2518 m, Schlicker Seespitze, 2804 m.

Anstiegsleistung Ab Kemater Alm 1100, ab Adolf-Pichler-Hütte 800 Höhenmeter.

Abstieg Wie Anstieg.

Gehzeiten Kemater Alm, 1673 m – Adolf-Pichler-Hütte, 1977 m: ½ Std. – Seejöchl, 2518 m: 1½ Std. – Schlicker Seespitze, 2804 m: 1 Std.
Abstieg Kemater Alm: 2 Std.
Gesamtgehzeit: 5 Stunden.

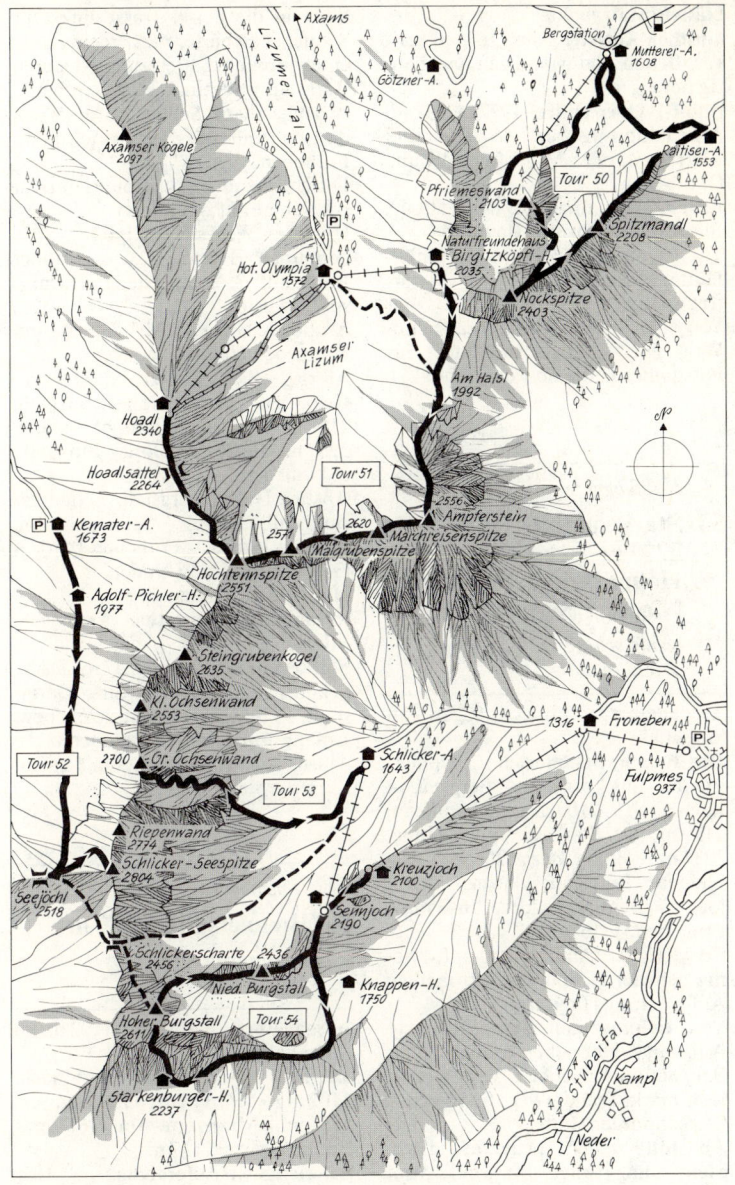

Axams

Lizumer Tal

Bergstation

Mutterer-A.
1608

Axamser Kogele
2097

Götzner-A.

Raitiser-A.
1553

Tour 50

Pfriemeswand
2103

Spitzmandl
2208

P

Naturfreundehaus
Birgitzköpfl-H.
2035

Hot. Olympia
1372

Nockspitze
2403

Axamser
Lizum

Am Halsl
1992

N

Hoadl
2340

Hoadlsattel
2264

Tour 51

2556
Ampferstein

P Kemater-A.
1673

2571

2620

Marchreisenspitze

Malgrubenspitze

Hochtennspitze
2551

Adolf-Pichler-H.
1977

Steingrubenkogel
2635

Kl. Ochsenwand
2553

1316

Froneben

P

Schlicker-A.
1643

Fulpmes
937

Tour 52

2700

Gr. Ochsenwand

Tour 53

Riepenwand
2774

Schlicker-Seespitze
2804

Kreuzjoch
2100

Seejöchl
2518

Sennjoch
2190

Schlickerscharte
2456

2436

Knappen-H.
1750

Nied. Burgstall

Hoher Burgstall
2611

Tour 54

Starkenburger-H.
2237

Stubaital

Kampl

Neder

53

Hütten/Stützpunkte
Gasthof Kemater Alm, 1673 m, privat, Betten und Matratzen, ganzjährig bew.
Adolf-Pichler-Hütte, 1977 m, Akad. Alpenklub Innsbruck, 56 Betten und Matratzen, bew. Mitte Juni–Anfang Oktober.
Karten Kompass WK 1:50000, Blatt 36, »Innsbruck/Brenner«.
Tip Übergänge ab Adolf-Pichler-Hütte: Hochtennboden – Naturfreundehaus Birgitzköpfl; Gsaller Weg – Schlicker Alm; Franz-Senn-Weg zur Franz-Senn-Hütte; zur Potsdamer Hütte im Fotscher Tal.

Kalkkögel

54 Starkenburger Hütte 2237 m
Hoher Burgstall 2611 m
Niederer Burgstall 2436 m

wenig schwierig
Wandertour

Ausgangsort Fulpmes, 937 m, im Stubaital
Die Tour in Stichworten Fulpmes, 937 m – Lift Froneben – Bergstation Kreuzjoch, 2100 m – Sennjoch, 2190 m – Starkenburger Hütte, 2237 m – Hoher Burgstall, 2611 m – Niederer Burgstall, 2436 m – Sennjoch – Schlicker Alm, 1643 m – Froneben, 1316 m.
Schwierigkeit/Anforderung I = wenig schwierig, Wandertour, mäßige Anforderung, Tagestour.
Von Fulpmes mit Sessellift (erste Auffahrt 8 Uhr) über Froneben zur Bergstation Kreuzjoch. Vom Kreuzjoch mark. Wanderweg: Sennjoch – Starkenburger Hütte.
Ab Hütte steiler Anstieg auf mark. Steig zum Hohen Burgstall: vom Gipfel in einer N-seitigen, drahtseilgesicherten Steilrinne abwärts zu einem Geröllrücken, dort Einmün-

dung in die mark. Trasse links zur Schlicker Scharte, nach rechts über einen breiten Sattel zum Niederen Burgstall und hinab zum sichtbaren Alpengasthaus Schlicker Alm. Von dort auf Güterweg zur Mittelstation Froneben.
Durchgehend mark. Route, nur für trittsichere Bergwanderer.
Höchste Wegestelle/Gipfel Starkenburger Hütte, 2237 m, Hoher Burgstall, 2611 m, Niederer Burgstall, 2436 m.
Anstiegsleistung Ab Bergstation Kreuzjoch 600 Höhenmeter.
Abstieg Siehe Tourenverlauf.
Gehzeiten Bergstation Kreuzjoch, 2100 m – Starkenburger Hütte, 2237 m: 1½ Std. – Hoher Burgstall, 2611 m: 1 Std.
Abstieg Hoher Burgstall – Niederer Burgstall, 2436 m – Schlicker Alm, 1643 m: 1½ Std. – Froneben 1 Std.
Gesamtgehzeit: 5 Stunden.
Hütten/Stützpunkte
Restaurant Bergstation Kreuzjoch, 2100 m.
Starkenburger Hütte, 2237 m, DAV-Sektion Starkenburg, Sitz Darmstadt, 55 Betten und Matratzen, bew. Anfang Juni–Anfang Oktober.
Alpengasthaus Schlicker Alm, 1643 m.
Karten Siehe Tour 53.

Alpeiner Berge

55 Brennerspitze 2877 m

mäßig schwierig
Wander-/Felstour

Ausgangsort Krößbach, 1102 m, im Stubaital.
Die Tour in Stichworten Krößbach, 1102 m – Parkplatz Oberegg, ca. 1250 m – Milderaun-Alm, 1671 m – Brennerspitze, 2877 m.
Schwierigkeit/Anforderung II = mäßig schwierig, Wander-/Felstour, große Anforderung, Tagestour.
Von Neustift, 993 m, im Stubaital

talein bis zum Weiler Krößbach, dort Auffahrt zu den Höfen von Oberegg, Parkplatz. Auf gesperrter Forststraße ca. 4 km zum Alpengasthof Milderaun-Alm.

Ab Milderaun-Alm nach Schild »Zur Brennerspitze« auf mark. Steig durch Bergwald und Alpweiden höher zur Geländeschulter »Hühnerspiel« (Unterstandshütte). Weiter zum Ansatz des schrofigen SO-Grates (bei einer Bank, ca. 2300 m) und im Gratverlauf steil, teils ausgesetzt, Drahtseilsicherungen an plattigem Fels, zu einer Mulde unter dem Gipfel; in kurzem, einfachem Schlußanstieg zum Gipfelkreuz.

Durchgehend mark., aber nicht sehr häufig begangene Route, nur für ausdauernde, trittsichere Bergwanderer.

Höchste Wegestelle/Gipfel Brennerspitze, 2877 m.

Anstiegsleistung Ab Parkplatz Oberegg 1600 Höhenmeter.

Abstieg Wie Anstieg.

Gehzeiten Parkplatz Oberegg, 1250 m – Alpengasthof Milderaun-Alm, 1671 m: 1½ Std. – Brennerspitze, 2877 m: 3 Std.
Abstieg Parkplatz Oberegg: 3½ Std.
Gesamtgehzeit: 8 Stunden.

Hütten/Stützpunkte
Alpengasthof Milderaun-Alm, 1671 m, privat, 10 Betten, bew. Ende Mai–Ende September.

Karten Kompass WK 1:50000, Blatt 83, »Stubaier Alpen/Serleskamm«.

Tip Vom Alpengasthof Milderaun-Alm mark. Übergang zur Neuen Regensburger Hütte, 2286 m, damit Anschluß an Tour 60.

Alpeiner Berge

56 Franz-Senn-Weg
Franz-Senn-Hütte 2149 m

wenig schwierig
Wandertour

Ausgangsort Fulpmes, 937 m, im Stubaital.

Die Tour in Stichworten Fulpmes, 937 m – Lift Froneben, 1316 m – Bergstation Kreuzjoch, 2100 m – Sennjoch, 2190 m – Niederer Burgstall, 2436 m – Schlicker Scharte, 2456 m – Seejöchl, 2518 m – Franz-Senn-Weg – Franz-Senn-Hütte, 2149 m – Oberiß-Hütte, 1742 m.

Schwierigkeit/Anforderung I = wenig schwierig, Wandertour, große Anforderung, Tagestour.

Von Fulpmes mit Sessellift (erste Auffahrt 8 Uhr) über Froneben zur Bergstation Kreuzjoch. Vom Kreuzjoch auf Wanderweg zum Sennjoch, weiter auf mark. Steig über den Niederen Burgstall zur sichtbaren Schlicker Scharte, dort Einmündung des Zugangs von der Starkenburger Hütte. Weiter zum nahen Seejöchl, hier Einmündung des Zugangs von der Adolf-Pichler-Hütte, 1977 m.

Franz-Senn-Weg: Vom Seejöchl, 2518 m, in 30 Min. zur höchsten Wegestelle am Steinkogel, 2589 m. Ab Steinkogel bleibt der Weg bis zum Sendersjöchl, 2477 m auf dem Kammverlauf, schwenkt dort in S-seitige, schwach gegliederte Rasenhänge und hält bis zur Sicht auf die Sedugg-Alm mit geringem Auf und Ab eine durchschnittliche Höhe von 2350 m ein. Ab Sedugg-Almhütte, 2249 m (nur Notunterkunft, aufgelassene Alm), stärkere Felsgliederung der Hänge, Wiederanstieg bis etwa 2350 m zum Südsporn der Schaldersspitze. Steiler, ausgesetzter Abstieg etwa 80 m, in eine weite Geländebucht, Überschreitung eines Baches (im Gelände rechts des Bachlaufes wegloser Abstieg zum sichtbaren Parkplatz Oberiß-Hütte möglich), und Wiederanstieg bis etwa 2350 m. Franz-Senn-Hütte in Sicht, dorthin problemloser Abstieg. (Ab Hütte auf dem Sommerweg zum Parkplatz Oberiß-Hütte. Taxiverkehr nach Neustift).

Durchgehend mark., SO-seitige, an einigen Stellen mit Drahtseil gesicherte Wanderroute. Vorteilhaft in beschriebener Richtung, nur für ausdauernde Geher bei gutem Wetter!

Höchste Wegestelle/Gipfel Schlicker Scharte, 2456 m, Seejöchl, 2518 m, Steinkogel, 2589 m.

Anstiegsleistung Ab Bergstation Kreuzjoch 600 Höhenmeter, ab Steinkogel hauptsächlich fallende Trasse.

Abstieg Siehe Tourenverlauf.

Gehzeiten Bergstation Kreuzjoch, 2100 m – Schlicker Scharte, 2456 m – Seejöchl, 2518 m: 2 Std.; Seejöchl – Franz-Senn-Weg – Franz-

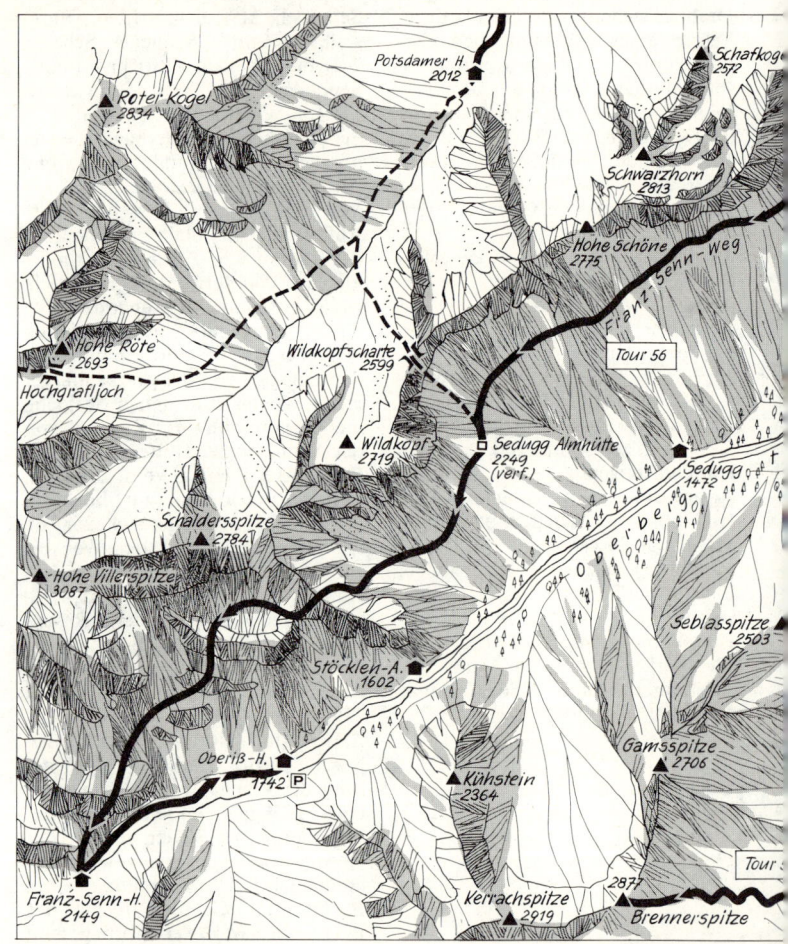

Senn-Hütte, 2149 m: 4 Std. – Parkplatz Oberiß-Hütte, 1742 m: 1 Std.
Gesamtgehzeit: 7 Stunden.

Hütten/Stützpunkte
Franz-Senn-Hütte, 2149 m, ÖAV-Sektion Innsbruck, 250 Betten und Matratzen, bew. Mitte Februar–Mitte Oktober.

Oberiß-Hütte, 1742 m, ÖAV-Sektion Innsbruck, keine Übernachtung, bew. Mitte Februar–Mitte Oktober.

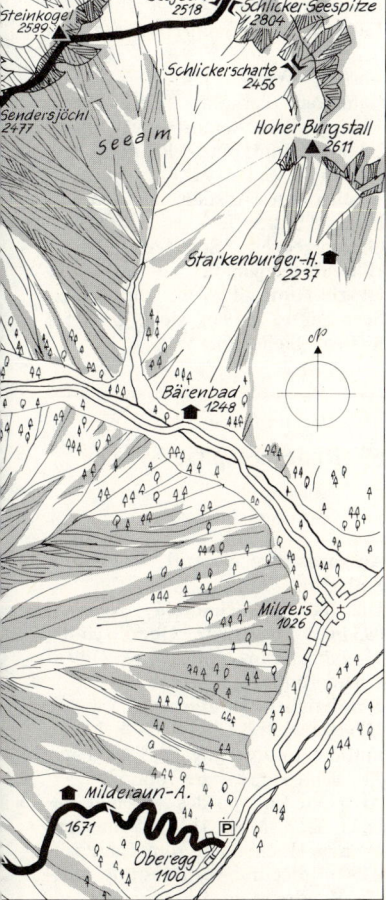

Karten Kompass WK 1:50000, Blatt 83, »Stubaier Alpen/Serleskamm«.

Alpeiner Berge

57 Lüsenser Fernerkogel 3298 m
Lüsenser Spitze 3230 m

schwierig
Gletscher-/Felstour

Ausgangsort Neustift, 993 m, im Stubaital.
Die Tour in Stichworten Neustift, 993 m – Oberiß-Hütte, 1742 m – Franz-Senn-Hütte, 2149 m – Innere Rinnennieder, 2902 m – Lüsenser Fernerkogel, 3298 m – Lüsenser Spitze, 3230 m.

Schwierigkeit/Anforderung
III = schwierig, Gletscher-/Felstour, mittlere Anforderung, 1½-Tage-Tour.
Von Neustift durch das Oberbergtal zum Parkplatz Oberiß-Hütte (Talstation der Materialseilbahn zur Senn-Hütte) mark. AV-Weg zur Hütte.
Ab Franz-Senn-Hütte nach Schild »Rinnenspitze« auf AV-Weg zum Rinnensee, 2645 m, rechts vorbei und in einer Rasenflanke nach rechts steil höher zur felsigen Einschartung der Inneren Rinnennieder, 2902 m, im Westen der Rinnenspitze. Aus der Scharte Einblick in den Tourenverlauf. Kurzer Abstieg zum Lüsenser Ferner, fast horizontale Querung nach NW über das geschlossene Hochbecken zum Felsfuß, ca. 3000 m, der Plattigen Wand, nach Steigspuren, Steinmänner, über Blockwerk zum Ausstieg, 3045 m, mit Eintritt in den kleinen Rotgratferner. Mäßig steil (Achtung: Spalten!) zum obersten Gletscherwinkel am Ansatz, 3198 m, des S-Grates. Über den blockigen Grat nach Steigspuren steil, teils ausgesetzt, zum Gipfel.
Lüsenser Spitze: Auf Anstiegsweg

zurück zum Fuß der Plattigen Wand und über SO-seitige, mäßig steile Firnhänge und Fels zum Gipfel. S-seitiger Routenverlauf, ab Innere Rinnennieder meist Gletscherroute.

Höchste Wegestelle/Gipfel Innere Rinnennieder, 2902 m, Lüsenser Fernerkogel, 3298 m, Lüsenser Spitze, 3230 m.

Anstiegsleistung Ab Senn-Hütte 1200, mit Lüsenser Spitze 1400 Höhenmeter.

Abstieg Wie Anstieg.

Gehzeiten Parkplatz Oberiß-Hütte, 1742 m – Franz-Senn-Hütte, 2149 m: 1½ Std.; Senn-Hütte – Rinnensee, 2645 m – Innere Rinnennieder, 2902 m: 2 Std. – Lüsenser Fernerkogel, 3298 m: 2½ Std. Übergang zur Lüsenser Spitze, 3230 m: 1 Std.; Abstieg wie Anstieg zur Senn-Hütte: 3½ Std.

Gesamtgehzeit: Ab Franz-Senn-Hütte 9 Stunden.

Hütten/Stützpunkte
Oberiß-Hütte, 1742 m, und **Franz-Senn-Hütte,** 2149 m, siehe Tour 56.

Karten Siehe Tour 59.

Alpeiner Berge

58 Rinnensee 2645 m
Rinnenspitze 3003 m

mäßig schwierig
Wander-/Felstour

Ausgangsort Neustift, 993 m, im Stubaital.

Die Tour in Stichworten Neustift, 993 m – Parkplatz Oberiß-Hütte, 1742 m – Franz-Senn-Hütte, 2149 m – Rinnenspitze, 3003 m – Rinnensee, 2645 m.

Schwierigkeit/Anforderung
II = mäßig schwierig, Wander-/Felstour, mittlere Anforderung, Tagestour.
Zur Senn-Hütte siehe Tour 57.
Ab Hütte nach Schild »Rinnenspitze« auf AV-Weg mäßig steil in Richtung Rinnensee, wenig vorher bei ca.

2600 m mark. Abzweigung nach rechts zur Rinnenspitze. Über Blökke, auf erdigem Steig und Geröll in der SO-Flanke steil höher bis zu plattigem Fels im Gipfelbereich. Sehr steiler, mit Klammern und Stiften gesicherter Ausstieg zum NO-Grat, über ihn, Drahtseilsicherung, zum Gipfel.
SO-seitiger Routenverlauf, viel begangen, durchgehend mark.

Höchste Wegestelle/Gipfel
Rinnensee, 2645 m, Rinnenspitze, 3003 m.

Anstiegsleistung Ab Oberiß-Hütte 1300, ab Franz-Senn-Hütte 900 Höhenmeter.

Abstieg Wie Anstieg.

Gehzeiten Parkplatz Oberiß-Hütte, 1742 m – Franz-Senn-Hütte, 2149 m: 1½ Std.; Senn-Hütte – Rinnenspitze, 3003 m: 2½ Std.; Abstieg wie Anstieg zur Oberiß-Hütte: 3 Std.

Gesamtgehzeit: 7 Stunden.

Hütten/Stützpunkte
Oberiß-Hütte, 1742 m, und **Franz-Senn-Hütte,** 2149 m, siehe Tour 56.

Karten Siehe Tour 59.

Alpeiner Berge

59 Ruderhofspitze 3474 m

schwierig
Gletscher-/Felstour

Ausgangsort Neustift, 993 m, im Stubaital.

Die Tour in Stichworten Neustift, 993 m – Parkplatz Oberiß-Hütte, 1742 m – Franz-Senn-Hütte, 2149 m – Ruderhofspitze, 3474 m.

Schwierigkeit/Anforderung
III = schwierig, Gletscher-/Felstour, mittlere Anforderung, 1½-Tage-Tour.
Zur Senn-Hütte siehe Tour 57.
Ab Hütte entlang des Alpeiner Baches nach Mark. 131/135 in dem ebenen Hochboden zum Fuße, ca. 2300 m, der im Anstiegssinne rechten Randmoräne des Alpeiner Fer-

ners. Zuerst mäßig steil, dann steil über den Moränenkamm höher bis zum fast ebenen Auslauf in den Gletscher. Nach Steinmännern und Mark. bei ca. 2700 m (Mark.-Stange) Eintritt zum Gletscher. Die Abbruchzone des Alpeiner Ferners wird im Aufstiegssinne rechts in einer Steilstufe hinauf zum Nährbecken umgangen, bei etwa 3000 m Einsicht in den weiteren Tourenverlauf. Im flachen Hochbecken nach S und in einem Bogen in die oberste Firnbucht unter dem W-seitigen Felsaufbau der Ruderhofspitze, zu dem deutlichen Felssporn des NW-Gra-

tes oberhalb der Hölltalscharte, 3173 m, zu Pt. 3260 AV-Karte. Flacher Einstieg zum gut gangbaren, blockigen Grat, auf ihm über die Obere Hölltalscharte, 3247 m, zum S-seitigen, kurzen, steilen Firnhang vor dem Gipfel.

Ab 2700 m N-seitige, übersichtliche Gletscherroute, ab 3260 m Felsroute.

Höchste Wegestelle/Gipfel Ruderhofspitze, 3474 m.

Anstiegsleistung Ab Franz-Senn-Hütte 1300 Höhenmeter.

Abstieg Wie Anstieg, von der Hölltalscharte auch Abstieg zur Dresdner Hütte möglich.

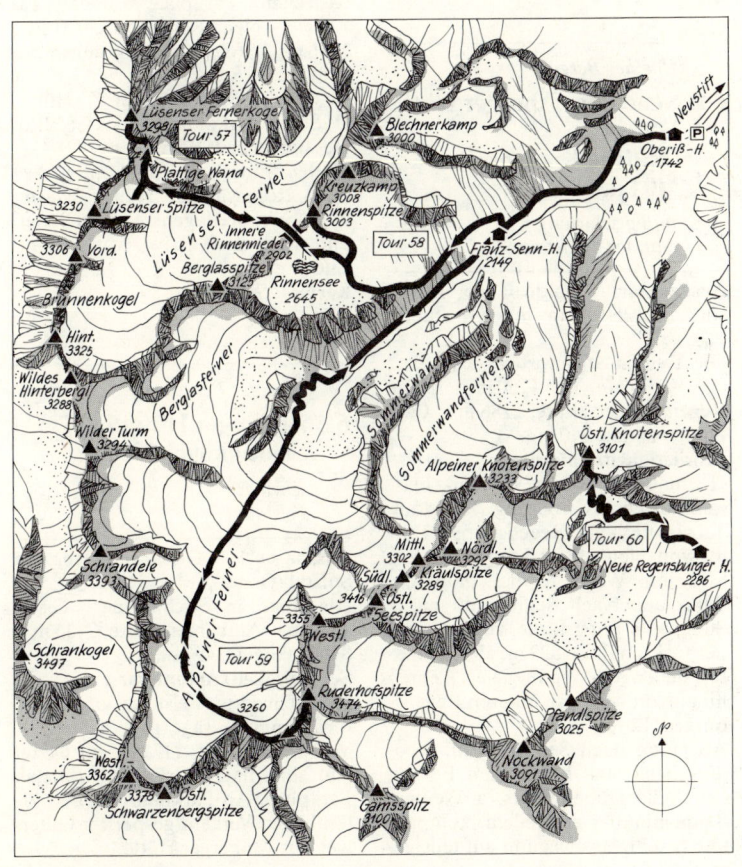

Gehzeiten Franz-Senn-Hütte, 2149 m – Alpeiner Ferner, ca. 2700 m: 2 Std.; Gletscherroute – Einstieg zur Felsroute NW-Grat, Pt. 3260: 2 Std. – Ruderhofspitze, 3474 m: 1 Std.
Abstieg wie Anstieg: 3 Std.
Gesamtgehzeit: 8 Stunden.

Hütten/Stützpunkte
Franz-Senn-Hütte, 2149 m, ÖAV-Sektion Innsbruck, 250 Betten und Matratzen, bew. Mitte Februar – Mitte Oktober.

Karten Kompass WK 1 : 50 000, Blatt 83, »Stubaier Alpen/Serleskamm«.

Alpeiner Berge

60 Neue Regensburger Hütte 2286 m
Östliche Knotenspitze 3101 m

mäßig schwierig
Wander-/Felstour

Ausgangsort Waldcafé bei Falbeson, ca. 1250 m, im inneren Stubaital.

Die Tour in Stichworten Parkplatz am Waldcafé, 1250 m – Neue Regensburger Hütte, 2286 m – Östl. Knotenspitze, 3101 m.

Schwierigkeit/Anforderung
II = mäßig schwierig, Wander-/Felstour, große Anforderung, Tagestour.
Talzugang Neue Regensburger Hütte: Von Neustift im Stubaital talein bis zum Waldcafé bei Falbeson, Parkplatz. Nach Schild und mark. Steig, teils Forststraße, zur Falbesoner Ochsenalm, 1822 m, ab hier mäßig steiler AV-Weg in vielen Kehren hinauf zur schon sichtbaren Regensburger Hütte.
Ab Hütte nach Schild »Östl. Knotenspitze« steil höher zum Becken des Jedlasgrübelferners, an seinem Saum hinüber zu steilem, kompaktem S-seitigem Fels und auf teils ge-

sicherter Steiganlage zum Steinmann auf dem Vorgipfel, 3082 m. Bis hierher durchgehend mark. Steig. Übergang zum nahen Gipfel der Östl. Knotenspitze Felsroute I bis II; hin und zurück 20 Min.
Viel begangene S-seitige Route, nur für geübte, trittsichere Bergwanderer.

Höchste Wegestelle/Gipfel Vorgipfel, 3082 m, Östliche Knotenspitze, 3101 m.

Anstiegsleistung Ab Parkplatz 1800, ab Neue Regensburger Hütte 800 Höhenmeter.

Abstieg Wie Anstieg.

Gehzeiten Parkplatz Waldcafé, ca. 1250 m – Neue Regensburger Hütte, 2286 m: 3 Std. – Östl. Knotenspitze, 3101 m: 2½ Std.
Abstieg Regensburger Hütte: 1½ Std. – Parkplatz Waldcafé: 2 Std.
Gesamtgehzeit: 9 Stunden.

Hütten/Stützpunkte
Neue Regensburger Hütte, 2286 m, DAV-Sektion Regensburg, 96 Betten und Matratzen, bew. Mitte Juni – Ende September.

Karten Siehe Tour 59.

Alpeiner Berge

61 Amberger Hütte 2135 m
Schrankogel 3497 m

schwierig
Felstour

Ausgangsort Gries, 1569 m, im Sulztal (Ötztal).

Die Tour in Stichworten Gries, 1569 m – Amberger Hütte, 2135 m – Schrankogel, 3497 m.

Schwierigkeit/Anforderung
III = schwierig, Felstour, große Anforderung, 1½-Tage-Tour.
Von Längenfeld, 1171 m, im Ötztal Auffahrt nach Gries im Sulztal, Parkplatz. Ab Parkplatz für den öffentlichen Verkehr gesperrter Güterweg zur Amberger Hütte.

Ab Amberger Hütte nach Schild »Schrankogel« zum Gletscherbach, im Anstiegssinne am linken Ufer talein, auf mark. Steig zur Randmoräne des Schwarzenbergferners und auf ihrem Kamm zur Abzweigung, 2624 m, »Zum Schrankogel«. Ein mark. Steig leitet nach links hinauf zu den sichtbaren Steinmännern am »Hohen Egg«, 2820 m. Ab hier auf deutlichem Steig, Steinmänner, Mark., sehr steiler Aufstieg über den SW-Rücken zu einer Mark.-Stange, ca. 3300 m, zum Anschluß an den SW-Grat = »Franzensschneid«. Teils direkt am Grat, doch meist SO-seitig über blockigen, steilen Fels – bis in den Frühsommer verwächtet – zum Gipfel.

SW-seitige Felsroute, durchgehend mark., viel begangen.

Höchste Wegestelle/Gipfel Schrankogel, 3497 m.

Anstiegsleistung Ab Gries 1900, ab Amberger Hütte 1400 Höhenmeter.

Abstieg Wie Anstieg; oder nach Steigspuren, Steinmänner über den O-Grat = Winterroute hinab zur Randmoräne des Schwarzenbergferners, auf dem Moränenkamm zur Abzweigung des SW-Anstieges und auf Anstiegsweg zurück zur Amberger Hütte, 3½ Std. Oder Schwarzenbergferner - Wildgratscharte - Alpeiner Ferner - Senn-Hütte.

Gehzeiten Gries, 1569 m - Amberger Hütte, 2135 m: 2 Std; Amberger Hütte - SW-Anstieg Schrankogel, 3497 m: 4 Std.;

Abstieg wie Anstieg zur Amberger Hütte: 3 Std.

Gesamtgehzeit: Ab Amberger Hütte 7 Stunden.

Hütten/Stützpunkte

Amberger Hütte, 2135 m, DAV-Sektion Amberg, 62 Betten und Matratzen, bew. Pfingsten-Ende September.

Karten Kompass WK 1:50 000, Blatt 83, »Stubaier Alpen/Serleskamm«.

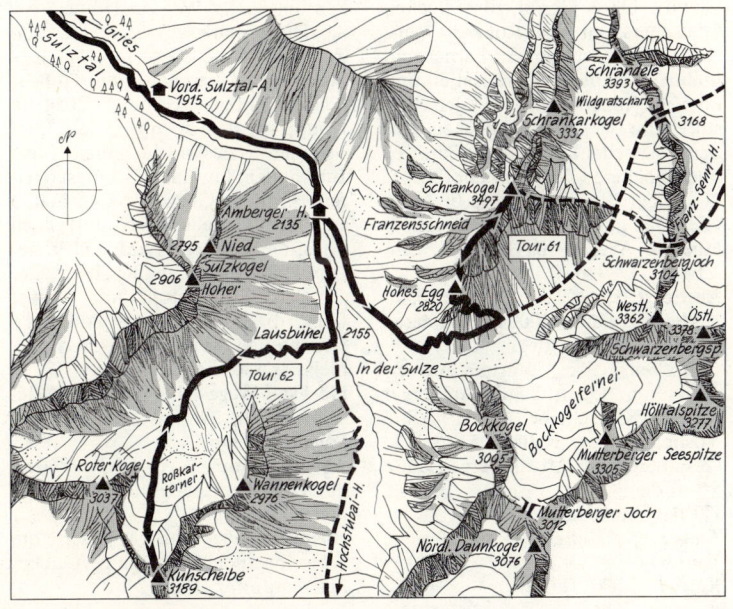

62 Kuhscheibe 3189 m
mäßig schwierig
Gletscher-/Felstour

Ausgangsort Gries, 1569 m, im Sulztal (Ötztal).
Die Tour in Stichworten Gries, 1569 m – Amberger Hütte, 2135 m – Kuhscheibe, 3189 m.
Schwierigkeit/Anforderung
II = mäßig schwierig, Gletscher-/ Felstour, mäßige Anforderung, 1½-Tage-Tour.
Zur Amberger Hütte siehe Tour 61.
Ab Amberger Hütte taleinwärts zur Wegabzweigung am Lausbühel, 2155 m. Hier weist das Schild »Kuhscheibe« den mark. Steig (137) über steile Wiesenhänge höher zu Alpweiden und mäßig steil weiter in das Roßkar. Dort in Höhe von ca. 2650 m nach links zur Kuhscheibe (die Mark. geradeaus führt zum Atterkarjöchl, 2970 m, Übergang ins Ötztal). Über Geröll zum flachen Gletschersaum des Roßkarferners, ca. 2800 m, am linken Fernerrand hinauf zu einem Geröllsattel und über die folgende steilere Gletscherstufe zum flachen Hochbecken. Aus dem Gletscher kurzer Schlußanstieg über blockigen Fels zum Gipfel.
N-seitiger Routenverlauf, bis zum Gletscher mark., häufig begangen.
Höchste Wegestelle/Gipfel Kuhscheibe, 3189 m.
Anstiegsleistung Ab Gries 1600, ab Amberger Hütte 1000 Höhenmeter.
Abstieg Wie Anstieg.
Gehzeiten Gries, 1569 m – Amberger Hütte, 2135 m: 2 Std.; Amberger Hütte – Kuhscheibe, 3189 m: 3 Std. Abstieg Amberger Hütte: 3 Std. Gesamtgehzeit: Ab Amberger Hütte 5 Stunden.
Hütten/Stützpunkte
Amberger Hütte, 2135 m, siehe Tour 61.
Karten Siehe Tour 61.

Tip Amberger Hütte auch günstiger Stützpunkt für die Wilde Leck, 3361 m, und Windacher Daunkogel, 3348 m.

63 Winnebachsee-Hütte 2362 m
Breiter Grieskogel 3287 m
schwierig
Gletschertour

Ausgangsort Gries, 1569 m, im Sulztal (Ötztal).
Die Tour in Stichworten Gries, 1569 m – Winnebachsee-Hütte, 2362 m – Zwieselbachjoch, 2868 m – Breiter Grieskogel, 3287 m.
Schwierigkeit/Anforderung
III = schwierig, Gletschertour, mittlere Anforderung, 1½-Tage-Tour.
Talzugang Winnebachsee-Hütte: Von Längenfeld (1171 m, im Ötztal) Auffahrt nach Gries im Sulztal, parken; mark. AV-Weg zur Hütte.
Ab Hütte mark. AV-Steig 142 zum Zwieselbachjoch, 2868 m = höchste Stelle im Übergang zur Guben-Schweinfurter Hütte (2034 m). Knapp vor dem Joch weist die Tafel »Breiter Grieskogel« einen Steig zum nahen Auslauf des Grieskogelferners. Vom Gletschersaum mäßig steil zur Mittelterrasse, dort nach links, am Gletscherrand steil höher zum Hochbecken, mäßig steil weiter zu den Gipfelfelsen und kurzer Durchstieg zum höchsten Punkt.
Beliebte, NO-seitige Gletscherroute, meist Trasse, viel begangen.
Höchste Wegestelle/Gipfel Zwieselbachjoch, 2868 m, Breiter Grieskogel, 3287 m.
Anstiegsleistung Ab Gries 1700 m, ab Winnebachsee-Hütte 900 Höhenmeter.
Abstieg Wie Anstieg; oder vom Zwiselbachjoch Übergang Guben-Schweinfurter Hütte, 2 Std.

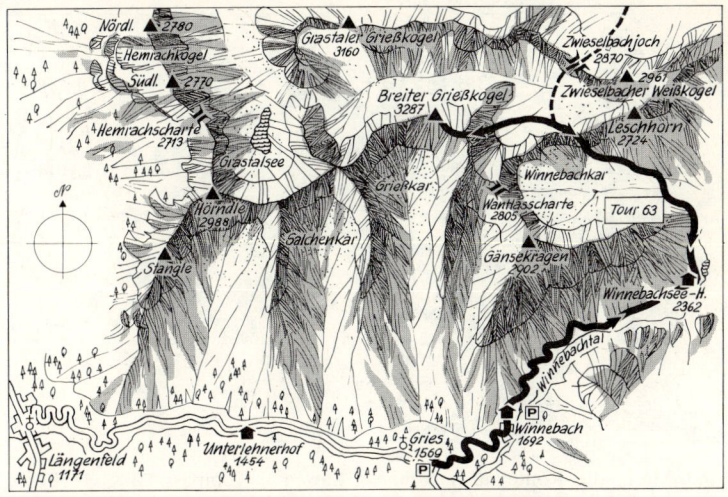

Gehzeiten Gries, 1569 m – Winne-
bachsee-Hütte, 2362 m: 2 Std. – Zwie-
selbachjoch, 2868 m: 2 Std.; Zwie-
selbachjoch – Breiter Grieskogel,
3287 m: 1½ Std.
Abstieg Winnebachsee-Hütte: 3 Std.
Gesamtgehzeit: Ab Winnebachsee-
Hütte 6½ Stunden.
Hütten/Stützpunkte
Winnebachsee-Hütte, 2362 m, DAV-
Sektion Hof, 40 Betten und Matrat-
zen, bew. Anfang Juli–Ende Sep-
tember.
Karten Kompass WK 1:50 000,
Blatt 83, »Stubaier Alpen/Serles-
kamm«.
Tip Auf mark. AV-Steig zum
»Gänsekragen«, 2915 m, im Nah-
bereich der Winnebachsee-Hütte,
1½ Std., sehr lohnend.

Sellrainer Berge

64 Westfalen-Haus 2273 m Hoher Seeblaskogel 3225 m

mäßig schwierig
Gletscher-/Felstour

Ausgangsort Gries, 1238 m, im
Sellraintal.
Die Tour in Stichworten Gries,
1238 m – Lüsens, 1634 m – Westfa-
len-Haus, 2273 m – Hoher Seeblas-
kogel, 3225 m.
Schwierigkeit/Anforderung
II = mäßig schwierig, Gletscher-/
Felstour, mittlere Anforderung,
1½-Tage-Tour.
Von Gries im Sellraintal zum Alpen-
gasthof Lüsens im Lüsenstal, Park-
platz; auf AV-Weg zum Westfalen-
Haus.
Ab Westfalen-Haus nach Schild
»Seeblaskogel« auf dem Dr.-Simon-
Weg zur im Anstiegssinne rechten
Seitenmoräne des Längentaler Fer-
ners. In einem grünen Boden, ca.
2400 m, an einem großen Block wei-
sen die Anschrift »Seeblaskogel«

63

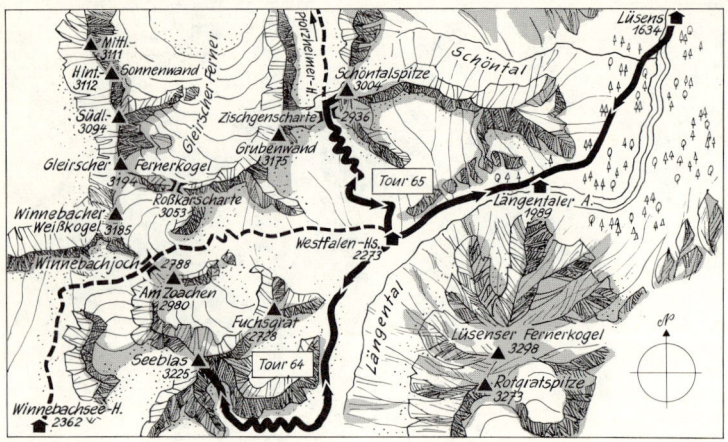

und Mark. die Route nach rechts über eine steile Geröllflanke hinauf zum Grüne-Tatzen-Ferner. (Der Dr.-Simon-Weg führt über das Längentaler Joch zur Amberger Hütte.)

Bei etwa 2900 m Eintritt in den flachen, schmalen Fernerboden, mäßig steil über Felsinseln höher zum Hochbecken und etwas steiler zum Anschluß an die Gipfelfelsen. Kurzer Durchstieg in blockigem, gut gangbarem Fels zum höchsten Punkt mit dem Gipfelkreuz.

SO-seitiger Routenverlauf, bis zum Gletscher mark.

Höchste Wegestelle/Gipfel Hoher Seeblaskogel, 3225 m.

Anstiegsleistung Ab Lüsens 1600, ab Westfalen-Haus 1000 Höhenmeter.

Abstieg Wie Anstieg.

Gehzeiten Lüsens, 1634 m – Westfalen-Haus, 2273 m: 2 Std.; Westfalen-Haus – Hoher Seeblaskogel, 3225 m: 3½ Std.

Abstieg Westfalen-Haus: 2 Std.

Gesamtgehzeit: Ab Lüsens 7½, ab Westfalen-Haus 5½ Stunden.

Hütten/Stützpunkte

Westfalen-Haus, 2273 m, DAV-Sektion Münster, 80 Betten und Matratzen, bew. Mitte Juni–Ende September.

Karten Kompass WK 1:50000, Blatt 83, »Stubaier Alpen/Serleskamm«.

Sellrainer Berge

65 Schöntalspitze 3004 m

mäßig schwierig
Wander-/Felstour

Ausgangsort Gries, 1238 m, im Sellraintal.

Die Tour in Stichworten Gries, 1238 m – Lüsens, 1634 m – Westfalen-Haus 2273 m – Zischgenscharte, 2936 m – Schöntalspitze, 3004 m.

Schwierigkeit/Anforderung

II = mäßig schwierig, Wander-/Felstour, mittlere Anforderung, Tagestour.

Zum Westfalen-Haus siehe Tour 64. Ab Westfalen-Haus nach Schild »Schöntalspitze« auf mark. Steig zur »Hohen Grube«, ca. 2700 m, und aus diesem steinigen Becken über einen steilen Geröllhang hinauf zur deutlich sichtbaren Zischgenscharte links der Schöntalspitze. (Die Zischgenscharte, 2936 m, ist die höchste Wegestelle im Übergang Westfalen-Haus – Pforzheimer Hütte.) Aus der

64

Scharte nach Mark. in N-seitigem, blockigem Fels zum Gipfel.

Durchgehend mark., S-seitiger Routenverlauf bis zur Zischgenscharte.

Höchste Wegestelle/Gipfel Zischgenscharte, 2936 m, Schöntalspitze, 3004 m.

Anstiegsleistung Ab Lüsens 1400, ab Westfalen-Haus 700 Höhenmeter.

Abstieg Wie Anstieg; oder ab Zischgenscharte über den kleinen Zischgenferner und auf mark. Steig zur sichtbaren Pforzheimer Hütte, 2308 m, 2½ Std.

Gehzeiten Lüsens, 1634 m – Westfalen-Haus, 2273 m: 2 Std.; Westfalen-Haus – Zischgenscharte, 2936 m: 2 Std. – Schöntalspitze, 3004 m, und zurück: ½ Std. Abstieg wie Anstieg: 2½ Std. Gesamtgehzeit: 7 Stunden.

Hütten/Stützpunkte

Westfalen-Haus, 2273 m, siehe Tour 64.

Karten Siehe Tour 66.

Sellrainer Berge

66 Zischgelesspitze 3005 m

mäßig schwierig
Wander-/Felstour

Ausgangsort Gries, 1238 m, im Sellraintal.

Die Tour in Stichworten Gries, 1238 m – Praxmar, 1689 m – Zischgelesspitze, 3005 m.

Schwierigkeit/Anforderung

II = mäßig schwierig, Wander-/Felstour, mittlere Anforderung, Tagestour.

Von Gries im Lüsenstal nach Praxmar, Gasthöfe, Parkplätze.

Ab Praxmar nach den Schildern »Zischgeles« und »Oberstkogel« und nach Mark. 32 entlang einer Skipiste höher, im Schwenk nach links hinaus zu dem Höhenrücken, der vom Oberstkogel talwärts zieht und damit zu den schon von Praxmar aus deutlich sichtbaren Steinmännern

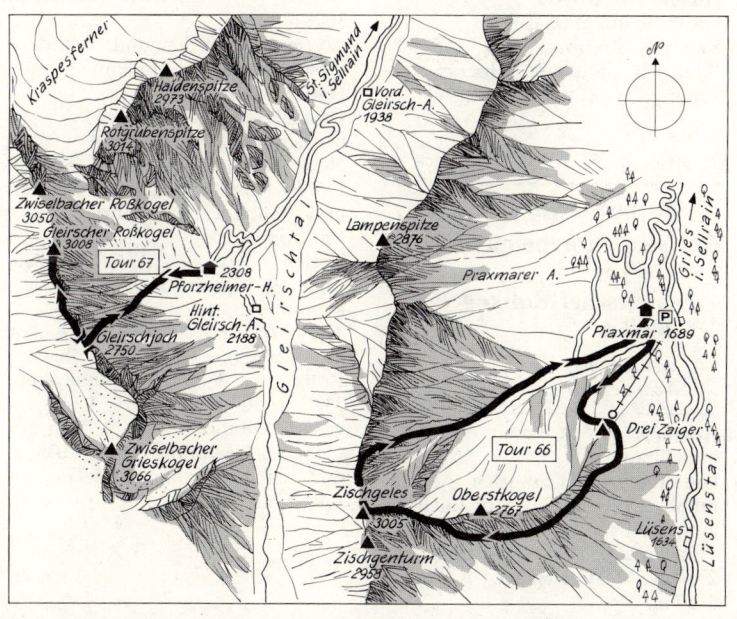

(2388 m, »Drei Zaiger«). Der Steig schneidet den Höhenrücken (dort mark. Abzweigung zum Oberstkogel), zieht in S-seitige Berghänge, unter dem Oberstkogel hindurch hinauf zu einem Hochplateau, das zur Zischgelesspitze hin ausläuft. Ein großer Steinmann, 2850 m, mark. den Schlußanstieg über steilen, plattigen Fels zum Gipfel.

SO-seitiger Routenverlauf, durchgehend mark., viel begangen.

Höchste Wegestelle/Gipfel Zischgelesspitze, 3005 m.

Anstiegsleistung Ab Praxmar 1300 Höhenmeter.

Abstieg Wie Anstieg; oder nach Mark. 31 über den felsigen N-Grat zu einem Sattel, dort nach rechts hinab zum grünen Boden des Sattelloches (Winterroute), weiter hinab nach Praxmar.

Gehzeiten Praxmar, 1689 m – Zischgelesspitze, 3005 m: 3½ Std. Abstieg nach Praxmar: 2½ Std. Gesamtgehzeit: 6 Stunden.

Hütten/Stützpunkte Gasthöfe in Praxmar.

Karten Kompass WK 1:50000, Blatt 83, »Stubaier Alpen/Serleskamm«.

Sellrainer Berge

67 Neue Pforzheimer Hütte 2308 m
Gleirscher Roßkogel 3008 m

wenig schwierig
Wandertour

Ausgangsort St. Sigmund, 1513 m, im Sellrain.

Die Tour in Stichworten St. Sigmund, 1513 m - Gasthof Gleirschalm, 1666 m - Neue Pforzheimer Hütte, 2308 m - Gleirschjoch, 2750 m - Gleirscher Roßkogel, 3008 m.

Schwierigkeit/Anforderung I = wenig schwierig, Wandertour, mittlere Anforderung, Tagestour.

Parken in St. Sigmund und auf Güterweg über den Gasthof Gleirschalm im Gleirschtal zur Talstation der Materialseilbahn, 2132 m; von dort auf Steig zur nahen Pforzheimer Hütte. Ab Hütte mark. Steig 145, im Schlußanstieg steil höher zum Gleirschjoch = Übergang zur Guben-Schweinfurter Hütte. Ab Joch nach Schild »Roßkogel« im Kammverlauf nach N, Mark., Steinmänner, mäßig steil zum Gipfel.

S-seitiger, durchgehend mark. Routenverlauf, häufig begangen.

Höchste Wegestelle/Gipfel Gleirschjoch, 2750 m, Gleirscher Roßkogel, 3008 m.

Anstiegsleistung Ab St. Sigmund 1500, ab Neue Pforzheimer Hütte 700 Höhenmeter.

Abstieg Wie Anstieg.

Gehzeiten St. Sigmund, 1513 m - Neue Pforzheimer Hütte, 2308 m: 2½ Std. - Gleirscher Roßkogel, 3008 m: 2 Std. Abstieg nach St. Sigmund: 3½ Std. Gesamtgehzeit: 8 Stunden.

Hütten/Stützpunkte

Gasthof Gleirschalm, 1666 m, Sommerbewirtschaftung.

Neue Pforzheimer Hütte, 2308 m, DAV-Sektion Pforzheim, 70 Betten und Matratzen, bew. Ende Juni-Ende September.

Karten Kompass WK 1:50000, Blatt 83, »Stubaier Alpen/Serleskamm«.

Tip Weitere lohnende Bergtouren ab Pforzheimer Hütte: Zwiselbacher Roßkogel, 3082 m, Grubenwand, 3175 m, außerdem mark. Übergänge zum Westfalen-Haus, 2273 m, zur Guben-Schweinfurter Hütte, 2034 m, und nach Praxmar, 1689 m, im Lüsenstal.

Südliche Kühtaier Berge

68 Bielefelder Hütte 2112 m Hochreichkopf 3008 m Guben-Schweinfurter Hütte 2034 m

mäßig schwierig
Wander-/Felstour

Ausgangsort Ochsengarten, 1542 m, im Nedertal.

Die Tour in Stichworten Ochsengarten, 1542 m – Jausenstation »Balbach-Sennhütte«, 1957 m – Bielefelder Hütte, 2112 m - Wilhelm-Oltrogge-Weg - Guben-Schweinfurter Hütte, 2034 m - Finstertaler Scharte, 2779 m – Kühtai, 2020 m – Dortmunder Hütte, 1948 m.

Schwierigkeit/Anforderung
II = mäßig schwierig, Wander-/Felstour, große Anforderung, 2½-Tage-Tour.
Durch das Sellraintal über Kühtai, vorbei an der Dortmunder Hütte; oder von Ötz im Ötztal durch das Nedertal zur Ortschaft Ochsengarten. Ab Ochsengarten zur »Balbach-Sennhütte« und auf dem Martin-Busch-Weg zur Bielefelder Hütte.

Wilhelm-Oltrogge-Weg: Ab Bielefelder Hütte mit Weg 147 im Auf und Ab zum Grundfest der Alten Bielefelder Hütte, 2168 m (Notunterkunft). Steiler Aufstieg zur Achplatte, 2486 m, durch abschüssige Schrofenhänge in Querung tief eingerissener Gräben hinab zu einem weiten Schotterkessel, ca. 2450 m, und Wiederanstieg zum Holzkreuz am Lauser, 2611 m, (auch Hohe Warte genannt), mark. Abstieg in das Ötztal möglich). Bis hierher etwa 3½ Std. Gehzeit. Im Auf und Ab quer durch die sehr abschüssigen Schrofenhänge vom Hochbrunnachkogel zur Niederreichscharte, 2778 m, (mark. Abstieg zur Dortmunder Hütte möglich) und weiter durch die Steilhänge des Hochreichkopfes zur Hochreichscharte,

2912 m. Ab Lauser bis hierher 1½–2 Std. Gehzeit, schwierigster und anstrengendster Wegabschnitt, Achtung: Steinschlag!
Aus der Hochreichscharte einfacher, kurzer Aufstieg zum Hochreichkopf, 3008 m. Bei der Hochreichscharte ist die Guben-Schweinfurter Hütte in Sicht. Ab Scharte sehr steil über Sand und Schotter etwa 80 m hinab zu einem mäßig geneigten Firnfleck mit Anschluß an den Steig, in einfacher Wegetrasse zur Guben-Schweinfurter Hütte. Ab Hochreichscharte 1½ Std.
Durchgehend mark. Route, fast ausschließlich SW-Hangverlauf. Im Abschnitt Lauser - Hochreichscharte sehr ausgesetzt, teilweise Drahtseilsicherung. Nicht vor dem Hochsommer und nur bei sicherem Wetter begehen!

Finstertaler Scharte – Dortmunder Hütte: Ab Guben-Schweinfurter Hütte nach Wegschild und Mark. 146 über Steilhänge hinauf in das »Weite Kar« und über Alpweiden zum sichtbaren Steinmann auf der Finstertaler Scharte. (Knapp vor der Scharte Abzweigung zur Kraspesspitze, 2953 m, lohnender Gipfel im Übergang nach Kühtai). Ab Scharte teils steiler Abstieg zum S-Ende des Finstertaler Stausees und am Ostufer zur Staukrone, ca. 2340 m. Von dort auf Steig oder Straße hinab nach Kühtai und zur Dortmunder Hütte. Am frühen Nachmittag Bus nach Ochsengarten.

Höchste Wegestelle/Gipfel Hochreichscharte, 2912 m, Hochreichkopf, 3008 m, Finstertaler Scharte, 2779 m.

Anstiegsleistung Ochsengarten – Bielefelder Hütte 600, Wilhelm-Oltrogge-Weg 1200, Guben-Schweinfurter-Hütte - Finstertaler Scharte 700 Höhenmeter. Insgesamt 2500 Höhenmeter.

Abstieg Siehe Tourenverlauf.

Gehzeiten Ochsengarten, 1542 m – Bielefelder Hütte, 2112 m: 2 Std.;

Wilhelm-Oltrogge-Weg – Guben-Schweinfurter Hütte, 2034 m: 8 Std.; Guben-Schweinfurter Hütte – Finstertaler Scharte, 2779 m – Dortmunder Hütte, 1948 m: 5 Std. Gesamtgehzeit: 15 Stunden.

Hütten/Stützpunkte

Bielefelder Hütte, 2112 m, DAV-Sektion Bielefeld, 70 Betten und Matratzen, bew. Anfang Juni–Ende September.

Guben-Schweinfurter-Hütte, 2034 m, DAV-Sektionengemeinschaft Schweinfurt-Guben, 60 Betten und Matratzen, bew. Mitte Juni–Ende September.

Dortmunder Hütte, 1948 m, DAV-Sektion Dortmund, 80 Betten und Matratzen, ganzjährig bew.

Karten Kompass WK 1:50000, Blatt 35, Telfs-Kühtai-Sellraintal«.

Tip Ab Kühtai lohnende Tour zum Gaißkogel, 2820 m, Liftbenützung bis 2280 m möglich.

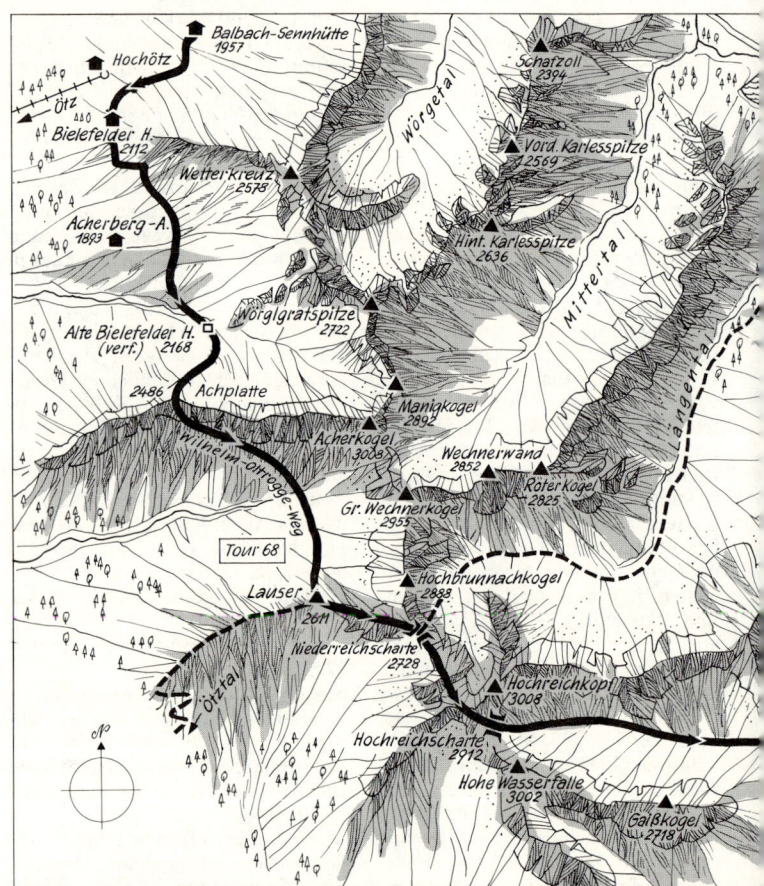

Südliche Kühtaier Berge

69 Dortmunder Hütte 1948 m Sulzkogel 3016 m

*mäßig schwierig
Wander-/Felstour*

Ausgangsort Kühtai, 2020 m.
Die Tour in Stichworten Kühtai,
2020 m (Dortmunder Hütte, 1948 m)
– Dammkrone Finstertal-Stausee,
2325 m – Sulzkogel, 3016 m.

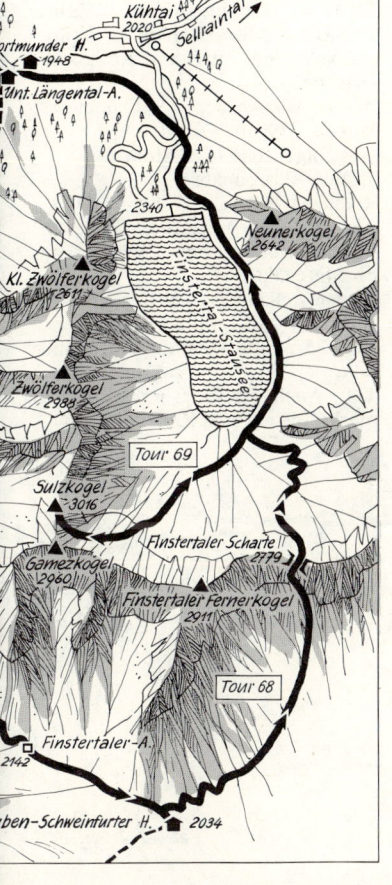

Schwierigkeit/Anforderung
II = mäßig schwierig, Wander-/Fels-
tour, mittlere Anforderung, Tagestour.
Von Kühtai oder von der Dortmunder Hütte auf mark. Steig zur
Dammkrone des Finstertaler Stausees, von dort auf befestigter Trasse
am O-Ufer des Stausees entlang zum
S-Ende. (Die Abzweigung nach
links, Mark. »F.Sch.« bezeichnet
hier den Übergang: Finstertaler
Scharte – Guben-Schweinfurter
Hütte.) Zum »Sulzkogel«, blaurote
Mark., mäßig steil zum Hochbecken
des Gamezkogelferners. Am rechten
Rand der nur noch kleinen Firnflek-
ken nach Mark. über Schotter und
Blockwerk auf Steigspuren steil hö-
her zu einer deutlichen Einschar-
tung, ca. 2930 m, links des Sulzkogel.
Aus der Scharte nach Steigspuren
kurzer, mäßig steiler Anstieg zum
Gipfel.
Durchgehend mark., viel begangene
Route.
Höchste Wegestelle/Gipfel Damm-
krone Finstertaler Stausee, 2325 m,
Sulzkogel 3016 m.
Anstiegsleistung Ab Kühtai (Dort-
munder Hütte) 1000 Höhenmeter.
Abstieg Wie Anstieg.
Gehzeiten Kühtai, 2020 m (Dort-
munder Hütte, 1948 m) – Finstera-
ler Stausee, 2325 m: 1 Std. – Sulz-
kogel, 3016 m: 2½ Std.
Abstieg Kühtai: 2½ Std.
Gesamtgehzeit: 6 Stunden.
Hütten/Stützpunkte
Dortmunder Hütte, 1948 m, DAV-
Sektion Dortmund, 74 Betten und
Matratzen, Restaurant ganzjährig
geöffnet, keine Übernachtung im
November und Mai.
Karten Kompass WK 1:50000,
Blatt 35, »Telfs – Kühtai – Sellrain-
tal«.
Tip Im Übergang: Guben-
Schweinfurter Hütte – Dortmunder
Hütte (siehe Tour 68) vom S-Ende
des Finstertaler Stausees evtl. die
Tour zum Sulzkogel anschließen.

Vordere Kühtaier Berge

70 Roßkogel-Hütte 1778 m Roßkogel 2649 m

wenig schwierig
Wandertour

Ausgangsort Oberperfuss, 812 m, Eingang zum Sellraintal.
Die Tour in Stichworten Oberperfuss, 812 m – Parkplatz Stiglreith, 1363 m – Roßkogel-Hütte, 1778 m – Krimpenbach-Alm, 1918 m – Roßkogel, 2649 m – Kögele, 2192 m – Krimpenbach-Alm – Parkplatz.
Schwierigkeit/Anforderung I = wenig schwierig, Wandertour, mittlere Anforderung, Tagestour.
Von Oberperfuss zum Parkplatz Stiglreith. Ab Parkplatz teils auf gesperrter Forststraße, teils nach mark. Abkürzungen durch Bergwald zur Roßkogel-Hütte. Ab Hütte auf Almweg Mark. 155 zur sichtbaren Krimpenbach-Alm. Ab Almhütte über Weideböden vorbei an einem großen Steinmann über Sand und Schotter steil höher zu einer deutlichen Einschartung, dem »Schartl«, ca. 2380 m, östlich des Gipfels. Vom Schartl entweder nach Steigspuren steil über den schrofigen O-Grat oder auf mark. Steig durch die SO-Flanke weniger steil zum Gipfel.

NO-seitiger Routenverlauf, durchgehend mark., viel begangen.
Höchste Wegestelle/Gipfel Roßkogel, 2649 m.
Anstiegsleistung Ab Parkplatz Stiglreith 1300, ab Roßkogel-Hütte 900 Höhenmeter.
Abstieg Wie Anstieg; oder vom Schartl in leichter Gratwanderung zum Kreuz am Kögele, 2192 m, von dort nach Steigspuren hinab zur sichtbaren Krimpenbach-Alm. (Vom Gipfel direkter Abstieg über den N-Grat sehr steil, Steigspuren, zur Krimpenbach-Alm.)
Gehzeiten Parkplatz Stiglreith, 1363 m – Roßkogel-Hütte, 1778 m: 1½ Std.; Roßkogel-Hütte – Krimpenbach-Alm, 1918 m – Roßkogel, 2649 m: 2½ Std.
Abstieg wie Anstieg: 3 Std.; über das Kögele, 2192 m: 3½ Std.
Gesamtgehzeit: 7–7½ Stunden.
Hütten/Stützpunkte
Roßkogel-Hütte, 1778 m, ÖAV-Akad. Sektion Innsbruck, 33 Betten und Matratzen, bew. Anfang Juni–Mitte Oktober.
Karten Kompass WK 1:50000, Blatt 36, »Innsbruck – Brenner«, Blatt 35 »Telfs – Kühtai – Sellraintal«.
Tip Auch von Gries im Sellraintal mark. Anstieg zum Roßkogel.

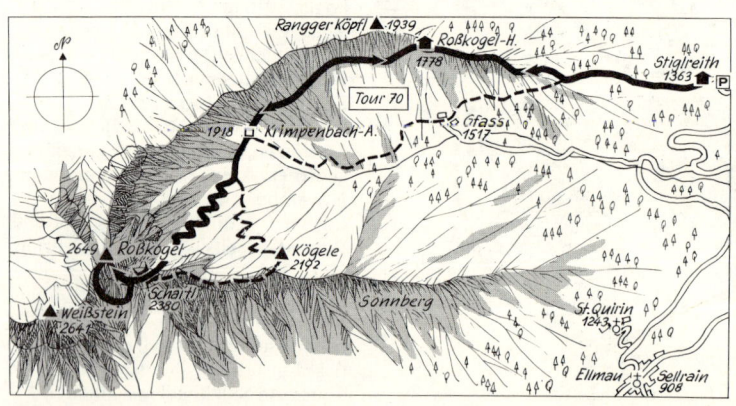

Übersicht der Touren nach Schwierigkeiten

Diese Übersicht ordnet die Touren in vier Schwierigkeitsgrade. Die Einstufung erfolgte nach meinen eigenen Erfahrungen und bewertet die technische Schwierigkeit im Vergleich der Touren untereinander, unabhängig von den Schwierigkeitsangaben in den Alpenvereinsführern. Näheres siehe »Praktische Hinweise«.

III = schwierig

Tips für zweckmäßige Ausrüstung und Bekleidung

Ausrüstung

Rucksack: Leichtes Modell, aber mit Tragekomfort.

Seil: Kernmantel-Bergseil 9 mm, ca. 15 Meter für Klettersteige, für Gletschertouren Bergseil 10–11 mm, 30 Meter.

Klettergürtel: Sicherheitsbrustgurt mit Sitzgurt.

Reepschnur: Kernmantel-Reepschnüre, 6–8 mm, ca. 2,50–3 Meter.

Karabiner: Schnappkarabiner, Ausführung Klettersteigmodell mit großer Öffnung.

Steinschlaghelm: Möglichst leicht, aber stabil, mit Belüftung.

Pickel/Steigeisen: Leichtes Pickelmodell und Leichtsteigeisen.

Rucksackapotheke (in wasserdichtem Beutel): 2 Verbandspäckchen, 1 elastische Binde, Schnellverband (Hansaplast in verschieden großen Streifen, Leukoplast), Sprühverband (z. B. flint), Schmerzmittel (z. B. Thomapyrin), Tabletten gegen Erschöpfung, persönliche Medikamente nicht vergessen!

Rettungsdecke: Spezialfolie in Kleinstpackung, in Sporthäusern erhältlich, 2 Stück.

Proviant: Kekse, Schokolade, Dörrobst, und nach eigenem Geschmack, aber möglichst leicht.

Getränke: Tee, Kaffee etc., bei längeren Touren in Thermosflasche, Mineraldrinks.

Sonstiges: Sonnenschutzmittel, Lippenschutz, Sonnenbrille, Taschenlampe, Taschenmesser, Papiertaschentücher, Höhenmesser empfehlenswert.

Bekleidung

Die Bekleidung sollte nach den Gesichtspunkten: leicht, praktisch, warm, aber atmungsaktiv, ausgewählt werden!

Anorak: Popeline oder Gore-Tex, evtl. Nylon-Leichtanorak als zusätzlicher Wetterschutz (Regenumhang im Klettersteig ungeeignet!), Bergsteigerponcho.

Bundhose: Bequemer Sitz, Länge gut über das Knie, evtl. lange Hose.

Schuhe: Hohe, mittelschwere Bergschuhe, mit gutem Knöchelsitz, steigeisenfest.

Strümpfe: Kniestrümpfe, wasserabweisende Wollqualität, möglichst über das Knie reichend (Ersatzstrümpfe mitnehmen!).

Handschuhe: Feste Lederhandschuhe, Fingerhandschuhe, im Klettersteig vorteilhaft; bei Gletschertouren Wollfäustel.

Pullover: Strickjacke meist praktischer, oder Weste (Daunenweste).

Wäsche: Sportwäsche, schweißaufsaugend, ggf. lange Unterhose.

Hemd/Bluse: Möglichst aus Baumwolle.

Kopfbedeckung: Berghut, Sonnenhut, Wollmütze, Skimütze.

Regenschutz: Überhose und Spezial-Regenanorak.

Sonstiges: Schal, Halstuch, Taschentücher; für Übernachtungen Trainingsanzug (leicht!), Hüttenschuhe, Waschzeug, Handtuch, ggf. Kleidung zum Wechseln, Gamaschen, Biwaksack.

Nicht vergessen: Vorliegenden Kurzführer, Gebietskarte.

Notizen/Hüttenstempel

Notizen/Hüttenstempel

Kurzführer zu »Zillertaler Alpen / Stubaier Alpen«,
(BLV Kombi-Bergsteigerbuch)

© 1986 BLV Verlagsgesellschaft mbH, München